■2025年度高等学校受験用

関東第一高等学校

収録内容一覧

★この問題集は以下の収録内容となっています。また、編集の都合上、解説、解答用紙を省略させていただいている場合もございますのでご了承ください。

（○印は収録、一印は未収録）

入試問題と解説・解答の収録内容				解答用紙
2024年度	推薦		英語・数学・国語	○
	一般		英語・数学・国語	○
2023年度	推薦		英語・数学・国語	○
	一般		英語・数学・国語	○
2022年度	推薦		英語・数学・国語	○
	一般		英語・数学・国語	○
2021年度	推薦		英語・数学・国語	○
	一般		英語・数学・国語	○

★当問題集のバックナンバーは在庫がございません。あらかじめご了承ください。

●凡例●

【英語】

≪解答≫

〔　〕　①別解
②置き換え可能な語句（なお下線は置き換える箇所が２語以上の場合）
（例）I am〔I'm〕glad〔happy〕to～

（　）　省略可能な言葉

≪解説≫

1，2…　本文の段落（ただし本文が会話文の場合は話者の１つの発言）

〔　〕　置き換え可能な語句（なお〔　〕の前の下線は置き換える箇所が２語以上の場合）

（　）　①省略が可能な言葉
（例）「（数が）いくつかの」
②単語・代名詞の意味
（例）「彼（＝警察官）が叫んだ」
③言い換え可能な言葉
（例）「いやなにおいがするなべにはふたをするべきだ（＝くさいものにはふたをしろ）」

//　訳文と解説の区切り

cf.　比較・参照

≒　ほぼ同じ意味

【数学】

≪解答≫

〔　〕　別解

≪解説≫

（　）　補足的指示
（例）（右図１参照）など

〔　〕　①公式の文字部分
（例）〔長方形の面積〕＝〔縦〕×〔横〕
②面積・体積を表す場合
（例）〔立方体ABCDEFGH〕

∴　ゆえに

≒　約、およそ

【社会】

≪解答≫

〔　〕　別解

（　）　省略可能な語

＿＿　使用を指示された語句

≪解説≫

〔　〕　別称・略称
（例）政府開発援助〔ODA〕

（　）　①年号
（例）壬申の乱が起きた（672年）。
②意味・補足的説明
（例）資本収支（海外への投資など）

【理科】

≪解答≫

〔　〕　別解

（　）　省略可能な語

＿＿　使用を指示された語句

≪解説≫

〔　〕　公式の文字部分

（　）　①単位
②補足的説明
③同義・言い換え可能な言葉
（例）カエルの子（オタマジャクシ）

≒　約、およそ

【国語】

≪解答≫

〔　〕　別解

（　）　省略してもよい言葉

＿＿　使用を指示された語句

≪解説≫

〈　〉　課題文中の空所部分（現代語訳・通釈・書き下し文）

（　）　①引用文の指示語の内容
（例）「それ（＝過去の経験）が　～」
②選択肢の正誤を示す場合
（例）（ア，ウ…×）
③現代語訳で主語などを補った部分
（例）（女は）出てきた。

／　漢詩の書き下し文・現代語訳の改行部分

関東第一高等学校

所在地　〒132-0031 東京都江戸川区松島2-10-11

電　話　03-3653-1541（代表）

ホームページ　https://www.kanto-ichiko.ac.jp/

交通案内　JR総武線 新小岩駅南口より徒歩15分
都バス停留所「江戸川高校前」より徒歩8分
都バス停留所「小松川警察署前」より徒歩12分

普通科

男女共学

くわしい情報はホームページへ

▌応募状況

年度	募集数		受験数	合格数	倍率
2024	推薦	特進　80名	74名	74名	1.0倍
		進Ａ　240名	289名	289名	1.0倍
		進Ｇ　200名	475名	475名	1.0倍
		スポ　80名	73名	73名	1.0倍
	一般		199名	188名	1.1倍
			502名	485名	1.0倍
			605名	548名	1.1倍
			28名	27名	1.0倍
2023	推薦	特進　80名	72名	72名	1.0倍
		進Ａ　240名	210名	210名	1.0倍
		進Ｇ　200名	551名	551名	1.0倍
		スポ　80名	63名	63名	1.0倍
	一般		205名	205名	1.0倍
			503名	487名	1.0倍
			841名	777名	1.1倍
			21名	21名	1.0倍
2022	推薦	特進　80名	55名	55名	1.0倍
		進Ａ　240名	156名	156名	1.0倍
		進Ｇ　200名	393名	393名	1.0倍
		スポ　80名	78名	78名	1.0倍
	一般		147名	142名	1.0倍
			456名	450名	1.0倍
			777名	729名	1.1倍
			2名	2名	1.0倍

※合格数は他コース合格を含む。

▌試験科目　（参考用：2024年度入試）

［推薦入試］
適性検査（英語・国語・数学），個人面接
［一般入試］
英語・国語・数学，個人面接

▌コース紹介

特別進学コース…国公立大・難関私立大入試に対応したカリキュラムを導入。質の高い授業や校内予備校「ユニパス」など充実した学習環境を整え，志望校合格に必要な学力を徹底強化する。

進学Ａコース…習熟度別クラス編成を導入して，各自に適した学習スタイルで難関私立大合格を目指す。多くの生徒がクラブ活動に参加し，勉強との両立を図る「文武両道」を実践している。

進学Ｇコース…基礎学力の定着を図り，幅広い進路希望に対応するコース。１年次より定期的に面談を行い，大学・短期大学・専門学校など個々の希望進路の実現に向けてサポートする。

スポーツコース…硬式野球・サッカー・バドミントン・ハンドボール・バレーボールの５クラブに所属する生徒で構成されたコース（男子のみ）。専門スポーツの強化と学習の両立を重視した独自の時間割を採用している。

▌イベント日程　（予定）

◎中３関一フェア　【予約制】
7/23(火)，7/24(水)，8/7(水)～8/9(金)，8/11(日)，8/12(月・祝)，8/21(水)～8/23(金)，9/14(土)，9/15(日)，9/28(土)，10/12(土)，10/13(日)，10/19(土)，10/26(土)，11/2(土)，11/9(土)，11/16(土)，11/23(土・祝)，11/30(土)，12/7(土)，12/8(日)

◎関一祭［文化祭］
9/21(土)，9/22(日・祝)

※詳細は本校ホームページでご確認ください。

編集部注一本書の内容は2024年6月現在のものであり，変更されている場合があります。正確な情報は，学校のホームページ等で必ずご確認ください。

出題傾向と今後への対策 英語

出題内容

	2024		2023		2022	
	推薦	一般	推薦	一般	推薦	一般
大問数	9	4	9	4	6	4
小問数	32	23	30	23	25	23
リスニング	○	○	○	○	○	○

◎大問数は推薦が6～9題，一般が4題で，小問数は20～30問程度である。推薦は千葉県公立高校前期入試に，一般は東京都公立高校入試に準じた形式になっている。放送問題については推薦も東京都公立高校入試に準じている。

2024年度の出題状況

《推　薦》
1～4 放送問題
5 対話文完成―語形変化・整序結合
6 条件作文
7 読解総合
8 長文読解総合―説明文
9 対話文完成―適文選択

《一　般》
1 放送問題
2 総合問題
3 長文読解総合―会話文
4 長文読解総合―物語

解答形式

《推　薦》	記　述／マーク／併　用
《一　般》	記　述／マーク／併　用

出題傾向

問題数，出題形式は近年はほぼ固定化している。共通の放送問題以外では，推薦は対話文形式の語形変化と整序結合，15～30語の条件作文，長文読解総合問題，それに対話文完成などが出題されている。一般は，長文読解総合問題2題と3文で書かせる作文問題を含む総合問題で，長文読解のうち1題は会話文である。

今後への対策

全体として基本事項の理解度を見る内容なので，土台となる基礎知識をしっかり身につけることが大切だ。教科書を何度も音読して，基本単語や基本例文をできる限り覚えること。英作文は日頃から身近な事柄について英語で書く習慣をつけ，先生に見てもらおう。放送問題はラジオ講座などを活用して英語に耳を慣らしておこう。

◆◆◆◆◆ 英語出題分野一覧表 ◆◆◆◆◆

分野			2022		2023		2024		2025予想※	
			推薦	一般	推薦	一般	推薦	一般	推薦	一般
音声	放送問題		●	●	★	●	★	●	◎	◎
	単語の発音・アクセント									
	文の区切り・強勢・抑揚									
語彙・文法	単語の意味・綴り・関連知識									
	適語(句)選択・補充									
	書き換え・同意文完成									
	語形変化		●						△	
	用法選択									
	正誤問題・誤文訂正									
	その他									
作文	整序結合		●		●		●		◎	
	日本語英訳	適語(句)・適文選択								
		部分・完全記述								
	条件作文		●		●		●		◎	
	テーマ作文			●		●		●		◎
会話文	適文選択		●		●		●		◎	
	適語(句)選択・補充			●	●	●	●	●	◎	◎
	その他									
長文読解	内容把握	主題・表題					●		△	
		内容真偽	●	●	●	●	●	●	◎	◎
		内容一致・要約文完成		●	●	●	●	●	◎	◎
		文脈・要旨把握		●	●	●	●	●	◎	◎
		英問英答	●	●		●	●	●	◎	◎
	適語(句)選択・補充		●		●		●		◎	
	適文選択・補充									
	文(章)整序			●		●		●		◎
	英文・語句解釈(指示語など)			●		●		●		◎
	その他(適所選択)				●		●		◎	

●印：1～5問出題，■印：6～10問出題，★印：11問以上出題。
※予想欄　◎印：出題されると思われるもの。　△印：出題されるかもしれないもの。

出題傾向と今後への対策 数学

出題内容

2024年度

《推　薦》 作 証 ✕

[1]は小問集合で，各分野から計13問。図形からは作図の出題もある。[2]は関数で，放物線と直線に関するもの。[3]は平面図形で，三角形について問うもの。証明問題も出題されている。[4]は関数の利用に関する問題。

《一　般》 作 証 ✕

[1]は小問集合で，作図問題１問を含む９問。[2]は空間図形で，円柱と円錐に関する問題。証明問題もある。[3]は関数で，放物線と直線に関するもの。[4]は平面図形で，証明問題を含む計３問の出題。[5]は空間図形で，体積などについて問われた。

2023年度

《推　薦》 作 証 ✕

[1]は小問集合で，各分野から計13問。図形からは作図の出題もある。[2]は関数で，放物線と直線に関するもの。[3]は平面図形で，二等辺三角形について問うもの。証明問題も出題されている。[4]は関数の利用に関する問題。

《一　般》 作 証 ✕

[1]は小問集合で，９問。作図の出題もある。[2]は数と式で，文字式の利用に関する問題。証明問題もある。[3]は関数で，放物線と直線に関するもの。[4]は平面図形で，証明問題を含む計３問の出題。[5]は空間図形で，正四角錐について問うもの。

作…作図問題　証…証明問題　グ…グラフ作成問題

解答形式

《推　薦》	記　述／マーク／併　用（○：記述）
《一　般》	記　述／マーク／併　用（○：記述）

出題傾向

大問４～５題で20問程度の出題。毎年，作図問題と証明問題が出題されている。推薦は，最初の１～２題が小問集合題で，残りが関数，平面図形，特殊・新傾向問題となっている。一般は，[1]が小問集合題で計算を主とするものなど９問。[2]が文字式の利用に関する問題，[3]が関数，[4]が平面図形，[5]が空間図形からの出題。

今後への対策

まずは，教科書や基本問題集などを使って基礎を固めよう。問題を一つ一つていねいに解いて，定理や公式を確実に使えるようにしよう。また，苦手分野は重点的に学習し，なくしておくこと。さらに，作図問題や証明問題の対策を分野別問題集などを用いて演習を積み，最後に過去問題集で練習をしておくこと。

◆◆◆◆◆ 数学出題分野一覧表 ◆◆◆◆◆

分野	年度	2022 推薦	2022 一般	2023 推薦	2023 一般	2024 推薦	2024 一般	2025予想※ 推薦	2025予想※ 一般
数と式	計算，因数分解	★	★	★	★	★	★	◎	◎
	数の性質，数の表し方								
	文字式の利用，等式変形		■		■				◎
	方程式の解法，解の利用	■	★	●	★	●	★	◎	◎
	方程式の応用			■		■		◎	
関　数	比例・反比例，一次関数	●		●				△	
	関数$y=ax^2$とその他の関数	★	★	★	★	★	★	◎	◎
	関数の利用，図形の移動と関数			★		★		◎	
図　形	（平面）計　量	●	★	●	★	●	★	◎	◎
	（平面）証明，作図	■	■	■	■	★	■	◎	◎
	（平面）その他			●					
	（空間）計　量	●	■	■	■	■	■	◎	◎
	（空間）頂点・辺・面，展開図						●		
	（空間）その他						●		
データの活用	場合の数，確率	●	●	●		■	●	◎	◎
	データの分析・活用，標本調査	●		■	●	■		◎	△
その他	不 等 式								
	特殊・新傾向問題など	★						△	
	融合問題								

●印：１問出題，■印：２問出題，★印：３問以上出題。
※予想欄　◎印：出題されると思われるもの。　△印：出題されるかもしれないもの。

出題傾向と今後への対策 国語

出題内容

2024年度

《推薦》

一 漢字　二 漢字　三 論説文　四 小説　五 古文　六 作文

課題文
三 千野帽子『人はなぜ物語を求めるのか』
四 眞島めいり『夏のカルテット』
五『古今著聞集』

《一般》

一 漢字　二 漢字　三 小説　四 論説文　五 説明文

課題文
三 北川　樹『ホームドアから離れてください』
四 市橋伯一『増えるものたちの進化生物学』
五 山崎正和『劇と批評の精神』

2023年度

《推薦》

一 聞き取り　二 漢字　三 漢字　四 説明文　五 小説　六 古文　七 作文

課題文
四 入谷亮介「数理で読みとく生物進化」
五 はらだみずき『名もなき風たち』　六『落栗物語』

《一般》

一 漢字　二 漢字　三 小説　四 論説文　五 説明文

課題文
三 ささきあり『天地ダイアリー』
四 榎本博明『イクメンの罠』
五 前田雅之『高校生からの古典読本』

解答形式

《推薦》　記　述／マーク／併　用

《一般》　記　述／マーク／併　用

出題傾向

設問は，漢字の読み書きに10問前後，読解問題にそれぞれ5問前後付されている。推薦の聞き取り問題では，会話内容の把握や発言の特徴などが問われている。また，近年では資料をもとにした作文も出題されている。一般では，本文の内容を踏まえた200字程度の作文が出題される。

今後への対策

読解問題については，基礎学力を養成するための問題集で練習を積んでいくのがよい。また，200字の作文の対策としては，自身の経験と結びつけた文章を書く練習をしておくとよい。古文については，文体に慣れておくことが大事である。歴史的仮名遣いなどの基本的知識についても，復習しておく必要がある。

◆◆◆◆◆ 国語出題分野一覧表 ◆◆◆◆◆

分野		年度	2022		2023		2024		2025予想※	
			推薦	一般	推薦	一般	推薦	一般	推薦	一般
現代文	論説文 説明文	主題・要旨		●			●		△	△
		文脈・接続語・指示語・段落関係		●		●		●		◎
		文章内容	●	●	●	●	●	●	◎	◎
		表現					●	●	△	△
	随筆 日記 手紙	主題・要旨								
		文脈・接続語・指示語・段落関係								
		文章内容								
		表現								
		心情								
	小説	主題・要旨								
		文脈・接続語・指示語・段落関係								
		文章内容	●	●	●	●	●	●	◎	◎
		表現	●	●		●		●	△	◎
		心情	●	●	●	●	●	●	◎	◎
		状況・情景								
韻文	詩	内容理解								
		形式・技法								
	俳句 和歌 短歌	内容理解								
		技法								
古典	古文	古語・内容理解・現代語訳	●		●	●	●	●	◎	◎
		古典の知識・古典文法	●	●	●	●	●	●	◎	◎
	漢文	(漢詩を含む)	●		●		●		◎	
国語の知識	漢字 語句	漢字	●	●	●	●	●	●	◎	◎
		語句・四字熟語						●		△
		慣用句・ことわざ・故事成語								
		熟語の構成・漢字の知識								
	文法	品詞	●		●		●		◎	
		ことばの単位・文の組み立て		●		●				◎
		敬語・表現技法								
	文学史									
作文・文章の構成・聞き取り			●	●	●	●	●	●	◎	◎
その他										

※予想欄　◎印：出題されると思われるもの。　△印：出題されるかもしれないもの。

合格を勝ち取るための

本書の使い方

本書に掲載されている過去問をご覧になって，「難しそう」と感じたかもしれません。でも，大丈夫。ほとんどの受験生が同じように感じるのです。高校入試の出題範囲は中学校の定期テストに比べて広いですし，残りの中学校生活で学ぶはずの，まだ習っていない内容からも出題されているかもしれません。

ですから，初めて本書に取り組む際には，点数を気にする必要はありません。点数は本番で取れればいいのです。

過去問で重要なのは「間違えること」です。自分の弱点を知るために，過去問に取り組むのです。当然，間違った問題をそのままにしておいては意味がありません。

本書には，長年にわたって高校受験に関わってきたベテランスタッフによる詳細な解説がついています。間違えた問題は重点的に解説を読み，何度も解きなおしてください。時にはもう一度，教科書で復習するのもよいでしょう。

別冊として，抜き取って使える解答用紙を収録しました。表示してあるように拡大コピーをとれば，実際の入試と同じ条件で，何度でも過去問に取り組むことができます。特に記述問題では解答欄の大きさがヒントになる場合があります。そうした，本番で使える受験テクニックの練習ができるのも，本書の強みです。

前のページにある「出題傾向と今後への対策」もよく読んで，本校の出題傾向に慣れておきましょう。

2024年度 関東第一高等学校(推薦)

【英　語】（50分）〈満点：100点〉

1

英語リスニングテスト(**放送**による**指示**に従って答えなさい。)

No. 1	**A.** At my house with them. **C.** At my house for two hours.	**B.** At the park at one. **D.** At the park on Sunday.
No. 2	**A.** Yes, we can. **C.** Here you are.	**B.** You can use yours. **D.** No, thank you.
No. 3	**A.** I'm sorry I did that. **C.** I will be sad.	**B.** I'm glad to hear that. **D.** You should go home early.

2

英語リスニングテスト(**放送**による**指示**に従って答えなさい。)

No. 1

No. 2

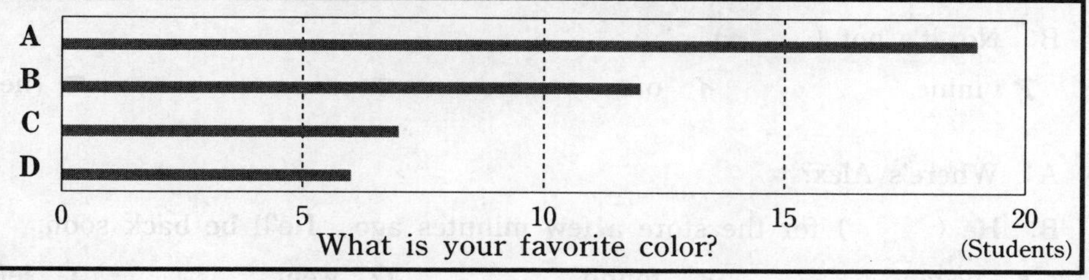

3

英語リスニングテスト(**放送**による**指示**に従って答えなさい。)

No. 1	**A.** To the food shop. **C.** To the post office.	**B.** To the ABC Store near the station. **D.** To the ABC Store by the library.
No. 2	**A.** Play tennis. **C.** Go shopping.	**B.** Clean her room. **D.** Cook with her family.

4 英語リスニングテスト(**放送**による**指示**に従って答えなさい。)

No. 1	Koji and his parents visited Kamakura to see Koji's (① **A.** grandfather **B.** uncle **C.** brother **D.** cousin) Yota and Yota's family last July. Koji and his parents gave Yota a (② **A.** birthday present **B.** train **C.** yellow T-shirt **D.** cute bag) and a picture book.
No. 2	Ryo's ideas ・(① **A.** play **B.** dance **C.** read **D.** sing) with the students from Australia and give them some flowers Judy's ideas ・play games with them and enjoy Japanese (② **A.** fruits **B.** snacks **C.** cake **D.** bread) with them

※リスニングテスト放送文は，英語の問題の終わりに付けてあります。

5 次の**(1)**～**(5)**の対話文を完成させなさい。

(1)，**(2)**については，それぞれの(　　　)に入る最も適当なものを，下の**ア**～**エ**のうちから一つずつ選びなさい。

また，**(3)**～**(5)**については，それぞれの(　　　)の中の語を正しい語順に並べかえたものとして最も適当なものを，あとの**ア**～**エ**のうちから一つずつ選びなさい。

(1) A: Look at that car, Lisa. Is that Mr. Green's?
B: No, it's not (　　　).
ア mine　**イ** ours　**ウ** his　**エ** hers

(2) A: Where's Alex?
B: He (　　　) for the store a few minutes ago. He'll be back soon.
ア began　**イ** found　**ウ** went　**エ** left

(3) A: I'm going to clean Minami Park with some students this Sunday.
B: Oh, I think it (① happy　② will　③ make　④ people　⑤ many).
ア ②③⑤④①　**イ** ②⑤④③①　**ウ** ③④②⑤①　**エ** ③⑤④②①

(4) A: Can you see the (① music　② by　③ to　④ boy　⑤ listening) the tree?
B: Yes. That's Peter.
ア ①②⑤③④　**イ** ①⑤③②④　**ウ** ④⑤③①②　**エ** ④⑤②①③

(5) A: Is (① bought　② computer　③ that　④ the　⑤ you) last Sunday?
B: Yes, it is. I'll show you.
ア ③②④⑤①　**イ** ③④②⑤①　**ウ** ④②③⑤①　**エ** ④③⑤①②

6 次の①～④は，高校生のサオリ(Saori)の留学先での出来事を描いたイラストです。②，④の場面で，サオリは何と言ったと思いますか。①～④の話の流れを踏まえ，[(1)]，[(2)] に入る言葉を英語で書きなさい。ただし，語の数はそれぞれ**10語程度**（．，？！ などの符号は語数に含まない。２文以上になっても構わない。）とすること。

7 次の(1)，(2)の英文を読んで，それぞれの問いに答えなさい。

(1) 高校生のミホ(Miho)が，作文(essay)コンテストの案内文を見て，それに応募し，その内容をもとに２枚のスライド(Slide 1・Slide 2)を使って英語の授業で発表しています。

Ajisai Nature Park Essay Contest

Ajisai Nature Park is loved by a lot of Japanese people. We want to introduce the park to people around the world, too. Please write an English essay about your good memories at this park and the best point of the park. You can use pictures or other slides, too. The top 10 essays will be shown on our English website in January next year. The first prize winner will receive a camera. To join our contest, please submit your essay with the application form by October 1st.

Hi, I'm Miho. My family and I often visit Ajisai Nature Park. I love this park because we can see a lot of wild birds, and I think that's the best point of the park. Look at **Slide 1**. We can see different kinds of birds in each season in the park. Resident birds like sparrows can be seen all year round, but many birds are migratory birds. There are three types of them: summer visitors, winter visitors, and passage migrants. Summer visitors fly from warmer places in spring and stay in Japan during summer. When it starts getting (**A**), they return to the south. Winter visitors are opposite. They fly from (**A**) places in autumn and return to the north before spring. We can also see passage migrants in spring and in autumn when they pass through Japan to warmer or colder places. I like watching swallows. My mother likes them and plovers also. If you visit the park in (**B**), you may be able to see both swallows and plovers.

Look at **Slide 2**. About ten years ago, in November, I visited the park for the first time. I went there with my parents. My mother took this picture that day when I found a cute flower and showed it to her. I didn't know that a swan was flying behind me then. It looks small, but it was actually very big. I still remember the moment because I was really excited.

You can enjoy the park in any season. Please come to the park and enjoy the beautiful nature of Japan!

Slide 1

Birds in Ajisai Nature Park

・resident birds 留鳥(りゅうちょう)	sparrows, white-eyes スズメ　メジロ
・summer visitors 夏鳥	cuckoos, swallows カッコウ　ツバメ
・winter visitors 冬鳥	swans, cranes 白鳥
・passage migrants 旅鳥	snipes, plovers シギ　チドリ

Slide 2

（注） submit ～　～を提出する　application form　申し込みフォーム
all year round　一年中　migratory bird　渡り鳥　opposite　反対の
pass through　通過する

① 本文中の２か所の（　**A**　）に共通して入る最も適当なものを，次の**ア**～**エ**のうちから一つ選びなさい。

ア hotter　　**イ** colder　　**ウ** smaller　　**エ** bigger

② 本文中の（　**B**　）に入る最も適当なものを，次の**ア**～**エ**のうちから一つ選びなさい。

ア spring　　**イ** summer　　**ウ** autumn　　**エ** winter

③ 本文の内容に合うように，**Slide 2** に入る写真として最も適当なものを，次の**ア**～**エ**のうちから一つ選びなさい。

ア

イ

ウ

エ

④ 本文の内容に合っている英文として最も適当なものを，次の**ア**～**エ**のうちから一つ選びなさい。

ア Ajisai Nature Park held the contest because it was not so popular in Japan.

イ Each of the top 10 winners of the contest can receive a camera.

ウ Miho visited the park for the first time in November about 10 years ago.

エ Miho's mother took the picture of Slide 2, but Miho didn't remember about it.

(2) 次は，ある観光バスの日帰りバスツアーのしおりの一部です。

Apple Bus
One-day Bus Tour to Aoba City

《Itinerary》 **(Sunday, March 3)**

08:45	Meet at Chuo Station
09:00	Departure
10:30	Midori River (enjoy river rafting on Midori River※)
11:45	Departure
12:00	Aoba Market Food Festival (enjoy lunch & free time)
13:00	Departure
13:30	Aoba Castle (enjoy free time or Optional Tour 1)
14:45	Departure
15:00	Aoba Pottery Workshop (enjoy shopping or Optional Tour 2)
15:50	Departure
18:00	Arrive at Chuo Station

※If the weather is bad, you can't enjoy river rafting. Instead, we will visit Midori Observatory near the river.

【Optional Tours】
If you want to join one or both optional tours, please tell the bus guide before lunch on that day.

1. Guided Tour Inside the Castle
Time: 45 minutes
Price: 2,000 yen including castle entrance fee of 500 yen
◆With the castle tour guide, you can see a special room in the castle!

2. Making Pottery Cups
Time: 30 minutes
Price: 1,500 yen
◆Let's make a special pottery cup! You'll receive your cup at home about a month later.

(注) itinerary 旅程　departure 出発　river rafting 川下り
optional オプションの，任意選択の　pottery 陶芸，陶器　workshop 工房
observatory 展望台　guided ガイド付きの

① このしおりの内容に合うように，次の英文の □ に入る最も適当なものを，あとのア～エのうちから一つ選びなさい。

People will enjoy the Aoba Market Food Festival for □ minutes.

ア 30　　イ 45　　ウ 50　　エ 60

② 日帰りバスツアーへの参加を決めたウィル(Will)と友だちのショウゴ(Shogo)が，しおりを見て，話をしています。次の会話中の(　　)に入る最も適当なものを，あとのア～エのうちから一つ選びなさい。

Will: I want to join Optional Tour 1. What do you think?
Shogo: Actually, I want to join both optional tours.
Will: I'm interested in them too, but I will have to pay (　　) if I join both. That's expensive.
Shogo: You will go back to your country in May. The cup you make yourself will be one of the best mementos of your time in Japan.
Will: You're right. OK. Let's join both!

(注) memento 思い出の品

ア 1,500 yen　　イ 2,000 yen　　ウ 3,500 yen　　エ 4,000 yen

8 次の英文を読んで，あとの(1)～(4)の問いに答えなさい。

There is a lot of plastic around us. Plastic has become a necessary part of our lives. It's used in everything from electronic devices to clothes. Phones, pens, bags, and even our face masks are made of plastic. However, plastic waste is causing a big problem. For example, single-use plastic bottles and too much packaging create a lot of waste and pollution. There were many countries that bought plastic waste from other countries to reuse it as a resource in the past, but now, there are not many countries that do that because it often causes water pollution. So, there is too much plastic waste all over the world.

But don't worry. We can do something about this problem. [ア] First, use fewer single-use plastic items in your life. Instead, try using new alternative items that are made of biodegradable plastics or reusable things like metal or glass. It can be helpful in reducing plastic waste.

There are some other easy ways, too. We can bring our own bags when we go shopping. We can use reusable water bottles for our drinks, too. [イ] Also, asking our family and friends to use fewer plastic items is another simple but important action.

Some people suggest living a plastic-free life, and it may be wonderful. But achieving a plastic-free life is really difficult because we can't get rid of all plastic items, especially items like medical devices or electronic devices. So, instead, why don't we take good care of the plastic items that we already have? [ウ] Also, we can sometimes reuse single-use plastic items two or three times. For example, we can use a plastic bag again to carry things or as a trash bag.

By being careful of what we use and by choosing reusable items, we can reduce plastic waste and keep our planet clean. It's not just about the environment; it's also about caring for other people and the living things around us. [エ]

If each of us tries to reduce plastic as much as possible, there will be less plastic. Let's work together to use less plastic and take better care of our world.

（注） mask　マスク　　be made of ～　～で作られている　　single-use　使い捨て
packaging　包装　　reuse ～　～を再利用する　　resource　資源　　item　製品
alternative　代替の　　biodegradable　生分解性の　　reusable　再利用可能な
metal　金属　　glass　ガラス　　plastic-free　プラスチックなしの
achieve ～　～を達成する　　get rid of ～　～を取り除く
keep ～ …　～を…に保つ　　care for ～　～を大事に思う
as ～ as possible　できるだけ～

⑴ 本文の題名として最も適当なものを，次のア～エのうちから一つ選びなさい。

ア The history of plastic

イ Life with less plastic

ウ A week without plastic

エ Plastic items

⑵ 次の英文を入れるのに最も適当な場所を，本文中の[ア]～[エ]のうちから一つ選びなさい。

Then, we can use them for a longer time.

⑶ 本文の内容に関する次の質問に英語で答えるとき，答えとして最も適当なものを，あとのア～エのうちから一つ選びなさい。

Why do fewer countries buy plastic waste from other countries now?

ア Because there is too much plastic waste all over the world.

イ Because they don't have much money.

ウ Because they have already had enough plastic waste.

エ Because plastic waste often causes water pollution.

⑷ 本文の内容に合っている英文として最も適当なものを，次のア～エのうちから一つ選びなさい。

ア Many people use plastic at home to make things like clothes and bags.

イ Using metal or glass items can be helpful to reduce plastic waste.

ウ Some people say that we can live a plastic-free life and that it's easy.

エ We can use new alternative items to make medical devices or electronic items.

9 高校生のタク(Taku)が，パークス先生(Ms. Parks)と学校で話をしています。この対話文を読んで，(1)～(4)に入る最も適当なものを，それぞれあとの**ア**～**エ**のうちから一つずつ選びなさい。

Taku: Hi, Ms. Parks. I have a question about today's homework.

Ms. Parks: OK, Taku. What is it?

Taku: You told me to write about my dream job in English, right? But I don't have a dream job. So, (1)

Ms. Parks: Sure. Well, then, do you have any other dreams besides a future job? I want you to write about that.

Taku: Yes. I want to learn about many other cultures and traditional things around the world.

Ms. Parks: That's great. Then, maybe you should study cultural anthropology at university. Also, (2)

Taku: What do you mean?

Ms. Parks: I mean that you can become a scholar, a university professor, or a journalist.

Taku: (3) For example, if I become a scholar, I can continue to learn while I'm working, right?

Ms. Parks: Yes. Becoming a scholar may be challenging, but you can try. Well, one of my Japanese friends is a university professor. I'll introduce you to her if you like.

Taku: Really? (4) When I meet her, I want to ask her many questions.

Ms. Parks: I see. I hope that you'll have a good time.

Taku: Thank you very much!

(注) besides ～ ～以外で　cultural anthropology 文化人類学　scholar 学者
challenging 困難な

(1)
ア is it OK if I write about it?
イ is it OK if I won't do my homework?
ウ can I write about my friend's dream?
エ can I write about something else?

(2)
ア you should study about many jobs.　**イ** it'll be your dream.
ウ studying it can become your job.　**エ** it's good for you to study abroad.

(3)
ア Oh, I've thought about it, too.　**イ** Oh, I didn't think about that.
ウ No, I don't think I can do it.　**エ** Yes, but it'll be difficult.

(4)
ア That will be nice!　**イ** That's right!
ウ That's too bad!　**エ** That's all!

＜リスニングテスト放送台本＞

（チャイム）

これから，英語の学力検査を行います。（間２秒）では，問題用紙の１ページ目を開きなさい。（間３秒）

リスニングテストの問題は，1から4の四つです。

では，1から始めます。

1は，英語の対話を聞いて，最後の文に対する受け答えを選ぶ問題です。受け答えとして最も適当なものを，それぞれ問題用紙の**A**から**D**のうちから一つずつ選びなさい。なお，対話はそれぞれ2回放送します。では，始めます。

No. 1 Boy: Hi, Nana. Do you have any plans for this Saturday?

Girl: Yes, Sam. I'm going to play basketball with Jun and Tina at the park. Do you want to come?

Boy: Yes! Where and when are you going to meet?

No. 2 Girl: Oh, no. Can you help me, Takeshi?

Boy: What's up, Jane?

Girl: May I use your pen? I have to write my name here, but I don't have one right now.

No. 3 Boy: Hi, Ms. Green.

Woman: Hi, Hiro. Oh, you look a little tired. Are you OK?

Boy: Well, I've been feeling a little sick since this morning.

次は2です。

2は，英語の対話又は英語の文章を聞いて，それぞれの内容についての質問に答える問題です。質問の答えとして最も適当なものを，それぞれ問題用紙の**A**から**D**のうちから一つずつ選びなさい。なお，英文と質問はそれぞれ2回放送します。では，始めます。

No. 1 Rie: Do you have any brothers or sisters, Tom?

Tom: Yes, Rie. I have two brothers, John and Eric. Look. This is a picture of my brothers and me.

Rie: Wow. You and your brothers look like each other. Is this boy John or Eric?

Tom: That's Eric. He's thirteen, and John is sixteen.

Rie: Oh, Eric is taller than John in the picture.

Tom: Yes. But I'm still taller than Eric.

Rie: I see.

Question: Which shows Tom and his brothers?

No. 2 Hi, I'm Tomoya. Last week, I asked forty-four students in my class, "What is your favorite color?" About twenty students like white the best. I like red very much, but it's not so popular. Only six students and I like it. My best friend Sota likes blue, but it's not as popular as my favorite color. Black is liked by more than ten students.

Question: Which one shows red?

次は**3**です。

3は，英語の対話又は英語の文章を聞いて，それぞれの内容についての質問に答える問題です。質問の答えとして最も適当なものを，それぞれ問題用紙の**A**から**D**のうちから一つずつ選びなさい。なお，英文と質問はそれぞれ**2**回放送します。では，始めます。

No. 1　Jim: Mom, are you going to buy eggs today?

Mother: No, Jim. We still have some at home. So, I'm going to buy some milk and bread at the food shop across from the post office.

Jim: I see. I need a new notebook. Can you buy one for me today?

Mother: Sure. But we can't get it at the food shop. Let's go to the ABC Store near the station.

Jim: Well, can we please go to the ABC Store by the library? It has more types of notebooks than the store near the station.

Mother: OK. Let's go there after buying some food.

Jim: Yes, let's.

Question: Where will Jim and his mother go first?

No. 2　Hi, everyone. I'm Yuri. I'm going to talk about what I will do this weekend. On Saturdays, I usually stay at home and do my homework or cook dinner with my family. But I don't have any homework this week, so I will have a lot of time. I couldn't clean my room last weekend, so I'm going to do that on Saturday morning. After that, I'm going to go shopping with my friends. On Sunday, I'm going to play tennis with my sister in the morning.

Question: What is Yuri going to do this Saturday morning?

次は**4**です。

4は，英語の文章を聞いて，その内容について答える問題です。問題は，No. 1，No. 2の二題です。問題用紙には，それぞれの英語の文章の内容に関するまとめの文やメモが書かれています。（間３秒）それらの文やメモを完成するために，①，②にあてはまるものを**A**から**D**のうちから一つずつ選びなさい。なお，英文はそれぞれ**2**回放送します。では，始めます。

No. 1　Hello. I'm Koji. Last July, my parents and I visited Kamakura to see my cousin Yota and his family. Yota is three years old. He likes T-shirts and trains very much. I don't have any brothers, so he's like my brother. My parents and I like him very much. It was not his birthday that day, but we gave him a yellow T-shirt and a picture book about trains. He was very happy, so we were happy, too.

No. 2　Hi, everyone. I'm Naomi. Next month, ten students from Australia will come to our school and study with us for two weeks. On their first day at our school, we're going to have a welcome party for them. I'm in the English club, and the members of the club have to make a plan for the party. So, I talked with some members yesterday to decide what to do at the party. Ryo thinks singing with the students and giving them some flowers will be good. Judy thinks playing games and enjoying snacks like *onigiri* and *dango* will be good. What do you think? We need more ideas. If you have any other ideas, please tell us. Thank you.

以上で，リスニングテストを終わります。２ページ以降の問題に答えなさい。

【数　学】（50分）〈満点：100点〉

1　次の(1)～(7)の問いに答えなさい。なお，(1)～(6)は $\boxed{}$ のア～ヒにあてはまる数字をそれぞれ答えなさい。

(1)　次の①～③の問いに答えなさい。

①　$-3\times(-8+4)$ を計算すると，$\boxed{\text{アイ}}$ である。

②　$18\left(\dfrac{2}{3}a-\dfrac{5}{6}b\right)-5(a-2b)$ を計算すると，$\boxed{\text{ウ}}\,a-\boxed{\text{エ}}\,b$ である。

③　$(\sqrt{6}-\sqrt{3})^2$ を計算すると，$\boxed{\text{オ}}-\boxed{\text{カ}}\sqrt{\boxed{\text{キ}}}$ である。

(2)　横の長さが縦の長さの2倍より4 cm短い長方形がある。
このとき，次の①，②の問いに答えなさい。

①　この長方形の縦の長さを x cmとするとき，横の長さを x を使って表すと，
$(\boxed{\text{ク}}\,x-\boxed{\text{ケ}})$ cmである。

②　この長方形の縦の長さを2倍にし，横の長さを5 cm長くしたところ，もとの長方形より，面積が $80\ \text{cm}^2$ 大きくなった。
もとの長方形の縦の長さは，$\boxed{\text{コ}}$ cmである。

(3) あるクラスの生徒 34 人が，バスケットボールのシュートを 10 回ずつ行った。

下の表は，34 人のシュートが成功した回数をまとめたものである。

このとき，次の①，②の問いに答えなさい。

成功した回数（回）	0	1	2	3	4	5	6	7	8	9	10
人数（人）	3	6	8	7	3	2	3	1	1	0	0

① シュートが成功した回数の最頻値は [サ] 回，範囲は [シ] 回である。

② シュートが成功した回数の第 2 四分位数は [ス].[セ] 回，四分位範囲は [ソ] 回である。

(4) 右の図のように，1，2，3，4，5 の数字を 1 つずつ書いた 5 枚のカードがある。

この 5 枚のカードの中から 1 枚取り出し，そのカードに書かれた数を a とし，残りの 4 枚のカードの中から 1 枚取り出し，そのカードに書かれた数を b とする。

このとき，次の①，②の問いに答えなさい。

① a，b の組み合わせは，全部で [タチ] 通りある。

② $2a+b$ の値が 3 の倍数となる確率は，$\dfrac{\boxed{\text{ツ}}}{\boxed{\text{テ}}}$ である。

ただし，どのカードが取り出されることも同様に確からしいものとする。

(5) x，y についての２つの連立方程式

$$\begin{cases} ax+3y=6 \\ 3x+4y=11 \end{cases} \qquad \begin{cases} x+2y=7 \\ -2x+by=-4 \end{cases}$$

の解が同じであるとき，$a=\boxed{\text{ト}}$，$b=-\boxed{\text{ナ}}$ である。

(6) 右の図に示した立体 ABCD－EFGH は，１辺の長さが 8 cm の立方体である。

辺 AB の中点を M，辺 FG の中点を N とする。

このとき，次の①，②の問いに答えなさい。

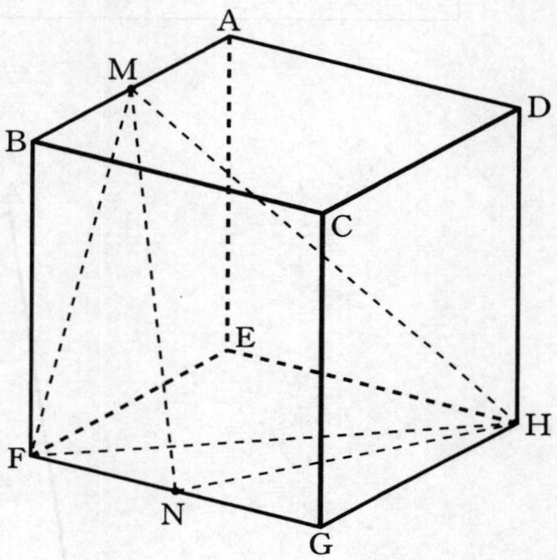

①　線分 FM の長さは，$\boxed{\text{ニ}}\sqrt{\boxed{\text{ヌ}}}$ cm である。

②　四面体 FHMN において，△FMN を底面としたときの高さは，$\dfrac{\boxed{\text{ネノ}}\sqrt{\boxed{\text{ハ}}}}{\boxed{\text{ヒ}}}$ cm である。

(7) 下の図のような，△ABC がある。

このとき，次の**条件**を満たす点Ｐを，**記述式解答用紙**の解答欄に作図し，点Ｐの位置を示す文字Ｐも書きなさい。

ただし，三角定規の角を利用して直線をひくことはしないものとし，作図に用いた線は消さずに残しておくこと。

条件

・点Ｐは △ABC の内部にあり，辺 BC の垂直二等分線上にある。

・∠BPC＝2∠BAC である。

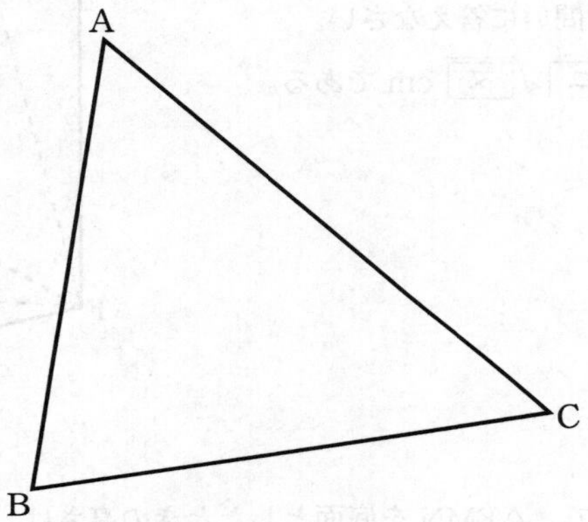

2 下の**図1**で，点Oは原点，曲線 ℓ は関数 $y=ax^2\ (a>0)$ のグラフである。

曲線 ℓ 上にあり x 座標が 4 である点をA，x 座標が -2 である点をBとし，2点A，Bを通る直線を m とする。

直線 m と y 軸との交点をCとする。

このとき，次の**(1)**～**(3)**において，$\boxed{}$ のア～オにあてはまる数字をそれぞれ答えなさい。

ただし，原点Oから点 (1，0) までの距離及び原点Oから点 (0，1) までの距離をそれぞれ 1 cm とする。

図1

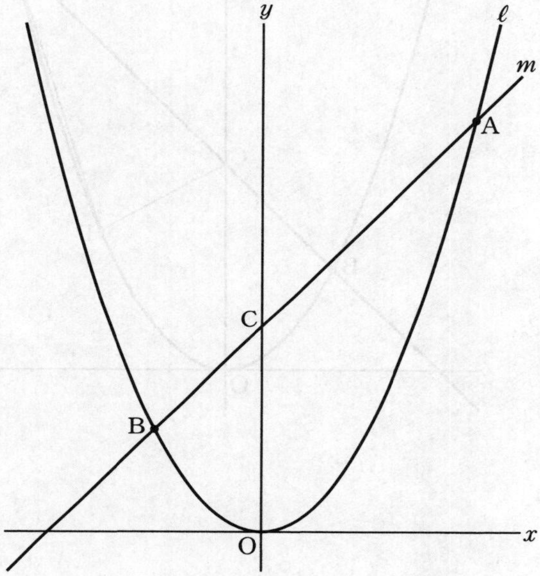

(1) 直線 m の傾きが $\frac{1}{2}$ のとき，$a=\dfrac{\boxed{ア}}{\boxed{イ}}$ である。

(2) 点Cの y 座標が 16 のとき，$a=\boxed{ウ}$ である。

⑶　下の**図２**は，**図１**において，$a=\frac{1}{2}$ のとき，曲線 ℓ 上を点Ｏから点Ａまで動く点Ｐをとった場合を表している。

△ACP の面積が $7\,\mathrm{cm}^2$ のとき，点Ｐの x 座標は，$\boxed{\text{エ}}+\sqrt{\boxed{\text{オ}}}$ である。

図２

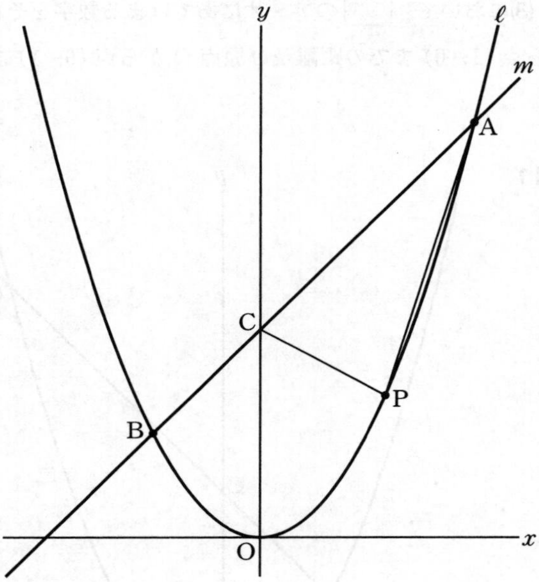

3　下の図で，△ABC は $\angle BAC = 45°$ の三角形である。

頂点 A から辺 BC にひいた垂線と辺 BC との交点を D，頂点 B から辺 AC にひいた垂線と辺 AC との交点を E とし，線分 AD と線分 BE との交点を F とする。

このとき，次の**(1)**～**(3)**の問いに答えなさい。なお，**(3)**は［　　］のア～ウにあてはまる数字をそれぞれ答えなさい。

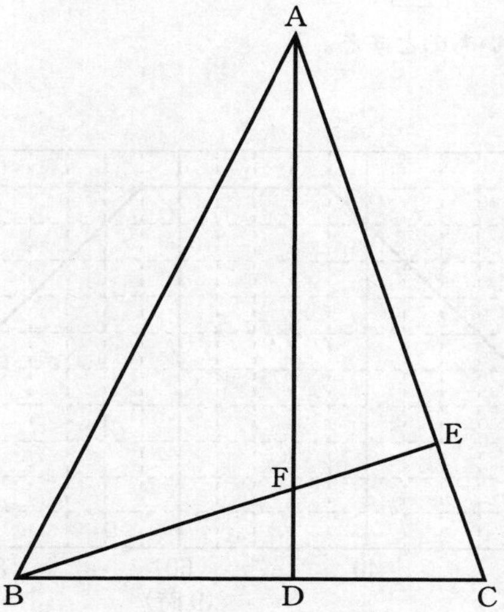

(1)　AF＝BC であることを下の［　　］にしたがって証明するとき，［(a)］，［(b)］に入る最も適当なものを，**選択肢**の**ア**～**エ**のうちからそれぞれ１つずつ選び，符号で答えなさい。また，［(c)］に入る最も適当なことばを書きなさい。

ただし，解答は**記述式解答用紙**の解答欄に書きなさい。

> AF＝BC であることを証明するには，［(a)］と［(b)］が［(c)］であることを証明すればよい。

選択肢

ア　△ABC　　**イ**　△ABF　　**ウ**　△AFE　　**エ**　△BCE

(2)　**(1)**の［　　］にしたがって，AF＝BC であることを証明しなさい。

ただし，解答は**記述式解答用紙**の解答欄に書きなさい。

(3)　BF＝FE のとき，△ABC の面積と四角形 FDCE の面積の比を，最も簡単な整数の比で表すと，［アイ］：［ウ］である。

4

A駅とC駅の間にB駅があり，A駅とB駅は16 km，A駅とC駅は40 km離れている。

A駅とC駅の間を，それぞれ一定の速さで運行する普通列車と急行列車がある。

下のグラフは，午前8時から午前9時48分までの普通列車の運行のようすを表したものである。

急行列車は，午前8時にC駅を出発し，毎時100 kmの速さで，B駅には停車せずにA駅，C駅で同じ時間ずつ停車しながら，C駅とA駅の間を2往復して，午前9時48分にC駅に到着した。

このとき，次の(1)～(4)において，□のア～シにあてはまる数字をそれぞれ答えなさい。

ただし，列車の長さは考えないものとする。

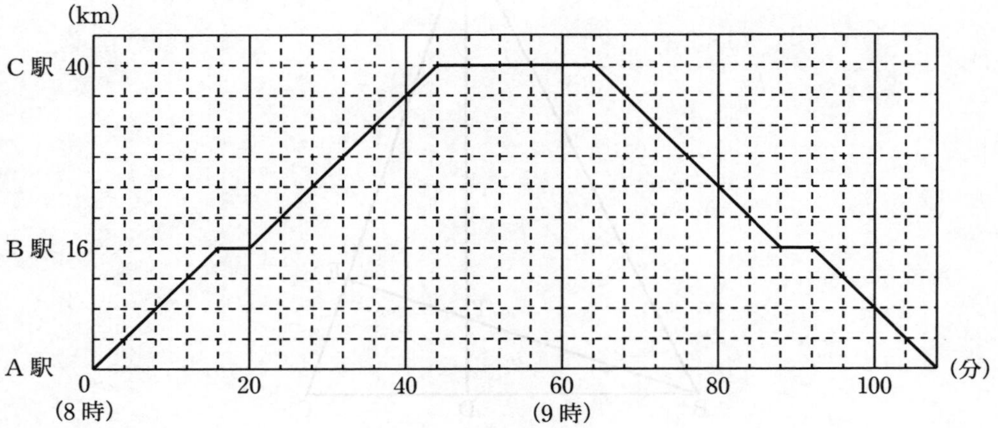

(1) 普通列車の速さは，毎時 [アイ] kmである。

(2) 普通列車と急行列車がはじめてすれちがったのは，午前8時 [ウエ] 分である。

(3) 急行列車は，A駅，C駅で [オ] 分ずつ停車する。

(4) 太郎さんは，午前8時にA駅を出発し，自転車に乗って線路沿いの道を一定の速さでC駅に向かった。

C駅に向かう途中で，走っている普通列車と1回すれちがい，急行列車とすれちがうことと急行列車に追い越されることが合わせて3回あった。

太郎さんの自転車の速さは，毎時 $\frac{\boxed{カキク}}{\boxed{ケ}}$ kmより速く，毎時 $\frac{\boxed{コサ}}{\boxed{シ}}$ kmより遅いと考えられる。

六 次の**【資料】**は、「大学生のボランティア活動の実態」について、質問した結果（複数回答）の一部です。これに関して、あとの〈条件〉にしたがい、〈注意事項〉を守って、あなたの考えを書きなさい。

【資料】

活動に参加した動機（複数回答）

困っている人の手助けがしたかったから	21.5%
地域をよりよくしたいから	20.1%
社会の不正や矛盾を正したかったから	2.8%
社会問題の解決に関わりたかったから	9.5%
関心のある分野や社会問題の現場を見たかったから	26.2%
楽しそうだったから	26.7%
友人や知人を増やしたかったから	8.9%
自分の成長につながると思ったから	45.4%
活動分野に関する経験やスキルを得たかったから	24.0%
達成感や満足感を得たかったから	9.9%
なんとなく（特に理由はなかった）	3.5%

（国立青少年教育振興機構「大学生のボランティア活動等に関する調査報告書（2020年3月）」より作成）

〈条件〉

① **二段落構成**とし、**十行以内**で書くこと。

② 前段では、**【資料】**から読み取ったことと、それに対するあなたの考えを書くこと。

③ 後段では、前段をふまえて、あなたが今後どのようなボランティア活動を行いたいかを、その理由とともに書くこと。

〈注意事項〉

① 氏名や題名は書かないこと。

② 原稿用紙の適切な使い方にしたがって書くこと。ただし、～や＝などの記号を用いた訂正はしないこと。

(4) 次は、この文章を読んだあとに、沢田さんと田口さんが文章中の C 用心 について、話し合った場面の一部です。これを読んで、あとの(a)～(c)の問いに答えなさい。

沢田さん　兼俊は管絃の腕を見込まれて昇殿を許されたにもかかわらず、与えられた笙を用心せずに吹き出したことが、この悲劇の始まりですね。

田口さん　主上より与えられた笙が［　　］楽器だということをわかったうえで吹きはじめていたら、試験もうまくいって昇殿が認められたかもしれません。

沢田さん　だから筆者は「管絃はよくよく用心あるべき事なり」と冒頭で述べているのですね。

田口さん　何かを始めるときには、たしかに用心が必要です。だからといって、主上の前で与えられた笙の掃除を始めたら、それはそれで怒りを買って昇殿が認められることはなかったのではないでしょうか。

沢田さん　それでも、「見義不為、無勇也」という言葉のように、それをすることが正しいと思ったらやらないのは勇気がない臆病者だと思います。たとえ怒りを買うことになっても、万全の状態で腕前を披露すれば結果は変わってくるはずです。

(a) 用心について、筆者が述べている内容として最も適当なものを、次の**ア～エ**のうちから一つ選びなさい。

ア 昇殿を認められるかどうか、あらかじめ笙の練習をしたほうがよかった。

イ 周囲の人の反応を想定して、慌てることなく吹き続けたほうがよかった。

ウ 最初から勢いよく吹くのではなく、様子を見ながら吹いたほうがよかった。

エ 平蛛がいるとわかっているのだから、かすかな息で吹き続ければよかった。

(b) 文章中の［　　］に入る言葉を、**十字以上、十五字以内**で書きなさい。

(c) 文章中の 見義不為、無勇也 は、「義を見て為《な》さざるは、勇なき也《なり》」と訓読し、次の「無キ勇也」はその一部である。訓読文を参考にして、これに**返り点**をつけなさい。

無キ　勇　也

五

次の文章を読み、あとの**(1)**～**(4)**の問いに答えなさい。

管絃《くわんげん》はよくよく用心あるべき事なり。前《さき》の筑前《ちくぜん》の守《かみ》兼俊《かねとし》（注1）、殿上に笙《しやう》（注2）吹きなきによりて、昇殿を免《ゆる》さるるべきよし沙汰ありけり。まづ試しありける日、蚶気絵《きさきゑ》（注3）を給《たま》ひて吹かせられけるに、用心なくして吹き出しけるほどに、管中に平蛛《ひらぐも》のありけるが、喉にのみ入れられにけり。A むせてはつきまどひけるほどに（吐いて苦しんだので）、主上・群臣もわらひ給ひて腸《はらわた》を断ちけり。おほきに嗚呼《をこ》をあらはして（醜態をさらして）、B 昇殿の沙汰もとどまりにけり。かかるためしあれば、事におきてよくよくC 用心あるべき事なり。なかにも御物《ぎよぶつ》（注4）のつねにも吹かれざらむをば、まづ小息にて心見るべきなり。

（『古今著聞集』による。）

（注1）兼俊＝源《みなもとの》兼俊。
（注2）笙＝雅楽で用いられる管楽器の一つ。
（注3）蚶気絵＝笙の中でも優れた楽器。
（注4）御物＝皇室の所蔵物。

(1) 文章中の おほきに を現代仮名づかいに改め、**ひらがな**で書きなさい。

(2) 文章中の A むせてはつきまどひける の主語にあたるものとして最も適当なものを、次の**ア**～**エ**のうちから一つ選びなさい。

ア 兼俊　**イ** 蚶気絵　**ウ** 平蛛　**エ** 主上

(3) 文章中に B 昇殿の沙汰もとどまりにけり とあるが、昇殿が認められなかった理由として最も適当なものを、次の**ア**～**エ**のうちから一つ選びなさい。

ア 笙にいた蛛に驚き、主上の前から逃げ出してしまったから。
イ 緊張のあまり、主上の前で思わず笑い出してしまったから。
ウ 蛛が喉に入って、主上の前で醜態をさらしてしまったから。
エ 苦手な蛛を見つけて、主上の前で笙を投げてしまったから。

(5) 次は、この文章を読んだあとに、石橋さんと佐藤さんが表現の効果について話し合っている場面の一部です。これを読み、あとの(a)～(c)の問いに答えなさい。

石橋さん　鯨井さんは、幹のピアノを自分のことのように自慢しているのが印象的でした。「だそうですよ、瀬尾くん」ということばには、幹のピアノが認められて当然だという思いが込められていると思います。

佐藤さん　だからこそ、幹がピアノを弾けることを知られたくないと言った際には「［Ⅰ］」訊き返したし、その理由を知って怒りを表したのでしょうね。

石橋さん　幹が相手の名前を「言いよどんで唇を閉じた」ことについて「俺」はいろいろと推測していますが、幹が「まずいことになると感じた」とすると、鯨井さんが自分のためにクラスメートとトラブルを起こすことを［Ⅱ］ということになるのでしょうね。

佐藤さん　そうかもしれませんね。実際はその答えを幹がはっきり言っていないため、読者の想像も広がります。

石橋さん　全体を通して、幹が本心を伝えようとしていることがわかります。自分なりのことばを探しているときの「［Ⅲ］」で待っている鯨井さんの様子なども含め、そんな幹をみんなが受け入れている感じがします。幹と他のみんなの様子を比較しても面白いですね。

(a) ［Ⅰ］、［Ⅲ］に入る言葉を、27ページ・26ページの文章中から［Ⅰ］は**七字**で、［Ⅲ］は**九字**で、それぞれ**抜き出して**書きなさい。

(b) ［Ⅱ］に入る言葉として、最も適当なものを、次の**ア**～**エ**のうちから一つ選びなさい。

ア 危惧した　**イ** 助長した　**ウ** 安堵《あんど》した　**エ** 擁護した

(c) 次は、石橋さんと佐藤さんが幹と他のみんなの様子を比較して、まとめた表です。［Ｘ］、［Ｙ］に入る言葉を、［Ｘ］は27ページ・26ページの文章中から**三字**で**抜き出して**書き、［Ｙ］は**十字以上、二十字以内**で書きなさい。

幹の演奏中	演奏後に幹が思いを表明
幹はオーディションを受けているつもり。 ⇔ 「俺」たちは［Ｘ］を聴いているつもり。	幹は、四人でバンドをやりたい思いを、他の三人が［Ｙ］様子。 ⇔ 「俺」は幹とバンドをやれるのは最高だと思っている。

(2) 文章中にB頭の中で一気にパズルが組み合わさって、思いもよらない形になって、呆然《ぼうぜん》とするとあるが、このときの「俺」の様子として最も適当なものを、次の**ア**～**エ**のうちから一つ選びなさい。

ア 悪気はなかったが、自分のとった行動により幹は傷ついていたのだと気づいた様子。

イ 幹の言っている状況を想像し、周囲が示した反応になることに納得している様子。

ウ 自分にとっては印象的だった行事が、幹にとっては嫌な思い出だと認識した様子。

エ 話を聞いたことで、なんとなく印象に残っていた幹の行動の理由がわかった様子。

(3) 文章中にC……今日来てくれたのは、なんで？とあるが、このときの佐々矢の心情として最も適当なものを、次の**ア**～**エ**のうちから一つ選びなさい。

ア 問い詰めるばかりでは幹も本当のことを話しにくいので、まずは関係のない話で心をほぐそうと思っている。

イ 幹が言いよどんでしまうような過去の話よりも、このときの幹の素直な思いを聞かせてほしいと思っている。

ウ 今日来た理由を考えさせて、鯨井さんが知りたがっていることを話してもいいと感じさせたいと思っている。

エ 嫌そうなのに問い詰めている鯨井さんに話をさせずに、幹の気持ちに寄りそう様子を見せようと思っている。

(4) 幹のピアノについての四人の考えをまとめた、次の文章の Ⅰ 、 Ⅱ に入る言葉として最も適当なものを、それぞれ次の**ア**～**カ**のうちから一つずつ選びなさい。

> 佐々矢が Ⅰ と感じているように、三人は幹のピアノの腕前を認めている。幹自身は、これまでその腕前を Ⅱ と思ってきた。

ア うまい

イ 本気だ

ウ 必要ない

エ 自慢できる

オ 隠したい

カ 嫌だ

そうか。だから隣の列に立ってたあのとき、歌ってなかったのか。暑いからとかだるいからとかじゃなくて、声を出したくない理由がはっきりあったんだ。

「あと『ミキちゃん』ってやたら呼ばれたり、『かわいい』って言われたり。やめてほしいって何回か伝えたけど……。これ以上、そういうネタにされそうなこと、知られたくない」

「誰。名前教えて」

なおもせまる鯨井さんに、幹は言いよどんで唇を閉じた。教えたらまずいことになると感じたか、あるいは具体的に誰というわけじゃないのか。

そもそも、そんなやつの名前、自分の口で発音するのすら嫌かもしれない。

C「……今日来てくれたのは、なんで?」

佐々矢がいきなり話題を変えた。

鯨井さんが大事な話の途中だと言いたげにキッとにらむ。にらまれたほうはまともにそれを受け止めたけど、するりと受け流して、重ねて言った。

「な、教えてくんない?」

すぐには返事がなかった。

幹はまばたき以外の動きを止めてしまっている。でもその顔を見ると、頭と心が、すごいスピードでぎゅんぎゅん回転してるのを感じた。自分なりのことばを見つけるために、必死に格闘してる最中なのを。

その隣で、鯨井さんはまだ険しい表情を浮かべている。納得がいかないんだろう。だけど急《せ》かそうとはしないで、友だちが話し出すのをじっと待っている。

「……この四人で、やりたくなった、から」

途切れとぎれに幹がしゃべった。

「っていうのは、だめ、かな……?」

びくびくしながらうかがってる声。

どんな反応をされるだろう、否定されるんじゃないかって、おそれてる声。

目の前でしぼり出されたその答えに、でも、ひりひりするほどたしかな思いがこもっているのを感じた。幹がじっくり考えて決めた選択。決意。

光がぽっと灯《とも》るような、明るさと熱をもつもの。

佐々矢が大げさに首を傾《かし》げ、「だめだと思う?」と訊いてくる。

「最高だと思う」と俺は言った。

（眞島《ましま》めいり『夏のカルテット』による。）

(1) 文章中にA迷っちゃって……とあるが、このときの幹の迷いの説明として最も適当なものを、次の**ア**～**エ**のうちから一つ選びなさい。

ア グループ研究に参加する意思を示さなくてはいけないのだろうかという迷い。

イ わざわざ集まりグループ研究について話し合ったほうがいいのかという迷い。

ウ このメンバーによるグループ研究に加わる資格があるのだろうかという迷い。

エ 自分を必要とするグループ研究は他にもあるのではないだろうかという迷い。

四　次の文章を読み、あとの(1)～(5)の問いに答えなさい。

中学一年生の「俺」は、図書委員の活動で知り合った佐々矢《ささや》に誘われ、瀬尾幹《せのおみき》、鯨井《くじらい》とともに夏休みの課題であるグループ研究のためにバンドを組むことになる。夏休み、公園に集まりグループ研究について話し合うことになっていたが、バンドを組むことについてはっきりとした意思表示をしなかった幹はなかなか現れない。やっと姿を見せると、持ち運び可能な電子ピアノを取り出し、自分で本当に大丈夫かオーディションをしてほしいと、幹は三人の前で演奏を始めた。

芝生のフィールドからは相変わらず小学生たちのはしゃいだ声が聞こえてくる。ボールを蹴り上げる鈍い音も、絶え間なくやかましい蟬《せみ》も。公園の周りの幹線道路から、トラックやバイクのエンジン音までもが。

耳に届くすべてが溶け合ってひとつになって、ついに終わりを迎えて、ふわっとはじける。

佐々矢がぱちぱち手をたたく。「ぶらぼー」って声をあげるから、俺も手をたたいて「ぶらぼー」って言う。ほめことばも、拍手も、全部本気だ。

幹は顔を真っ赤にして、ほっぺたの汗を手首でぐいっとぬぐった。

「それでオーディションの結果は?」

鯨井さんが尋ねると、佐々矢はぶんぶん首をふった。

「オーディションなんて必要ないだろ。ライブのつもりで聴いてた。よな?」

「うん。いいライブだった」と俺は頷《うなず》く。

「だそうですよ、瀬尾くん」

鯨井さんのわざとらしい言い方に、幹はもぞもぞ身体を動かした。それから、あらたまった態度でぺこりと頭を下げた。

「返事が遅くなってごめんね。グループ研究に誘ってもらえて、すごくうれしかったんだけど。A迷っちゃって……」

「ほかにやりたいテーマあったとか? あ、もしかしてもう声かけられてた?」

こんだけうまかったらみんな組みたがるだろ、と佐々矢がライバルの存在を警戒し始めると、幹はあわてたように手をふった。

「ううん、全然! 僕がピアノ弾けるって知ってるひと、今のクラスにほとんどいないと思う。というか、知られたくなくて」

「どうして?」

きょとんとして鯨井さんが訊《き》き返した。知ってて当然でしょ、っていうか自慢できることでしょと言いたそうに。

だけど幹の顔色は、明らかに曇った。

「……からかわれるから」

「はあ!? 誰に!」

鯨井さんがきつい声を出す。ここまでストレートに怒りを表したのは初めてだ。問いつめるような勢いがあって、つまりめちゃくちゃおっかなかったので、俺はぎくっとした。

幹は慣れてるのかあまり動揺していない。ただ、目をそらす。

「音楽の授業とか、集会とかで僕が歌い始めると、……みんな、にやにやしてこっちを見る」

校歌。

終業式。……口パク。

B頭の中で一気にパズルが組み合わさって、思いもよらない形になって、呆然《ぼうぜん》とする。

(5) 文章中の［D］に入る言葉として最も適当なものを、次の**ア**～**エ**のうちから一つ選びなさい。

ア 未知にとどまっている

イ 滑らかでわかりやすい

ウ 難解すぎてわからない

エ 正しい部分が全くない

(6) この文章の構成について説明したものとして最も適当なものを、次の**ア**～**エ**のうちから一つ選びなさい。

ア 人間の脳の働き方について、さまざまな分野の学説を提示しながら説明したうえで、読者に対して注意するべき点を論じている。

イ 人間の脳に関して対立する複数の学説を紹介したうえで、どの学説が妥当かを考えさせ、読者に筆者の出した結論を示している。

ウ 人間の脳における問題点について、具体的な解決方法の学説を示したうえで、読者に脳の機能を信じすぎないことを勧めている。

エ 人間の脳の機能を疑う学説を複数引用したうえで、脳の機能を正常化させるために必要な行動をとることを、読者に促している。

(3) 文章中のB因果関係について、別の視点から著者が著した次の文章を参考にして、あとの問いに答えなさい。

> 小説家の小川洋子《おがわようこ》さんは親の代からの阪神タイガースファンです。弟さんも熱心なファンで、子どものころ、家族四人でナイター中継を見ていて、
> 〈正座しているときに田淵《たぶち》(注)が逆転ホームランを打ったりすると、彼はその運が逃げないようにずっと正座している。ピンチになると、「さっき田淵がホームランを打った時の姿勢になって!」と、みんなに命令する〉(「家族団欒《だんらん》の図」『妖精が舞い下りる夜』所収、角川文庫)
> こういったジンクスや縁起担《かつ》ぎはライトな「おまじない」です。これくらいなら、やったことのある人は多いのではないでしょうか?
>
> (千野帽子《ちのぼうし》『人はなぜ物語を求めるのか』による。)
>
> (注) 田淵=一九六九~一九七八年まで阪神タイガースで活躍した選手。

問い 右の文章中の説明をもとに、「因果関係」について下のようにまとめます。[Ⅰ]~[Ⅲ]に入る言葉を書きなさい。ただし、次の①、②にしたがって書くこと。

① [Ⅰ]、[Ⅱ]は右の文章中からそれぞれ**九字**で**抜き出して**書くこと。

② [Ⅲ]は31ページ、30ページの文章中から**六字**で**抜き出して**書くこと。

> ・〈正座している弟〉と〈[Ⅰ]田淵〉とに関係はないが、弟がそこに因果関係を持たせて正座を続け、ピンチに陥ったらそのときと同じ状況を作り出そうとするのは[Ⅱ]と呼ばれる行為である。
> ・この行為に合理性があると本気で考えているわけではないはずだが、人間はそこに説明が[Ⅲ]を重視する。

(4) 文章中のCわかった気になるについて次のようにまとめる場合、①~④に入る言葉として最も適当なものを、あとの**ア**~**カ**のうちから一つずつ選びなさい。

> できごと→②できた→[わかった気になる]→④
> ①が生まれる ‐‐‐→[わかった気になる]
> ※③を検討していないので→正しいとは限らない

ア 線引き
イ 納得
ウ 妥当性
エ 快感
オ 背景
カ 秩序

しょう。

けれど、脳の機能のどれかにとって反射的・受動的だということが、その脳の持ち主や、持ち主が住む社会にとって、つねに「よい」ことであるとはかぎりません。

生きていくうえでいろんなことの原因・理由がはっきりしているほうが、一見ラクなように思えますよね（あくまで「一見」なのですが）。それで、僕たちはその説明についすがってしまいます。だから、いつも単純明快な答《こたえ》を求めてしまいます。

しかしストーリーが滑らかで「わかりやすく」感じるとき、そのストーリーが——ひいては、僕たちの解釈機能が——ただの前後関係やただの相関関係を「因果関係」にこっそりスライドさせている可能性があります。そういう意味で、滑らかなストーリーの形をしたものはしばしば危険でもあるのです。

安心して生きられるような「安定した世界把握」それ自体が、少し長い目で見ると、危険を孕《はら》んでいることもある。

「説明が正しいかどうか」よりも、また「その問《とい》が妥当かどうか」よりも、僕たちはともすると、「説明があるかどうか」のほうを重視してしまう。ストーリーでそこを強引に説明してしまうことがあるのです。

説明とは、そのままでは未知にとどまってしまうものを分解して、自分がすでに知っているものの集合体へと帰着させてしまうということです。こういったわけで、「わか（った気にな）る」ことはときに、お手軽な説明とセットであることがあるので要注意です。

本書の説明も、「[D]」と感じる部分があったら、どうぞ用心してください。

（千《ち》野《の》帽子《ぼうし》『人はなぜ物語を求めるのか』による。）

（注）　誤謬＝あやまり。

(1) 文章中の ほしい と同じ品詞であるものを、次の**ア**〜**エ**のうちから一つ選びなさい。

ア 食物のありがたさを知る。　**イ** 庭の木に大きな実がなる。

ウ 元気な声であいさつする。　**エ** 足が速いことを自慢する。

(2) 文章中の A前後即因果の誤謬 を説明した、次の文章を完成させなさい。ただし、[Ⅰ]、[Ⅱ] に入る言葉として、30ページの文章中から [Ⅰ] は**六字**で、[Ⅱ] は**十五字**で、それぞれ**抜き出して**書きなさい。

> 人間は、前後関係にあるふたつのことがらを原因と結果という形にしたがる習性を持っており、それによって説明がつく [Ⅰ] を好む。そのため、実際は [Ⅱ] にすぎないものを「因果関係」としてしまっている可能性があるのだ。

三 次の文章を読み、あとの(1)~(6)の問いに答えなさい。

人間とは、世のなかのできごとの原因や他人の言動の理由がわからないと、落ち着かない生きもののようです。

認知神経科学者のマイケル・S・ガザニガは、人間の脳の左半球で解釈《インター》機能《プリター》が働いているのではないか、という説を出しています。

〈左脳で行われるインタープリターのプロセスの背景には、起こったことの説明や原因を知りたいという衝動がある。このプロセスはどんな状況でも機能している〉(『〈わたし〉はどこにあるのか　ガザニガ脳科学講義』藤井《ふじい》留美《るみ》訳、紀伊國屋《きのくにや》書店)

そしてこの脳の解釈機能がでっち上げる説明は、一貫性はあっても、明らかに間違っていることがあるといいます。

日本語では「わかる」と「わけ」とは同じ語源だそうです。人間は、どうしても「わけ」がほしいらしい。刑事裁判では行動の動機を追及します。そうしないと、量刑できないのです。探偵小説の眼目には、「だれが犯人か《フーダニット》」「犯行の方法はなにか《ハウダニット》」と並んで「犯行の動機はなにか《ホワイダニット》」というものもあります。わけがわかると、ストーリーが滑らかに感じられ、「わかった」という感情がめばえるのです。

ストーリーにとって、この「わけ」を知るということがどれくらい決定的な役割を果たしているか、ということについて、さらに踏みこんでみましょう。

前後関係を因果関係だと思ってしまうことを、A「前後即因果の(注)誤謬《ごびゅう》」と呼びます。人間の脳はつい、これをしてしまいます。

英国の哲学者ヒュームが『人間本性論』(一七三九)で指摘したとおり、人間は、時間のなかで前後関係にあるふたつのことがらを、B因果関係で結びつけたがる習性を持っています。また批評家ロラン・バルトは、「物語の構造分析序説」(一九六六)で、この前後即因果の誤謬をいわば体系的に濫用するのが「物語」だ、とまで言いました。

できごとの因果関係が納得できるものであるとき、人間はそのできごとを「わかった」と思ってしまうらしいのです。

「わかる」というと知性の問題だと思うかもしれません。しかし、このように考えてきた結果、「わかる」と思う気持《きもち》は感情以外のなにものでもないということが見えてきました。教育心理学者・山鳥重《やまどりあつし》は、つぎのように書いています。

〈わかる、というのは秩序を生む心の働きです。秩序が生まれると、心はわかった、という信号を出してくれます。つまり、わかったという感情です。その信号が出ると、心に快感、落ち着きが生まれます〉(『「わかる」とはどういうことか　認識の脳科学』ちくま新書)

ということは、〈C「わかった気になる」と「わかる」とのあいだには本質的な線引きが出来ない〉(佐々木敦《ささきあつし》『ニッポンの思想』講談社現代新書)ということにもなります。

「地球温暖化は、××のせいだ」

「自分が正しく評価されないのは、××のせいだ」

「××だから、凶悪犯罪が起こる」

「××だから、日本経済がこのような事態に立ち至った」

それらの「から」「せい」は、妥当かもしれない。そして、勘違いかもしれないのです。

世界をストーリー形式の枠組で認知・解釈してしまう傾向は、脳のなんらかの機能にとって反射的・受動的な性質であり、ときには、生きていくのに必要なものでさえあります。人間の本能とか性向《さが》と呼ぶ人もいるで

二〇二四年度　関東第一高等学校（推薦）

【国　語】（五〇分）〈満点：一〇〇点〉

※注意　各ページの全ての問題について、解答する際に字数制限がある場合には、句読点や「　」などの符号も字数に数えること。

一

次の(1)～(4)の――の漢字の読みを、あとのア～エのうちからそれぞれ一つずつ選びなさい。

(1)　相手の態度に憤慨する。

ア　ふんど　イ　ふんこう　ウ　ふんき　エ　ふんがい

(2)　小さな地震が頻発している。

ア　はんぱつ　イ　ひんぱつ　ウ　ふんぱつ　エ　ほんぱつ

(3)　家が軒を連ねている。

ア　のき　イ　けん　ウ　かん　エ　おき

(4)　目の粗いふるいにかける。

ア　かた　イ　ゆる　ウ　あら　エ　こまか

二

次の(1)～(5)の――に相当する漢字を含むものを、あとのア～エのうちからそれぞれ一つずつ選びなさい。

(1)　常にケンキョでいたいと思う。

ア　キョセイを張る。　イ　遠方にテンキョする。　ウ　コンキョを聞く。　エ　作者のキョダクをとる。

(2)　ボウダイな資料を読む。

ア　フウボウだけは大物だ。　イ　ボウリをむさぼる。　ウ　予算がボウチョウする。　エ　仕事にボウサツされる。

(3)　ジュウナンに対応する。

ア　日々がジュウジツする。　イ　ジュウドウを習う。　ウ　クジュウの選択をした。　エ　船をソウジュウする。

(4)　話題を変えて場を取りツクロう。

ア　客室にハイゼンする。　イ　ジゼン活動を支援する。　ウ　屋根をシュウゼンする。　エ　寺でザゼンを体験する。

(5)　着物の帯をシめる。

ア　船が港にテイハクする。　イ　権力にテイコウする。　ウ　花束をゾウテイする。　エ　条約をテイケツする。

英語解答

1 No.1　B　No.2　C　No.3　D

2 No.1　B　No.2　C

3 No.1　A　No.2　B

4 No.1　①…D　②…C

No.2　①…D　②…B

5 (1)　ウ　(2)　エ　(3)　ア　(4)　ウ

(5)　イ

6 (1)　(例) Do you know where this department store is?

(2)　(例) I'm a student from Japan. I study English at a school here.

7 (1)　①…イ　②…ア　③…エ　④…ウ

(2)　①…エ　②…ウ

8 (1)　イ　(2)　ウ　(3)　エ　(4)　イ

9 (1)　エ　(2)　ウ　(3)　イ　(4)　ア

1～**4**〔放送問題〕解説省略

5〔対話文完成─語形変化・整序結合〕

(1)A：あの車を見てよ，リサ。あれはグリーンさんのかな？／B：いいえ，あれは彼のではないわ。 ∥Mr. Green's (car)「グリーンさんの(車)」の意味を表す語が入る。Mr. は男性につく敬称なので his「彼のもの」が適切。　he－his－him－his

(2)A：アレックスはどこにいるの？／B：彼は数分前にお店に出かけたよ。もうすぐ戻ってくるよ。 ∥'leave for＋場所'「〈場所〉に向けて出発する」

(3)A：僕は今週の日曜に何人かの学生とミナミ公園を掃除する予定なんだ。／B：ああ，それはたくさんの人を幸せにすると思うわ。∥まず助動詞 will を置き，'make＋目的語＋形容詞'「～を…(の状態)にする」の形を続ける。　..., I think it will make many people happy.

(4)A：あの木のそばで音楽を聴いている男の子が見える？／B：ああ。あれはピーターよ。∥まず see の目的語を the boy とする。残りの語句で listening to music というまとまりができ，これで the boy を後ろから修飾する(現在分詞の形容詞的用法)。最後に by「～のそばに」を the tree の前に置く。　Can you see the boy listening to music by the tree?

(5)A：あれは君がこの前の日曜日に買ったコンピューターかい？／B：ええ，そうよ。あなたに見せてあげるわ。∥まず Is that the computer? という疑問文の骨組みをつくる。残りは you bought とまとめて the computer の後ろに置く。the computer と you の間に目的格の関係代名詞が省略されている。　Is that the computer you bought last Sunday?

6〔条件作文〕

(1)イラストからわかるのは，サオリが通りかかった女性に DEPARTMENT STORE と書かれた紙を見せて話しかけていること。サオリに声をかけられた女性は，「はい，あれがそれよ」と答えているので，デパートの場所を尋ねる文を10語程度で書く(解答欄が12語分あるので，8語～12語の間で作成する)。　(別解例) Could you tell me where this department store is?

(2)「あなたは学生ですか」と女性に尋ねられたサオリが「はい」と答えた後の言葉なので，自分が留学生であることを伝えるような自己紹介の文をつくる。　(別解例) Yes. I'm a student from Tokyo. I came here two days ago.

7〔読解総合〕

(1)＜読解総合─案内文・スピーチ＞≪全訳≫

あじさい自然公園作文コンテスト

あじさい自然公園は多くの日本人に愛されています。私たちはこの公園を世界中の人にも紹介したいと思っています。あなたのこの公園での良い思い出と，公園の一番良い点について，英語で作文を書いてください。写真やスライドを使ってもかまいません。上位10位に入った作文は来年１月に当園の英語版ウェブサイトに掲載されます。最優秀賞受賞者にはカメラが授与されます。コンテストに参加するには，10月１日までに申し込みフォームと併せて作文を提出してください。

❶こんにちは。私はミホです。私は家族とあじさい自然公園をよく訪れます。野生の鳥をたくさん見ることができるので，私はこの公園が大好きで，それがこの公園の一番良い点だと思います。スライド１を見てください。この公園ではどの季節でもさまざまな種類の鳥を見ることができます。スズメのような留鳥は一年中見ることができますが，多くの鳥が渡り鳥です。渡り鳥には夏鳥，冬鳥，旅鳥という３つの種類があります。夏鳥は春により暖かい場所から飛んできて，夏の間は日本にとどまります。寒くなり始めると，南へ戻ります。冬鳥は反対です。秋により寒い場所から飛んできて，春の前に北に戻ります。また，旅鳥も，春と秋に日本を通ってより暖かい，またはより寒い場所へ向かうときに見ることができます。私はツバメを見るのが好きです。母はツバメとチドリも好きです。この公園を春に訪れたら，ツバメとチドリの両方を見ることができるかもしれません。❷スライド２を見てください。約10年前の11月，私は初めてこの公園を訪れました。両親と一緒に行きました。その日，私がかわいらしい花を見つけてそれを母に見せているとき，母がこの写真を撮りました。私はそのとき，後ろで白鳥が飛んでいたことを知りませんでした。それは小さく見えますが，実際はとても大きかったです。私は本当に興奮していたので，この瞬間を今でも覚えています。❸この公園はどんな季節でも楽しむことができます。この公園に来て，美しい日本の自然を楽しんでください！

①＜**適語選択**＞最初の空所は，夏鳥が南へ戻るときの気候を表す語が入る。夏を日本で過ごすのだから，南へ戻るのは「より寒く」なるときである。２つ目の空所は，冬鳥がどのような場所から飛んでくるかを表す語が入る。この前の部分で，冬鳥は夏鳥と反対であること，夏鳥は暖かい場所からやってくることが述べられている。

②＜**適語選択**＞ツバメとチドリの両方を見られる季節が入る。本文とスライド１によると，ツバメは春に飛んできて夏の間はとどまる夏鳥であり，チドリは春と秋に日本を通過する旅鳥なので，両方とも見られるのは春である。

③＜**要旨把握―絵を見て答える問題**＞第２段落参照。ミホが(撮影者である)母に向かって花を見せていること，ミホは白鳥が後ろを飛んでいるのを知らなかったことが述べられている。

④＜**内容真偽**＞ア.「あじさい自然公園は，日本であまり人気がないので，コンテストを開催した」…×　案内文第１文参照。公園は，多くの日本人に愛されている。　イ.「上位10人の受賞者は全員，カメラを受け取ることができる」…×　案内文第６文参照。カメラをもらえるのは最優秀賞受賞者のみ。　ウ.「ミホは約10年前の11月に初めてその公園を訪れた」…○　本文第２段落第２文に一致する。　エ.「ミホの母はスライド２の写真を撮ったが，ミホはそのことを覚えていなかった」…×　本文第２段落第４～７文参照。よく覚えている。

⑵＜**読解総合―しおり―表を見て答える問題**＞≪**全訳**≫

アップル・バス

アオバ市への１日バスツアー

《旅程》　　（３月３日　日曜日）

08:45	チュウオウ駅に集合
09:00	出発
10:30	ミドリ川(ミドリ川で川下りを楽しむ※)
11:45	出発
12:00	アオバ市場フードフェスティバル(昼食と自由時間を楽しむ)

13:00	出発
13:30	アオバ城(自由時間またはオプショナルツアー１を楽しむ)
14:45	出発
15:00	アオバ陶芸工房(買い物またはオプショナルツアー２を楽しむ)
15:50	出発
18:00	チュウオウ駅に到着

※悪天候の場合は，川下りはできません。代わりに，川の近くにあるミドリ展望台を訪れます。

【オプショナルツアー】
オプショナルツアー１つ，または両方に参加したい場合は，当日の昼食前にバスガイドにお伝えください。

１．城内ガイドつきツアー
時間：45分
料金：2000円(城の入場料500円を含む)
◆城内ツアーガイドとともに，城内の特別室をご覧いただけます！

２．陶器カップ製作
時間：30分
料金：1500円
◆特別な陶器カップをつくろう！　自分のカップを約１か月後に自宅で受け取れます。

①＜内容一致＞「人々はアオバ市場フードフェスティバルを(　　)分間楽しむだろう」―エ．「60」　「旅程」参照。アオバ市場フードフェスティバルは，12時～13時である。

②＜適語句選択＞≪全訳≫❶ウィル(W)：僕はオプショナルツアー１に参加したいんだ。どう思う？❷ショウゴ(S)：実は，僕は両方のオプショナルツアーに参加したいんだ。❸W：僕も両方に興味があるんだけど，もし両方に参加するとゥ3500円払わなければいけない。それは高いよ。❹S：君は５月に自分の国に帰るんだろう。自分でつくるカップは日本で過ごした時間の最高の思い出の品の１つになるよ。❺W：君の言うとおりだね。オッケー。両方に参加しよう！

＜解説＞空所には，２種類のオプショナルツアーの両方に参加する場合の合計料金が入る。【オプショナルツアー】欄に，ツアー１の料金は2000円，ツアー２は1500円とある。

8〔長文読解総合―説明文〕

≪全訳≫❶私たちの周りにはたくさんのプラスチックがある。プラスチックは私たちの生活に必要な一部になっている。それは電子機器から衣服まで，あらゆる物に使われている。電話やペン，袋，それに私たちのマスクさえもプラスチックでつくられている。しかし，プラスチックごみは大きな問題を引き起こしている。例えば，使い捨てのプラスチックボトルと過剰な包装が大量のごみと汚染を生み出している。過去には，他国からプラスチックごみを買って資源として再利用していた国がたくさんあったが，プラスチックごみは水質汚染を頻繁に引き起こすので，現在はそうしている国はあまりない。そのため，世界中にはあまりにもたくさんのプラスチックごみがある。❷しかし心配はいらない。私たちはこの問題について何かができる。まず，生活の中で使い捨てのプラスチック製品を使う量を減らすこと。代わりに，生分解性のプラスチックや，金属やガラスなど再利用可能なものでつくられている新しい代替品を使ってみよう。それがプラスチックごみを減らすのに役立つかもしれない。❸簡単な方法が他にもある。買い物に行くときは，自分自身の袋を持っていくことができる。飲み物には，再利用可能な水筒を使うこともできる。また，家族や友人にプラスチック製品を使う量を減らすように求めることも，簡単ではあるが大事な行動だ。❹プラスチックなしの生活を送ることを提案する人もおり，それはすばらしいことかもしれない。しかしプラスチックなしの生活を達成するのは，全てのプラスチック製品，特に医療機器や電子機器のような製品を取り除くことができないので，本当に難しい。だから代わりに，すでに持っているプラスチック製品を大事に使おう。ゥそうすれば，私たちはそれらを長い間使うことができる。使い捨てのプラスチック製品を２，３度再利用できることもある。例えば，ビニール袋は，物を運ぶため，あるいはごみ袋として再利用することができる。❺使う物に注意し，再利用可能な製品を選ぶことによって，私たちはプラスチックごみを減らし，地球をきれいに保つことができる。それは環境についてだけでなく，他人や周りの生き物への配慮でもあるのだ。❻もし私たち一人ひとりができるだけ多くのプラスチックを減らそうとするなら，プラスチックは減るだろう。プラスチックを使う量を減らすためにともに取り組み，私たちの世界をもっと気にかけよう。

(1)＜**表題選択**＞本文は，全体としてプラスチックごみを減らすことについて書かれている。この内容を表すのは，イ．「プラスチックが少ない生活」である。

(2)＜**適所選択**＞与えられた英文の意味は「そうすれば，私たちはそれらを長い間使うことができる」。この文にある them が何を指すか考える。これは，空所ウの前の plastic items that we already have を指している。

(3)＜**英問英答**＞「なぜ現在は他国からプラスチックごみを買う国は減っているのか」―エ．「なぜならプラスチックごみはしばしば水質汚染を引き起こすから」　第1段落後半参照。

(4)＜**内容真偽**＞ア．「多くの人が衣服や袋のような物をつくるために自宅でプラスチックを使う」…×　そのような記述はない。　イ．「金属やガラスの製品を使うことは，プラスチックごみを減らすのに役立つかもしれない」…○　第2段落第3～5文の内容に一致する。　ウ．「私たちはプラスチックなしの生活をすることができ，それは簡単なことだと言う人もいる」…×　第4段落前半参照。プラスチックなしの生活はきわめて難しい。　エ．「私たちは医療機器や電子機器をつくるために新しい代替品を使うことができる」…×　そのような記述はない。

9〔**対話文完成―適文選択**〕

≪**全訳**≫❶タク(T)：こんにちは，パークス先生。今日の宿題について質問があるんです。❷パークス先生(P)：いいわよ，タク。質問は何？❸T：先生は僕が将来つきたい仕事について英語で書くように言いましたよね？　でも僕は将来つきたい仕事がないんです。だから，(1)何か他のことについて書いてもいいですか？❹P：いいわよ。そうね，それなら，将来の仕事以外で，他に何か夢はある？　それについて書いてほしいわ。❺T：はい。僕は他のたくさんの文化と，世界中の伝統的なものについて学びたいんです。❻P：それはすばらしいわね。それなら，大学で文化人類学を勉強するといいかもしれないわ。それに，(2)それを勉強することがあなたの仕事になる可能性もあるのよ。❼T：どういう意味ですか？❽P：私が言っているのは，あなたは学者や大学教授，あるいはジャーナリストになれるということよ。❾T：(3)へえ，僕はそれについては考えていませんでした。例えば，もし僕が学者になったら，仕事をしている間も学び続けることができるということですね？❿P：そうよ。学者になるのは困難なことかもしれないけれど，挑戦することはできるわ。あのね，私の日本人の友人の1人は大学の教授なの。あなたがよければ，彼女にあなたを紹介してあげるわよ。⓫T：本当ですか？(4)それはすごい！　その人に会ったら，たくさん質問をしたいです。⓬P：わかったわ。すばらしい時間を過ごせるといいわね。⓭T：ありがとうございます！

＜**解説**＞(1)直後でパークス先生が「いいわよ」と了承した後で，将来の仕事以外の夢について尋ねていることから，タクは将来の仕事以外のことについて書いてもいいか尋ねたのだとわかる。　else「他の」　(2)直後で「どういう意味ですか」とこの発言の意味を尋ねたタクに対し，パークス先生は，「学者や大学教授，あるいはジャーナリストになれるということ」と答えていることから判断できる。ウの it は cultural anthropology を指している。　(3)タクは学びたいことはあるが，将来なりたい職業はなかったので，パークス先生に言われた，文化人類学を学ぶことで学者や大学教授などになれる可能性があることを知らなかった，つまり考えたことがなかったと推測できる。　(4)パークス先生に大学教授の友人を紹介すると提案されたタクの発言。この後でタクは，彼女に会ったら質問をたくさんしたいと述べているので，先生の提案に喜ぶ内容が入る。

2024年度／関東第一高等学校(推薦)

数学解答

1 (1) ① ア…1　イ…2
② ウ…7　エ…5
③ オ…9　カ…6　キ…2
(2) ① ク…2　ケ…4　② 5
(3) ① サ…2　シ…8
② ス…2　セ…5　ソ…3
(4) ① タ…2　チ…0
② ツ…1　テ…5
(5) ト…3　ナ…2
(6) ① ニ…4　ヌ…5
② ネ…1　ノ…6　ハ…5
ヒ…5
(7) 右下図

2 (1) ア…1　イ…4　(2) 2
(3) エ…1　オ…2

3 (1) (a)・(b)…ウ，エ　(c)…合同
(2) (例)△AFE と△BCE において，仮定から，$\angle BAC = 45°$……①　$\angle AEF = \angle BEC = 90°$……②　$\angle ADC = 90°$……③　①，②より，△ABE は直角二等辺三角形だから，$AE = BE$……④　③と△ADC の内角の和から，$\angle EAF = 180° - 90° - \angle ECD = 90° - \angle ECD$……⑤　②と△BCE の内角の和から，$\angle EBC = 180° - 90° - \angle ECD = 90° - \angle ECD$……⑥　⑤，⑥より，$\angle EAF = \angle EBC$……⑦　②，④，⑦より，1組の辺とその両端の角がそれぞれ等しいから，$\triangle AFE \equiv \triangle BCE$　よって，$AF = BC$
(3) ア…1　イ…5　ウ…4

4 (1) ア…6　イ…0
(2) ウ…1　エ…5　(3) 4
(4) カ…2　キ…0　ク…0　ケ…9
コ…7　サ…5　シ…2

(例)

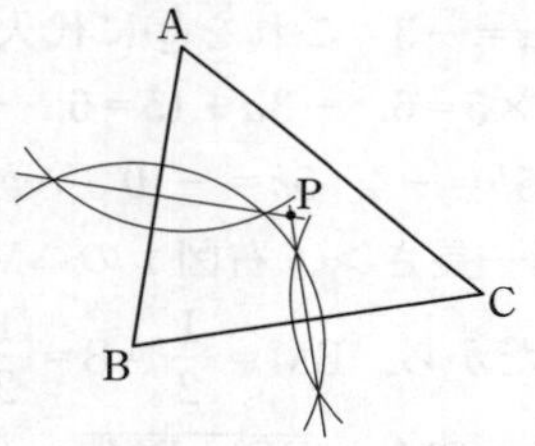

1〔独立小問集合題〕

(1)＜数の計算，式の計算＞①与式 $= -3 \times (-4) = 12$　②与式 $= 12a - 15b - 5a + 10b = 7a - 5b$　③与式 $= (\sqrt{6})^2 - 2 \times \sqrt{6} \times \sqrt{3} + (\sqrt{3})^2 = 6 - 2 \times 3\sqrt{2} + 3 = 9 - 6\sqrt{2}$

(2)＜二次方程式の応用＞①横の長さは，縦の長さ x cm の2倍より4cm 短いので，$x \times 2 - 4 = 2x - 4$ (cm)と表せる。　②もとの長方形の面積は，$x(2x-4) = 2x^2 - 4x$ である。また，縦の長さを2倍にし，横の長さを5cm 長くしたとき，縦の長さは $x \times 2 = 2x$，横の長さは $2x - 4 + 5 = 2x + 1$ となるので，この長方形の面積は，$2x(2x+1) = 4x^2 + 2x$ となる。この長方形はもとの長方形より面積が80cm^2 大きいので，$4x^2 + 2x = 2x^2 - 4x + 80$ が成り立つ。これを解くと，$2x^2 + 6x - 80 = 0$，$x^2 + 3x - 40 = 0$，$(x+8)(x-5) = 0$ より，$x = -8$，5 である。よって，$x > 2$ より，$x = 5$ だから，もとの長方形の縦の長さは5cm である。

(3)＜データの活用―最頻値，範囲，第2四分位数，四分位範囲＞①最頻値は，最も多くの人が成功した回数である。表より，2回成功した人が8人で最も多いから，最頻値は2回である。範囲は，最大値と最小値の差である。最大値は8回，最小値は0回だから，範囲は $8 - 0 = 8$(回)である。②第2四分位数(中央値)は，$34 \div 2 = 17$ より，34人の成功した回数を小さい順に並べたときの17番目と18番目の値の平均値となる。2回以下が $3 + 6 + 8 = 17$(人)，3回以下が $17 + 7 = 24$(人)より，小さい方から17番目は2回，18番目は3回だから，第2四分位数は $(2+3) \div 2 = 2.5$(回)である。第1四分位数は，小さい方の17人の成功した回数の中央値だから，$17 \div 2 = 8$ あまり 1 より，小さい方

から9番目の値，第3四分位数は，大きい方の17人の成功した回数の中央値だから，小さい方から$17+9=26$(番目)の値である。1回以下が$3+6=9$(人)より，9番目は1回なので，第1四分位数は1回である。また，3回以下が24人，4回以下が$24+3=27$(人)より，26番目は4回なので，第3四分位数は4回である。よって，四分位範囲は，第3四分位数と第1四分位数の差より，$4-1=3$(回)である。

(4)<**確率―カード**>①5枚のカードから2枚のカードを順番に取り出すとき，1枚目の取り出し方は5通りあり，そのそれぞれについて2枚目の取り出し方は残りの4通りあるから，2枚のカードの取り出し方は全部で$5\times4=20$(通り)ある。よって，a，bの組合せも20通りある。　②$2a+b$の値で最小になるのは$(a,\ b)=(1,\ 2)$のときで，$2\times1+2=4$，最大になるのは$(a,\ b)=(5,\ 4)$のときで，$2\times5+4=14$だから，$2a+b$の値が3の倍数になるのは，$2a+b=6,\ 9,\ 12$のときである。$2a+b=6$となるのは$(a,\ b)=(1,\ 4)$の1通り，$2a+b=9$となるのは$(a,\ b)=(2,\ 5)$，$(4,\ 1)$の2通り，$2a+b=12$となるのは$(a,\ b)=(5,\ 2)$の1通りあるので，20通りのうち，$2a+b$の値が3の倍数になるのは$1+2+1=4$(通り)ある。よって，求める確率は$\frac{4}{20}=\frac{1}{5}$である。

(5)<**連立方程式―解の利用**>$ax+3y=6$……①，$3x+4y=11$……②，$x+2y=7$……③，$-2x+by=-4$……④とする。①，②の連立方程式と③，④の連立方程式の解が同じだから，②，③を連立方程式として解いた解も同じである。よって②，③を連立方程式として解く。②$-$③$\times2$より，$3x-2x=11-14$　$\therefore x=-3$　これを③に代入して，$-3+2y=7$，$2y=10$　$\therefore y=5$　解を①に代入すると，$a\times(-3)+3\times5=6$，$-3a+15=6$，$-3a=-9$　$\therefore a=3$　解を④に代入すると，$-2\times(-3)+b\times5=-4$，$6+5b=-4$，$5b=-10$　$\therefore b=-2$

(6)<**空間図形―長さ**>①右図1の△MBFで，$\angle\mathrm{MBF}=90^\circ$，点Mは辺ABの中点だから，$\mathrm{BM}=\frac{1}{2}\mathrm{AB}=\frac{1}{2}\times8=4$となる。よって，三平方の定理より，$\mathrm{FM}=\sqrt{\mathrm{BF}^2+\mathrm{BM}^2}=\sqrt{8^2+4^2}=\sqrt{80}=4\sqrt{5}$(cm)である。

図1

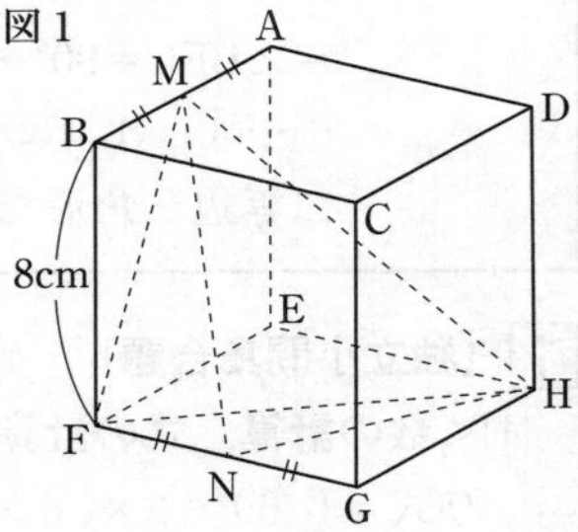

②図1で，四面体FHMNの体積は，△FHNを底面と見ると，高さは$\mathrm{BF}=8$である。△FHNで，点Nは辺FGの中点だから，$\mathrm{FN}=\mathrm{BM}=4$となるので，$\triangle\mathrm{FHN}=\frac{1}{2}\times\mathrm{FN}\times\mathrm{HG}=\frac{1}{2}\times4\times8=16$となる。よって，〔四面体FHMN〕$=\frac{1}{3}\times\triangle\mathrm{FHN}\times\mathrm{BF}=\frac{1}{3}\times16\times8=\frac{128}{3}$である。また，△FMNにおいて，FN⊥〔平面ABFE〕だから，FN⊥FMとなり，$\triangle\mathrm{FMN}=\frac{1}{2}\times\mathrm{FN}\times\mathrm{FM}=\frac{1}{2}\times4\times4\sqrt{5}=8\sqrt{5}$となる。四面体FHMNにおいて，△FMNを底面としたときの高さをh cmとすると，体積について，$\frac{1}{3}\times\triangle\mathrm{FMN}\times h=\frac{128}{3}$より，$\frac{1}{3}\times8\sqrt{5}\times h=\frac{128}{3}$が成り立つ。これを解くと，$h=\frac{16\sqrt{5}}{5}$となる。よって，求める高さは$\frac{16\sqrt{5}}{5}$cmである。

図2

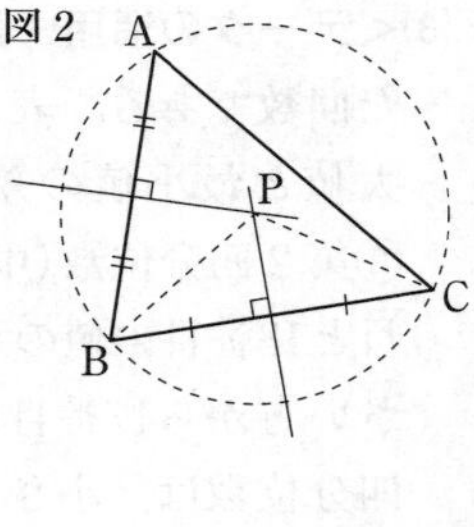

(7)<**平面図形―作図**>右図2で，点Pは△ABCの内部にあり，辺BCの垂直二等分線上にあることと，$\angle\mathrm{BPC}=2\angle\mathrm{BAC}$の条件から，円周角と中心角の関係が成り立つので，点Pは3点A，B，Cを通る円の中心となる。円の中心Pは，2本の弦の垂直二等分線の交点として求めることができる。解答参照。

2 〔関数―関数 $y=ax^2$ と一次関数のグラフ〕

⑴＜比例定数＞右図で，点A，Bのx座標は4，-2より，y座標はそれぞれ，$y=a\times4^2=16a$，$y=a\times(-2)^2=4a$だから，A$(4,\ 16a)$，B$(-2,\ 4a)$である。よって，直線mの傾きが$\frac{1}{2}$のとき，$\frac{16a-4a}{4-(-2)}=\frac{1}{2}$が成り立つ。これを解くと，$2a=\frac{1}{2}$，$a=\frac{1}{4}$となる。

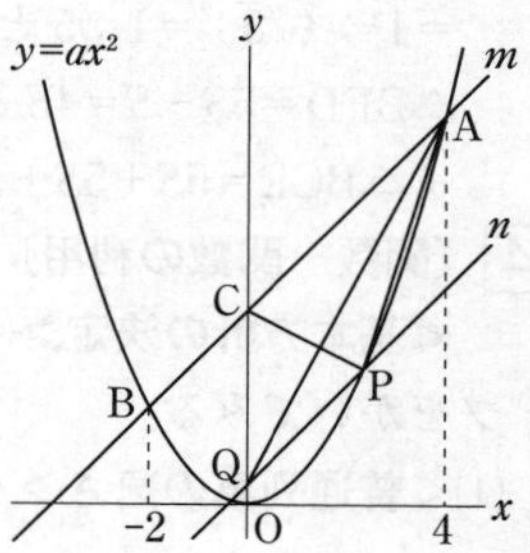

⑵＜比例定数＞右図で，C$(0,\ 16)$のとき，直線BCの傾きと直線CAの傾きは等しいので，$\frac{16-4a}{0-(-2)}=\frac{16a-16}{4-0}$が成り立つ。これを解くと，$8-2a=4a-4$，$-6a=-12$，$a=2$となる。

⑶＜x座標＞右上図で，$a=\frac{1}{2}$のとき，点A，Bのy座標はそれぞれ，$y=16\times\frac{1}{2}=8$，$y=4\times\frac{1}{2}=2$だから，A$(4,\ 8)$，B$(-2,\ 2)$である。直線mの傾きは$\frac{8-2}{4-(-2)}=1$だから，その式は$y=x+b$とおけ，点Aを通るので，$8=4+b$より，$b=4$となる。これより，直線mの式は$y=x+4$となるから，C$(0,\ 4)$より，OC$=4$である。また，点Pを通り，直線mに平行な直線をnとし，直線nとy軸の交点をQとすると，△ACQと△ACPは底辺をACとしたときの高さが等しいので，△ACQ＝△ACP＝7である。△ACQで，底辺をCQとしたときの高さは，点Aのx座標より4となるので，△ACQの面積について，$\frac{1}{2}\times$CQ$\times4=7$が成り立ち，CQ$=\frac{7}{2}$となる。よって，OQ＝OC−CQ$=4-\frac{7}{2}=\frac{1}{2}$だから，Q$\left(0,\ \frac{1}{2}\right)$となり，直線$n$の式は$y=x+\frac{1}{2}$となる。点Pは放物線$y=\frac{1}{2}x^2$と直線$y=x+\frac{1}{2}$の交点だから，2式から$y$を消去して，$\frac{1}{2}x^2=x+\frac{1}{2}$，$x^2-2x-1=0$より，解の公式を用いて，$x=\frac{-(-2)\pm\sqrt{(-2)^2-4\times1\times(-1)}}{2}=\frac{2\pm\sqrt{8}}{2}=\frac{2\pm2\sqrt{2}}{2}=1\pm\sqrt{2}$となる。点Pは放物線$y=\frac{1}{2}x^2$上のOA間の点だから，$0<x<4$より，$x=1+\sqrt{2}$となる。したがって，点Pの$x$座標は$1+\sqrt{2}$である。

3 〔平面図形—三角形〕

⑴＜証明の方針＞右図で，AF＝BCを証明するためには，AF，BCを1辺とする2つの三角形が合同で，これらが対応する辺であることをいえばよい。選択肢の三角形より，△AFEと△BCEが合同であることを証明する。

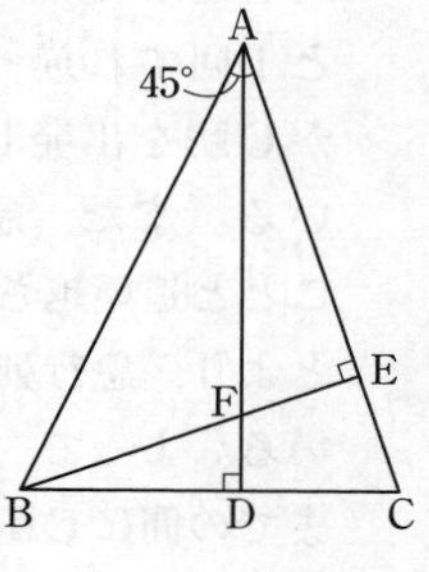

⑵＜証明＞右図の△AFEと△BCEにおいて，∠AEF＝∠BEC＝90°である。また，∠BAC＝45°より，△ABEは∠AEB＝90°の直角二等辺三角形だから，AE＝BEである。△ADCで，∠ADC＝90°だから，∠CAD＝180°−∠ADC−∠ECD＝180°−90°−∠ECD＝90°−∠ECDより，∠EAF＝90°−∠ECDとなる。また，△BCEで，∠EBC＝180°−∠BEC−∠ECD＝180°−90°−∠ECD＝90°−∠ECDとなる。よって，∠EAF＝∠EBCがいえる。解答参照。

⑶＜面積比＞右上図で，BF＝FEのとき，△ABF＝△AFEである。また，△AFE≡△BCEより，△AFE＝△BCEだから，△ABF，△AFE，△BCEは面積の等しい三角形である。FE＝CEより，BF＝FE＝CEとなるので，BF＝FE＝CE$=x$とすると，△BCEにおいて，BE＝BF＋FE$=x+x=2x$，CE$=x$だから，三平方の定理より，BC$=\sqrt{\text{BE}^2+\text{CE}^2}=\sqrt{(2x)^2+x^2}=\sqrt{5}x$となる。△BFDと△BCEにおいて，∠BDF＝∠BEC＝90°，共通な角より∠FBD＝∠CBEだから，△BFD∽△BCEであり，相似比はBF：BC$=x:\sqrt{5}x=1:\sqrt{5}$だから，面積比は相似比の2乗より，△BFD：△BCE

$=1^2:(\sqrt{5})^2=1:5$となる。$\triangle BFD=S$とすると，$\triangle BCE=5S$より，〔四角形FDCE〕$=\triangle BCE-\triangle BFD=5S-S=4S$となる。一方，$\triangle ABF=\triangle AFE=\triangle BCE=5S$より，$\triangle ABC=\triangle ABF+\triangle AFE+\triangle BCE=5S+5S+5S=15S$となる。よって，$\triangle ABC$：〔四角形FDCE〕$=15S:4S=15:4$である。

4 〔関数―関数の利用〕

≪基本方針の決定≫(4)　グラフに急行列車の運行の様子をかき，条件に合うように太郎さんのグラフをかいてみる。

(1)**＜普通列車の速さ＞**グラフより，普通列車は午前8時にA駅を出発して，B駅に8時16分に到着しているので，16kmを16分で進んでいる。16分は$\frac{16}{60}=\frac{4}{15}$(時間)だから，普通列車の速さは，$16\div\frac{4}{15}=60$より，毎時60kmである。

(2)**＜初めてすれ違った時刻＞**(1)より，午前8時にA駅を出発した普通列車はB駅に8時16分に到着し，急行列車は，C駅からB駅までの$40-16=24$(km)を，毎時100kmの速さで進むと，$24\div100=\frac{6}{25}$(時間)，つまり，$\frac{6}{25}\times60=\frac{72}{5}=14\frac{2}{5}$(分)かかるから，普通列車はB駅に着くまでに急行列車とすれ違う。午前8時に急行列車はC駅にいて，普通列車と急行列車は40km離れており，1分間に$(60+100)\times\frac{1}{60}=160\times\frac{1}{60}=\frac{8}{3}$(km)ずつ近づくので，すれ違うまでに$40\div\frac{8}{3}=15$(分)かかる。よって，普通列車と急行列車が初めてすれ違ったのは，午前8時15分である。

(3)**＜急行列車の停車時間＞**急行列車はC駅とA駅を進むのに，$40\div100=\frac{2}{5}$(時間)，つまり$\frac{2}{5}\times60=24$(分)かかる。午前8時から午前9時48分までの1時間48分，すなわち108分で2往復するので，この間に$24\times4=96$(分)走っている。2往復の間に停車する回数は3回で，3回の停車時間は同じで合計時間は$108-96=12$(分)だから，急行列車の1回の停車時間は$12\div3=4$(分)である。

(4)**＜速さ＞**普通列車と急行列車の運行の様子を表すと，右図のようになる。太郎さんは8時にA駅を出発し，C駅に到着するまでに，走っている普通列車と1回すれ違っているので，普通列車がC駅を出発した後にC駅に到着している。また，急行列車とは，すれ違うことと追い越されることが3回あったことより，急行列車が2回目にC駅を出発してから，再びC駅に到着するまでの間にC駅に到着している。よって，太郎さんは，普通列車がC駅を出発してから，急行列車が2回目にC駅に到着するまでの間にC駅に到着していたことになる。太郎さんが，普通列車がC駅を出発する9時4分にC駅に到着したとき，太郎さんの速さは，40kmを1時間4分，つまり$60+4=64$(分)より，$\frac{64}{60}=\frac{16}{15}$(時間)で進むから，$40\div\frac{16}{15}=\frac{75}{2}$より，毎時$\frac{75}{2}$kmである。また，太郎さんが，急行列車が2回目にC駅に到着する9時48分にC駅に到着したとき，太郎さんの速さは，40kmを1時間48分，つまり$60+48=108$(分)より，$\frac{108}{60}=\frac{9}{5}$(時間)で進むから，$40\div\frac{9}{5}=\frac{200}{9}$より，毎時$\frac{200}{9}$kmである。以上より，太郎さんの進む速さは，毎時$\frac{200}{9}$kmより速く，毎時$\frac{75}{2}$kmより遅いと考えられる。

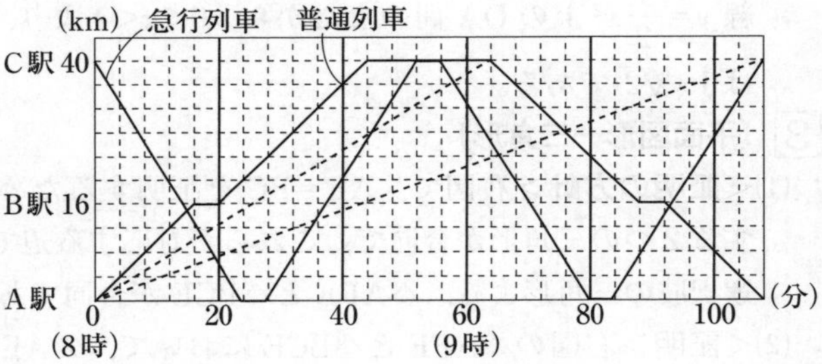

国語解答

一 (1) エ　(2) イ　(3) ア　(4) ウ

二 (1) ア　(2) ウ　(3) イ　(4) ウ
(5) エ

三 (1) エ
(2) Ⅰ 単純明快な答
Ⅱ ただの前後関係やただの相関関係
(3) Ⅰ ホームランを打った
Ⅱ ジンクスや縁起担ぎ
Ⅲ あるかどうか
(4) ①…カ　②…イ　③…ウ　④…エ
(5) イ　(6) ア

四 (1) ウ　(2) エ　(3) イ
(4) Ⅰ…ア　Ⅱ…オ
(5) (a) Ⅰ きょとんとして
Ⅲ 急かそうとはしない
(b)…ア
(c) X ライブ
Y 否定するのではないかと恐れている

五 (1) おおきに　(2) ア　(3) ウ
(4) (a)…ウ
(b) いつも吹かれているわけではない
(c) (右参照)　無キレ勇也

六 (省略)

一〔漢字〕
(1)「憤慨」は，ひどく腹を立てること。　(2)「頻発」は，何度も発生すること。　(3)「軒」は，屋根の下の端で，建物から外に出ている部分のこと。　(4)音読みは「粗末」などの「ソ」。

二〔漢字〕
(1)「謙虚」と書く。アは「虚勢」，イは「転居」，ウは「根拠」，エは「許諾」。　(2)「膨大」と書く。アは「風貌」，イは「暴利」，ウは「膨張」，エは「忙殺」。　(3)「柔軟」と書く。アは「充実」，イは「柔道」，ウは「苦渋」，エは「操縦」。　(4)「繕(う)」と書く。アは「配膳」，イは「慈善」，ウは「修繕」，エは「座禅」。　(5)「締(める)」と書く。アは「停泊」，イは「抵抗」，ウは「贈呈」，エは「締結」。

三〔論説文の読解―哲学的分野―人間〕出典：千野帽子『人はなぜ物語を求めるのか』。
≪本文の概要≫人間の脳は，物事の前後関係を因果関係として解釈する性質を持っている。そして，その因果関係が納得のいくものであったとき，人間は「わかった」という感情を抱くようにできている。これは，世界を物語のように認識することであり，生きていくために必要な性質でもあるのだが，ときに間違いも含まれている点には，注意が必要である。例えば，ある二つの出来事を前にしたとき，そこには時間的な前後関係しかないにもかかわらず，因果関係が存在すると考えてしまい，一連の滑らかな物語のように認識してしまう場合がある。これは，実際にはよくわからないものに対し，手軽な説明を与えることで「わかった」気になって安心しようとする人間の性向によってもたらされる。説明とは，そのままでは未知にとどまってしまうものを分解して，自分がすでに知っているものの集合体へと帰着させてしまうことなのである。
(1)<品詞>「ほしい」と「速い」は，形容詞。「ありがたさ」は，名詞。「大きな」は，連体詞。「元気な」は，形容動詞。

(2)＜**文章内容**＞Ⅰ．人間は，前後関係を因果関係だと考え，物事を「単純明快な答」を与えるストーリーの形としてとらえて納得しようとする傾向を持っている。　Ⅱ．人間には，物事をわかりやすくとらえたがる傾向がある。そのため，「ただの前後関係やただの相関関係」があるだけの物事に，因果関係があると勘違いしてしまう場合がある。

(3)＜**文章内容**＞Ⅰ．弟が正座をすることと，田淵が「ホームランを打った」ことの間には，単なる時間的な前後関係しかない。　Ⅱ．正座をすると田淵がホームランを打つと考えるのは，単なる思い込みであり，「ジンクスや縁起担ぎ」といった「おまじない」の一種だと考えられる。　Ⅲ．人間は，「おまじない」のようなものを本当に信じているわけではなくても，それが正しいかどうかよりも，ストーリーによる「説明があるかどうか」を重視してしまう。

(4)＜**文章内容**＞①出来事に因果関係を読み取ると，人間は，そこに秩序が存在すると考え，「わかった」と感じる。　②人間は，出来事の因果関係に納得ができると，「わかった」という気持ちを抱く。　③たとえ「わかった」と思ったとしても，その出来事への問いや説明が「妥当かどうか」を検討していないため，本当にその「わかった」が正しい理解かどうかはわからない。　④「わかった」という信号が脳から出ると，人間は「心に快感，落ち着き」が生まれる。

(5)＜**主題**＞人間は，出来事に因果関係を当てはめ，説明を与えることで「滑らかなストーリーの形」として理解しようとする傾向を持っている。しかし，その説明は，ときに間違いを含んでいるため，「滑らかでわかりやすい」と感じるような話を前にしたときには，警戒した方がよい。

(6)＜**表現**＞認知神経科学者や教育心理学者などによる学説を提示することで，人間には，出来事の前後関係を因果関係だと思ってしまい，「わかった」という感覚を求めたがる傾向があることが示される。そして，こうした傾向により，人間は，出来事の原因や理由をはっきりさせる「説明があるかどうか」を，その説明が妥当であるかどうかよりも重視してしまうため，安易な「わか(った気にな)る」ことには注意が必要であるという結論が述べられる。

四〔**小説の読解**〕出典：眞島めいり『夏のカルテット』。

(1)＜**心情**＞幹は，グループ研究に誘われたことをうれしく感じていた。しかし，ピアノが弾けることが明らかになって，これ以上からかわれる理由を増やしたくないと考えている自分が，グループに参加してもよいのか，自信が持てずにいた。

(2)＜**文章内容**＞終業式で校歌を歌うとき，幹が「口パク」をしていたのは，これまで音楽の授業や集会で歌声をからかわれてきた経験があったからだと，「俺」は理解した。

(3)＜**心情**＞佐々矢は，これまで授業や集会でからかわれてきた過去よりも，自分たちからの誘いに応じた動機を幹から聞くことで，グループ研究に参加することへの前向きな思いを知りたかったのである。

(4)＜**文章内容**＞Ⅰ．佐々矢は，幹のピアノの演奏を「ライブのつもりで聴いて」おり，「こんだけうまかったらみんな組みたがるだろう」と，高く評価した。　Ⅱ．幹は，これまで音楽の授業や集会などでからかわれてきた嫌な記憶があるため，ピアノが弾けることを「知られたくなくて」，隠していた。

(5)＜**文章内容**＞(a)Ⅰ．幹は，すばらしい演奏ができるにもかかわらず，ピアノを弾けることを周囲に知らせていなかった。それを不自然に感じた鯨井さんは，「きょとんとして」理由を尋ねた。

Ⅲ．幹がからかわれていた話に納得がいっていなかった鯨井さんであるが，幹が話し出すのを「急かそうとはしない」で，じっと待っていた。　(b)幹がからかわれていた話を聞き，鯨井さんは，納得がいかず腹を立てていた。幹は，その鯨井さんの様子を見て，自分をからかった人物の名前を「教えたらまずいことになる」のではないかと恐れたのである。　(c)X．「俺」たちは，幹のすばらしいピアノ演奏を聴き，まるで「ライブ」のようだと感じていた。　Y．幹は，これまで授業や集会でからかわれてきた経験があるため，「俺」たちのグループ研究に参加したいと伝えても，「否定されるんじゃないか」と不安を抱いていた。

五〔**古文の読解―説話**〕出典：『古今著聞集』巻第六，二四六。

≪現代語訳≫楽器の演奏をするときにはしっかりと用心をする方がよい。前の筑前守であった源兼俊が，宮中に笙を吹く人がいないという事情により，昇殿を認められるという話があった。昇殿の試験があった日に，(兼俊は)蚶気絵をたまわってお吹きになったとき，用心をせずに吹き始めたところ，(蚶気絵の)管の中に平蛛がおり，(それを)飲み込みなさってしまった。むせて吐いて苦しんだので，主上とその周りにいる群臣たちも笑いなさっておかしさを我慢できない様子であった。(兼俊は)たいそう醜態をさらして，昇殿の話も取りやめになってしまった。こうした例があるので，物事に取り組むときには十分に注意を払うべきなのだ。楽器の中でも皇室の所蔵物でふだんは吹かれていないようなものについては，まず小さく息を入れて様子を見るべきである。

(1)＜**歴史的仮名遣い**＞歴史的仮名遣いの語頭以外のハ行は，現代仮名遣いでは原則として「わいうえお」となるため，「おほきに」は「おおきに」となる。

(2)＜**古文の内容理解**＞兼俊は，よく確認もしないまま蚶気絵を吹き始めたところ，管の中にいる平蛛を飲み込み，むせて吐いてしまった。

(3)＜**古文の内容理解**＞昇殿を認めるかどうかを試す場であったにもかかわらず，兼俊は，主上や群臣の目の前で，平蛛を飲み込んでむせて吐くという失敗をしてしまったのである。

(4)(a)＜**古文の内容理解**＞兼俊のように予想外の失敗をしてしまうことがあるため，ふだん吹かれていない楽器の演奏をする前には，小さく息を入れて様子を見た方がよいと説かれている。　(b)＜**古文の内容理解**＞皇室の所蔵物となっている楽器は，ふだんは使われていないため，平蛛が入り込むなどの予想外の出来事が起こる場合がある。　(c)＜**漢文の訓読**＞「勇」→「無」→「也」の順に読む。「無」の下にレ点を打ち，「勇」から「無」に一字返るようにする。

六〔**作文**〕

資料の数値に着目し，ボランティア活動に参加する動機の傾向などを考えたうえで，前段を書く。後段では，前段での考察をふまえ，具体的にどのようなボランティア活動をしてみたいかを述べるとよい。

Memo

2024年度 関東第一高等学校

【英　語】（50分）〈満点：100点〉

1　リスニングテスト（**放送**による**指示**に従って答えなさい。）

〔**問題A**〕　次の**ア**～**エ**の中から適するものをそれぞれ**一つずつ**選びなさい。

＜対話文１＞

ア　She walked home.　**イ**　She came home by train.

ウ　She came home by taxi.　**エ**　She came home by bus.

＜対話文２＞

ア　Take the dog to the park.　**イ**　Change the dog's name.

ウ　Keep the dog as his pet.　**エ**　Find the dog's family.

＜対話文３＞

ア　To the library.　**イ**　To the classroom.

ウ　To the music room.　**エ**　To the gym.

〔**問題B**〕　次の**ア**～**エ**の中から適するものをそれぞれ**一つずつ**選びなさい。

＜Question 1＞

ア　Be a boy in good health and study hard.

イ　Always be powerful and sleep eight hours a day.

ウ　Sitting too long in daily life and going to bed early.

エ　Eating a lot, sleeping well, and playing sports.

＜Question 2＞

ア　To tell his family that health is important.

イ　To help him remember that he should not continue sitting for too long.

ウ　To tell himself that he must go to bed early.

エ　To practice writing *kanji* for his name.

※リスニングテスト放送文は，英語の問題の終わりに付けてあります。

2　次の各問に答えよ。

（＊印の付いている単語・語句には，本文のあとに〔注〕がある。）

1　中学生の Yuta とイギリスからの留学生の Mark は，Midori Garden という植物園のウェブサイトを見ながら話をしている。［　(A)　］及び［　(B)　］の中に，それぞれ入る語句の組み合わせとして正しいものは，下の**ア**～**エ**のうちではどれか。ただし，下の図１は，二人が見ているウェブサイトの一部である。

Mark:　Is this the website of Midori Garden?

Yuta:　Yes. We can see many kinds of unique plants there.

Mark:　Sounds nice. There are two *guided tours there now. I want to join this guided tour. We can see various kinds of fruit trees on the tour! I love fruits!

Yuta:　I hear that we can try eating some fruits. So, it's very popular. There are a lot of people who want to join it, and they go to the garden very early in the morning. We may not be able to join it.

図１

Welcome to Midori Garden

Open hours:　10 a.m.－7 p.m.

Fees	
Adults and high school students	500 yen
Junior high school students	200 yen
Elementary school students and younger	Free

※Greenhouse *entry: *Additional 150 yen.

Guided Tours		
Tour 1	10 : 10 a.m. - 10 : 40 a.m.	*Rose World →Japanese Plants
Tour 2	10 : 10 a.m. - 11 : 00 a.m.	Plants in Season → Fruit Trees

※Meet at West Gate.

Mark:　Oh, I don't think that we can go there so early. Well, the other tour looks nice, too.

Yuta:　Yes, it does. We can look around two areas on the tour, too.

Mark:　OK. Let's join［　(A)　］. Well, each of us will need 500 yen to go into the garden.

Yuta:　No. We are junior high school students, so the *fee is cheaper. You want to see plants in a *greenhouse, too, right?

Mark:　Right.

Yuta:　Then, each of us will need［　(B)　］yen.

〔**注**〕　guided　ガイド付きの　　fee　料金　　greenhouse　温室　　entry　入場
　　　additional　追加の　　rose　バラ

ア　(A)　Tour 1　　(B)　200 yen　　　**イ**　(A)　Tour 1　　(B)　350 yen

ウ　(A)　Tour 2　　(B)　200 yen　　　**エ**　(A)　Tour 2　　(B)　350 yen

2　Midori Garden でのガイドツアーを終えた Yuta と Mark は，Midori Garden 内の写真展示室で話をしている。［　(A)　］及び［　(B)　］の中に，それぞれ入る語句の組み合わせとして正しいものは，右のページの**ア**～**エ**のうちではどれか。ただし，右のページの図２は，二人が見ている写真募集のポスターである。

Mark:　That guide was amazing!

Yuta:　Yes. He knew a lot of things about flowers. I think he studied hard about them at a university.

Mark: I think so, too. Oh, look! There are many photos of flowers in this room. The photo of a flower with *dew drops on its *petals is beautiful.

Yuta: Yes, it is. I like the one with a *ladybug, too.

Mark: Wow, *close-ups of flowers are interesting. This one looks like a human face. I want to try taking unique ones like this.

図2

> **Show Us Your Best Flower Photos!**
> If your photo is selected, it will be displayed here and you can receive a free ticket to our garden.
>
> **How to *Submit Your Photos**
> Photos must include flowers.
> You can submit *up to three photos.
> Photos must be in *JPEG format.
> Send your photos to: info@midorigarden.jp
> Visit our website for more information:
> www.midorigarden.jp

Yuta: Hey, look at this poster. They want more photos to display here. Are you interested?

Mark: Of course, I am! Oh, if ours are selected, they'll give us [(A)]! We'll be able to come here again together.

Yuta: We should [(B)]. I think I can do that.

Mark: Can I take a photo of flowers and your dog? Is it OK to send photos that include animals?

Yuta: I'm not sure. Let's check their website on my smartphone.

〔**注**〕 dew drop つゆのしずく　petal 花びら　ladybug テントウムシ
close-up 近接写真　submit ～ ～を提出する　up to ～ ～まで
JPEG format ジェイペグフォーマット(画像保存形式の一種)

ア (A) three photos of flowers　(B) take photos to the garden office
イ (A) three photos of flowers　(B) send photos by e-mail
ウ (A) a free ticket to this garden　(B) send photos by e-mail
エ (A) a free ticket to this garden　(B) take photos to the garden office

3 次の文章は，Midori Garden に行った日に Mark が Yuta に送ったEメールの内容である。

> Dear Yuta,
>
> I really enjoyed Midori Garden with you today. It was a lot of fun to look around the flower garden. I was surprised at the guide's knowledge about flowers. He gave us a lot of information about them without looking in a book or a notebook. I was also surprised by the beautiful rose garden. You know that people in the U.K. love roses. My parents also love their own rose garden. I didn't think I could see such a beautiful rose garden in Japan.
>
> By the way, please don't forget that we plan to take some photos. I am really interested in taking photos of flowers. I want other visitors to be surprised by my unique photos. I'll send one to my parents in the U.K. They will be happy to know that I'm interested in flowers in Japan.
>
> I don't know where to find flowers. Do you know any good places to take photos? I'm looking forward to your answer.
>
> Yours,
>
> Mark

(1)　このＥメールの内容と合っているのは，次のうちではどれか。

ア　Mark didn't want to visit Midori Garden with his parents at first.

イ　Mark wanted to be a guide at the garden in the future.

ウ　Mark's parents love roses like other people in the U.K.

エ　Mark wants Yuta to be interested in flowers.

(2)　YutaはMarkに返事のＥメールを送ることにしました。あなたがYutaだとしたら，Markにどのような返事のＥメールを送りますか。次の**＜条件＞**に合うように，下の□の中に，**三つ**の英語の文を書きなさい。

＜条件＞

○　前後の文につながるように書き，全体としてまとまりのある返事のＥメールとすること。

○　Markに伝えたい内容を**一つ**取り上げ，それを取り上げた理由を含めること。

Dear Mark,

Thank you for your e-mail. I had a great time with you at the garden today, too. And, of course, I remember that we decided to take photos of flowers.

You said you wanted to take photos of flowers with my dog. But we couldn't find any information about it on their website. So, I asked them by e-mail, "Can I send you flower photos with an animal?" I received an e-mail from them an hour ago and they said that it's OK.

Now, I'll answer your question. I remembered a good place to take nice photos of flowers.

How about going there and taking photos this weekend?

Your friend,
Yuta

3 次の対話の文章を読んで，あとの各問に答えよ。

（＊印の付いている単語・語句には，本文のあとに〔注〕がある。）

Mina, Sho, Tetsu, and Lily are high school students in Tokyo. Lily is a student from America. Now they are talking in their classroom.

Mina: What are you going to do this weekend, Lily?

Lily: I'm going to go shopping. I want to buy a gift for Ms. Takeda, my piano teacher.

Mina: (1)Will she have a birthday soon?

Lily: No. She *got married and moved to Chiba last month. I'm going to visit her at her new house next month, and I want to give her a *housewarming gift then.

Mina: Oh, I see.

Sho: That's good news! But I heard you were taking her lessons at her house. So, you can't take her lesson anymore, right?

Lily: (2)I can. She doesn't live in Tokyo now, but I can go to her new house in Chiba in 15 minutes by train. I don't even have to change trains.

Mina: Good for you.

Tetsu: What will you buy for her?

Lily: I'm still thinking about it. Can you give me some ideas? I hear there are *taboos related to gifts in Japan.

Sho: Yes, there are. When my uncle moved, my mother and I bought him a housewarming gift at a department store. A salesclerk said, "It's better to *avoid giving something red as a housewarming gift."

Tetsu: Really? I didn't know that. Why should we avoid that?

Sho: Because the color reminds people of fire.

Lily: I see. I'll avoid anything red. Well, Mina, this spring, your sister started to live alone in another city to attend a university. Did you give her something then?

Mina: Yes. I gave her an apron because she said she wanted to cook every day. At first, I wanted to give her some *interior goods. But she said, "I want to look for and buy interior goods by myself." Maybe Ms. Takeda wants to buy interior goods by herself, too.

Lily: (3)I think so, too.

Sho: It is difficult to select a perfect gift.

Mina: Yes, I think so. People have their own *tastes. For example, my favorite colors are blue and green. So, I won't be so happy if I get something pink or orange.

Tetsu: Lily, how about asking Ms. Takeda what she wants?

Lily: Well, I don't think she will tell me. And, I don't want to tell her about my gift before visiting her house. I want to *surprise her.

Tetsu: I see. Do you know what she likes?

Lily: Yes. She likes music very much. I hear she listens to music every day.

Sho: It may be good to select a CD to play in her new house.

Lily: She already has so many CDs. I saw them in her room.

Mina: How about *earphones? She can enjoy music outside with them.

Lily: (4)I'm not sure. They don't sound like a housewarming gift.

Tetsu: She's a piano teacher, so she *must already have good earphones.

Mina: You're right.

Lily: And they are too expensive for me. I don't have so much money. Oh, she likes dancing, too. She takes dance lessons.

Tetsu: Then, how about giving her some towels?

Lily: That's a good idea. She can use them in her dance lessons. Of course, she can use them at home, too.

Sho: Do you know a new shop opened near the station? I hear there are many kinds of nice towels there.

Mina: Oh, I went there yesterday. It's a nice shop. (5)But you may not find it easily. It's a small shop. Shall I take you there?

Lily: Yes, please. Can you choose nice ones with me there?

Mina: Sure!

Lily: Thank you, Mina. Thank you, boys. I learned a lot about *manners of gifts from all of you.

〔注〕 get married　結婚する　　housewarming　引っ越し祝いの
taboo　タブー，避けるべきこと　　avoid ～　～を避ける　　interior　インテリア
taste　好み　　surprise ～　～を驚かす　　earphone　イヤホン
must ～　～にちがいない　　manners　マナー

〔問１〕 (1)Will she have a birthday soon? とあるが，このようにMinaが言った理由を最もよく表しているのは，次のうちではどれか。

ア　Mina asked Lily's plans for the weekend.

イ　Mina wanted to know when Ms. Takeda's birthday was.

ウ　Lily asked Mina to go shopping with her.

エ　Lily said that she was going to buy a gift for Ms. Takeda.

〔問２〕 (2)I can. の内容を，次のように書き表すとすれば，[　　　　] の中に，下のどれを入れるのがよいか。

Lily [　　　　].

ア doesn't need Ms. Takeda's lessons anymore

イ doesn't have to stop taking Ms. Takeda's lessons

ウ can take Ms. Takeda's lessons at Lily's house

エ can play the piano alone at home

〔問３〕 (3)I think so, too. の内容を，次のように書き表すとすれば，[　　　　] の中に，下のどれを入れるのがよいか。

I also think [　　　　].

ア Ms. Takeda wants to get an apron from Lily

イ Ms. Takeda will cook every day

ウ Ms. Takeda wants to select interior goods by herself

エ Ms. Takeda wants something red

〔問４〕 (4)I'm not sure. とあるが，このように Lily が言った理由を最もよく表しているのは，次のうちではどれか。

ア Lily didn't know what Mina recommended to her.

イ Lily didn't think that earphones are good for a housewarming gift.

ウ Lily thought that listening to music outside is dangerous.

エ Lily actually agreed with Mina's idea then.

〔問５〕 (5)But you may not find it easily. の内容を，次のように書き表すとすれば，[　　　　] の中に，下のどれを入れるのがよいか。

Mina doesn't think that [　　　　].

ア it is easy for Lily to find the shop

イ it is difficult for Lily to find the shop

ウ Lily can easily find a nice gift at the shop

エ Lily can easily find the station

〔問6〕 次の文章は，本文中の Lily について書かれたものである。 (A) 及び (B) の中に，それぞれ入るものの組み合わせとして正しいものは，下のア～エのうちではどれか。

Lily said that (A) . She also said that (B) .

	(A)	(B)
ア	Ms. Takeda got married and moved to Chiba	she gave her sister an apron as a housewarming gift
イ	Ms. Takeda got married and moved to Chiba	Ms. Takeda likes music and dancing
ウ	she bought a housewarming gift for her uncle before	she gave her sister an apron as a housewarming gift
エ	she bought a housewarming gift for her uncle before	Ms. Takeda likes music and dancing

〔問7〕 次の文章は，Mina たちと話した日に，Lily が書いた日記の一部である。 (A) 及び (B) の中に，それぞれ入る単語の組み合わせとして正しいものは，下のア～エのうちではどれか。

> Today, I talked with my classmates. When Mina asked me about my plans for the weekend, I had a good chance to ask them about a gift for Ms. Takeda. Sho told me that red things reminded people of fire and that they were not good for a housewarming gift. I was (A) to hear that because red is also the color of luck, power, or love in America.
>
> My classmates gave me some ideas, and I decided to buy some towels. Mina will take me to a new shop and help me (B) good towels. I have to remember I shouldn't buy a red one.

ア (A) surprised (B) select　　イ (A) surprised (B) use

ウ (A) glad (B) select　　エ (A) glad (B) use

4 次の文章を読んで，あとの各問に答えよ。
（＊印の付いている単語・語句には，本文のあとに〔注〕がある。）

Mika is a second-year high school student. She plays basketball on the school basketball team. She started playing it when she was ten years old. She practiced it very hard every day. She also studied very hard every day. She enjoyed her school life. But she had one worry. She always got nervous when she was doing something important to her, and she couldn't do it well. She was worried about that.

At Mika's school, students had to give a short speech once a month in Mr. White's English class. The topic was not difficult, and they had to do that in front of their classmates. Mika enjoyed learning and speaking English. But she always got nervous and couldn't give a good speech. She didn't like that.

Mika was good at playing basketball on her team, but she usually made some mistakes in games. Because of that, she couldn't be a *regular member of the team. Her teammates often said to her in games, "Mika, you are a good player. Be *confident." Mika tried to be, but she always got nervous in important situations and couldn't play well. After the games, she always thought she needed to practice *a lot more to solve the problem.

One day, Mika was watching a Japanese professional basketball team's game against America on TV. She didn't usually watch basketball games on TV, but the game was very exciting for her. The American team was very strong, and the Japanese team was losing. Then, she noticed that the Japanese players were smiling during the difficult situations in the game. She didn't understand why they were doing that. In the end, the Japanese team lost the game, but it was a very *close game. She thought, "They can win next time." Then, a Japanese player on TV said, "We try to smile when we have a difficult time in a game. That way we can relax." Mika was surprised to hear these words and thought that she should be more relaxed when she was doing something important to her. That night, she also learned about the power of smiling on the Internet.

The next day, Mika had to give a speech in English class. She tried to smile when she spoke. She felt relaxed and didn't get as nervous as before. After the speech, Mr. White said, "Mika, your speech was much better. Your smile was also very nice. When you gave the speech, smiling gave us a good *impression." She was very happy to hear this.

Mika tried to smile during the difficult times in the basketball games, too. In the practice games, she played better and *scored a lot of points in important situations. In June, the captain of the team said, "Mika, you'll be a regular member from the next game." Her teammate, Saya, *congratulated her a lot then. She asked

Mika, "You've changed a lot. I want to be a regular member like you. Has someone given you any good advice?" Mika said, "No. I decided to smile when I get nervous. That way, I can relax and do my best." Saya said, "Just that? Really? You're great." Mika said, "Thank you, Saya. I have learned that relaxing is a good way to do things well. I can relax by smiling, but I think there are other ways to relax." Saya said, "I see. I get nervous in games, too. I'll find a way."

A month later, Mika and Saya were playing in a game together. During the game, Saya said to Mika, "Smile, Mika. You look nervous. Can you *pat me on the *back? It *makes me feel relaxed when someone does that." Mika patted her on the back. Mika continued to play basketball with a smile on her face and she patted Saya on the back many times. They scored a lot of points, and their team won the game.

Mika and Saya are now regular members of the team. Mika believes that a simple smile can help her *overcome *nerves and lead to success.

〔注〕 regular　レギュラーの　　confident　自信をもって
a lot more　もっとたくさん　　close game　接戦　　impression　印象
score a point　１点を入れる　　congratulate ～　～を祝う
pat ～　～をたたく　　back　背中　　make ～ …　～を…にする
overcome ～　～を克服する　　nerves　緊張(感)

〔問１〕 Because of that, she couldn't be a regular member of the team. の内容を，次のように書き表すとすれば，□の中に，下のどれを入れるのがよいか。

She couldn't be a regular member of the team because □.

ア she didn't practice with her teammates
イ she usually made some mistakes in games
ウ she tried to be confident
エ she was a good basketball player

〔問２〕 次の①～④の文を，本文の内容の流れに沿って並べ換えたものとして適切なものは，下の**ア**～**エ**のうちではどれか。

① Mika watched the Japanese professional basketball team's game on TV.
② The captain of Mika's team told her that she would be a regular member.
③ Saya found her own way to feel relaxed in basketball games.
④ Mika joined the school basketball team.

ア ① → ③ → ② → ④　　**イ** ① → ④ → ③ → ②
ウ ④ → ① → ② → ③　　**エ** ④ → ② → ③ → ①

〔問３〕　次の(1)～(3)の文を，本文の内容と合うように完成するには，［　　　］の中に，それぞれ下のどれを入れるのがよいか。

(1)　After the games, Mika always thought that ［　　　］.

ア　she needed to be a regular member of the team to solve her problem

イ　she had to play in practice games more to be a regular member

ウ　she had to ask someone to give her advice to be a regular member

エ　she needed to practice basketball a lot to solve her problem

(2)　When she was watching TV, Mika didn't know why ［　　　］.

ア　the American basketball players didn't smile after the game against Japan

イ　the American basketball team was very strong

ウ　the Japanese basketball players smiled in the game against America

エ　the Japanese professional basketball team lost the game

(3)　In June, Saya wanted to ［　　　］.

ア　be like Mika because she didn't speak English well

イ　know how Mika changed herself

ウ　play in a game with Mika as a regular member

エ　learn about the power of smiling

〔問４〕　次の(1)，(2)の質問の答えとして適切なものは，それぞれ下のうちではどれか。

(1)　What did Mr. White say about Mika's speech?

ア　He said relaxing was a good way to give a good speech.

イ　He said he got a good impression from her smile during the speech.

ウ　He said it was good for students to smile to feel relaxed during speeches.

エ　He said her speech was better than any other student in the class.

(2)　How did Mika play during the basketball game in July?

ア　She played with nervous teammates.

イ　She played with mistakes.

ウ　She played with a smile on her face.

エ　She played with teammates who patted her on the back.

＜リスニングテスト放送台本＞

開始時の説明

これから，リスニングテストを行います。

問題用紙の１ページを見なさい。リスニングテストは，全て放送による指示で行います。リスニングテストの問題には，問題Ａと問題Ｂの二つがあります。質問に対する答えを選びなさい。

英文とそのあとに出題される質問が，それぞれ全体を通して二回ずつ読まれます。問題用紙の余白にメモをとってもかまいません。答えは全て解答用紙にマークしなさい。（２秒の間）

〔問題Ａ〕

問題Ａは，英語による対話文を聞いて，英語の質問に答えるものです。ここで話される対話文は全部で三つあり，それぞれ質問が一つずつ出題されます。

では，＜対話文１＞を始めます。（３秒の間）

Nancy: Dad, I'm home.
Dad: Nancy, you're very late. I was worried about you.
Nancy: Sorry. The train suddenly stopped running at West Station and didn't move.
Dad: What happened?
Nancy: Someone got sick on the train. I tried to take a bus or a taxi, but a lot of people were waiting. So, I decided to walk.
Dad: Wow, you walked for more than one hour, right? If you have any trouble again, you should call me.
Nancy: OK. Thank you, Dad. （３秒の間）

Question: How did Nancy come home from West Station?
（１回目：５秒の間，２回目：10秒の間）

繰り返します。（２秒の間）
（対話文１と質問の繰り返し）

＜対話文２＞を始めます。（３秒の間）

Andy: Mom, I found this dog in the park.
Mom: Oh, Andy, it's so cute and small. It looks like a puppy.
Andy: It's probably a girl. Her name is Lucy.
Mom: Why do you know that?
Andy: Well, her name is written here. Can we have Lucy at home? I want her in our family.
Mom: She has a name. That means she has her own family. We can't keep her.
Andy: OK. Then I'll make a poster and put it outside to find her family. （３秒の間）

Question: What does Andy want to do now? （１回目：５秒の間，２回目：10秒の間）
繰り返します。（２秒の間）
（対話文２と質問の繰り返し）

＜対話文３＞を始めます。（３秒の間）

Miki:	Tom, it's lunch time. Lunch is more delicious when we are tired and hungry after P.E. class. Let's go back to our classroom quickly.
Tom:	OK, Miki. Hmm, smells good. I think today's lunch is curry and rice.
Miki:	I think so, too! Wait a moment. Where is my towel?
Tom:	Did you take it to the gym?
Miki:	Well, I think that I put it in my pants pocket before P.E. class today.
Tom:	Are you sure? I didn't see it during the P.E. class. You had it in the music room in the morning, right?
Miki:	Really? After the music class, we went to the library. Where should I go to look for it? OK, I will go to the music room first.
Tom:	Then, I will check the library for you. （３秒の間）

Question: Where is Miki going to go after this? （１回目：５秒の間，２回目：10秒の間）
繰り返します。（２秒の間）
（対話文３と質問の繰り返し）
これで問題Ａを終わり，問題Ｂに入ります。

〔**問題Ｂ**〕（３秒の間）

これから聞く英語は，Ken が英語の授業で行ったスピーチです。内容に注意して聞きなさい。あとから，英語による質問が二つ出題されます。質問に対する答えを選びなさい。
では，始めます。（２秒の間）

Hello! My name, Ken, means health. My parents gave me that name because they wanted me to be a boy who is always healthy. You know I'm always powerful. I have never been sick since I was in elementary school. I decided my rules of health before. They were eating a lot, sleeping well, and playing sports.

This year, I decided another rule. It is "Don't continue sitting for a long time." I heard that sitting for a long time is bad for our health, too. We can be sick because of sitting too long in daily life. So, I wrote on a piece of paper "Don't sit long!" and put it on the wall near my desk in my room to remember my new rule. After studying at the desk for an hour, I stand up from the chair and walk around my room. Please try it. （３秒の間）

Question 1: What were Ken's rules of health before he added a new one?
（１回目：５秒の間，２回目：10秒の間）
Question 2: Why did Ken put a piece of paper on the wall near his desk?
（１回目：５秒の間，２回目：10秒の間）
繰り返します。（２秒の間）
（問題Ｂの英文と質問の繰り返し）

以上で，リスニングテストを終わります。２ページ以降の問題に答えなさい。

【数　学】 （50分）〈満点：100点〉

1 次の各問に答えよ。

〔問１〕 次の(1)～(8)において，[　]の中の「あ」～「た」に当てはまる数字をそれぞれ答えよ。

(1) $11-8\div\frac{4}{5}$ を計算すると，[あ]である。

(2) $2(7x-3y)-3(3x-y)$ を計算すると，[い]$x-$[う]yである。

(3) $\sqrt{48}+\sqrt{36}\div(-\sqrt{3})$ を計算すると，[え]$\sqrt{\text{[お]}}$である。

(4) 一次方程式 $3x+7=5x-9$ を解くと，$x=$[か]である。

(5) 連立方程式 $\begin{cases}3x-2y=1\\6x-5y=-2\end{cases}$ を解くと，$x=$[き]，$y=$[く]である。

(6) 二次方程式 $x^2-15x+44=0$ を解くと，$x=$[け]，$x=$[こさ]である。

(7) 袋の中に，赤玉が３個，青玉が２個，白玉が１個，合計６個の玉が入っている。
この袋の中から，同時に２個の玉を取り出すとき，取り出した２個の玉の色が同じである確率は，$\frac{\text{[し]}}{\text{[すせ]}}$である。
ただし，どの玉を取り出すことも同様に確からしいものとする。

(8) 右の**図１**で，四角形ABCDは正方形，△EBCは正三角形である。
頂点Aと頂点Eを結ぶ。
このとき，xで示した∠DAEの大きさは，[そた]度である。

図１

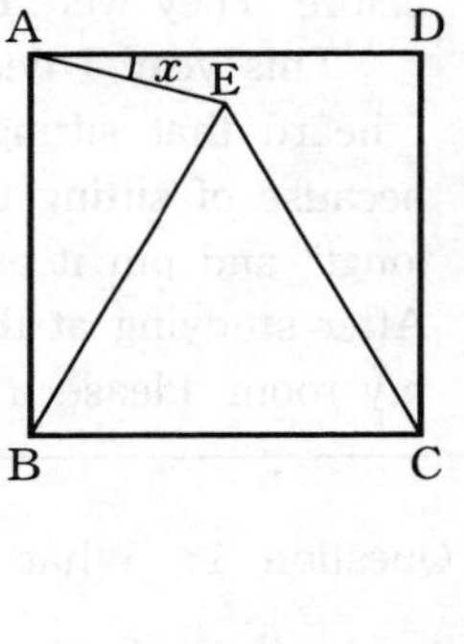

〔問２〕 右の**図２**の図形**Q**は，２つの弧でできた図形**P**を回転移動させたものであり，点Aと点Bは対応している。
記述式解答用紙の解答欄に示した図をもとにして，回転の中心Oを，定規とコンパスを用いて作図によって求め，点Oの位置を示す文字Oも書け。
ただし，作図に用いた線は消さないでおくこと。

図２

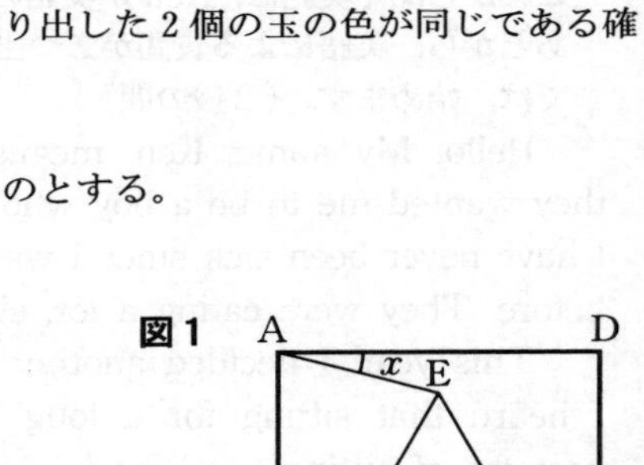

2 Kさんのクラスでは，先生が示した問題をみんなで考えた。

次の各問に答えよ。

ただし，円周率はπとする。

［先生が示した問題］

右の**図1**のような，

底面の半径がr cm，高さがh cm の円柱と，

底面の半径がr cm，高さが$2h$ cm の円すいがある。

このとき，円柱の体積と円すいの体積の比を，もっとも簡単な整数の比で表しなさい。

図1

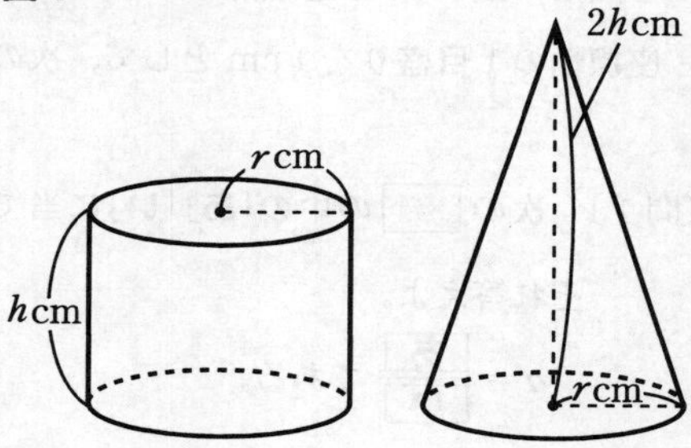

〔問1〕 次の□の中の「**あ**」「**い**」に当てはまる数字をそれぞれ答えよ。

［先生が示した問題］で，円柱の体積と円すいの体積の比を，もっとも簡単な整数の比で表すと，**あ**：**い** である。

Kさんのグループは，［先生が示した問題］をもとにして，次の問題を作った。

［Kさんのグループが作った問題］

右の**図2**のような，

底面の半径がr cm，高さがh cm の円柱と，

底面の半径がr cm，母線の長さが$2h$ cm の円すいがある。

円柱の表面積をP，円すいの表面積をQとする。

また，半径r cm の円の面積をRとする。

このとき，P＝Q＋R になることを確かめてみよう。

図2

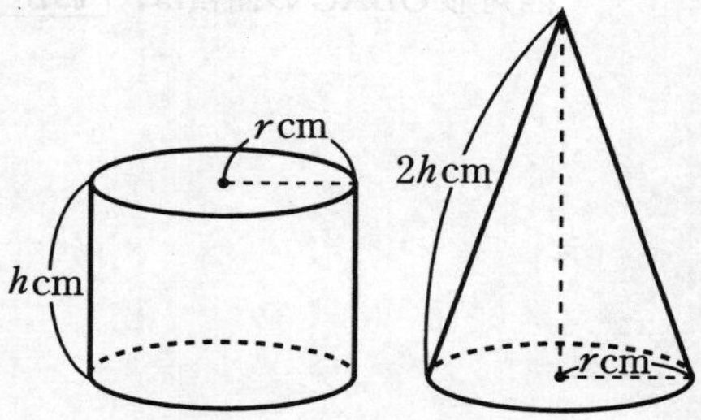

〔問2〕 ［Kさんのグループが作った問題］で，P，Q，Rをそれぞれπ，r，hを用いた式で表し，P＝Q＋R であることを証明せよ。

ただし，解答は**記述式解答用紙**の解答欄に書け。

3

右の図で，点Oは原点，曲線 ℓ は関数 $y=ax^2(a>0)$ のグラフである。

3点A，B，Cは曲線 ℓ 上の点で，点Aの座標は(6，18)，点B，Cの x 座標はそれぞれ4，-2 である。

4点O，B，A，Cを頂点とする四角形をつくる。

座標軸の1目盛りを1cmとして，次の各問に答えよ。

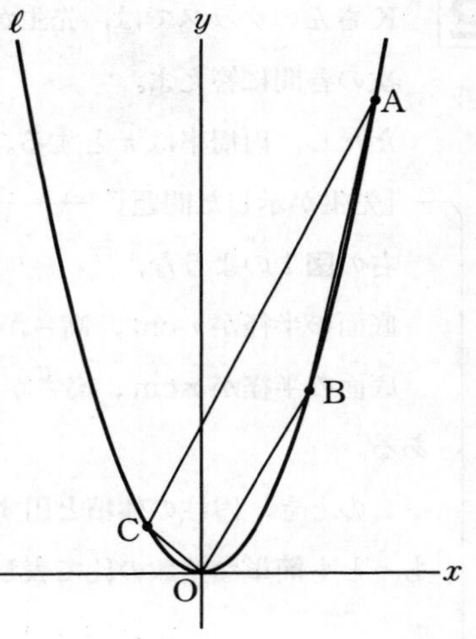

〔問1〕 次の□の中の「**あ**」「**い**」に当てはまる数字をそれぞれ答えよ。

$a=\dfrac{\boxed{\text{あ}}}{\boxed{\text{い}}}$ である。

〔問2〕 次の□の中の「**う**」「**え**」に当てはまる数字をそれぞれ答えよ。

2点A，Cを通る直線の式は，$y=\boxed{\text{う}}\,x+\boxed{\text{え}}$ である。

〔問3〕 次の□の中の「**お**」「**か**」に当てはまる数字をそれぞれ答えよ。

四角形OBACの面積は，$\boxed{\text{おか}}$ cm^2 である。

4　右の図で，点Oは，線分ABを直径とする半円の中心である。

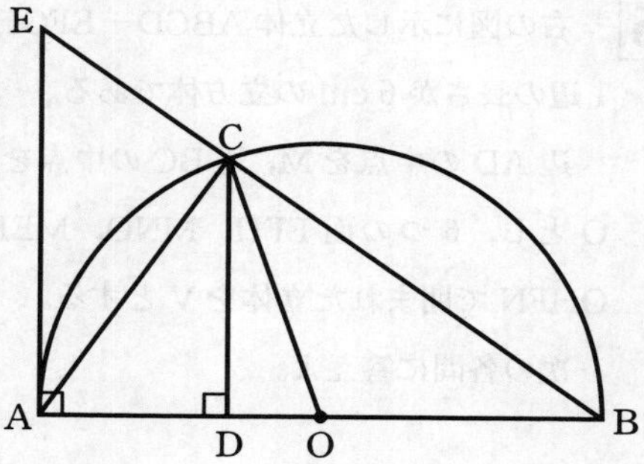

$\overset{\frown}{AB}$上に点Cをとり，点Cから線分ABにひいた垂線と線分ABとの交点をDとする。

点Aを通る線分ABの垂線と，線分BCをCの方向に延ばした直線との交点をEとする。

点Aと点C，点Oと点Cをそれぞれ結ぶ。

次の各問に答えよ。

〔問1〕　△ABC∽△EBAであることを証明せよ。

ただし，解答は**記述式解答用紙**の解答欄に書け。

〔問2〕　∠COB＝a°とするとき，∠AECの大きさを表す式を，次の①～④のうちから選び，記号で答えよ。

①　$(a-90)$度　　②　$\left(90-\dfrac{a}{2}\right)$度　　③　$\dfrac{a}{2}$度　　④　$(180-a)$度

〔問3〕　次の$\boxed{}$の中の「**あ**」「**い**」「**う**」に当てはまる数字をそれぞれ答えよ。

AD＝4 cm，DO＝2 cmのとき，△ABEの面積は，$\boxed{\text{あい}}\sqrt{\boxed{\text{う}}}$ cm^2である。

5 右の図に示した立体 ABCD－EFGH は，1 辺の長さが 6 cm の立方体である。

辺 AD の中点を M，辺 BC の中点を N，辺 CD の中点を O とし，6 つの面 EFH，MNO，MEFN，MEH，MHO，OHFN で囲まれた立体を V とする。

次の各問に答えよ。

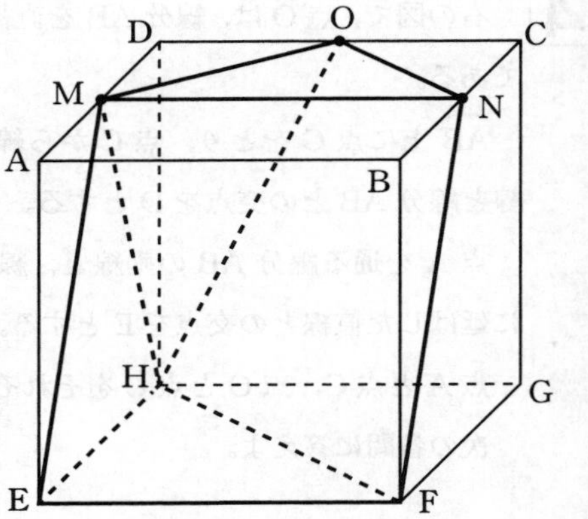

〔問 1〕 次の□の中の「**あ**」に当てはまる数字を答えよ。

立体 V の辺のうち，辺 MN とねじれの位置にある辺は全部で **あ** 本ある。

〔問 2〕 次の□の中の「**い**」「**う**」に当てはまる数字をそれぞれ答えよ。

立体 V の体積は，**いう** cm^3 である。

卒都婆《そとば》――死者の供養《くよう》のために墓地に立てられる細長い板。

〔問1〕(1)それは誰だってさびしくて、当時の熊公《くまこう》・八公《はちこう》だって同じ思いなんでしょうけれども、わざわざこれを文章という大それた行為のなかにもちこんだというのは『徒然草』が最初でしょう。とあるが、**B**の原文において、「わざわざこれを文章という大それた行為のなかにもちこんだ」と述べている内容に相当するものは、次のうちではどれか。

ア 後の業ども営み合へる、心慌たたし
イ 果ての日は、いと情無う、互ひに言ふ事も無く
ウ 其の住み処に帰りてぞ、更に悲しき事は多かるべき
エ かばかりの中に何かはと、人の心は、猶、うたて覚ゆれ

〔問2〕(2)**山崎**《やまざき》さんの発言の、この対談における役割を説明したものとして最も適切なのは、次のうちではどれか。

ア『徒然草』の着目点の一つに関する司馬さんの説明に対し、反対の立場で自分の解釈を提示することで、正しい解釈を検討しようとしている。
イ『徒然草』の着目点の一つに関する司馬さんの説明をふまえ、着目すべき部分をさらに明確にすることで、話題の内容を深めようとしている。
ウ『徒然草』の着目点の一つに関する司馬さんの説明を受けて、自身の具体的な体験を交えた感想を示すことで、話題を転換しようとしている。
エ『徒然草』の着目点の一つに関する司馬さんの説明について、疑問が残る点をあらかじめ話題にすることで、問題点を整理しようとしている。

〔問3〕(3)言わでもの の意味として、最も適切なのは、次のうちではどれか。

ア 言わなくてもよい
イ 言われたことのない
ウ 言わなければならない
エ 言われても仕方のない

〔問4〕(4)ほんとうにいろんなものがこわれてしまって、いまどこに立っているのかわからないというところで書くと、はじめてああいうものが出てくるんじゃないか。とあるが、「ああいうものが出てくる」とはどういうことか。次のうちから最も適切なものを選べ。

ア 自分の職業や書くもののジャンルが保証されていない状態であるため、型がないことに対しての不安がつづられたものになっているということ。
イ 平安朝時代の日記もののように、述べることの範囲や関心をもつべき対象の範囲が一つの型のようになっていて、迫真力が出るということ。
ウ 散文についての新しい基準もない状態で、思ったことを書き連ねていることによって、散文の力に対する無邪気な信仰を感じるということ。
エ それまでに書かれていた散文とは異なり、述べることの枠を取り払うことにより、自分のほんとうに言いたいことが著されているということ。

〔問5〕**B**の中の ―― を付けた**ア**～**エ**のうち、現代仮名遣いで書いた場合と異なる書き表し方を含んでいないものを一つ選び、記号で答えよ。

て、打ちもア笑ひぬ。骸《から》は気疎《け》き山の中に納めて、然るべき日ばかり、詣でつつ見れば、程無く、*卒都婆《そとば》も苔生《こけむ》し、木の葉、降り埋《うづ》みて、夕べの嵐、夜の月のみぞ、事問ふ縁《よすが》なりける。

思ひ出《い》でて偲《しの》ぶ人有らん程こそ有らめ、そも、また程無く失《う》せて、聞きイ伝ふるばかりの末々は、哀れとやは思ふ。然るは、跡訪《とぶら》ふ業も絶えぬれば、ウいづれの人と名をだに知らず、年々の春の草のみぞ、心有らん人は哀れと見るべきを、果ては、嵐に咽《むせ》びし松も、千年《ちとせ》を待たで薪に摧《くだ》かれ、古き墳《つか》は犂《す》かれて田と成りぬ。その形だに、無くなりぬるぞ、エ悲しき。

人が亡くなった後ほど、悲しいことはない。

死後四十九日の中陰のうちは、山里の寺などに親類縁者が集まって、法要を執り行い、心が落ちつかない。日数が速く過ぎるのは、他のどのような場合にも似ていない。最後の日は、もう情けないくらいに、互いに言うこともなく、自分だけ賢げに荷物などをまとめて、散り散りに帰って行く。元の住まいに帰ってからこそ、もっと悲しいことは多いだろうに。「これこれのことは、気を付けて、後に残った遺族のために、したり言ったりしてはいけないことだ」などと、いったいどういうつもりで、そんなことをこんな時に言うのか気が知れず、本当に人の心は嫌になる。

年月を経ても決して死者のことは忘れるわけではないけれど、そうは言っても、「去る者は日々に疎し」と言うように死の直後ほどは悲しく思わないのだろうか、つまらないことなどを言って、笑ったりする。遺骸は、人気のない山の中に埋葬し、命日など特定の日にだけお詣《まい》りして、その墓所を見てみれば、いつのまにか、早くも卒都婆に苔が生え、秋の落ち葉が降り埋めて、夕べの嵐や、夜の月が墓所を訪《と》うだけである。

死者のことを思い出してくれる人がいる間はともかく、それらの人々もそのうちに死んでしまい、聞き伝えているばかりの末々の子孫たちとなると、もう哀れとも何とも思わなくなってしまう。だから、墓参りも途絶えてしまい、この墓が、いったいどこの誰の物であるか、名前さえ知らず、ただ年々、春になって墓所に草が生えると、それを見て心ある人が、「ああここに、誰かの墓があるのだなあ」と哀れに思うくらいだろう。そしてついには、嵐が吹くと咽び泣くような寂しい音を響かせていた松も、千年の寿命を待たずに薪に摧かれ、古墳は鋤《す》き返されて田となってしまう。こうして、遂には、墓所の跡形もなくなってしまうのは、何とも悲しい。

（島内裕子校訂・訳「徒然草」による）

〔**注**〕熊公《くまこう》・八公《はちこう》――落語などで庶民を表す言葉としてよく用いられたことから、一般庶民を表す。

もののあわれ――平安時代の美的理念の一つ。

オーソリティ――権威・権力。

抒情《じょじょう》――感情を述べ表すこと。

印象派――十九世紀後半のフランスに発した絵画を中心とした芸術運動。ここではその絵画を指していると思われる。

をやった最初の人かもしれませんね。その成功によって、随想的態度というものが、いまに至るまで日本文学の特徴になったわけでしょうけれども。

山崎　むしろ、自分の職業なり、ジャンルというものが*オーソリティによって保証されていないだけに、そこで書かれていることは、ほんとうに彼の言いたいことだったとも言えるわけです。型があるからそれを使うというんじゃなくて、土俵の形も非常に不安ななかで相撲をとっている。そこで、相撲に迫真力がありますね。そういう魅力が、この『徒然草』の味じゃないでしょうかね。

　それ以前にも、おそらくいろんな散文というものはあったんだろうと思うんですが、その場合は、平安朝時代の日記ものといった、一つの形があったはずですね。そのなかでおのずから述べることの範囲とか、関心をもつべき対象の範囲が一つの型みたいになっていて、やたらに木登りの名人のことにまで筆をのばすべきでないというような、おそらく枠があったと思います。彼は、そういうものはなくなってしまって、しかも、散文とは*抒情《じょじょう》する場所なのか、価値判断をする場所なのか、思想を述べる場所なのか、というような新しい基準もなくて、そこでとにかく思ったことを書く。思ったことを書くというようなことは、近代の作文運動もずいぶん言いますが、あれはむしろ散文の力に対する無邪気な信仰の上に立っています。大事なのは兼好の切迫した欠落感ですね。(4)ほんとうにいろんなものがこわれてしまって、いまどこに立っているのかわからないというところで書くと、はじめてああいうものが出てくるんじゃないか。つまり、歌でも韻文でもなく、あえて散文を書くことのこわさが、彼にはわかっていたということです。

司馬　兼好のもっている散文成立以前のイメージですね。やはりこれは、大胆な言い方でしろうとくさい言い方なんですけれども、*印象派のような感じがして、非常に光と影がくっきりしているように思います。たとえば『徒然草』の感じというのは、若葉のころの感じであって、桜が散ったり、冬の陰気な姿でもなくて、京都の東山という樹草の非常に豊富な丘の上が、一時にいろんな色とりどりの若葉を吹き出す時期がいちばん好きだという雰囲気の、ずいぶん光へのあこがれが強かったような感じがするんですが、それが彼の文章に、明暗をくっきりさせているように思うんですけれどね。

（山崎正和「対談集　劇と批評の精神」による）

B

人の亡《な》き後ばかり、悲しきは無し。

中陰の程、山里などに移ろひて、便悪《びんあ》しく狭き所に、数多《あまた》会ひ居て、後の業ども営み合へる、心慌《あわ》たたし。日数の速く過ぐる程ぞ、物にも似ぬ。果ての日は、いと情《なさけ》無う、互ひに言ふ事も無く、我賢げに物引き認《したた》め、散り散りに行き分かれぬ。基の住み処《か》に帰りてぞ、更に悲しき事は多かるべき。「然々《しかしか》の事は、あな、かしこ、後の為《ため》、忌むなる事ぞ」など言へるこそ、かばかりの中に何かはと、人の心は、猶《なほ》、うたて覚ゆれ。

年月経ても、つゆ忘るるにはあらねど、「去る者は日々に疎《うと》し」と言へる事なれば、然《さ》は言へど、その際《きは》ばかりは覚えぬにや、由《よし》無し事言ひとって必然だったように思えます。とあるが、筆者がこのように述べたのはなぜか。次のうちから最も適切なものを選べ。

ア　命を大事にしながら長く生きるために、人間は他者と協力していく必要があり、他者に対する「やさしさ」がその関係に役立つと考えたから。

イ　他者と付き合うことが可能になったことにより人間は「やさしさ」を持つようになっていき、他のどんな生物にも協力的であると考えたから。

ウ　他者を認識する知能や、他者の気持ちを察するような「やさしさ」を持ったことから、少産少死の戦略を選ぶ人間が現れてきたと考えたから。

エ　少産少死の戦略をとっている地球上の人間以外の個体と付き合うことを可能にしてきた中で、「やさしさ」が発展してきたのだと考えたから。

〔問5〕　国語の授業でこの文章を読んだ後、「協力関係の重要性」というテーマで自分の意見を発表することになった。このときにあなたが話す言葉を具体的な体験や見聞も含めて二百字以内で書け。なお、書き出しや改行の際の空欄、、や。や「などもそれぞれ字数に数えよ。

五

次の**A**は、兼好法師が書いた「徒然草《つれづれぐさ》」に関する対談の一部であり、**B**は、対談中に出てくる「徒然草」第三十段の原文である。また、あとの[　　]内の文章は**B**の現代語訳である。これらの文章を読んで、あとの各問に答えよ。（*印の付いている言葉には、本文のあとに〔**注**〕がある。）

A

司馬《しば》　へんにうがっていて、へんに人の心にしみわたるようなことを言うでしょう。たとえば、お葬式が終《おわ》った、お葬式のあいだじゅうはいいけれども、四十九日が過ぎると誰も来なくなる、このさびしさというものを文章にしている。(1)それは誰だってさびしくて、当時の*熊公《くまこう》・八公《はちこう》だって同じ思いなんでしょうけれども、わざわざこれを文章という大それた行為のなかにもちこんだというのは『徒然草』が最初でしょう。

(2)**山崎《やまざき》**　人が死んだあとがさびしいんじゃなくて、お葬式のあとがさびしいというところに、リアリティがありますね。

司馬　そのさびしさというのは、言えばそうだというだけの、ごく軽いあたりまえのことなんですけれども、それをわざわざ机に向かって筆をとって書いたわけですから、そういう、わざわざ書くということはかつてなかったわけですね。かつては文章というのは、漢文は公文書、和文は*もののあわれを述べるわけでしょうけれども、しかし、こういう平談俗事というか、(3)言わでもの日常感想を述べるためにつかわなかったでしょう。だから兼好法師は、こういう人生のあたりまえのひだにまで入って、それを一つのリズムとして書きとどめるということこのような性質のどれが直接的な原因だったのかはわかりませんが、いずれにせよ、このような他の個体との協力を可能とする人間の性質は、元をたどれば少産少死の戦略によってもたらされたものです。命を大事にして長く生きるようになり、他個体と付き合うことが可能になったために協力することが有利になりました。（第十一段）

しかも、人間には他者を認識する知能や、他者の気持ちを察することのできる共感能力も備わっています。結果として協力関係がどんどん発展していきました。私たち人間は地球上の他のどんな生物よりも協力的な、いわば「やさしい」生物です。(3)このようなやさしさの進化は少産少死の戦略を極めてきた生物にとって必然だったように思えます。（第十二段）

（市橋伯一「増えるものたちの進化生物学」による）

〔注〕アイデンティティ――自分の価値を他者に認められること。
線虫――ウナギのような形をした体長１㎜弱の虫。

〔問１〕この文章の構成における第三段の役割を説明したものとして最も適切なのは、次のうちではどれか。

ア それまでに述べてきた内容に基づき、職業という協力関係を築くまでに必要な過程を順を追って説明することで、論をわかりやすくしている。

イ それまでに述べてきた内容をふまえ、協力関係で成り立っている具体的な作業のうちでどれが重要かを検討し、一つ一つ詳しく分析している。

ウ それまでに述べてきた内容に対して、対照的な状況といえる協力関係のない社会における生活の実体験を示すことで、利便性を比較している。

エ それまでに述べてきた内容を受けて、特定の仕事をする人が不在になる状況を想定してその影響を考えることで、論の妥当性を強調している。

〔問２〕(1)しかしそれは誤解だと私は思います。とあるが、筆者がこのように述べたのはなぜか。次のうちから最も適切なものを選べ。

ア 現代は全員が安全で快適な生活を送ることができる状態になっているため、社会の中に組み込まれれば個性の出番は多くないと考えたから。

イ 社会という協力関係の網の目の中に組み込まれることで、個性の有無にかかわらず強くて丈夫で健康な人間として生き残れると考えたから。

ウ 個性が生き残るために必要不可欠ではなくても、社会という協力関係においては役立つ能力として必要とされる可能性が高いと考えたから。

エ 社会は優れた能力が活躍できる場であり、おびやかされると感じる個性やアイデンティティは能力として必要とされていないと考えたから。

〔問３〕(2)増える単位が自分の体を超えて広がっているといってもいいかもしれません。とあるが、「自分の体を超えて広がっている」とはどういうことか。次のうちから最も適切なものを選べ。

ア 自分の力で自分だけを増やしていた人間以前の生きものも含めて、子孫を増やすということは自分の能力だけではなく運も関わるということ。

イ 協力関係からなる社会では他者との関わりが重要で、自分だけでなく他者の子孫を増やすことにも少なからず影響を及ぼしているということ。

ウ 優れた能力を持っていれば生殖に成功して子孫を作ることができるのであり、結果としてより優れた能力を持った子孫が多くなるということ。

エ 協力関係の網の目の中にいる人間は、他者が生き残って増えることに貢献する必要があり、自分の命よりも他者の命が大事になるということ。

〔問４〕(3)このようなやさしさの進化は少産少死の戦略を極めてきた生物に

そしてそれは一方的な関係ではありません。衣服を作る人も食料や住居は別の専門家に作ってもらっています。私たち人間は、現在、社会という大きな協力関係の網の目の中に組み込まれています。(第四段)

「社会の中に組み込まれる」ということは「社会の歯車になる」ということです。この言葉にはあまりいい印象はないかもしれません。自分の個性とかアイデンティティ*がおびやかされていると感じるかもしれません。(1)しかしそれは誤解だと私は思います。むしろ社会の歯車になることでほとんどの人は個性を発揮して、みんなの役に立てるのだと思います。(第五段)

たとえば、社会が全く存在しない状況を考えてみましょう。父親、母親、小さい子どもの3人家族だけで無人島で暮らしているような状況です。この場合、生きていくために必要な仕事はすべて3人だけで分担しないといけません。狩りをするのは、生物的に力の強い大人の男性である父親になるでしょう。植物や果物を採集したり、調理したりするのは、狩りに不向きな女性や子どもの仕事になるでしょう。たとえ、狩りなんて荒っぽいことが嫌いな男性や、採集よりも狩りの方が好きな女性だったとしても、餓《う》えないためには身体的に向いている方をやらざるをえません。狩りに失敗したり、食べ物を見つけることに失敗したりすれば、すぐに命の危機が訪れます。また、この世界では、勉強が得意とか、絵をかくのが得意とか、コミュニケーション能力が高いとか低いなどの個性が役に立つことはありません。なにより必要なのは、獲物をしとめたり、食料を確保する能力です。力や体力が何よりも重要です。強く丈夫で健康な人間だけが生き残る世界です。それ以外の個性には出番はありません。(第六段)

一方で私たちの社会は違います。力や体力が必要な職業もあれば、勉強や絵を描くことやコミュニケーション能力が必要な職業もあります。どれか1つの能力が優れていれば、十分に活躍の場が見つかります。少なくとも狩猟採集社会よりは、今の社会の方が自分に合った役割(歯車)が見つかる可能性が高いように思います。(第七段)

こうした他人との協力からなる社会を形成するようになると、人間という生物が増える単位も変わってきます。人間以前の生き物は自分の力で自分だけを増やしていました。細菌も線虫*もカエルも虫もサルも、増えることができるかどうかは自分の能力や運によって決まっていました。優れた能力を持っていれば生殖に成功し、子孫を作ることができますし、そうでなければ血統は途絶えてしまいます。(第八段)

ところが協力関係の網の目の中にいる人間は違います。自分が生き残って増えるためには他の人の能力も重要です。また自分の能力もほかの人が生き残って増えることに貢献しています。自分の命が大事なのと同じように、他の人の命も大事になっていきます。(2)増える単位が自分の体を超えて広がっているといってもいいかもしれません。(第九段)

このような大規模な協力関係は人間ならではの特徴です。人間以外の生物が非血縁個体と協力することは、特殊なケースを除いてほとんどありません。なぜ人間のみでこのような特殊な能力が生まれたのかについてはいろいろな説があります。人間の持つ高度な言語能力や認知能力や寿命の長さが大事だったと言われています。また、それらの能力が生まれた背景には、狩猟採集生活の中で協力する必要性があったことや、子どもが成長するまでに時間がかかることから子育てに他の個体の協力が必要だったことなどが指摘されています。(第十段)

ウ　穏やかで落ち着いた周囲の様子とは異なり、言ってはいけないことを言ったのだと動揺している「僕」の様子を、対比的に表現している。

エ　沈黙の中で周囲の様子に目を光らせている「僕」の様子を、「僕」の目がとらえたものを色彩豊かに描くことで写実的に表現している。

四　次の文章を読んで、あとの各問に答えよ。（＊印の付いている言葉には、本文のあとに〔**注**〕がある。）

現在の人間たちの協力の最たるものは「職業」です。多くの人は職を持っていて、特定の仕事をするだけで生きていけるようになっています。私の場合であれば大学教員ですので、大学で講義をしたり、研究をしているだけで給料をもらって、衣食住を賄うことができます。私が身に着けている衣服も毎日食べている食料も、住んでいる家も、自分で作ったものではありません。作ろうと思っても質の高いものは作ることができません。その代わりに他のもっと技術のある人間が仕事として作ってくれたものを買っています。（第一段）

現代人には当たり前すぎて普段はあまり意識しないかもしれませんが、これは大きな協力関係です。皆が自分以外の誰かのために質の高い仕事をすることで、全員が安全で快適な生活を送ることができています。（第二段）

職業という協力関係の重要さは、誰かが仕事を辞めたらどうなるかを考えるとすぐにわかります。たとえば、衣服を作る仕事の人が全員辞めてしまったら、みんな自分の服は自分で作らないといけなくなります。きっと粗末な衣服しか作れないことでしょう。忙しい人は全く作れないかもしれません。着替えを用意しておくのも大変ですし、洗っているうちにぼろになるでしょうから、洗濯もあまりしなくなるでしょう。衣服は汚れ、感染症も広まりやすくなるかもしれません。現代人が安く品質の高い衣服を手に入れることができているのは、作ることに特化した人が専門に作ってくれるおかげです。（第三段）

かけていたものの、激励を受けたことにより気を取り直している様子。

ウ　オオハタ先輩の指摘を受け、よりよい動きになる方法を模索している中、簡潔な言葉でさらにアドバイスされて一気に疑問が解決した様子。

エ　オオハタ先輩の指摘を意識し、自分の悪い部分を思い返しているうちに、今やるべきことがおろそかになっていることに気づかされた様子。

〔問2〕 (2)ヨイショーッ、と大声を出す。とあるが、このときの「僕」の様子として最も適切なのは、次のうちではどれか。

ア　オオハタ先輩が見せた唯一の隙を逃すことがないように気をつけながらも、狙い通りひと泡吹かせることができた喜びを味わっている様子。

イ　オオハタ先輩の重心が前のめりになったところに入り込む作戦がうまくいったことで満足して、勝ったことを大声でアピールしている様子。

ウ　オオハタ先輩を上回る動きができているわけではないことを自覚しながらも、今の自分にできる限りのことをやりとげようとしている様子。

エ　オオハタ先輩は「僕」に投げられると思っていなかったはずなので、弱い者らしく元気を見せて先輩の屈辱感を和らげようとしている様子。

〔問3〕 (3)コウキがいっても、クドウ先輩は首を振るだけだった。とあるが、このときのクドウ先輩の気持ちに最も近いものは、次のうちではどれか。

ア　自分の実力についてははっきりと認識しているため、この場でどれだけ強さを見せつけることができたとしても意味などないと思っている。

イ　自分より弱いとわかっている相手には勝てるが、後輩の前ではもっと強い自分でありたいのでさらなる高みを目指すべきだと思っている。

ウ　後輩から励ましの言葉までかけられるような立場になってしまっていることが情けなく、本来の自分はもっとできるはずだと思っている。

エ　この場では勝ったもののひと月前にあった大会では負けているので、えらそうにすることなく控え目な態度を取っておこうと思っている。

〔問4〕 (4)先輩がそれを、自覚しているくせに認めようとしないのがなんとももどかしかった。とあるが、「僕」が「もどかしかった」わけとして最も適切なのは、次のうちではどれか。

ア　コーチに何を言われたとしても、レギュラーを目指して頑張ってほしいと「僕」たちが考えていることを、クドウ先輩が信じていないから。

イ　レギュラーになれる実力を持っていることは誰の目にも明らかであるにもかかわらず、クドウ先輩がコーチの助言を受けようとしないから。

ウ　初心者を指導させるということは、レギュラーを目指す以外のことにコーチは目を向けさせたいのだと、クドウ先輩が理解していないから。

エ　レギュラーになれるかどうかはともかく、力を伸ばせるという希望をコーチが捨てていない事実から、クドウ先輩が目をそらしているから。

〔問5〕 (5)心臓が突然に重みを増すのを感じる。キイという音の間隔がだんだんと開いていき、その響きもますます弱々しくなっていく。空気は相変わらずぼやけていて、吸い込むと苦い。わずかな余韻だけを残して僕は揺れを止める。とあるが、この表現について述べたものとして最も適切なのは、次のうちではどれか。

ア　コウキの言葉を待っている間に体調が目まぐるしく変化している「僕」の様子を、第三者の視点を交えることで客観的に表現している。

イ　期待を裏切る言葉が返ってくることに対して不安が募る「僕」の様子を、感覚がとらえたものを詳細に描くことで印象的に表現している。

きょう一日じゅう曇ってこそいたが、雨は降っていなかった。「公園行こうぜ」と僕が提案して、ベンチに並んで腰かけていた。歩道橋の、いつもの階段を下りないでまっすぐ行くと、その公園に繋《つな》がっているのだ。

「どういうこと?」と僕は訊《き》く。ところどころうっすらと湿った木製のベンチは、決して座り心地がいいとはいえない。濡《ぬ》れないように、尾骨を少しだけ座面に載せた。

「だって、クドウ先輩が本気でがんばったとしても、やっぱり、いまのレギュラーに勝つってのはむずかしいだろ。結局レギュラーには入れない」

「まあ、そうなのかもしれないけど」

「たぶん先輩はそれが嫌なんだ。諦めたほうが楽ってことかもしれないし、諦めないでがんばって、でもむりで、泣くくらい悔しくなるのがつらいのかもしれない」

僕はベンチから立ち上がり、ブランコへ歩いていく。

「楽しいのかな、クドウ先輩は?」

「むずかしいね」ベンチに残っているコウキが少しだけ声を張る。

「なあ、コウキだからいうんだけど」

「うん?」

ブランコの座面に直接足を載せた僕は、立ち漕《こ》ぎを始める。両手で握った鎖には、米粒大の水滴が幾何学的に並んでいる。手のひらが濡れる。

「もう諦めてるって先輩いってたけどさ、じゃあ、なんで柔道つづけてられるんだろう?」

コウキは答えてくれなかった。キイ、キイとブランコの情けない音だけが揺れる。半透明の空気が薄い膜を張って、この公園をまるごとくるんでいるみたいに見えた。なにもかもが少しずつぼかされている。

「おれ」僕はいった。「ひどいやつかな」

短い沈黙のあと「そんなことないよっていってほしいのかもしれないけど」とコウキは前置きした。(5)心臓が突然に重みを増すのを感じる。キイという音の間隔がだんだんと開いていき、その響きもますます弱々しくなっていく。空気は相変わらずぼやけていて、吸い込むと苦い。わずかな余韻だけを残して僕は揺れを止める。

「多かれ少なかれ、みんなひどい」

そうかもしれないと僕は思った。

ブランコを降りる。

話題をなくし、僕たちは少しのあいだ黙っていた。僕はぴりぴりした柔道部の雰囲気のことを考えてみた。次の団体戦は七月の頭。勝ち抜けば県大会。

「じゃあ、帰ろうか」

そういって出口に向かって歩きだす。空は暗く、公園を出た先の住宅街から夕食のにおいや早めの入浴の音がぽちぽちしはじめていた。

(北川樹「ホームドアから離れてください」による)

〔問1〕(1)先輩の声にはっとする。とあるが、このときの「僕」の様子として最も適切なのは、次のうちではどれか。

ア オオハタ先輩の指摘でクドウ先輩の注意を思い返しつつ、自分の動きを修正しようとしたものの、オオハタ先輩からそれを止められた様子。

イ オオハタ先輩から指摘されたことで、自分の動きに対して自信を失いいて、相手の動きを全身で感じとらなければならない。それで、反射的に動けるようにしなくてはならない。

これがむずかしいのだった。

「止まるな！」

(1)先輩の声にはっとする。考えすぎて足が止まっていた。

その後もくりかえし投げられた。先輩は足技を重点的に試しているみたいだった。足払いとか小内刈りとか、ふつうは相手のバランスを崩すために使われる技たちだ。だけど、絶妙のタイミングで繰り出されれば、僕はあっけなく飛んでしまう。

二分間でいちどだけ僕に投げさせてくれた。体落とし。大内刈りで一旦相手を背中側に崩したあと、体勢を立て直そうと重心が前のめりになったところに入り込む。それがうまくいった。(2)ヨイショーッ、と大声を出す。オオハタ先輩は受身をとって、仰向けのまま、

「いいじゃん」

と褒めてくれた。

「ありがとうございます！」

応えながら、僕は悔しかった。

だって、いまのはまるで、投げ込みだった。投げやすいように飛んでくれただけだ。決して僕が強くなったんじゃない。

おまえはまだ弱いんだから、とやさしく諭されたみたいだった。

次の日の部内戦二日め、クドウ先輩がやっと来た。

コーチにいわれた「絶対来い」というのをその日の夜にそのままメールすると、了解、という返事があったのだった。試しに体調大丈夫ですかと尋ねてみたら、まあね、と返ってきた。やっぱり仮病だったのだ。

コーチはクドウ先輩と一年生のササキを試合させた。先輩は返事をした直後にため息をこぼしてオオハタ先輩に後ろ頭をはたかれていたけれど、結果は瞬殺だった。クドウ先輩が、ササキを瞬殺だ。決まり技は払い腰だった。

全然負け犬なんかじゃないじゃないですか、先輩。(3)コウキがいっても、クドウ先輩は首を振るだけだった。

「弱い相手には勝てるんだ」あとになって先輩は説明してくれた。「正確には、自分より弱いとわかっている相手、だな」情けないよ、と笑う。自分より強いかもしれない相手だと、すごく弱気になるんだ。

確かに、ひと月前にあった大会の個人戦でも、クドウ先輩は一回戦負けを喫していた。ほとんど攻め込むことができず、三つで反則負けになる指導をふたつももらったすえ、払い腰だったかなにかで豪快な投げられかたをした。一本負けだった。

部内戦のあと、クドウ先輩はなにやらコーチにいわれていた。その内容は教えてくれない。もうおれは諦めてるのにな、と、ぼそりとつぶやく。僕とコウキは顔を見あわせ、諦めなかったらいいのに、と目で会話した。

コーチが僕たち初心者コンビの指導役に先輩を抜擢《ばってき》したのは、レギュラー候補圏外の負け犬だからなんかではないのだ、きっと。(4)先輩がそれを、自覚しているくせに認めようとしないのがなんとももどかしかった。

「悔しくなるのが嫌なんじゃない？」

コウキがいう。

帰り道で、いつものように話していた。

二〇二四年度　関東第一高等学校

【国語】（五〇分）〈満点：一〇〇点〉

一　次の各文の——を付けた漢字の読みがなを書け。

(1) 大雪で交通が滞る。
(2) 濃霧で見通しが悪い。
(3) しょう油の醸造所を見学する。
(4) 腰を据えて難問の解決に取り組む。
(5) 稚拙な表現にならないように気をつける。

二　次の各文の——を付けたカタカナの部分に当たる漢字を楷書で書け。

(1) 塩の分量をカゲンする。
(2) 経験をツむことが大事だ。
(3) ヤサしい問題から解き始める。
(4) ヘビはカエルのテンテキである。
(5) 事業の運営にシショウが生じないようにする。

三　次の文章を読んで、あとの各問に答えよ。

中学一年生の「僕（ダイスケ）」は、コウキとともに未経験で柔道部に入部し、二年生のクドウ先輩から基礎を叩《たた》きこまれてきた。クドウ先輩が体調不良を理由に学校を早退したこの日、乱取り（実戦形式の練習）で、ダイスケは二年生のオオハタ先輩と組んで練習している。オオハタ先輩は、二年生にもかかわらず団体戦のメンバーだ。

「おう、ダイスケ、どんどん仕掛けてこいよ」

先輩はそうやって僕をけしかける。

なんとかひと泡吹かせてやりたい一心で先輩に立ち向かっていく。投げるまではいかないかもしれないけれど、どうにかバランスを崩したい。先輩が思わず「おっ」といってしまうくらい。

知っている技をぜんぶかけた。

足払い、大内刈り、小内刈り、大外刈り、背負い投げ、体落とし。どれもだめだった。ちっとも効きやしない。うまく懐《ふところ》に潜り込めた気がしても、そんなのは一瞬で、先輩はひょいと軽くかわしてくる。技がかかっている、という手応えに乏しい。

「おう」オオハタ先輩は組んだままいった。「下向くな」

「はい」

「相手の足見てたって反応遅れるだけだぞ」

これはクドウ先輩にも何度も注意されていることだった。

足を見て相手がどう動くのか判断しようとしても、視覚で捉えた情報を処理しているとワンテンポ遅くなる。ほんとうは、下なんか見ずに前を向

英語解答

1 問題A　対話文１　ア　対話文２　エ
対話文３　ウ
問題B　Question１　エ
Question２　イ

2 １　イ　　２　ウ
３　(1)…ウ
(2)（例）There is a big park in the next town. We can see beautiful flowers in every season. Dogs are allowed, so I can take my dog.

3 問１　エ　　問２　イ　　問３　ウ
問４　イ　　問５　ア　　問６　イ
問７　ア

4 問１　イ　　問２　ウ
問３　(1)…エ　(2)…ウ　(3)…イ
問４　(1)…イ　(2)…ウ

1〔放送問題〕解説省略

2〔総合問題〕

１＜対話文完成―適語句選択―図を見て答える問題＞≪全訳≫❶マーク(M)：これがミドリ植物園のウェブサイト？❷ユウタ(Y)：そのとおり。そこでは多くのユニークな植物を見ることができるよ。❸M：いいね。今，ガイドツアーを２つやってるんだね。僕はこのガイドツアーに参加してみたいな。このツアーでは，いろいろな種類の果物の木が見られる！　僕は果物が大好きなんだ！❹Y：果物を試食できるらしいよ。だからとても人気があるんだ。参加したい人がたくさんいて，朝早くから植物園に人が殺到しているんだ。僕たちは参加できないかもしれないよ。❺M：えっ，僕たちはそんなに早くそこには行けないと思うな。うーん，もう１つのツアーもよさそうだよ。❻Y：うん，そうだね。そのツアーでは２つのエリアを見て回ることもできるよ。❼M：よし。ツアー１に参加しよう。ええと，植物園に入場するには１人500円必要なんだね。❽Y：いや，僕たちは中学生だから，入場料金はもっと安いよ。君は温室の植物も見たいんだよね？❾M：うん。❿Y：それなら，僕たちそれぞれの入場料は350円だよ。

図１

ミドリ植物園へようこそ

営業時間：午前10時～午後７時

料金	
大人および高校生	500円
中学生	200円
小学生以下	無料

※温室入場料金：150円追加

ガイドつきツアー		
ツアー１	午前10時10分～午前10時40分	バラ園→日本の植物
ツアー２	午前10時10分～午前11時00分	旬の植物→果樹園

※西ゲート集合

＜解説＞(A)第３～６段落参照。最初２人は果樹園を見るツアー２に参加したかったが，朝早く行かなければならないので，もう１つのツアー１に参加することにした。　(B)図１参照。２人は中学生なので入場料は200円。これに加え，温室の植物を見るために追加料金150円が必要になる。

２＜対話文完成―適語句選択―図を見て答える問題＞≪全訳≫❶M：あのガイドはすばらしかった！❷Y：そうだね。彼は花についてたくさんのことを知っていたね。彼は花について大学で一生懸命勉強したに違いない。❸M：僕もそう思う。あっ，見て！　この部屋には花の写真がたくさん展示されているよ。花びらに露の滴がついた花の写真がきれいだ。❹Y：うん，そうだね。僕はテントウムシの写真も好きだな。❺M：わあ，花の近接写真がおもしろいよ。この写真は人の顔みたいだ。こういうユニークな写真を撮ってみたいな。❻Y：ねえ，このポスターを見て。ここに展示する写真をもっと募集してるよ。興味あるかい？❼M：もちろん，興味あるよ！　もし僕たちの写真が選ばれたら，僕たちはこの植物園の無料チケットがもらえるんだね！　また一緒にここに来られるよ。❽Y：メールで写真を送るんだね。僕はそれをできると思うよ。❾M：花と君が飼っている犬の写真を撮ってもいい？　動物が写っている写真を送っても大丈夫かな？❿Y：よくわからない。僕のスマートフォンでウェブサイトを確認しよう。

図2

> 最高の花を撮影した写真を見せてください！
> あなたの写真が採用されると，ここに展示され，当植物園の無料入場券がもらえます。
>
> 写真の投稿方法
> 写真には花が含まれているものとする。
> 写真は３枚まで提出可能。
> 写真は JPEG 形式とする。
> 写真の送付先：info@midorigarden.jp
> 詳細はウェブサイトをご覧ください。：www.midorigarden.jp

＜解説＞(A)図２の前半参照。写真が選ばれると植物園の無料チケットがもらえる。　(B)図２の後半参照。写真はメールで送る。

３＜長文読解総合—Ｅメール＞≪全訳≫❶ユウタへ／今日は，君とミドリ植物園を本当に楽しめたよ。花畑を見て回るのはとても楽しかった。ガイドさんの花に関する知識には驚いたね。本やノートを見なくても，ガイドさんはたくさんの情報を僕たちに教えてくれた。美しいバラ園にもびっくりしたな。イギリスの人たちはバラが大好きなんだ。僕の両親も自分たちのバラ園を大切にしている。日本でこんなに美しいバラ園を見られるとは思っていなかったよ。❷ところで，写真を撮りに行くことを忘れないでよ。僕は花の写真を撮ることに本当に興味があるんだ。他の訪問者を僕のユニークな写真で驚かせたいと思っているんだ。イギリスの両親に１枚送るつもりさ。両親は，僕が日本の花に興味があることを知ったら喜ぶだろうな。❸どこで花を見つければいいかわからないんだ。写真を撮るのにいい場所を知ってる？　返事を楽しみに待ってるよ。／よろしく，マーク

(1)＜内容真偽＞ア.「最初，マークは両親とミドリ植物園を訪れたくなかった」…×　イ.「将来，マークは植物園でガイドになりたかった」…×　ウ.「他のイギリス人と同じようにマークの両親はバラが大好きである」…○　第１段落第６，７文に一致する。　エ.「マークはユウタに花に興味を持ってほしいと思っている」…×

(2)＜テーマ作文＞≪全訳≫❶マークへ／メールをありがとう。今日，僕も君と一緒に植物園で楽しい時間を過ごしたよ。そしてもちろん，花の写真を撮ることにしたことを覚えてるよ。❷僕の犬と一緒に花の写真を撮りたいと言ってたよね。でも，ウェブサイトでは，それについての情報を見つけられなかったんだ。だから，メールで「動物と一緒の花の写真を送ることはできますか？」って問い合わせてみたよ。１時間前にメールが届いて，大丈夫だって。❸それじゃ，君の質問に答えるね。花のすてきな写真を撮るいい場所を思い出したんだ。❹(例)隣町に大きな公園がある。どの季節でも美しい花を見ることができるんだ。犬も入れるから，僕の犬を連れていくことができるよ。❺今週末，そこに行って写真を撮るのはどう？／君の友人，ユウタ

＜解説＞すてきな花の写真が撮れる場所について３つの文で答える。マークはユウタの犬と一緒に花の写真を撮りたがっており，ユウタは動物の入った写真でも問題ないかを園に確認しているので，解答例のように，犬を連れていけるかどうかに言及するとよいだろう。

3　〔長文読解総合—会話文〕

≪全訳≫❶ミナ，ショウ，テツ，リリーは東京の高校生である。リリーはアメリカからの留学生だ。今，彼らは教室で話をしている。❷ミナ(M)：リリー，今週末は何をするの？❸リリー(L)：買い物に行くつもりよ。ピアノのタケダ先生に贈り物を買いたいの。❹M：先生はもうすぐ誕生日なの？❺L：

ううん。先月，先生は結婚して千葉に引っ越したの。来月，先生の新居を訪ねる予定なんだけど，そのときに引っ越し祝いの贈り物を渡したいの。6M：ああ，なるほど。7ショウ(S)：それはいいニュースだね！　でも，君は先生の家でレッスンを受けているって聞いてたけど。ということは，もう先生のレッスンは受けられないの？8L：できるよ。先生はもう東京には住んでいないけど，千葉の新居には電車で15分で行けるから。乗り換える必要もないし。9M：よかったわね。10テツ(T)：先生には何を買うの？11L：まだ考え中なの。何かアイデアはないかしら？　日本では贈り物に関してタブーがあるそうね。12S：うん，あるよ。僕のおじさんが引っ越したとき，お母さんと僕はデパートでおじさんに引っ越し祝いの贈り物を買ったんだ。店員はこう言ってたよ。「引っ越し祝いの贈り物に赤いものを贈るのは避けた方がいいですよ」って。13T：本当に？　それは知らなかった。どうして避けた方がいいの？14S：赤は人に火事を連想させるからだよ。15L：なるほどね。赤いものは避けるわ。ねえ，ミナ，今年の春，あなたのお姉さんは大学に通うために別の街で一人暮らしを始めたのよね。そのとき，お姉さんに何かあげた？16M：うん，姉が毎日料理をしたいって言ってたから，エプロンをあげたわ。最初はインテリアグッズをあげたかったの。でも姉は「インテリアグッズは自分で探して買いたいの」って言ったのよ。ひょっとすると，タケダ先生もインテリアグッズは自分で買いたいって思ってるかもしれないわね。17L：私もそう思うわ。18S：完璧な贈り物を選ぶのは難しいよね。19M：うん，私もそう思う。人にはそれぞれ好みがあるから。例えば，私の好きな色は青と緑なの。だから，ピンクやオレンジのものをもらってもあまりうれしくはないわ。20T：リリー，タケダ先生に何が欲しいかきいてみたらどう？21L：うーん，先生は私には言わないと思うわ。それに，先生の家に行く前に贈り物のことを話したくないの。先生をびっくりさせたいから。22T：なるほど。先生が好きなものは知ってるの？23L：うん。先生は音楽が大好きなの。毎日音楽を聴いているらしいわ。24S：先生の新居でかけるCDを選ぶのはいいかもしれないね。25L：先生はすでにたくさんのCDを持ってるわ。先生の部屋で見たの。26M：イヤホンはどう？　イヤホンがあれば外で音楽を楽しめるよ。27L：わからないわ。イヤホンでは引っ越し祝いの贈り物っぽくないわ。28T：彼女はピアノの先生だから，すでにいいイヤホンを持っているに違いないよ。29M：そうね。30L：それにイヤホンは私には高すぎる。そんなにお金はないから。あっ，先生はダンスも好きなんだ。ダンスのレッスンを受けているのよ。31T：それなら，タオルをあげたらどう？32L：それはいい考えね。ダンスのレッスンで使えるわ。もちろん，家でも使えるし。33S：駅の近くに新しいお店ができたの知ってる？　いいタオルがたくさんあるらしいよ。34M：あっ，私，昨日そこに行ったわ。すてきなお店よ。でも，お店は簡単には見つけられないかも。小さなお店だから。私が連れていってあげようか？35L：うん，お願い。そこで一緒にすてきなものを選んでくれる？36M：もちろん！37L：ありがとう，ミナ。ありがとう，みんな。みんなから贈り物のマナーについてたくさん学んだわ。

問1＜文脈把握＞下線部(1)は，直前でリリーが「ピアノのタケダ先生に贈り物を買いたい」と言ったことに対するミナの発言なので，その理由は，エ．「リリーがタケダ先生に贈り物を買う予定があると言った」である。

問2＜英文解釈＞「リリーは(　　)」―イ．「タケダ先生のレッスンを受けるのをやめる必要はない」　下線部(2)のI can. は，直前でショウが言ったyou can't take her lesson anymore, right? に対する返答なので，can の後にはtake her lesson が省略されている。この後リリーは，先生の新居まで電車で15分で行けると言っているので，ウ．「リリーの家で先生のレッスンを受けられる」は不可。

問３＜英文解釈＞「私も（　　）と思う」―ウ.「タケダ先生は自分でインテリアグッズを選びたがっている」　I thinks so. は「私はそう思う」という意味。下線部(3)は，直前の Maybe Ms. Takeda wants to buy interior goods by herself, too. というミナの発言を受けての言葉である。 by ～self「自分で」

問４＜文脈把握＞下線部の直後でリリーは，「それら（イヤホン）は引っ越し祝いの贈り物っぽくない」と言っている。イ.「リリーはイヤホンが引っ越し祝いの贈り物にふさわしいとは思わなかった」はこの内容を表している。　sound like ～「～のように思われる〔聞こえる〕」

問５＜英文解釈＞「ミナは（　　）と思わなかった」―ア.「リリーがそのお店を見つけるのは簡単だ」　下線部にある it は新しくできたお店を指す。下線部の後でミナは，お店が小さいと言って，自分で案内することを提案していることから，お店が見つけにくいことがわかる。

問６＜内容一致＞「リリーは(A)タケダ先生が結婚して千葉に引っ越したと言った。彼女はまた(B)タケダ先生は音楽とダンスが好きだと言った」　(A)は第５段落，(B)は第23，30段落参照。

問７＜内容一致＞≪全訳≫今日私はクラスメートと話をした。ミナが私に週末の予定をきいたとき，タケダ先生への贈り物について尋ねる機会があった。ショウは私に赤いものは人々に火事を連想させるから，引っ越し祝いの贈り物には向かないと言ってくれた。赤はアメリカでは幸運やパワー，愛の色でもあるので，それを聞いて私は(A)驚いた。／私のクラスメートたちがいくつかアドバイスをしてくれて，私はタオルを買うことにした。ミナは私を新しいお店に連れていって，私がすてきなタオルを(B)選ぶのを手伝ってくれる。赤いタオルは買わない方がいいことを覚えておかないと。

＜解説＞(A)because 以下が「驚いた」理由になっている。be surprised to hear ～「～を聞いて驚く」の to 以下は‘感情の原因’を表す to不定詞の副詞的用法。　(B)第35，36段落参照。 ‘help＋人＋動詞の原形’「〈人〉が～するのを手伝う」

４〔長文読解総合―物語〕

≪全訳≫❶ミカは高校２年生だ。学校のバスケットボール部でプレーしている。彼女は10歳のとき，バスケットボールを始めた。彼女は毎日一生懸命練習した。毎日一生懸命勉強もした。彼女は学校生活を楽しんでいた。しかし，彼女には１つ心配事があった。何か大切なことをするとき，彼女はいつも緊張してしまい，うまくできなかった。彼女はそのことを心配していた。❷ミカの学校では，生徒たちは月に一度，ホワイト先生の英語の授業で短いスピーチをしなければならなかった。トピックは難しくなかったが，クラスメートの前でそれをしなければならなかった。ミカは英語を学んで話すことを楽しんでいた。しかし，彼女はいつも緊張してしまい，良いスピーチができなかった。彼女はそれが嫌だった。❸ミカはチームでバスケットボールをするのは得意だったが，試合ではいつもミスをしていた。そのため，彼女はチームのレギュラーにはなれなかった。チームメートは彼女に試合中によくこう言った。「ミカ，あなたはいい選手よ。自信を持って！」　ミカはそうしようとしたが，大事な状況でいつも緊張してしまい，うまくプレーできなかった。試合後，問題を解決するにはもっとたくさん練習しなくてはいけないと彼女はいつも思った。❹ある日，ミカは日本のプロバスケットボールチームのアメリカ戦をテレビで見ていた。ふだんはテレビでバスケットボールの試合を見なかったが，その試合は彼女にとってとてもわくわくするものだった。アメリカチームはとても強く，日本チームは負けていた。そのとき彼女は，日本の選手たちが試合の難しい場面で笑顔を見せていることに気づいた。彼女はなぜ彼らがそうしているのか理解できなかった。結局，日本チームは負けたが，試合は大接戦だった。「次は勝てる」と彼女は思った。そのとき，テレビで日本人選手がこう言った。「試合で困難なとき，笑顔を浮かべるようにしています。そうすると，リラックスできるからです」　ミカはこの言葉を聞いて驚き，大切なことをするときはもっとリラックスするべきだと思った。その夜，ミカはインターネットでも笑顔の力について知った。❺その翌日，ミカは英語の授業でスピーチをしなければならなかった。彼女は笑顔で話すように心がけた。彼女はリラックスし，以前ほど緊張しなかった。スピーチの後，ホワイト先生は言った。「ミカ，君のスピーチはずっとよくなったね。笑顔もとてもよかったよ。君がスピーチをしたとき，笑顔が私たちに良い印象を与えていたよ」　彼女はそれを聞いてとてもうれしかった。❻ミカはバスケットボールの試合でも，苦しいときこそ笑顔でいようとした。練習試合では，プレーが良くなり，大事な場面でたくさん得点した。6月，チームのキャプテンが言った。「ミカ，次の試合からレギュラーよ」　チームメートのサヤは，そのとき彼女のことをとても祝福してくれた。彼女はミカにこう尋ねた。「ミカはすごく変わったよね。私もあなたみたいにレギュラーになりたいな。誰かがいいアドバイスをくれたの？」　ミカは言った。「ううん，緊張したら笑うようにしたの。そうするとリラックスしてがんばれるんだ」　サヤは言った。「それだけ？　本当？　すごいね」　ミカは言った。「ありがとう，サヤ。リラックスすることが，物事をうまくやるためのいい方法だということを知ったの。私は笑顔になることでリラックスできるけど，他にもリラックスする方法があると思うの」　サヤは言った。「なるほど。私も試合では緊張してしまうの。何か方法を探してみるわ」❼1か月後，ミカとサヤは一緒に試合に出ていた。試合中，サヤはミカに言った。「ミカ，笑顔よ。緊張しているように見えるわよ。私の背中をたたいてくれる？　誰かにそうしてもらうと，私はリラックスできるの」　ミカは彼女の背中をたたいた。ミカは笑顔でバスケットボールを続け，何度もサヤの背中をたたいた。2人はたくさん得点し，チームは試合に勝った。❽ミカとサヤは現在チームのレギュラーだ。ミカはシンプルな笑顔が緊張を克服し，成功に導いてくれると信じている。

問1＜英文解釈＞「彼女がチームのレギュラーにはなれなかったのは，(　　)からだった」―イ．「試合でいつもミスをしていた」　because of ～は「～が原因で」という意味。下線部の that は，直前にある she usually made some mistakes in games という内容を指している。

問2＜文整序＞④「ミカは学校のバスケットボール部に入った」(第1段落第2文)／→①「ミカは日本のプロバスケットボールチームの試合をテレビで見た」(第4段落第1文)／→②「ミカのチームのキャプテンはミカに彼女がレギュラー選手になるだろうと伝えた」(第6段落第3文)／→③「サヤはバスケットボールの試合でリラックスする自分自身の方法を見つけた」(第7段落)

問3＜内容一致＞(1)「試合後，ミカはいつも(　　)と思った」―エ．「問題を解決するためにたくさん練習しなくてはいけない」　第3段落最終文参照。　(2)「テレビを見ていたとき，ミカはなぜ(　　)わからなかった」―ウ．「日本のバスケットボールの選手たちがアメリカ戦で笑顔を浮かべていたか」　第4段落参照。　(3)「6月，サヤは(　　)と思った」―イ．「どうやってミカが彼女自身を変えたか知りたい」　第6段落第5～7文参照。

問4＜英問英答＞(1)「ホワイト先生はミカのスピーチについて何と言ったか」―イ．「彼はスピーチ中の彼女の笑顔から良い印象を受けたと言った」　第5段落終わりから2文目参照。　(2)「ミカは7月のバスケットボールの試合中，どのようにプレーしたか」―ウ．「彼女は笑顔でプレーした」第7段落終わりから2文目参照。

数学解答

1 〔問1〕 (1) 1 (2) い…5 う…3
(3) え…2 お…3 (4) 8
(5) き…3 く…4
(6) け…4 こ…1 さ…1
(7) し…4 す…1 せ…5
(8) そ…1 た…5

〔問2〕 (例)

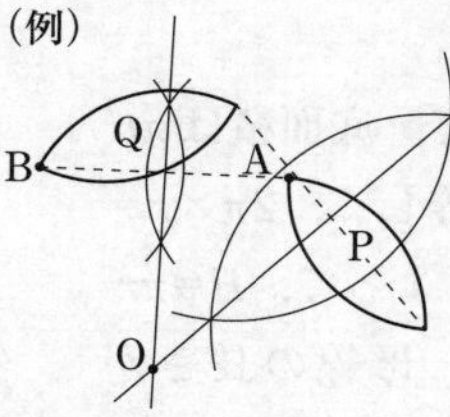

2 〔問1〕 あ…3 い…2
〔問2〕 (例)$P=2\pi r^2+2\pi rh$……① $Q=\pi r^2+\pi\times(2h)^2\times\dfrac{2\pi r}{2\pi\times 2h}=\pi r^2+2\pi rh$……② $R=\pi r^2$……③ ②，③より，$Q+R=2\pi r^2+2\pi rh$……④ ①，④より，$P=Q+R$

3 〔問1〕 あ…1 い…2
〔問2〕 う…2 え…6
〔問3〕 お…3 か…6

4 〔問1〕 (例)△ABCと△EBAにおいて，仮定から，∠BAE＝90°……① 半円の弧に対する円周角だから，∠BCA＝90°……② ①，②より，∠BCA＝∠BAE……③ 共通な角だから，∠ABC＝∠EBA……④ ③，④より，2組の角がそれぞれ等しいから，△ABC∽△EBA
〔問2〕 ③
〔問3〕 あ…3 い…6 う…2

5 〔問1〕 3
〔問2〕 い…9 う…0

1 〔独立小問集合題〕

〔問1〕＜数の計算，式の計算，一次方程式，連立方程式，二次方程式，確率，平面図形＞(1)与式$=11-8\times\dfrac{5}{4}=11-10=1$ (2)与式$=14x-6y-9x+3y=5x-3y$ (3)与式$=\sqrt{4^2\times 3}-\sqrt{36\div 3}=4\sqrt{3}-\sqrt{12}=4\sqrt{3}-\sqrt{2^2\times 3}=4\sqrt{3}-2\sqrt{3}=2\sqrt{3}$ (4)$3x-5x=-9-7$，$-2x=-16$ $\therefore x=8$ (5)$3x-2y=1$……①，$6x-5y=-2$……②とする。①×2より，$6x-4y=2$……①′ ①′－②より，$-4y-(-5y)=2-(-2)$ $\therefore y=4$ これを①に代入して，$3x-2\times 4=1$，$3x-8=1$，$3x=9$ $\therefore x=3$ (6)$(x-4)(x-11)=0$ $\therefore x=4, 11$ (7)3個の赤玉を赤$_1$，赤$_2$，赤$_3$，2個の青玉を青$_1$，青$_2$と区別して考えると，2個の玉の取り出し方は(赤$_1$，赤$_2$)，(赤$_1$，赤$_3$)，(赤$_1$，青$_1$)，(赤$_1$，青$_2$)，(赤$_1$，白)，(赤$_2$，赤$_3$)，(赤$_2$，青$_1$)，(赤$_2$，青$_2$)，(赤$_2$，白)，(赤$_3$，青$_1$)，(赤$_3$，青$_2$)，(赤$_3$，白)，(青$_1$，青$_2$)，(青$_1$，白)，(青$_2$，白)の15通りある。このうち，2個の玉の色が同じなのは，下線を引いた4通りだから，求める確率は$\dfrac{4}{15}$となる。 (8)右図1で，四角形ABCDは正方形より，AB＝BCで，△EBCは正三角形より，BE＝BCだから，AB＝BEとなり，△ABEは二等辺三角形である。よって，∠ABC＝90°，∠EBC＝60°より，∠ABE＝90°－60°＝30°となるから，∠BAE＝(180°－30°)÷2＝75°である。したがって，∠DAE＝x＝∠BAD－∠BAE＝90°－75°＝15°となる。

図1

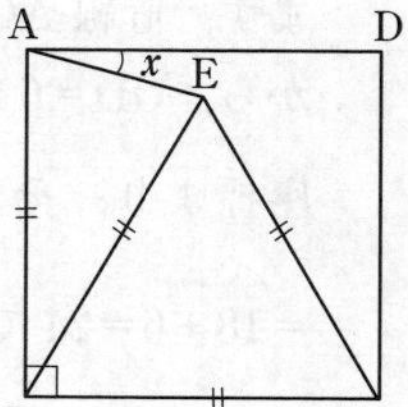

〔問2〕＜平面図形―作図＞次ページの図2のように，点C，Dを定める。まず，点Bは，点Oを中心として点Aを回転移動させた点である。これより，OA＝OBだから，点Oは線分ABの垂直二等分線上にある。同様に，点Dは，点Oを中心として点Cを回転移動させた点だから，OC＝ODより，

点Oは線分CDの垂直二等分線上にある。よって，線分ABの垂直二等分線と線分CDの垂直二等分線を引き，それらの交点をOとすればよい。解答参照。

図２

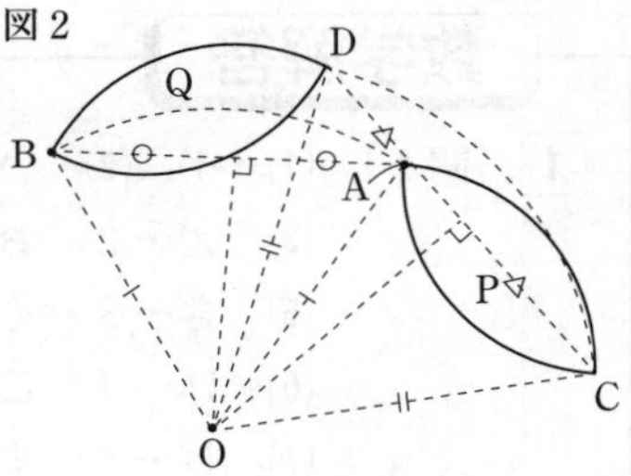

2 〔数と式—文字式の利用〕

〔問１〕＜体積比＞底面の半径が r cm，高さが h cm の円柱の体積は，$\pi r^2\times h=\pi r^2h$，底面の半径が r cm，高さが $2h$cm の円錐の体積は，$\frac{1}{3}\times\pi r^2\times 2h=\frac{2}{3}\pi r^2h$ となる。よって，円柱の体積と円錐の体積の比は，$\pi r^2h:\frac{2}{3}\pi r^2h=1:\frac{2}{3}=3:2$ である。

〔問２〕＜証明＞底面の半径が r cm，高さが h cm の円柱において，底面積は πr^2 である。また，側面は縦が h cm，横は底面の円の周の長さと等しく，$2\pi\times r=2\pi r$(cm) の長方形だから，その面積は，$h\times 2\pi r=2\pi rh$ となる。よって，$P=\pi r^2\times 2+2\pi rh=2\pi r^2+2\pi rh$ となる。次に，底面の半径が r cm，母線の長さが $2h$cm の円錐の展開図は，右図のようになる。底面積は πr^2 である。また，側面のおうぎ形の弧の長さは底面の円周と等しいから，その面積は，$\pi\times(2h)^2\times\frac{2\pi\times r}{2\pi\times 2h}=\pi\times 4h^2\times\frac{r}{2h}=2\pi rh$ である。よって，$Q=\pi r^2+2\pi rh$ である。さらに，$R=\pi r^2$ だから，$Q+R=\pi r^2+2\pi rh+\pi r^2=2\pi r^2+2\pi rh$ となり，$P=Q+R$ である。解答参照。

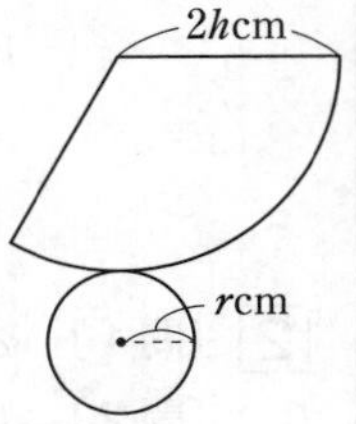

3 〔関数—関数 $y=ax^2$ と一次関数のグラフ〕

≪基本方針の決定≫〔問３〕 OB∥CA であることに気づきたい。

〔問１〕＜比例定数＞右図で，A(6，18)は放物線 $y=ax^2$ 上にあるから，$y=ax^2$ に $x=6$，$y=18$ を代入すると，$18=a\times 6^2$，$a=\frac{1}{2}$ となる。

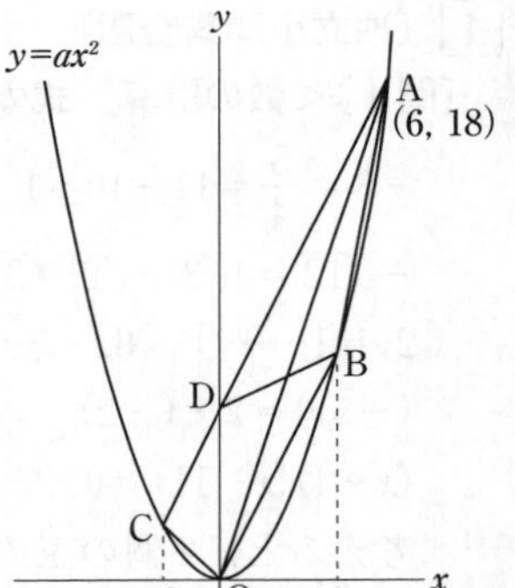

〔問２〕＜直線の式＞右図で，問１より，点Cは放物線 $y=\frac{1}{2}x^2$ 上にあり，x 座標は -2 だから，$y=\frac{1}{2}\times(-2)^2=2$ より，C$(-2，2)$である。よって，直線ACの傾きは，$\frac{18-2}{6-(-2)}=2$ なので，その式を $y=2x+b$ とおくと，点Aを通るから，$18=2\times 6+b$，$b=6$ より，直線ACの式は $y=2x+6$ となる。

〔問３〕＜面積＞右上図のように，２点A，Oを結び，四角形OBACを△OACと△OABに分ける。まず，直線ACと y 軸との交点をDとすると，△OAC＝△OAD＋△OCD であり，直線ACの切片から，OD＝6となる。△OAD，△OCDにおいて，底辺をODと見たときの高さは，点A，Cの x 座標より，それぞれ6，2だから，△OAD＝$\frac{1}{2}\times 6\times 6=18$，△OCD＝$\frac{1}{2}\times 6\times 2=6$ より，△OAC＝$18+6=24$ である。次に，点Bは放物線 $y=\frac{1}{2}x^2$ 上にあり，x 座標は4だから，$y=\frac{1}{2}\times 4^2=8$ より，B(4，8)となる。よって，直線OBの傾きは，$\frac{8}{4}=2$ となり，これは直線ACの傾きと等しいので，OB∥CAである。２点B，Dを結ぶと，△OABと△ODBは底辺をOBと見ると高さが等しいから，△OAB＝△ODBとなる。△ODBで底辺をODと見たときの高さは，点Bの x 座標より，4だから，△OAB＝△ODB＝$\frac{1}{2}\times 6\times 4=12$ となる。したがって，〔四角形OBAC〕＝△OAC＋

△OAB＝24＋12＝36(cm²)である。

4〔平面図形—半円〕

〔問１〕＜証明＞右図で，△ABCと△EBAにおいて，２組の角がそれぞれ等しいことがいえればよい。まず，∠ABCと∠EBAは共通な角で等しい。次に，仮定より，∠BAE＝90°である。また，線分ABは半円の直径だから，半円の弧に対する円周角より，∠BCA＝90°である。よって，∠BCA＝∠BAEとなるから，２組の角がそれぞれ等しいことがいえる。解答参照。

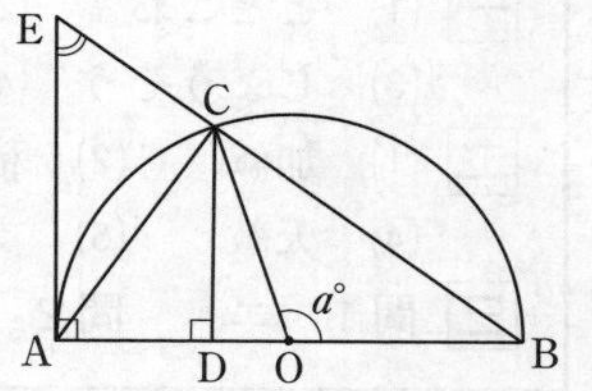

〔問２〕＜角度＞右上図で，半円の半径より，OB＝OCだから，△OBCは二等辺三角形である。よって，∠OBC＝(180°－∠COB)÷2＝(180°－a°)×$\frac{1}{2}$＝90°－$\frac{a°}{2}$となる。したがって，△ABEにおいて，∠AEC＝180°－∠BAE－∠OBC＝180°－90°－$\left(90°-\frac{a°}{2}\right)$＝$\frac{a°}{2}$となる。

〔問３〕＜面積＞右上図で，OB＝OC＝OA＝AD＋DO＝4＋2＝6となる。よって，△OCDで三平方の定理より，CD＝$\sqrt{\mathrm{OC}^2-\mathrm{DO}^2}$＝$\sqrt{6^2-2^2}$＝$\sqrt{32}$＝$4\sqrt{2}$である。また，∠BAE＝∠BDC＝90°より，EA∥CDだから，EA：CD＝AB：DBとなる。ここで，AB＝OA＋OB＝6＋6＝12，DB＝DO＋OB＝2＋6＝8だから，EA：$4\sqrt{2}$＝12：8が成り立ち，8EA＝$4\sqrt{2}$×12，EA＝$6\sqrt{2}$となる。したがって，△ABE＝$\frac{1}{2}$×AB×EA＝$\frac{1}{2}$×12×$6\sqrt{2}$＝$36\sqrt{2}$(cm²)である。

5〔空間図形—立方体〕

〔問１〕＜ねじれの位置＞右図で，立体Vの辺のうち，辺MNと平行でなく交わらない辺は，辺OH，EH，FHの３本である。

〔問２〕＜体積＞右図で，立体Vは，立体CNFG-DMEHから，三角錐H-DMOと立体CON-GHFを除いた立体と見ることができる。まず，四角形CBFG，DAEHは合同な正方形で，CN＝DM＝$\frac{1}{2}$AD＝$\frac{1}{2}$×6＝3より，四角形CNFGと四角形DMEHは合同だから，立体CNFG-DMEHは四角柱で，底面を台形CNFGと見ると，高さはCDである。〔台形CNFG〕＝$\frac{1}{2}$×(3＋6)×6＝27だから，〔四角柱CNFG-DMEH〕＝〔台形CNFG〕×CD＝27×6＝162となる。次に，点O，Nはそれぞれ辺CD，辺BCの中点だから，面OHFNとGCの延長の交点をPとすると，NC∥FGより，PC：PG＝NC：FG＝3：6＝1：2だから，PC：CG＝1：(2－1)＝1：1となり，PC＝CG＝6である。三角錐P-CONと三角錐H-DMOは，底面が直角二等辺三角形で，等しい辺の長さが3cmだから，△CON≡△DMO，PC＝HD＝6より，体積が等しい。よって，〔三角錐H-DMO〕＋〔立体CON-GHF〕＝〔三角錐P-CON〕＋〔立体CON-GHF〕＝〔三角錐P-GHF〕となる。〔三角錐P-GHF〕において，△GHF＝$\frac{1}{2}$×6×6＝18，PG＝PC＋CG＝6＋6＝12だから，〔三角錐P-GHF〕＝$\frac{1}{3}$×△GHF×PG＝$\frac{1}{3}$×18×12＝72となる。したがって，立体Vの体積は，〔四角柱CNFG-DMEH〕－(〔三角錐H-DMO〕＋〔立体CON-GHF〕)＝〔四角柱CNFG-DMEH〕－〔三角錐P-GHF〕＝162－72＝90(cm³)である。

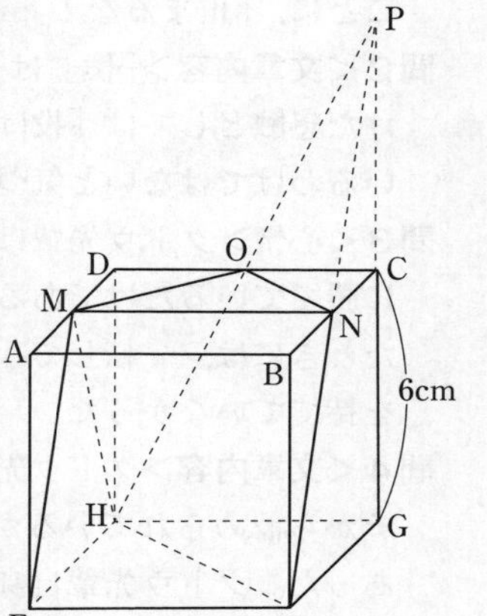

国語解答

一 (1) とどこお (2) のうむ
(3) じょうぞう (4) す (5) ちせつ

二 (1) 加減 (2) 積 (3) 易
(4) 天敵 (5) 支障

三 問１ エ 問２ ウ 問３ ア
問４ エ 問５ イ

四 問１ エ 問２ ウ 問３ イ
問４ ア 問５ （省略）

五 問１ ウ 問２ イ 問３ ア
問４ エ 問５ エ

一〔漢字〕

(1)音読みは「渋滞」などの「タイ」。 (2)濃くたちこめた霧のこと。 (3)発酵と熟成によって酒類や食品を製造すること。 (4)「腰を据える」は，落ち着いて物事に対処する，という意味。 (5)幼稚で未熟なこと。

二〔漢字〕

(1)適度に調節すること。 (2)音読みは「面積」などの「セキ」。 (3)音読みは「容易」などの「イ」。 (4)自然界で，ある生物の敵となる生物のこと。 (5)物事を進行するうえでの妨げとなるもののこと。

三〔小説の読解〕出典：北川樹『ホームドアから離れてください』。

問１＜文章内容＞「僕」は，相手の足を見ていると，反応が遅くなるため，「相手の動きを全身で感じとらなければならない」と考えていた。しかし，そのことを意識しすぎるあまり足が止まっていたことに，「止まるな！」というオオハタ先輩からの声を受けるまで，気づいていなかった。

問２＜文章内容＞「僕」は一度だけ，体落としによってオオハタ先輩を投げることができた。技をかけた感触としては「投げやすいように飛んでくれただけ」であり，実力がオオハタ先輩に通用しているわけではないと気づいてはいたものの，声を張り上げて自分なりに全力で投げきろうと努めた。

問３＜心情＞クドウ先輩は，ササキを圧倒したことについては，「自分より弱いとわかっている相手」に勝てているだけであるため，大した意味がないと考えていた。クドウ先輩は，強い相手を前にしたときには，一転して「すごく弱気になる」という自分の弱点を自覚しており，自分の実力に自信を持てていなかった。

問４＜文章内容＞クドウ先輩がコウキと「僕」の指導役に選ばれたのは，実力と可能性があるとコーチから認められているからであり，「レギュラー候補圏外の負け犬だからなんかではない」はずであった。クドウ先輩自身もそのことに気づいているはずであったが，レギュラーになれる可能性がないと諦めてしまっていたため，「僕」は，納得がいかない気持ちを抱いていた。

問５＜表現＞「僕」は，自分のことを「ひどいやつかな」と言いながらも，それを否定する返事をもらえることをコウキに期待していた。しかし「そんなことないよっていってほしいのかもしれないけど」というコウキの前置きを聞き，「ひどいやつ」だと言われるのではないかと感じた。そのときの「僕」の緊迫感が，心臓の「重み」やブランコの音，空気の味といった，「僕」が知覚したものを細かく描写することで表現されている。

四〔論説文の読解―自然科学的分野―人類〕出典：市橋伯一『増えるものたちの進化生物学』。

≪本文の概要≫現在の人間は，職業という形で大規模な協力関係を形成している。それぞれの人が専門的な仕事に従事し，互いに誰かのために働くことで，社会全体で安全で快適な生活を送れるようになっている。こうした大規模な協力関係は，一個体の能力に頼って生き抜こうとする他の生物には見られない。人間だけが，血縁関係を超えて複数の個体で協力し合い，なるべく命を大事にしながら数を増やしていく戦略をとったのである。この生存戦略を実現できたことについてはさまざまな理由が考えられているが，もとをたどれば，少産少死の戦略によってもたらされたものである。しかも，人間には，他者を認識し，共感する能力がある。この能力によって他の個体を尊重し，協力関係を発展させていった人間は，地球上でもっとも「やさしい」生物ということができるだろう。

問１＜段落関係＞第一段から第二段までは，職業という協力関係がもたらすものについて述べられている。第三段は，それをふまえ，職業が存在しなかった場合を衣服を例に想定してみると，生活が全く成り立たなくなってしまうことを指摘し，「職業という協力関係の重要さ」を改めて強調している。

問２＜文章内容＞「社会の歯車になる」という言葉は，一般的に，個性が認められないと受け取られる傾向にある。しかし実際は，人間は，「社会という大きな協力関係の網の目の中に組み込まれて」分業しているからこそ，個々人が自分の役割を見つけることによって，個性も発揮することができる。したがって，社会と個性は，不可分の関係にあると考えられる。

問３＜文章内容＞人間以外の生物の場合は，個々の能力や運によって生存や繁殖の成功が左右される。しかし，人間は，自分以外の他者の命も大事にし，多くの個体による協力関係をつくり出すことで，社会全体として子孫を増やしていく生物なのである。

問４＜文章内容＞人間は，他者に共感し，尊重する「やさしさ」を備えることで，一人ひとりの命を大事にし，他者との協力関係を発展させながら生き残っていくという人間ならではの「少産少死の戦略」を実現している。

問５＜作文＞「協力関係の網の目の中」にいる人間にとっては，「自分が生き残って増えるためには他の人の能力も重要」であり，「自分の能力もほかの人が生き残って増えることに貢献して」いる。また，分業によって「社会の歯車になる」からこそ，個性でも発揮できる可能性がある。こうした「私」の主張をふまえ，自分の体験や見聞とともに意見を述べる。

五〔**説明文の読解―芸術・文学・言語学的分野―文学**〕出典：山崎正和『劇と批評の精神　山崎正和対談集』／兼好法師『徒然草』第三十段。

問１＜古文の内容理解＞四十九日までは親類縁者が集まり，法要などで慌ただしい日々が続いていく。しかし，四十九日を終えて人々が帰っていき，自分ひとりだけが家に帰ってからこそ，本当に悲しい気分になるのである。

問２＜表現＞司馬さんは，兼好法師が，「お葬式のあいだじゅうはいいけれども，四十九日が過ぎると誰も来なくなる，このさびしさというもの」を文章にしたことに着目した。山崎さんは，司馬さんの発言を受け，兼好法師の描いた「お葬式のあとがさびしい」という点には「リアリティ」があることを指摘している。そして，司馬さんは，兼好法師が「さびしさ」のような日常に存在する「ごく軽いあたりまえのこと」を文章化した「最初の人」かもしれないと述べている。

問３＜語句＞「言わでもの」の「言わでも」は，言わなくてもよいこと，または，むしろ言わない方がよいこと。

問４＜文章内容＞『徒然草』以前の散文には「平安朝時代の日記もの」といった型があり，「関心をもつべき対象の範囲」が限られていた。しかし兼好法師は，あえて型に頼らない散文を書くことで，自分の考えをそのまま表現しようとしたのである。

問５＜歴史的仮名遣い＞現代仮名遣いでは，語頭以外のハ行音は原則として「わいうえお」となるため，「笑ひぬ」は「笑いぬ」，「伝ふる」は「伝うる」となる。また，「づ」は「ず」となることが多く，「いづれ」は「いずれ」となる。「悲しき」は，現代仮名遣いでも「悲しき」のままである。

Memo

2023年度 関東第一高等学校(推薦)

【英　語】(50分)〈満点：100点〉

1

英語リスニングテスト(**放送**による**指示**に従って答えなさい。)

No. 1	A. Yes, please. C. Sure, no problem.	B. That's nice. D. You're welcome.
No. 2	A. Yes, she'll be back at two. C. Yes, for three hours.	B. No, she doesn't know it. D. No, she'll leave home at ten.
No. 3	A. It's bigger than yours. C. I like mine the best.	B. My father gave it to me. D. It's my sister's.

2

英語リスニングテスト(**放送**による**指示**に従って答えなさい。)

No. 1	A 	B 	C 	D 
No. 2	A 	B 	C 	D 

3

英語リスニングテスト(**放送**による**指示**に従って答えなさい。)

No. 1	A. One week ago. C. During winter vacation.	B. Two years ago. D. In summer.
No. 2	A. Ms. Nakano does. C. Ted does.	B. Mika does. D. Mika's English teachers do.

4 英語リスニングテスト(**放送**による**指示**に従って答えなさい。)

No. 1	Akira went to America three months ago. It's still (①□□□□□□□□□) for him to speak English, but he enjoys his life there. He sometimes goes to (②□□□□□□□) or sees movies on Saturday.

No. 2	Miki's favorite (①□□□□□□□) is English. She wants to (②□□□□□□) around the world and talk with many people in English.

※リスニングテスト放送文は，英語の問題の終わりに付けてあります。

5 次の(1)～(5)のそれぞれの対話文を完成させなさい。

(1)，(2)については，(　　　)に入る最も適当なものを，下の**ア**～**エ**のうちから一つずつ選び，その符号を書きなさい。

また，(3)～(5)については，それぞれの(　　　)の中の語を正しい語順に並べかえたものとして最も適当なものを，下の**ア**～**エ**のうちから一つずつ選び，その符号を書きなさい。

(1) A: Are you good at swimming?
B: Yes, but Meg swims (　　　) than I do.
ア sooner　**イ** earlier　**ウ** faster　**エ** higher

(2) A: Do you have any pets?
B: No, but I want to have a dog. If I (　　　) a dog, I would play with it every day.
ア am　**イ** have　**ウ** are　**エ** had

(3) A: Please (① when　② let　③ you're　④ know　⑤ me) free.
B: OK.
ア ②①③④⑤　**イ** ②⑤④①③　**ウ** ③①②⑤④　**エ** ③④①②⑤

(4) A: Why do you know a lot about Canada?
B: Because I (① there　② times　③ four　④ been　⑤ have).
ア ③②⑤④①　**イ** ③④①⑤②　**ウ** ⑤①④②③　**エ** ⑤④①③②

(5) A: Which is your sister?
B: She is (① on the bench　② is　③ who　④ the girl　⑤ sitting).
ア ④③②⑤①　**イ** ④⑤①③②　**ウ** ⑤①③②④　**エ** ⑤④③②①

6 次の①～④は，トモミ(Tomomi)の留学先の学校での出来事を描いたイラストです。③の場面で，トモミは何と言ったと思いますか。①～④の話の流れを踏まえ，[　　　]に入る言葉を英語で書きなさい。ただし，語の数は**25語程度**(．，？！などの符号は語数に含まない。)とすること。

7

次の(1)，(2)の英文を読んで，それぞれの問いに答えなさい。

(1) ケントが自分の市を訪れる外国人観光客についてスライド(Slide)を使って，プレゼンテーションをしています。

Our city, Tomoe City, has a lot of beautiful and exciting places to visit, so a lot of tourists come to the city.

Look at Slide 1. In 2012, about ten years ago, the number of tourists who came from other countries was about 5,000. This number did not change a lot for four years. However, in 2017, it changed a lot. About 9,000 foreign tourists visited our city. Why? Because part of our city was used in a movie. The movie was shown all over the world and it was a hit. After that, a lot of foreign tourists started visiting our city.

Slide 1

Number of Tourists from Other Countries

Year	2012	2016	2017	2019
People	5,030	(A)	8,990	10,010

Now, look at Slide 2. In 2019, we had about 10,000 foreign tourists. Half of them were from Korea. About 3,000 were from China, and 1,000 were from the U.S. The number of people who came from Europe was not as many as the number of people who came from Australia.

Slide 2

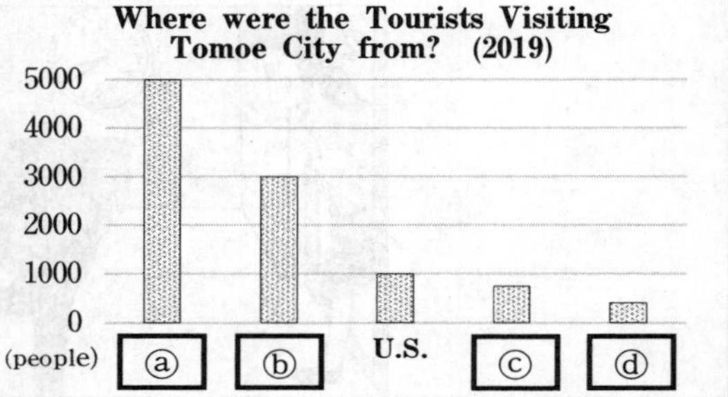

Although we had a lot of tourists from non-English-speaking countries, such as Korea and China, there were not many signs written in Korean or Chinese in our city. I thought that was a problem. One day, when I was in Tomoe Shrine, a boy talked to me. He pointed at the sign in front of the holy fountain and asked me (B) it meant. The sign told us the rules of purifying hands and rinsing our mouths. But it was written only in Japanese and English. He was from a non-English-speaking country, and he couldn't understand either of them. So, I (C) him how to purify hands, as you can see in Slide 3, and rinse our mouths. He watched me carefully and followed me.

Slide 3

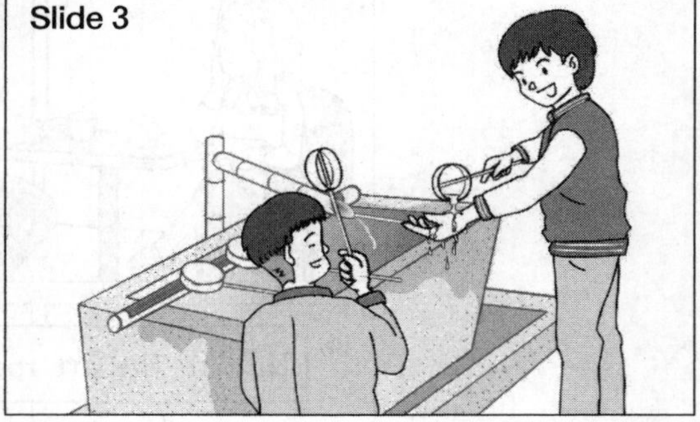

The number of tourists decreased because of COVID-19, but tourists are coming back now. I'm sure we need more signs that are written in Korean and Chinese as well as English in our city.

（注） hit　大成功　　Korea　韓国　　the U.S.　アメリカ合衆国
although ～　～だけれども　　non-English-speaking country　非英語圏
Korean　韓国語　　point　指さす　　holy fountain　手水舎《てみずや》(手を清める場所)
purify ～　～を清める　　rinse ～　～をすすぐ　　mouth　口
either of ～　～のどちらも(…ない)　　carefully　注意深く
follow ～　～をまねる　　decrease　減る　　COVID-19　新型コロナウイルス感染症
as well as ～　～と同様に

① 本文の内容と合うように，**Slide 1** の(　**A**　)に入る最も適当なものを，次の**ア**～**エ**のうちから一つ選び，その符号を書きなさい。

ア 2,500　　**イ** 3,660　　**ウ** 5,020　　**エ** 8,900

② 本文の内容と合うように，**Slide 2** の ⓐ ～ ⓓ に入るものの組み合わせとして最も適当なものを，次の**ア**～**エ**のうちから一つ選び，その符号を書きなさい。

	ⓐ	ⓑ	ⓒ	ⓓ
ア	Korea	China	Europe	Australia
イ	Korea	China	Australia	Europe
ウ	China	Korea	Europe	Australia
エ	China	Korea	Australia	Europe

③ 本文中の(　**B**　)に入る最も適当なものを，次の**ア**～**エ**のうちから一つ選び，その符号を書きなさい。

ア how　　**イ** what　　**ウ** where　　**エ** when

④ 本文中の(　**C**　)に入る最も適当なものを，次の**ア**～**エ**のうちから一つ選び，その符号を書きなさい。

ア showed　　**イ** talked　　**ウ** spoke　　**エ** helped

(2) 次は，ある町のボランティア活動に関するチラシです。

Join Our Volunteer Activities

How about joining volunteer activities on the weekend?

January 28 (Sat) and 29 (Sun) are our town's Volunteer Days.

Choose an activity you want to join from the following three.

	Date & Time	Place	Things you should bring
Reading for Children	1/28 (Sat) 10:00−12:00	City Hall	Picture books
Cleaning the Beach	1/29 (Sun) 13:00−15:00	Minato Beach	Trash bags
Supporting Runners at the Marathon Race	1/28 (Sat) 13:00−16:00	Minato Athletic Field	Something to drink (free lunch provided)

●You can join two or all three activities if you want.

●If you are interested in the activities, please send an e-mail to thevolunteerdays.minato@vmail.com or call our office at 123-XXXX-XXX.

(注) following 次の　trash bag ごみ袋　marathon race マラソン大会
athletic field 競技場　free 無料の　provided 提供される

① このチラシの内容に合うように，次の文の(　　)に入る最も適当なものを，下のア～エのうちから一つ選び，その符号を書きなさい。

People who want to read books for children have to bring (　　) to City Hall.

ア something to eat
イ trash bags
ウ picture books
エ something to drink

② このチラシの内容に合っているものを，次のア～エのうちから一つ選び，その符号を書きなさい。

ア People who want to clean the beach will work for three hours on January 29.
イ If you want to support runners at the marathon race, you won't need to bring your lunch.
ウ If you join Reading for Children, you cannot join Cleaning the Beach.
エ You should send an e-mail and call the office to join three volunteer activities.

8 中学生のサオリ(Saori)が英語の授業で，グラフ(graph)を見せながらスピーチをしています。この文章を読んで，あとの(1)～(3)の問いに答えなさい。

Hi, everyone. Today, I'll talk about studying.

First, look at this graph. I found it on the Internet yesterday. It shows the results of a survey about the reasons for studying. Students in Japan, Korea, and the U.S. answered the question, "Why do you study?" You can see many students in the three countries study for jobs they want to get in the future. [ア] In Japan and Korea, more than fifty percent of students study for jobs they want to get in the future. You can also see more Japanese students study to be useful workers in the future than students in other countries. Personally, I agree with those Japanese students. I want to be a useful person in the future, too. Specifically, I want to be a doctor in the future and help sick people. [イ] Now, look at the graph again. You can see about thirty percent of the students in Korea study to get a lot of money in the future. The percentage is the largest of the three countries. You can also see about thirty percent of the students in the U.S. and Korea study to be better people, and the percentages are higher than the percentage of Japanese students. Actually, I have friends who study for these reasons. My friend Yuto studies to get a lot of money in the future. He always says, "We will have a hard time without money in the future." I partly agree with him. [ウ] It's an important thing. My friend Emily says she studies to be a better person. She often says, "I study hard to get a lot of knowledge and skills. I think it's one of the ways to be a better person." I think she is great.

There is another reason for studying. It's to enter a university. More than forty percent of students in each country study to enter a university. I hear many students in Japan enter a university because they believe that they will be able to get better jobs if they graduate from a university. To be honest, I don't like such an idea. I think students should enter a university to study. [エ] My father said, "A university is a place students can deeply study things they're interested in." When I am older, I want to enter a university with a clear purpose.

Well, what did you think about the five reasons for studying? Studying is important for us, and there are no right reasons or wrong reasons for studying. The most important thing is to have a clear reason for studying. Now, it's your turn to answer. Why do you study?

(注) survey 調査　Korea 韓国　the U.S. アメリカ合衆国　worker 働く人
personally 個人的に　specifically 具体的には　percentage 割合
hard 困難な　partly 部分的に　knowledge 知識
graduate from ～ ～を卒業する　to be honest 正直に言うと　deeply 深く
wrong 間違った　turn 順番

(1) 次の英文を入れるのに最も適当な場所を，本文中の[**ア**]～[**エ**]のうちから一つ選び，その符号を書きなさい。

We will be able to have better lives if we have a lot of money in the future.

(2) サオリが見せているグラフとして最も適当なものを，次の**ア～エ**のうちから一つ選び，その符号を書きなさい。

ア

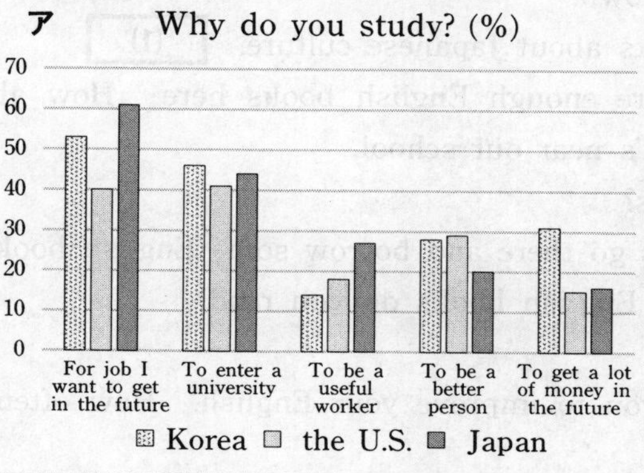

イ

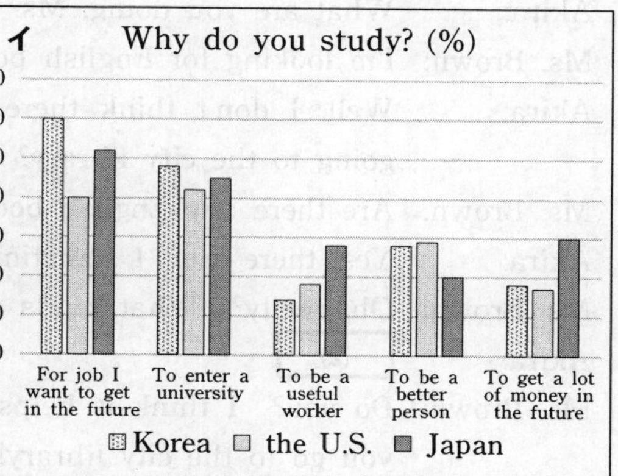

ウ

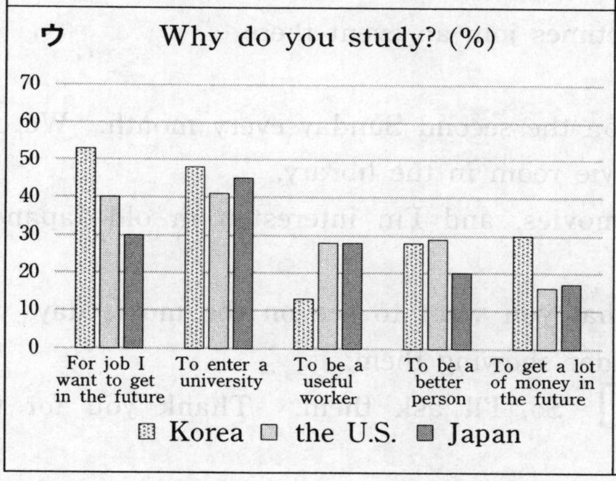

エ

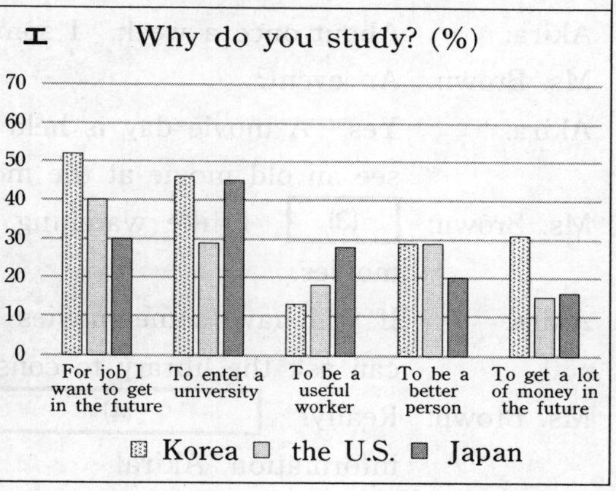

(3) 本文の内容に合っている英文として最も適当なものを，次の**ア～エ**のうちから一つ選び，その符号を書きなさい。

ア Yuto wants to get a lot of money to study in a university in the future.

イ Saori thinks that it is important for students to find the right reasons for studying.

ウ The percentage of Japanese students who want to be useful workers is the highest.

エ A lot of Japanese students believe that they can't get jobs without graduating from a university.

9 高校生のアキラ(Akira)が，ALT のブラウン先生(Ms. Brown)と学校の図書館で話をしています。この対話文を読んで，[(1)]，[(2)]，[(3)] に入る最も適当なものを，それぞれあとの**ア〜エ**のうちから一つずつ選び，その符号を書きなさい。

また，対話文の内容に合うように，[(4)] に入る英語を**10語程度**(. , ? ! などの符号は語数に含まない。)で書きなさい。

Akira: What are you doing, Ms. Brown?
Ms. Brown: I'm looking for English books about Japanese culture. [(1)]
Akira: Well, I don't think there are enough English books here. How about going to the city library? It's near our school.
Ms. Brown: Are there any English books?
Akira: Yes, there are. I sometimes go there and borrow some English books.
Ms. Brown: Oh, really? What kinds of English books do you read?
Akira: [(2)]
Ms. Brown: Do you? I think it helps you to improve your English. How often do you go to the city library?
Akira: About once a week. I sometimes join an event there.
Ms. Brown: An event?
Akira: Yes. A movie day is held on the second Sunday every month. We can see an old movie at the movie room in the library.
Ms. Brown: [(3)] I like watching movies, and I'm interested in old Japanese movies.
Akira: If you have some movies that you want to see on the movie day, you can ask the library to consider showing them.
Ms. Brown: Really? [(4)] So, I'll ask them. Thank you for the information, Akira!

(注) be held 開催される consider 〜 〜を検討する

(1) ア Have you read any? イ I've seen some before.
ウ Do you have any? エ But I can't find any.

(2) ア I read the English books you gave me.
イ I read books that were sold near our school.
ウ I read books written in easy English.
エ I read English books borrowed from my American friend.

(3) ア That sounds interesting. イ I don't like a day like that.
ウ I can't watch movies at home. エ That's too bad.

＜リスニングテスト放送台本＞

（チャイム）

これから，英語の学力検査を行います。(間２秒)では，問題用紙の１ページ目を開きなさい。(間３秒)

リスニングテストの問題は，１から４の四つです。

では，１から始めます。

１は，英語の対話を聞いて，最後の文に対する受け答えを選ぶ問題です。受け答えとして最も適当なものを，それぞれ問題用紙のＡからＤのうちから一つずつ選んで，その符号を書きなさい。なお，対話はそれぞれ２回放送します。では，始めます。

No. 1 Woman: Excuse me. How can I get to the station?
Man: Could you say that again?
Woman: Well, will you tell me how to get to the station?

No. 2 Jack: Hello, Wendy. This is Jack. May I speak to Becky?
Wendy: I'm sorry, Jack, but she isn't home now.
Jack: Do you know what time she will come home?

No. 3 Girl: Are those two bags on the sofa yours? They are very nice.
Boy: Thank you. The big one is mine.
Girl: Whose bag is the small one?

次は２です。

２は，英語の対話又は英語の文章を聞いて，それぞれの内容についての質問に答える問題です。質問の答えとして最も適当なものを，それぞれ問題用紙のＡからＤのうちから一つずつ選んで，その符号を書きなさい。なお，英文と質問はそれぞれ２回放送します。では，始めます。

No. 1 Taku: What are you doing, Kate?
Kate: I'm reading an e-mail from my mother in New Zealand.
Taku: You look happy. What does she say in the e-mail?
Kate: She says she is going to come to Japan next month. She also says she wants to visit some famous buildings and Mt. Fuji.
Taku: Wow, that's great! Have you decided where to go?
Kate: Yes. We are going to see Tokyo Skytree on the first day, visit Kyoto to see Kinkaku-ji on the second day, and climb Mt. Fuji on the fifth day.

Question: Where is Kate going to visit with her mother on the second day of her mother's stay?

No. 2 Good morning, class. I'll talk about changing our plans for tomorrow. We were going to play basketball at the gym in the morning, and play tennis in the park in the afternoon. But the news says it will be sunny in the morning and rainy in the afternoon. So, let's play tennis in the morning and play basketball in the afternoon. It's cloudy and cold today. Take care of yourself.

Question: How will the weather be tomorrow afternoon?

次は**3**です。

3は，英語の文章又は英語の対話を聞いて，それぞれの内容についての質問に答える問題です。質問の答えとして最も適当なものを，それぞれ問題用紙の**A**から**D**のうちから一つずつ選んで，その符号を書きなさい。なお，英文と質問はそれぞれ**2**回放送します。では，始めます。

No. **1**　Hello, I'm Yumi. I'm going to visit my friend Nancy in Australia during next winter vacation. She lived next to our house in Japan when we were in elementary school. She went back to her country when we finished junior high school two years ago. Now she goes to high school in Australia.

Nancy says she will take me to her favorite places in Australia. She always talks about her favorite restaurant, so I want her to take me there. I'm going to stay at Nancy's house for a week. I'm so excited!

Question: When did Nancy go back to Australia?

No. **2**　Ted: What is your dream, Mika?

Mika: I want to be an English teacher like Ms. Nakano.

Ted: Why do you want to be like her?

Mika: Because she knows a lot about English and foreign cultures. I like listening to her stories about foreign countries.

Ted: Me, too. Well, is there anything you do for your dream?

Mika: Yes, Ted. I study English every day and read books about foreign cultures.

Question: Who knows a lot about English and foreign cultures?

次は**4**です。

4は，英語の文章を聞いて，その内容について答える問題です。問題は，No. **1**，No. **2**の二題です。問題用紙には，それぞれの英語の文章の内容に関するまとめの文が書かれています。（間３秒）

それらの文を完成するために，①，②にあてはまる英単語を書きなさい。ただし，□には**1文字**ずつ入るものとします。なお，英文はそれぞれ**2**回放送します。では，始めます。

No. **1**　Hi, my name is Akira. I'm from Japan. I have been in America for three months. It's still difficult for me to speak English, but I enjoy my life here very much. From Monday to Friday, I study English in the library for one or two hours after school. On Saturday, I sometimes go to parties or see movies with my friends.

No. **2**　Hello. I'm Miki. Today I'll tell you about my favorite subject, English. I've heard, in the world, there are fifty countries where most people speak English. I've also heard English is now used in some offices in Japan. In the future, I want to travel around the world and talk with many people in English. I also want to work in a foreign country. So, I'd like to improve my English.

以上で，リスニングテストを終わります。２ページ以降の問題に答えなさい。

【数　学】（50分）〈満点：100点〉

1　次の(1)～(7)の問いに答えなさい。なお，(1)～(6)は □ のア～ノにあてはまる数字をそれぞれ答えなさい。

(1)　次の①～③の問いに答えなさい。

①　$-5\times(-4)-9$　を計算すると，[アイ] である。

②　$12\left(\dfrac{2}{3}a+\dfrac{1}{4}b\right)-(a-6b)$　を計算すると，[ウ] $a+$ [エ] b である。

③　$(2\sqrt{7}+5)(2\sqrt{7}-5)$　を計算すると，[オ] である。

(2)　2けたの自然数があり，この自然数の十の位の数は一の位の数の2倍より1大きい。
このとき，次の①，②の問いに答えなさい。

①　一の位の数を x とするとき，十の位の数を x を使って表すと，[カ] $x+$ [キ] である。

②　一の位の数の2乗と十の位の数との和が16であるとき，この自然数は，[クケ] である。

(3)　ある川で 20 人が魚釣りをした。

下の表は，20 人が釣った魚の数をそれぞれ調べてまとめたものである。

このとき，次の①，②の問いに答えなさい。

釣った魚の数（匹）	0	1	2	3	4	5	6	7	8
人数（人）	1	2	4	3	5	1	2	1	1

①　釣った魚の数の最頻値は [コ] 匹，中央値は [サ].[シ] 匹である。

②　釣った魚の数の四分位範囲は [ス].[セ] 匹である。

(4)　次の①，②の問いに答えなさい。

①　直線 $y=-2x+8$ と x 軸との交点の座標は，（ [ソ] ，0），y 軸との交点の座標は，（0，[タ] ）である。

②　大小 2 つのさいころを同時に 1 回投げ，大きいさいころの出た目の数を a，小さいさいころの出た目の数を b とし，座標平面上に点 P $(a,\ b)$ をとる。

このとき，点 P が，直線 $y=-2x+8$ と x 軸，y 軸で囲まれた範囲にある確率は，$\frac{\text{チ}}{\text{ツ}}$ である。

ただし，直線 $y=-2x+8$，x 軸，y 軸上の点も含めるものとする。

なお，さいころを投げるとき，1 から 6 までのどの目が出ることも同様に確からしいものとする。

(5) x, y についての連立方程式

$$\begin{cases} ax+2y=2b \\ bx+3ay=6 \end{cases}$$

の解が $x=4$, $y=-1$ であるとき，$a=$ [テ]，$b=$ [ト] である。

(6) 右の図に示した立体 ABC－DEF は，AB＝20 cm，AD＝15 cm で，側面がすべて長方形の三角柱である。

頂点 C から辺 AB にひいた垂線と辺 AB との交点を G，頂点 D から線分 AE にひいた垂線と線分 AE との交点を H とし，頂点 F と点 H を結ぶ。

このとき，次の①，②の問いに答えなさい。

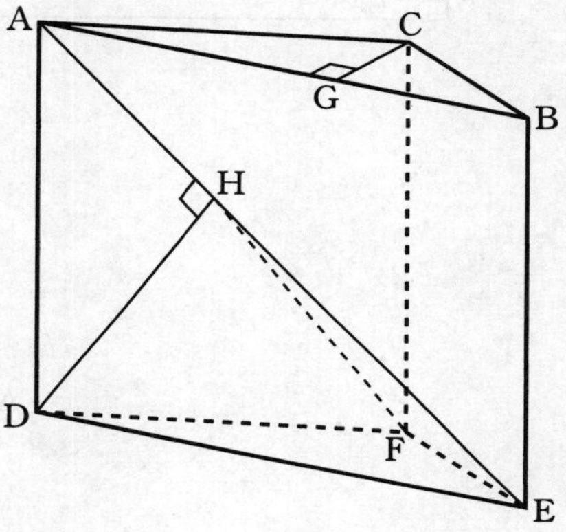

① 線分 AE の長さは，[ナニ] cm である。

② CG＝5 cm のとき，四面体 DEFH の体積は，[ヌネノ] cm^3 である。

(7)　下の図のように，3点A，B，Cがある。

このとき，次の**条件**を満たす点Pを，**記述式解答用紙**の解答欄に作図し，点Pの位置を示す文字Pも書きなさい。

ただし，三角定規の角を利用して直線をひくことはしないものとし，作図に用いた線は消さずに残しておくこと。

条件

・点Pは直線BCについて点Aと反対側にあり，直線APと直線BCは垂直に交わる。

・∠ABC＝∠APCである。

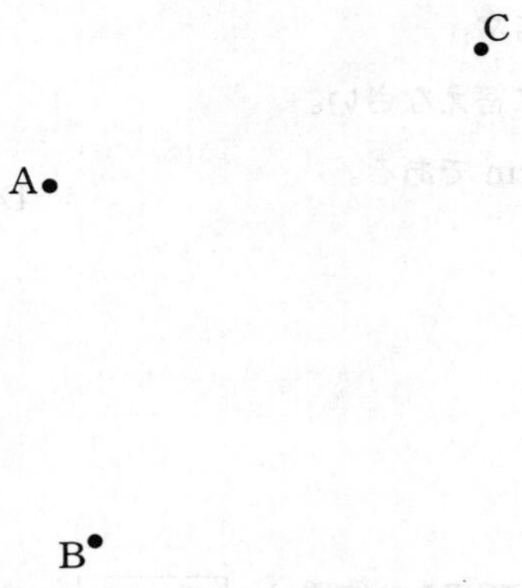

2　下の**図１**で，点Ｏは原点，曲線 ℓ は関数 $y=\frac{1}{2}x^2$ のグラフである。

曲線 ℓ 上にあり x 座標が６である点をＡ，x 座標が -3 である点をＢとし，２点Ａ，Ｂを通る直線を m とする。

このとき，次の**(1)**～**(3)**において，□のア～クにあてはまる数字をそれぞれ答えなさい。

ただし，原点Ｏから点（1，0）までの距離及び原点Ｏから点（0，1）までの距離をそれぞれ１cmとする。

図１

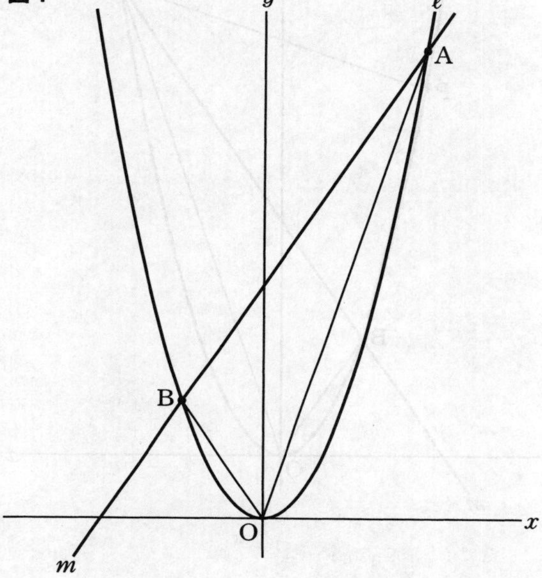

(1)　点Ａの y 座標は，[アイ]である。

(2)　△AOB の面積は，$\frac{\boxed{\text{ウエ}}}{\boxed{\text{オ}}}$ cm^2 である。

(3) 下の**図２**は，**図１**において，曲線 ℓ の x 座標が -3 より小さい部分を動く点をＰとした場合を表している。

△APB の面積が △AOB の面積の２倍となるとき，点Ｐの座標は，（ $-$[カ]，[キク]）である。

図２

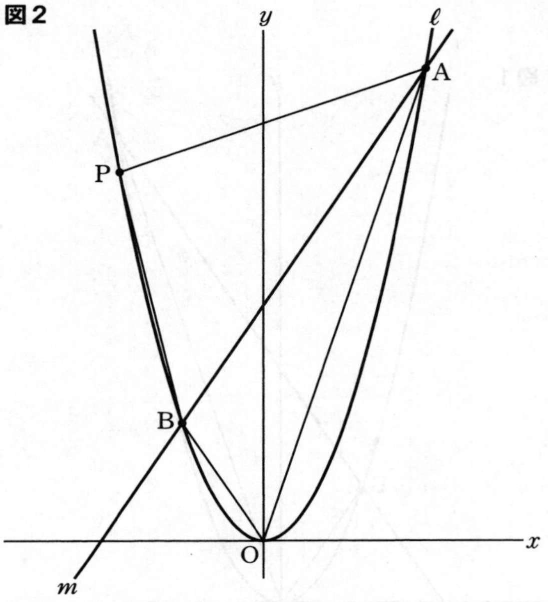

3　下の図で，△ABC は AC＝BC の二等辺三角形である。

辺 AC，BC の中点をそれぞれ M，N とし，線分 BM と線分 AN との交点を D とする。

点 D を通り辺 AC に平行な直線と辺 BC との交点を E とする。

このとき，次の**(1)**～**(3)**の問いに答えなさい。なお，**(3)**は□のア，イにあてはまる数字をそれぞれ答えなさい。

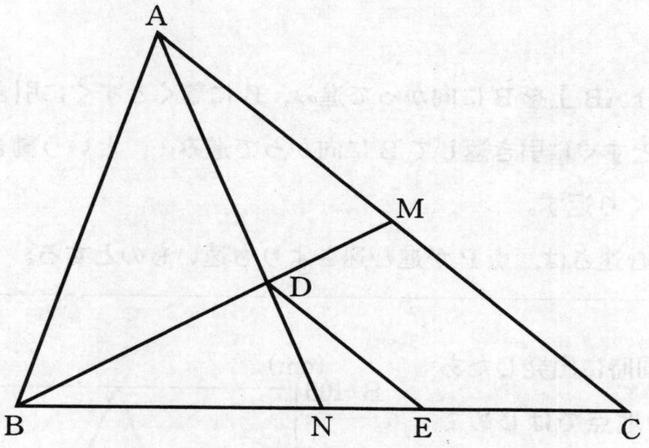

(1)　AN＝BM であることを下の□にしたがって証明するとき，(a)，(b) に入る最も適当なものを，**選択肢**の**ア**～**エ**のうちからそれぞれ１つずつ選び，符号で答えなさい。また，(c) に入る最も適当なことばを書きなさい。

ただし，解答は**記述式解答用紙**の解答欄に書きなさい。

> AN＝BM であることを証明するには，(a) と (b) が (c) であることを証明すればよい。

選択肢

ア　△ABC	**イ**　△ABN	**ウ**　△ANC	**エ**　△BAM

(2)　**(1)**の□にしたがって，AN＝BM であることを証明しなさい。

ただし，解答は**記述式解答用紙**の解答欄に書きなさい。

(3)　BN：NE を最も簡単な整数の比で表すと，ア：イ である。

4 右の図のように，線分 AB があり，AB＝105 cm である。

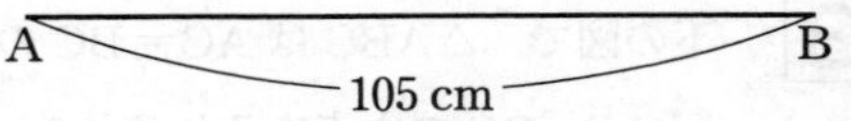

点 P，Q は同時に A を出発して，それぞれ次のように AB 間を動く。

> 〔点 P〕
> A を出発して，毎秒 7 cm の速さで線分 AB 上を B に向かって進み，B に着いたときに止まる。
> 〔点 Q〕
> A を出発して，線分 AB 上を B に向かって進み，B に着くとすぐに引き返して A に向かって進み，点 P に出会うとすぐに引き返して B に向かって進み…，という動きを，一定の速さで，点 P が B に着くまでくり返す。
> ただし，点 Q が進む速さは，点 P が進む速さよりも速いものとする。

点 P と点 Q は A を同時に出発したあと，A から 52.5 cm の地点ではじめて出会った。

右のグラフは，点 P，Q が A を同時に出発してからの時間と A から点 P，Q までの距離の関係をそれぞれ表したものの一部である。

このとき，次の**(1)**～**(4)**において，□ のア～クにあてはまる数字をそれぞれ答えなさい。

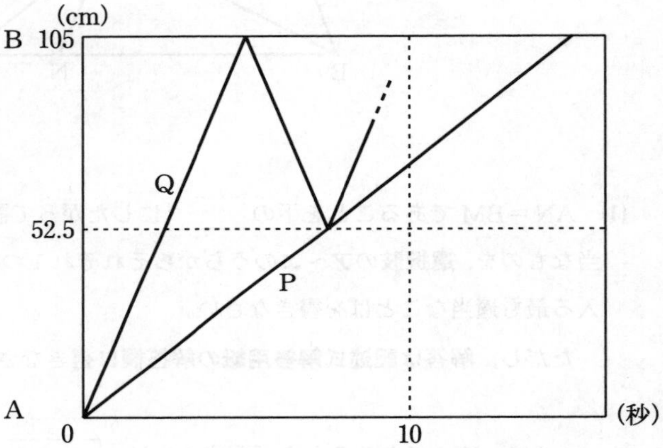

(1) 点 P が B に着くのは，A を出発してから， [アイ] 秒後である。

(2) 点 Q の進む速さは毎秒 [ウエ] cm である。

(3) 点 Q が 3 回目に B に着くのは，A を出発してから， [オカ] . [キ] 秒後である。

(4) 点 Q は A から 90 cm の地点を [ク] 回通る。

＜国語聞き取り検査放送用台本＞

（チャイム）

これから，国語の学力検査を行います。

（２秒空白）

問題用紙の１ページと２ページを開きなさい。

（２秒空白）

最初は聞き取り検査です。これは，放送を聞いて問いに答える検査です。

（４秒空白）

一《いち》　これから，山田さんと早川さんが会話をしている場面と，それに関連した問いを四問放送します。よく聞いて，それぞれの問いに答えなさい。

（２秒後）

なお，やりとりの途中，（合図音Ａ）という合図のあと，問いを放送します。また，（合図音Ｂ）という合図のあと，場面の続きを放送します。１ページと２ページにメモをとってもかまいません。では，始めます。

（２秒空白）

山田　早川さん，美術館に行ったことはある？

早川　以前，浮世絵を展示しているときに見に行ったよ。とても広くて，いつもおもしろい展示をしているよね。

山田　今，「神曲《しんきょく》」が展示されているみたいなの。今週末で終わってしまうから，日曜日にどうしても見に行きたいんだ。

早川　ダンテの「神曲」なら知っているよ。「神様の神《かみ》」っていう字と「楽曲の曲《きょく》」っていう字で「神曲」だよね。ダンテの書いた詩が美術館に展示されているの？

山田　ダンテの「神曲」そのものではなくて，ダリという画家が描《か》いた「神曲」の挿し絵が展示されているんだよ。わかりにくい説明をしてごめんなさい，早川さん。今回は百枚も展示されているから，是非見に行きたいんだ。

（合図音Ａ）

問いの(1)　山田さんは，早川さんの発言によって，あることに気がつきました。山田さんの気づきの内容として最も適当なものを，選択肢**ア**～**エ**のうちから一つ選び，その符号を書きなさい。

（15秒空白）

（合図音Ｂ）

早川　僕は，美術館の展示物よりも建物のほうに興味があるな。前川國男《まえかわくにお》さんという建築家が設計した建物なんだよね。前川さんは外見の美しさよりも，使う人が使いやすい，居心地のよい空間をつくろうとしていたんだよ。

山田　たしかに，とても居心地がいい美術館だと思うな。私は建物について考えたことはなかったけれど，それも美術館を楽しむ新しい視点かもしれないね。でも，私はダリの「神曲」で頭がいっぱいなのよ，早川さん。

（合図音Ａ）

問いの(2)　今の山田さんの発言はどのような内容でしたか。最も適当なものを，選択肢**ア**～**エ**のうちから一つ選び，その符号を書きなさい。

（10秒空白）

（合図音Ｂ）

早川　うん，ダリの描いた「神曲」の挿し絵だよね。

山田　版画で作られていて，今回の展示では制作工程も展示されているらしいの。私は将来，美術に関わる仕事に就きたいと思っているから，どうしても見てみたいのよね。

早川　制作工程か。僕の好きな建物もそうだけど，やっぱりどんな方法で作られたのか，その過程を知っておくことは大事だよね。ただ闇雲に新しい方法を模索しても難しいと思うんだよ。昔の人のやり方を学ぶことが，これからの自分たちのやり方に必ずいきてくると思うな。

（合図音Ａ）

問いの(3)　早川さんの今の発言に関係のある四字熟語として最も適当なものを，選択肢**ア**～**エ**のうちから一つ選び，その符号を書きなさい。

（10秒空白）

（合図音Ｂ）

山田　早川さんの言う通りかもしれないね。そう考えると，ただ見に行くだけではなくて，自分の知ったことについて美術館で確認したり，知識をつけ加えたりしたほうがためになるかもしれないな。

早川　うん。僕も興味が出てきたから協力するよ。

（合図音Ａ）

問いの(4)　山田さんと早川さんはどのような考えに至っていましたか。最も適当なものを，選択肢**ア**～**エ**のうちから一つ選び，その符号を書きなさい。

（５秒空白）

放送は以上です。３ページ以降も解答しなさい。

七

次の**【資料】**は、日本の高校生に父親の働く姿について質問した結果をグラフに表したものです。この**【資料】**について、あとの〈条件〉にしたがい、〈注意事項〉を守って、あなたの考えを書きなさい。

【資料】「働いている父親の姿をどのように感じているか」についての回答

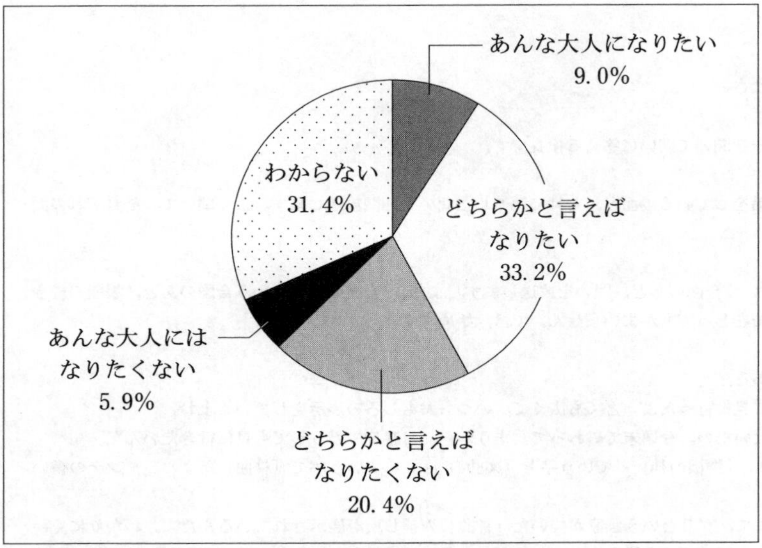

(株式会社アイデム「子供のキャリア観と親の働く姿に関する調査(2019年3月13日)」より作成)

〈条件〉

① **二段落構成**とし、**十行以内**で書くこと。

② 前段では、グラフが示す結果に対する感想を書くこと。

③ 後段では、前段の内容をふまえて、将来の自分の働く姿勢についてのあなたの考えを、そのように考える理由とともに書くこと。

〈注意事項〉

① 氏名や題名は書かないこと。

② 原稿用紙の適切な使い方にしたがって書くこと。ただし、〰や═などの記号を用いた訂正はしないこと。

(3) 文章中の B目覚めにければ の主語にあたるものとして最も適当なものを、次の**ア**〜**エ**のうちから一つ選び、その符号を書きなさい。

ア 尚信　**イ** 常信　**ウ** 竹の画　**エ** 筆者

(4) 文章中に C よくも書きたるかな とあるが、この言葉の意味として最も適当なものを、次の**ア**〜**エ**のうちから一つ選び、その符号を書きなさい。

ア うまく描いたものだなあ

イ なぜ描いてしまったのだ

ウ もっとよく描けるはずだ

エ よりよく描いてやろうか

(5) 次の文章は、ある中学生が授業でこの文章を読んだ感想の一部です。これを読み、あとの(a)、(b)の問いに答えなさい。

中国の古典『大学』の一節に、「心焉《ここ》に在らざれば、視《み》れども見えず、聴けども聞こえず、食らへども其《そ》の味を知らず」という言葉があります。常信は、最初は竹を見ながらも竹以外の何かが気になって仕方がなかったのだと思います。しかし、眠りから覚めた瞬間、心にかかっていたものが振り払われた状況で目に映った□ことで、素晴らしい絵になったのだと思います。

(a) 右の文章中の 心焉《ここ》に在らざれば について、こう読めるように、次の「心　不《レバ》　在《ラ》　焉《ニ》」に**返り点**をつけなさい。

心　不《レバ》　在《ラ》　焉《ニ》

(b) □に入る言葉を**十五字以上**、**二十字以内**で書きなさい。ただし、次の言葉の中から最も適当なものを一つ選び、使って書くこと。

・一心不乱　・切磋琢磨《せっさたくま》　・勇猛果敢

六　次の文章を読み、あとの(1)～(5)の問いに答えなさい。

狩野《かのう》の尚信《なほのぶ》は名高き画の工《たくみ》なり。その子常信《つねのぶ》も父が業を継ぎて、(注)丹青にのみ思ひを凝らせしが、ある時、竹の画を書きて父に見せたりしに、浅ましく拙しとて、A無興げに見えしかば《(機嫌が悪いように)》、大いに恥ぢてそれより日々うつし《(写生して》けれども、とかく心落ち居ず《いたが、どうしても出来栄えに納得できない)》。あまりに思ひかふじて《(困り果てて)》机に寄りて打ち眠りしが、日暮れていと寒くなりしままにB目覚めにければ、月の光、窓にさし入りて、軒端の竹の影いひしらぬ景色なりければ、やがて筆を取りてそのさまをうつし見るに、心づからもめでたく覚えし程に《(自分でも上手に描けたと思ったので)》、急ぎ父がもとに持ち行きて見するに、尚信大いに喜び、C「よくも書きたるかな」とて、しばし《(しばらく》がほど《の間)》打ちながめて、「これは夜の竹なり。葉の勢ひ皆陰になりたるは」とぞいひける。

（『落栗物語』による。）

(注)　丹青＝絵を描くこと。

(1)　文章中の いひしらぬ を現代仮名づかいに改め、**ひらがな**で書きなさい。

(2)　文章中に A無興げに見えしかば とあるが、父の不機嫌の理由を説明したものとして最も適当なものを、次の**ア**～**エ**のうちから一つ選び、その符号を書きなさい。

ア　常信が絵の仕事を継いでくれる様子を見せていないから。
イ　常信が竹の絵に凝りすぎて他の絵を描こうとしないから。
ウ　常信が父親にほめられることを期待して絵を描いたから。
エ　常信の持ってきた竹の絵があきれるほど下手だったから。

(5) 次は、この文章を読んだあとに、福島さん、岡野さん、竹田さんが、遼介の気持ちについて話し合っている場面の一部です。これを読み、あとの(a)〜(c)の問いに答えなさい。

福島さん　遼介は誘われた立場なのだから悪い気はしなかったと思います。それでも、最終的には赤組に移ることを選択しませんでしたね。

岡野さん　「自分が納得したやり方で上がっていくつもりだ」というはっきりとした宣言は、赤組に上がるという意味ではなく、白組全体でレベルを上げていく、つまり［Ⅰ］という幻想に屈しないという気持ちの表れだと思います。

竹田さん　遼介は巧から［Ⅱ］だと思われています。トレードという形で赤組にいくのはそんな気質に合わないので、遼介がこの話に乗るとは巧も思っていなかったのではないでしょうか。

福島さん　一方の遼介は巧について、「赤組の主力選手に自分から近づき、へつらうことや、自分を売り込むこともしたはず」と考えています。遼介と巧は真逆のように感じますね。

岡野さん　その違いは終わりの場面からも読み取れますね。今所属しているチームにおける［Ⅲ］になることに対する気持ちがまったく違うようです。

竹田さん　遼介はそれに抵抗があり、巧は受け入れるようです。ここまで考え方が違うようだと、この先二人は対立することすらあり得そうですね。

(a) ［Ⅰ］に入る言葉を、文章中の言葉を使って**十字以上、十五字以内**で書きなさい。

(b) ［Ⅱ］に入る言葉を、文章中から**六字**で**抜き出して**書きなさい。

(c) ［Ⅲ］に入る言葉を、文章中から**四字**で**抜き出して**書きなさい。

(1) 文章中にA そういうのは……とあるが、このとき巧が言葉を切った理由として最も適当なものを、次の**ア**～**エ**のうちから一つ選び、その符号を書きなさい。

ア　遼介のためを思ってあえて悪者になろうとして勢いのまま言葉を並べてきたものの、自分の本心ではないことだから。

イ　チームの方針を遼介に理解させるために考えを話してきたが、それが正しいことなのか巧も自信を持てなかったから。

ウ　遼介のこれまでの考え方を否定することになるため、面と向かって最後まで言い切ってしまうのはためらわれるから。

エ　自分とは性格が異なる遼介を説得するため、どのようなことを伝えればいいのかよくわからなくなってしまったから。

(2) 文章中にB 常盤は、遼介が望むなら、しかたないってとあるが、このように判断する、常盤の性格が書かれている**一文**を**抜き出して**、**はじめの五字**を書きなさい。

(3) 文章中にC そう考えることもできたとあるが、このときの遼介の様子として最も適当なものを、次の**ア**～**エ**のうちから一つ選び、その符号を書きなさい。

ア　話を聞いてもその行動や考え方に納得することができないまま、どんどん巧に対する嫌悪《けんお》感が強くなっている。

イ　居場所をつかむことができた巧を前に、自分の努力が足りていない現実をつきつけられ、打ちのめされている。

ウ　それまで目をそらしてきたが、巧のように努力や工夫をしなければやっていけないのだと気をひきしめている。

エ　自分とは考え方が異なり、その行動をよいとは思えないものの巧にも事情があることは理解しようとしている。

(4) 文章中の赤組についてまとめた、次の文章を完成させなさい。ただし、[Ⅰ]は**十字以上**、**十五字以内**で書くこと。また、[Ⅱ]は**四字**、[Ⅲ]は**八字**で、それぞれ文章中から**抜き出して**書くこと。

> 上を目指す環境にするために、[Ⅰ]ほうがいいという考えのもとで選手をトレードしようとしているが、加わる選手の[Ⅱ]を保証するわけではない。そんな赤組のコンセプトを、遼介は[Ⅲ]だと感じている。

単に屈服するつもりはないし、してはいけない。
「ただね」
巧は話を続けた。「単に引き抜くのは問題があるだろうから、トレードというかたちにしたわけだ。白組には、フォワードが足りないだろ。じつは、キャプテン同士での話は、すでについてる。B常盤は、遼介が望むなら、しかたないって」
「話はそこまで進んでるのか」
「あいかわらず、呑気《のんき》だな」
「でも、三宅の気持ちは?」
遼介の問いかけに、巧はため息で返した。「だから、そういう問題じゃないんだよ。三宅は中学時代、市トレ(注3)の選手だった。でも今は、赤組では通用しない。そう判断されたんだ。一度落ちて、這《は》い上がってくるしかない」
巧は、中学時代、一度もトレセンには呼ばれなかった。そのことは悔しかったはずだ。それでも今は、トレセン経験者ばかりの赤組のなかで、自分の居場所をつかんだ。それには、巧なりの努力や工夫があったのだろう。
赤組の主力選手に自分から近づき、へつらうことや、自分を売り込むこともしたはずだ。そうやって練習用ユニフォームといえども、良い背番号を手にした。それは遼介がしなかった種類の努力だ。Cそう考えることもできた。
「おれは遼介にとってチャンスだと思ったから、この役を引き受けた。でも無理強いをするつもりはない」
「じゃあ、おれが自分で決めればいいってことか?」
「まあ、そういうことだな」
「でもそれじゃあ、裏切り者になる気がする」

遼介は首を横に振った。
乾いたグラウンドにつむじ風が起こった。突風は、砂ぼこりを巻き上げながら地表をさまよい、やがてどこかへ消えてしまった。
練習後のグラウンドをだれかが走っている。そのなかには、さっき名前が出た三宅の姿もあった。たしかにからだが重そうだ。おそらく三宅も気づいているのだろう。赤組における、自分の危うい立場に――。
「おれも上を目指してる」
遼介はわざと口に出した。「でも、自分が納得したやり方で上がっていくつもりだ」
「じゃあ、この話はなかったことで、ほんとにいいんだな?」
巧は冷めた声で言った。
「ありがたく思う部分もある。けど、なんかちがう気がする」
「そうか」
巧は視線を落とした。「さっきの話だけどさ、おれは上に行くためなら、裏切り者になってもいい。そう思ったよ」
遼介は黙って巧を見つめた。
その目は冗談を言っているようには見えなかった。
（はらだみずき『名もなき風たち』による。）

（注１）　健二＝赤組に所属するチームメイト。
（注２）　居丈高＝人を威圧するような態度。
（注３）　市トレの選手＝市の選抜チームの選手。トレセンとは優秀な選手を発掘し、育成するためのシステム。

五　次の文章を読み、あとの(1)～(5)の問いに答えなさい。

遼介《りょうすけ》の所属する強豪サッカー部の一年生は、赤・白の二組に分かれて競い合っている。ある日、白組に所属する遼介は赤組に所属する巧《たくみ》から、赤組に移らないかと持ちかけられた。遼介と、試合で結果が出せていない赤組の三《み》宅《やけ》を交換する話が出ているという。

二つのチームを象徴しているのは、やはりチームを率いているキャプテンかもしれなかった。

赤組キャプテンは、より上を目指そうと声を上げる、激情家の米谷《よねや》。

白組キャプテンは、チームワークを強調する、温厚で規律正しい常盤《ときわ》。

「ただ、遼介が来ても、試合にどれくらい出場できるかは、わからない」

しびれを切らしたように巧が言った。

「どういうこと？」

「たぶん、白組より出場機会は減るんじゃないか」

それはつまり、遼介より試合に出るべき選手が赤組に存在するということなのだろう。遼介にとっては、おもしろい話ではなかった。

「悪いけど、おれはやめとくよ」

その答えを聞いて、巧はふっと笑った。

「なんだよ、その笑い？」

「健二（注1）が言ってたよ。たぶんこの話をしても、あいつは乗ってこないって」

「え？」

「なあ、遼介、おれは思うんだけどさ、このサッカー部で上に行くためには、〝いい人〟じゃ無理なんじゃないか」

巧は顔をそむけながら言った。

「それって、もしかしておれのこと？」

遼介の言葉に、巧はうなずいてから答えた。「おれは五十人いた部員が減っていく段階で学んだよ。生き残るためなら、ずるくなるのもひとつの手段だって。バカ正直に言われるままにやって、潰されるのはゴメンだからな。それでも一年だけで、二チーム以上の数の部員が今もいるんだ。そのなかでレギュラーをつかむためには、そういうことも必要だとふつうに思えるようになった。遼介はいつもフェアで、それが遼介でもあるんだと思うけど、Aそういうのは……」

そこで巧は言葉を切った。

――もう通用しない。

そう言いたいのだろう。

「たしかにサッカーは団体競技だ」と巧は言った。「チームとして強くならなければならない。でもチームを構成しているのは一人ひとりの個人だ。ピッチに立てるのは十一人。その十一人に入らなければ、努力したところでなにも始まらない。おれが思ったのは、へたくそといくらボールを蹴っても、自分がへただとわからないってこと。うまいやつのなかに入れば、自分になにが足りないのか気づける。よりうまい選手とチームを組んで上を目指す。そういう環境が必要なんだよ。そのためのチームメイトとして遼介を候補に選んだ。それだけだよ」

おそらく巧が言ったことは、米谷の考えであり、言ってみれば赤組のチームコンセプトなのだろう。怖いくらい前向きでもあった。しかし遼介には、このサッカー部にへたくそなんていない、そうも思えた。全力で戦い合えば、それほど力の差なんてない。さも力の差があるように、だれかが幻想を抱かせているだけのような気がした。そんな居丈高（注2）な幻想には簡

(4) 文章中にC農業において用いられる「品種改良」という技術 とあるが、この話題が果たす役割の説明として最も適当なものを、次の**ア**～**エ**のうちから一つ選び、その符号を書きなさい。

ア 愛玩動物に様々な種類が存在しているのは当然として、野菜や果物などの作物は種類がどれくらい多いのかを検証している。

イ 生物学が科学として成立する前から人々は遺伝という概念を認知し、自分たちに都合よく役立ててきたことを裏付けている。

ウ 生物学を通じて常識となっている遺伝の仕方の具体例として愛玩動物と同列に示しつつ、人間の姿勢について批判している。

エ 現在存在している野菜や果物を我々の先祖も食べてきたことをふまえ、昔と今でどのような違いがあるのか比較している。

(5) 文章中で筆者が述べている「伝言ゲーム」の例と「遺伝」との関係について整理した次の表を、完成させなさい。ただし、[Ⅰ]に入る言葉は、**五字以内**で書き、[Ⅱ]に入る言葉は、**十字以内**で書くこと。

伝言ゲーム	**遺伝**
全員が正確に情報を伝える	祖先と形質に[Ⅰ]個体になる
聞き間違いなどによって、間違った言葉が伝言される	突然変異によって、親とは[Ⅱ]子になる

(2) 文章中にAとてもおもしろいテーマとあるが、これについての説明として最も適当なものを、次の**ア**〜**エ**のうちから一つ選び、その符号を書きなさい。

ア 遺伝だけで決まる形質も環境だけで決まる形質もあって、個体の形質の種類には優劣がつけられないということ。

イ 形質が完全に遺伝だけで決まる個体と、環境だけで決まる個体とでは、数としてそれほど違いがないということ。

ウ 個体の形質の決定には親からの遺伝だけではなく環境も関わっていて、どちらの影響も無視できないということ。

エ どの形質も完全に遺伝だけで決まる場合と、完全に環境だけで決まる場合という両方の可能性があるということ。

---

(3) 文章中のBダックスフンドの体型について、別の視点から著者が著した次の文章を参考にして、あとの問いに答えなさい。

> 人社会の事情によって生物の形質を選抜することを、「人為淘汰《とうた》」と言います。人為淘汰によって、好都合な形質だけを選択的に残していくことができ、これによって人間の農作物の栽培や家畜の育成効率は、飛躍的に改善され、社会の発展に大きく貢献したと言えます。
>
> しかし人為淘汰は何も、無条件に都合のよい形質だけが残っていくことではありません。たとえば、ダックスフンドは、犬の中でも特に、椎間板（背骨のクッション）のヘルニアをわずらいやすいことが知られています。かくも品種改良で実現した骨格が、ワンちゃん1匹1匹にとっては、おおきな負担をともなうものである、ということです。これは、問題ある状況でしょう。
>
> （入谷亮介《いりたにりょうすけ》『数理で読みとく生物進化』による。）

問い　筆者の説明について次のようにまとめます。［Ⅰ］〜［Ⅲ］に入る言葉を書きなさい。ただし、［Ⅰ］に入る言葉は、32ページの内容をふまえて**十字以上、十五字以内**で書くこと。また、［Ⅱ］は**五字**、［Ⅲ］は**六字**で、それぞれ右の文章中から**抜き出して**書くこと。

> ・足が短ければ、［Ⅰ］ため、それを意識した交配をさせ続けたことで、ダックスフンドは現在の姿になった。
>
> ・動植物への人為淘汰は［Ⅱ］につながっているが、ダックスフンドに［Ⅲ］を強いていることからも明らかなように、人間の都合を優先していることによる問題点もある。

時々刻々と変化する地球環境で、人類が自給自足を行《おこ》なうためにも、非常に重要な意義があります。

先ほども述べたように、遺伝を通じて親と子は似ますが、これは、違う遺伝子を持っていることで形質に違いが生まれる原理の裏返しとも言えます。しかし、よく考えてみると、これだけでは、生物の法則を理解するには、少し足りません。

というのも、もし親から子に遺伝子が伝わるのだとしたら、どの個体たちも同じ遺伝子を持っていて、違いなどなく、どの個体もみな、遺伝的に同じのはずであるためです。たとえばヒトの場合、どの個体も、祖先である「最初の人間」、いわばアダムとイブとそっくりの人間であるはずです。伝言ゲームのたとえで言えば、全員が正確に情報を伝えられるなら、最初と最後の時点で、伝言された情報には違いがないはずです。これでは、最初の疑問であった、形質が多様である理由を説明できません。いったい、異なる遺伝子はどこから来たのでしょうか。

じつは、親から子への遺伝では、遺伝子という物質そのものが引き継がれるのではありません。親の持つ遺伝子は、一種の化学物質を通じてコピーされ、その化学物質から読み取られた情報が（遺伝子として）子供に引き継がれるのです。遺伝とは、親から子に情報をコピー・アンド・ペースト、いわばコピペする現象なのです。

さて、そのコピペされる遺伝子の持つ情報量は、膨大です。なにせ、それを通じて脳、内臓の機能、五感、手足の発達など、様々な形質を、子供にも受け継がせるのですから。

では、膨大な情報をひとつずつコピペするときには、どういうことが起こると考えられますか？　たとえば伝言ゲームで、ひとつの楽曲の歌詞をまるまるすべて伝えるとなると、聞き間違い・記憶違い・言い間違い（エラー）が起こることもありますよね。すると、間違った歌詞が伝言されます。遺伝も、膨大な情報のコピペの途中で、エラーを起こしてしまうのです。そのエラーのせいで、親と子の間に、遺伝子の違いがもたらされます。生物の遺伝におけるコピペのエラーのことを、生物学では、「突然変異」と言います。突然変異は、遺伝の段階でたまたま起こるものですが、長い歴史の中で何度も起こり、それが蓄積された結果、形質の違いが現れるのです。生物が誕生してから現在にいたるまでずっと続いてきた伝言ゲームのなかで、聞き間違い・言い間違いが何度もあり、それが蓄積されてきたということです。たかが小さなエラー、されど塵《ちり》も積もれば山となる、ですね。

（入谷亮介《いりたにりょうすけ》『数理で読みとく生物進化』による。）

(1) 文章中の に‖ と同じ意味・用法のものを、文章中の〰①〜④のうちから一つ選び、その符号を書きなさい。

四 次の文章を読み、あとの(1)～(5)の問いに答えなさい。

個体の形質が体内の情報として親から子に伝わって受け継がれるしくみを、「遺伝」といいます。どんな生物もその体内に、遺伝する生物学的な情報を有しています。遺伝する情報のことを、「遺伝子」といいます。先程の例で言えば、目の色、顔つき、体型、血液型などは遺伝形質であり、それを決定する遺伝子が親から子に伝わることで、生物学的に親子が似る、ということです。

遺伝子は、個体のいろいろな形質の情報を持っており、いわば、体の姿かたちや機能の設計図のようなものです。遺伝では、伝言ゲームのように親から子に設計図の情報が伝わるのです。

もちろん、遺伝だけですべての形質が決まるわけではありません。親と子が似る原因は外部、すなわち環境・経験にもあります。

詳しくは述べませんが、どの形質も、完全に遺伝だけで決まる、あるいは環境だけで決まる、ということはなく、中間的であると考えられています。これ自体がAとてもおもしろいテーマですが、本書では、遺伝的な要因にのみ注目します。遺伝的な要因を強調したいときは、形質のことを「遺伝形質」と呼ぶことにします。

今でこそ生物学を通じて常識となっている「遺伝」という概念ですが、じつは生物学が科学として成立するずっと前から、我々の先祖たちは経験的に知っていたと思われます。それは、愛玩動物(ペット)である犬を見てみるとわかります。柴犬《しばいぬ》、ハスキー、ダックスフンド、ゴールデンレトリバーなど、犬には様々な「犬種」があります。じつはこれら多様な犬種の存在は、柴犬なら柴犬同士、ハスキーならハスキー同士を人為交配(人間の管理下で、子供を生んでもらうこと)させたり、あるいは逆に異なる犬種同士を同じよう①に人為交配することで、形質を特化・交ぜ合わせた結果だと考えられています。

たとえばBダックスフンドの体型は、アナグマという地面にせまい巣穴を作る動物を狩ること②に特化したものです。足の短いイヌ個体は、アナグマ狩りという人間の目的にとって好都合であったのでしょう。人間がそれらを優先的に育てて交配させ続けた結果、特徴ある体型を決定する遺伝子が子世代に残り、ダックスフンドは現在の姿になったのです。ちなみ③に、ダックスフンド＝Dachshund はドイツ語の直訳で「アナグマ狩り」という意味です。わかりやすいですね。

また、C農業において用いられる「品種改良」という技術も同様です。お米では特定の環境条件、たとえば地域特有の気候や土壌環境でもよく育つ苗を選抜し、交配させてきました。また、野菜・果物などの作物では、可食部が大きく肥える苗を交配させてきました。たとえば、ブロッコリー、キャベツ、カリフラワーなどの野菜は、古くは紀元前、なんと2000年以上前から食べられてきたのですが、もともとは同じ祖先に由来しています。いずれの野菜も、人為的な交配による、品種改良種です。

野菜や果物における、人間にとって都合の良い特徴、たとえば野菜・果物の可食部の大きさや味などは遺伝形質ですから、同じような特徴を持つ苗同士の選択的な人為交配によってその特徴が次の世代にも遺伝し、現代にいたるのです。もちろん、当時の人達が、品種改良の科学的な原理を完全に理解していたわけではありません。それでも、経験的な知識としては確立していたのでしょう。

仮④に、ダックスフンドの足の長さや農作物の性質に、遺伝的要因がまったくなかったとしたら、品種改良は不可能であったでしょう。このような生物の形質の遺伝的要因を理解するということは、気候変動にともなって

(3) （問いを放送します。）

［選択肢］

ア　因果応報

イ　温故知新

ウ　一意専心

エ　泰然自若

(4) （問いを放送します。）

［選択肢］

ア　美術館で見たものを正確に再現することができるように、様々な技術を身につけられる準備を進めておく。

イ　美術館で得た知識を無駄にすることなく、二人でノートなどにまとめておくことにより理解を深めていく。

ウ　美術館に行く前に展示内容に関係することをあらかじめ調べておき、美術館での時間を充実したものにする。

エ　美術館のほかに何が自分たちにとって役立つ施設なのかを考え、幅広い知識を身につけられるようにする。

聞き取り検査終了後、二以降も解答しなさい。

※〈国語聞き取り検査放送用台本〉は国語の問題の終わりに付けてあります。

二

次の(1)～(4)の――の漢字の読みを、**ひらがな**で書きなさい。

(1) 母のように慕う人がいる。

(2) 化学繊維で洋服を作る。

(3) 今日は曇天で気温も低い。

(4) スランプに陥る。

三

次の(1)～(5)の――のカタカナの部分を**漢字**に直して、楷書で書きなさい。

(1) アラった食器を乾かす。

(2) 線路にソって歩く。

(3) 兄のチュウコクに従う。

(4) ジシャクで砂鉄を集める。

(5) 観客の前でネツベンをふるう。

二〇二三年度
関東第一高等学校（推薦）

【国　語】（五〇分）〈満点：一〇〇点〉

※注意　各ページの全ての問題について、解答する際に字数制限がある場合には、句読点や「　」などの符号も字数に数えること。

一

これから、山田さんと早川さんが会話をしている場面と、それに関連した問いを四問放送します。よく聞いて、それぞれの問いに答えなさい。

（放送が流れます。）

(1)（問いを放送します。）

［選択肢］

ア　比喩を使うなどの工夫をしないと、自分の思いの強さはよくわかってもらえないこと。

イ　説明は簡潔に終わらせないと、言いたいことの要点がつかみにくくなってしまうこと。

ウ　自分のほうが知識が豊富であることを認識しつつ話さないと相手を不快にさせること。

エ　必要な情報を提供しないと、伝えたい内容を相手に正確に伝えることができないこと。

(2)（問いを放送します。）

［選択肢］

ア　本題からそれそうな話題を元に戻そうとしていた。

イ　それまでとは違う話題に発展させようとしていた。

ウ　これまで話してきたことをまとめようとしていた。

エ　相手が出した話題をより深めていこうとしていた。

英語解答

1 No.1 C　No.2 A　No.3 D

2 No.1 B　No.2 C

3 No.1 B　No.2 A

4 No.1 ① difficult ② parties
No.2 ① subject ② travel

5 (1) ウ　(2) エ　(3) イ　(4) エ
(5) ア

6 (例) Do you know where Bob is? I have been looking for him more than twenty minutes. He wasn't in the library or the music room. (25語)

7 (1) ①…ウ　②…イ　③…イ　④…ア
(2) ①…ウ　②…イ

8 (1) ウ　(2) ア　(3) ウ

9 (1) エ　(2) ウ　(3) ア
(4) (例) I have one movie that I really want to see.

1～**4**〔放送問題〕解説省略

5〔対話文完成─語形変化・整序結合〕

(1)A：あなたは水泳が得意？／B：うん，でもメグは僕より速く泳ぐよ。∥速度が速いことを表すのは fast。時間が早いことを表す early や soon はここでは不適。　be good at ～ing「～が得意である，上手である」

(2)A：君は何かペットを飼ってるの？／B：いいえ，でも私は犬を飼いたいの。もし犬を飼ったら，毎日一緒に遊ぶのに。∥この have は「(犬など)を飼う」の意味。現在ペットは飼っていないことと，文後半にある would から，現在の事実に反することを述べる仮定法過去 'If＋主語＋動詞の過去形～, 主語＋would＋動詞の原形…'「もし～なら，…だろう」の文だとわかる。

(3)A：あなたが暇なときを教えて。／B：わかった。∥'let＋人＋動詞の原形' で「〈人〉に～させる，～することを許す」という意味を表すので，let me know とする。残りは '疑問詞＋主語＋動詞…' の語順の間接疑問にする。　Please let me know when you're free.

(4)A：なぜ君はカナダについてよく知っているの？／B：そこに4回行ったことがあるからよ。∥have been there で「そこへ行ったことがある」という意味(現在完了の '経験' 用法。have been to ～で「～に行ったことがある」という意味になるが，there は「そこに」という意味の副詞なので to は不要)。four times で「4回」。　… I have been there four times.

(5)A：どちらがあなたのお姉〔妹〕さん？／B：ベンチに座っている女の子だよ。∥まず She is the girl「彼女(＝姉〔妹〕)はその女の子だ」という文の骨組みをつくり，who を主格の関係代名詞として用いて，the girl を修飾する関係代名詞節を続ける。　She is the girl who is sitting on the bench.

6〔条件作文〕

イラストからわかるのは，トモミがボブを捜し回っていること。トモミに声をかけられてベスは「彼は美術室にいる」と答えているので，ボブがどこにいるかを尋ねる文をつくる。25語程度という指定があるので，捜した場所や時間を含めるとよい。解答例の訳は「ボブがどこにいるか知ってる？20分以上彼を捜しているの。図書館にも音楽室にもいないのよ」。

7 〔読解総合〕

(1)＜**適語選択―スピーチ―グラフを見て答える問題**＞≪**全訳**≫❶僕たちの市，ともえ市には訪れるべききれいで，わくわくするような場所がたくさんあるので，たくさんの観光客がやってきます。❷スライド1を見てください。約10年前の2012年には，他の国から来た観光客の数は約5000人でした。この数字は4年間，あまり変わりませんでした。しかし2017年に，それは大きく変わりました。約9000人の外国人観光客が僕たちの市を訪れたのです。なぜでしょうか？　僕たちの市の一部が映画に使われたからです。その映画は世界中で上映され，大成功でした。その後，たくさんの外国人観光客が僕たちの市を訪れ始めたのです。❸では，スライド2を見てください。2019年には，約1万人の外国人観光客が来ました。その半数は韓国からです。約3000人が中国からで，1000人がアメリカからでした。ヨーロッパから来た人の数は，オーストラリアから来た人の数ほど多くありませんでした。❹韓国や中国のような，非英語圏からたくさんの観光客が来ましたが，僕たちの市には韓国語や中国語で書かれた看板は多くありませんでした。僕はそれが問題だと思いました。ある日，僕がともえ神社にいると，1人の男の子が僕に話しかけてきました。その子は手水舎の前の看板を指さして，何という意味なのかを僕に尋ねました。看板は手を清めて，口をすすぐルールについて教えるものでした。でもそれは日本語と英語だけで書かれていました。その子は非英語圏の出身で，どちらも理解できなかったのです。だから僕は，スライド3で見られるように，その子に手を清めて，口をすすぐやり方を見せました。その子は注意深く僕を見て，僕をまねしました。❺新型コロナウイルス感染症のせいで，観光客の数は減りましたが，今は観光客が戻ってきています。僕たちの市には英語と同様に韓国語や中国語で書かれた看板がもっと必要だと僕は確信しています。

＜**解説**＞①第2段落前半参照。2012年の約5000人から4年間は大きく変わっていないとある。②第3段落参照。約1万人の半数は韓国からで，約3000人が中国からである。また，ヨーロッパからよりも，オーストラリアから来た人の数の方が多い。'not as〔so〕… as ～'「～ほど…でない」　③what it means で「何という意味なのか」という意味になる。他の選択肢はどれも意味が通らない。また，この後の内容からも，男の子は看板の言葉が読めず手水舎が何だかわからなかったので，その意味を尋ねたのだとわかる。　④この後に as you can see in Slide 3「スライド3でわかるように」とあり，男の子に実際にやって見せている様子が描かれている。'show＋人＋物事'「〈人〉に〈物事〉を見せる〔示す〕」の'物事'の部分が how to ～「～する方法」になっている形。

(2)＜**読解総合―チラシ―表を見て答える問題**＞≪**全訳**≫私たちのボランティア活動に参加してください／週末にボランティア活動に参加するのはどうですか？　1月28日(土)と29日(日)は私たちの町のボランティアの日です。参加したい活動を，次の3つから選んでください。／日時／場所／持ち物／子どもたちへの読み聞かせ／1/28(土)10時～12時／市役所／絵本／ビーチの清掃／1/29(日)13時～15時／みなとビーチ／ごみ袋／マラソン大会でランナーの補助／1/28(土)13時～16時／みなと競技場／飲み物(無料の昼食が提供されます)／●ご希望の場合は，2つまたは3つ全ての活動に参加可能です。●活動に興味をお持ちの場合は，thevolunteerdays.minato@vmail.comまでメールをお送りいただくか，私たちの事務所123-XXXX-XXXまでお電話ください。

①＜**内容一致**＞「子どものために本を読みたい人は，市役所に(　　)を持って行かなくてはならな

い」―ウ.「絵本」　表の「子どもたちへの読み聞かせ」の「持ち物」欄に「絵本」とある。

②＜**内容真偽**＞ア.「ビーチを清掃したい人は，1月29日に3時間働くだろう」…×　13～15時までの2時間である。　イ.「マラソン大会でランナーを補助したいなら，昼食を持ってくる必要はないだろう」…○　無料の昼食が提供される。　ウ.「子どもたちへの読み聞かせに参加したいなら，ビーチの清掃には参加できない」…×　表の下の最初の●参照。複数の活動に参加できる。　エ.「3つのボランティア活動に参加するためには，メールを送って事務所に電話しなくてはならない」…×　表の下の2つ目の●参照。メールか電話のどちらかでよい。

8〔**長文読解総合―スピーチ―グラフを見て答える問題**〕

≪**全訳**≫❶こんにちは，皆さん。今日，私は勉強についてお話しします。❷まず，このグラフを見てください。私は昨日，それをインターネット上で見つけました。それは勉強する理由に関する調査の結果を示しています。日本と韓国，アメリカの生徒たちが「なぜあなたは勉強するのですか？」という質問に答えました。3か国の生徒たちの多くが，将来つきたい仕事のために勉強していることがわかります。日本と韓国では，50パーセント以上の生徒たちが，将来つきたい仕事のために勉強しています。日本人の生徒は他の国の生徒よりも，将来役に立つ働き手になるために勉強していることもわかります。個人的には，私はそれらの日本人の生徒たちに賛成です。私も将来，役に立つ人になりたいです。具体的には，私は将来医者になって，病気の人たちを助けたいです。では，グラフをもう一度見てください。韓国の約30パーセントの生徒が，将来たくさんのお金を稼ぐために勉強していることがわかります。その割合は3か国の中で最大です。また，アメリカと韓国の約30パーセントの生徒がよりよい人間になるために勉強していることもわかり，その割合は日本人の生徒の割合よりも高いです。実際に，私にはこれらの理由のために勉強している友達がいます。私の友達のユウトは，将来たくさんのお金を稼ぐために勉強しています。彼はいつも「僕たちは将来，お金がなかったら苦労するだろう」と言います。私は彼に部分的には賛成します。ウ将来たくさんのお金を持っていれば，私たちはよりよい生活ができるでしょう。それは大事な事です。私の友達のエミリーは，よりよい人間になるために勉強していると言っています。彼女はよく「私はたくさんの知識とスキルを身につけるために一生懸命勉強するの。それはよりよい人間になるための方法の1つだと思うわ」と言っています。彼女はすばらしいと私は思います。❸勉強する理由にはもう1つあります。それは大学に入ることです。どの国の生徒も40パーセント以上が大学に入るために勉強しています。日本の多くの生徒が，大学を卒業すればよりよい仕事が得られるだろうと考えているために，大学に入ると聞きます。正直に言うと，私はそのような考えが好きではありません。生徒は勉強するために大学に入るべきだと私は思います。私の父は「大学は学生が興味のある事柄について深く勉強できる場所だよ」と言っていました。私が大きくなったら，明確な目的を持って大学に入りたいと思っています。❹さて，勉強するための5つの理由についてあなたはどう思いましたか？　勉強することは私たちにとって大切で，勉強することに正しい理由も間違っている理由もありません。一番大切なことは，勉強する明確な理由を持つことです。では，あなたが答える番です。なぜあなたは勉強するのですか？

(1)＜**適所選択**＞与えられた英文の意味は「将来たくさんのお金を持っていれば，私たちはよりよい生活ができるでしょう」。お金について述べられているのは第2段落後半で，空所ウの直後のIt「それ」がこの英文の内容を指していると考えられる。

(2)＜**要旨把握―グラフの読み取り**＞第２段落前半より，日本と韓国の50パーセント以上の生徒が「将来つきたい仕事のために勉強する」と答えているので，アかイになる。同段落の中ほどに，韓国の約30パーセントの生徒が「将来たくさんのお金を稼ぐために勉強する」とあることから，アに決まる。

(3)＜**内容真偽**＞ア.「ユウトは将来，大学で勉強するためにたくさんのお金を稼ぎたいと思っている」…×　第２段落後半参照。大学で勉強するためではない。　イ.「サオリは生徒たちが勉強する正しい理由を見つけることは大切だと思っている」…×　第４段落第２文参照。勉強する理由に正しいも間違っているもないと考えている。　ウ.「役に立つ働き手になりたいと思う日本人の生徒の割合は最も高い」…○　第２段落第７文およびグラフに一致する。　エ.「多くの日本人の生徒が，大学を卒業しないと仕事につけないと信じている」…×　第３段落第４文参照。多くの日本人の生徒が考えているのは，大学を出ればよい仕事を得られるということ。

9〔対話文完成―適文選択・補充〕

≪全訳≫❶アキラ(Ａ)：何をしているんですか，ブラウン先生？❷ブラウン先生(Ｂ)：日本文化についての英語の本を探しているの。(1)でも１つも見つけられないの。❸Ａ：あの，ここに英語の本はあまりないと思いますよ。市立図書館に行ったらどうですか？　僕たちの学校の近くです。❹Ｂ：英語の本があるの？❺Ａ：はい，あります。僕はときどきそこへ行って，英語の本を何冊か借りてるんです。❻Ｂ：あら，本当？　あなたはどんな英語の本を読むの？❼Ａ：(2)僕は易しい英語で書かれた本を読みます。❽Ｂ：そうなの？　それは英語を上達させるのに役立つと思うわ。市立図書館にはどれくらいよく行くの？❾Ａ：１週間に１回くらいです。そこのイベントに参加することもありますよ。❿Ｂ：イベント？⓫Ａ：はい。映画の日が毎月第２日曜日に開催されるんです。図書館の中の映画室で，古い映画を見られるんです。⓬Ｂ：(3)それはおもしろそうね。私は映画を見るのが好きだし，古い日本の映画に興味があるのよ。⓭Ａ：もし映画の日に見たい映画があれば，それらの上映を検討してもらうように，図書館に頼むことができますよ。⓮Ｂ：本当？　(4)(例)とても見たい映画が１本あるの。それじゃ，図書館に頼んでみるわ。情報を教えてくれてありがとう，アキラ！

＜**解説**＞(1)直後でアキラが「ここには英語の本はあまりない」と言って，市立図書館に行くことを勧めていることから，ブラウン先生は探している本を見つけられないのだとわかる。　(2)ブラウン先生に，市立図書館で借りる英語の本の種類について尋ねられたアキラの返答。ウ以外は全て図書館の本ではない内容である。　(3)アキラから，市立図書館の映画イベントについて聞いたブラウン先生の返答。続く内容からブラウン先生が映画好きであることがわかるので，アキラの話に興味を持ったと考えられる。　(4)見たい映画があればそれを上映するように図書館に頼めるという情報を聞いたブラウン先生の言葉が入る。この後，「図書館に頼んでみる」と続けているので，「見たい映画がある」という内容にするとよい。

数学解答

1 (1) ① ア…1　イ…1
② ウ…7　エ…9　③ 3
(2) ① カ…2　キ…1
② ク…7　ケ…3
(3) ① コ…4　サ…3　シ…5
② ス…2　セ…5
(4) ① ソ…4　タ…8
② チ…1　ツ…3
(5) テ…2　ト…3
(6) ① ナ…2　ニ…5
② ヌ…1　ネ…6　ノ…0
(7) 右図　(例)

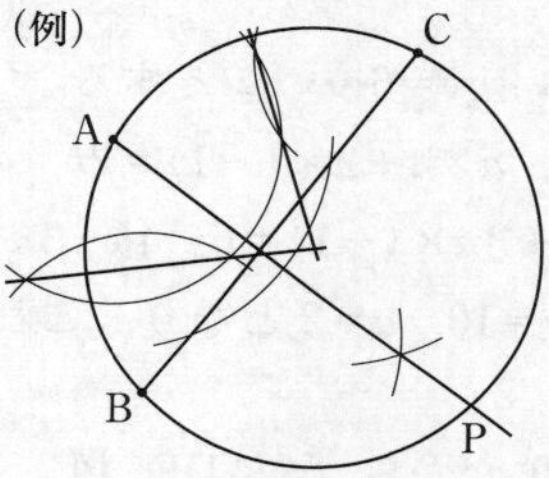

2 (1) ア…1
イ…8
(2) ウ…8
エ…1
オ…2
(3) カ…6　キ…1　ク…8

3 (1) (a)・(b)…イ，エ　(c)…合同
(2) (例)△ABN と△BAM において，仮定から，AC＝BC……①　①より，∠ABN＝∠BAM……②　①と，点 M，N はそれぞれ辺 AC，BC の中点であることより，BN＝AM……③　共通な辺だから，AB＝BA……④　②，③，④より，2組の辺とその間の角がそれぞれ等しいから，△ABN≡△BAM　よって，AN＝BM
(3) ア…3　イ…1

4 (1) ア…1　イ…5
(2) ウ…2　エ…1
(3) オ…1　カ…2　キ…5　(4) 5

1〔独立小問集合題〕

(1)＜数の計算，式の計算＞①与式＝20－9＝11　②与式＝$8a+3b-a+6b=7a+9b$　③与式＝$(2\sqrt{7})^2-5^2=4\times7-25=28-25=3$

(2)＜二次方程式の応用＞①十の位の数は一の位の数の2倍より1大きいので，一の位の数を x とするとき，十の位の数は $x\times2+1=2x+1$ と表せる。　②一の位の数の2乗と十の位の数との和が16であるとき，$x^2+(2x+1)=16$ が成り立つ。これを解くと，$x^2+2x-15=0$，$(x+5)(x-3)=0$ より，$x=-5$，3である。$x>0$ より，$x=3$ だから，一の位の数は3，十の位の数は $2x+1=2\times3+1=7$ である。よって，求める自然数は73となる。

(3)＜データの活用―最頻値，中央値，四分位範囲＞①最頻値は，最も多くの人が釣った魚の数である。4匹釣った人が5人で最も多いから，最頻値は4匹となる。20人が釣った魚の数をまとめたので，中央値は，釣った魚の数を小さい順に並べたときの10番目と11番目の値の平均値となる。2匹以下が1＋2＋4＝7(人)，3匹以下が7＋3＝10(人)，4匹以下が10＋5＝15(人)より，小さい方から10番目は3匹，11番目は4匹だから，中央値は(3＋4)÷2＝3.5(匹)である。　②第1四分位数は，小さい方の10人の釣った魚の数の中央値だから，小さい方から5番目と6番目の値の平均値，第3四分位数は，大きい方の10人の釣った魚の数の中央値だから，小さい方から10＋5＝15(番目)と16番目の値の平均値である。1匹以下が1＋2＝3(人)，2匹以下が7人より，5番目と6番目はともに2匹なので，第1四分位数は2匹である。また，3匹以下が10人，4匹以下が15人，5匹以下が15＋1＝16(人)より，15番目は4匹，16番目は5匹なので，第3四分位数は(4＋5)÷2＝4.5(匹)である。四分位範囲は，第3四分位数から第1四分位数をひいた差であるから，4.5－2＝2.5(匹)となる。

(4)＜関数―座標，確率―さいころ＞①直線 $y=-2x+8$ と x 軸との交点は，y 座標が0だから，$y=0$ を代入して，$0=-2x+8$，$2x=8$，$x=4$となり，x軸との交点の座標は(4, 0)となる。また，切片が8だから，y軸との交点の座標は(0, 8)である。　②大小2つのさいころを同時に1回投げるとき，目の出方は全部で$6\times6=36$(通り)あるから，P(a, b)も36通りある。右図1で，直線$y=-2x+8$とx軸，y軸で囲まれた範囲にある点Pのx座標は，直線$y=-2x+8$とx軸との交点の座標が(4, 0)より，0，1，2，3，4である。点Pのx座標，y座標は0にならないので，点Pのx座標は1，2，3が考えられる。直線$y=-2x+8$上でx座標が1の点は，$y=-2\times1+8=6$より，点(1, 6)だから，x座標が1の点Pは(1, 1)，(1, 2)，(1, 3)，(1, 4)，(1, 5)，(1, 6)の6通りある。直線$y=-2x+8$上でx座標が2の点は，$y=-2\times2+8=4$より，点(2, 4)だから，x座標が2の点Pは(2, 1)，(2, 2)，(2, 3)，(2, 4)の4通りある。直線$y=-2x+8$上でx座標が3の点は，$y=-2\times3+8=2$より，点(3, 2)だから，x座標が3の点Pは(3, 1)，(3, 2)の2通りある。よって，直線$y=-2x+8$とx軸，y軸で囲まれた範囲にある点Pは$6+4+2=12$(通り)あるから，求める確率は$\frac{12}{36}=\frac{1}{3}$である。

図1

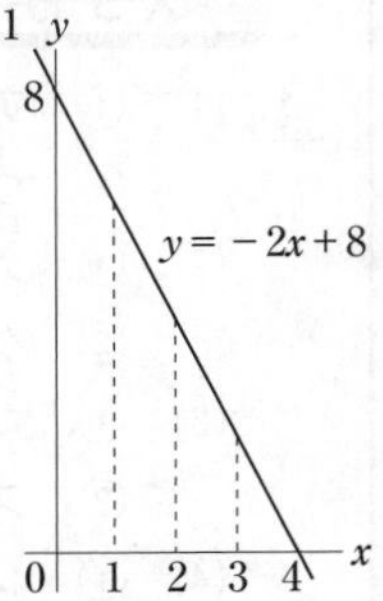

(5)＜**連立方程式―解の利用**＞$ax+2y=2b$……①，$bx+3ay=6$……②とする。①，②の連立方程式の解が$x=4$，$y=-1$であるから，解を①に代入して，$a\times4+2\times(-1)=2b$，$4a-2=2b$，$4a-2b=2$，$2a-b=1$……③となり，解を②に代入して，$b\times4+3a\times(-1)=6$，$4b-3a=6$，$-3a+4b=6$……④となる。③×4＋④より，$8a+(-3a)=4+6$，$5a=10$，$a=2$となり，これを③に代入して，$2\times2-b=1$，$-b=-3$，$b=3$となる。

(6)＜**空間図形―長さ，体積**＞①右図2で，∠ADE＝90°だから，△ADEで三平方の定理より，$AE=\sqrt{AD^2+DE^2}=\sqrt{15^2+20^2}=\sqrt{625}=25$(cm)である。　②図2で，〔面ABC〕⊥〔面ADEB〕だから，CG⊥ABより，CG⊥〔面ADEB〕である。また，CF∥〔面ADEB〕だから，四面体DEFHは，底面を△DHEと見ると，高さがCG＝5の三角錐となる。∠ADE＝∠DHE＝90°，∠AED＝∠DEHより，△ADE∽△DHEであり，相似比はAE：DE＝25：20＝5：4だから，△ADE：△DHE＝5^2：4^2＝25：16となる。$\triangle ADE=\frac{1}{2}\times DE\times AD=\frac{1}{2}\times20\times15=150$だから，$\triangle DHE=\frac{16}{25}\triangle ADE=\frac{16}{25}\times150=96$となり，四面体DEFHの体積は，$\frac{1}{3}\times\triangle DHE\times CG=\frac{1}{3}\times96\times5=160$(cm³)である。

図2

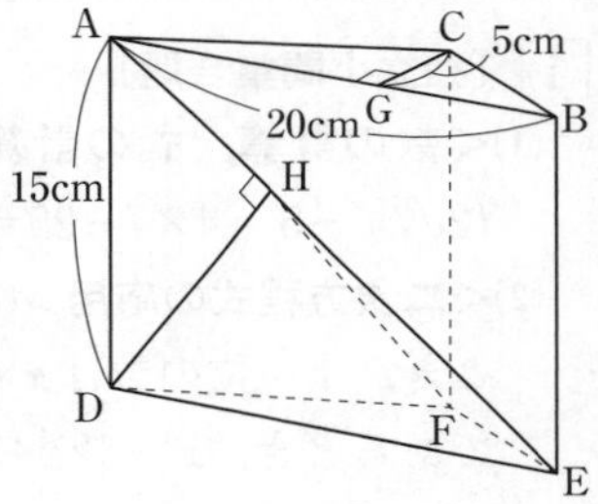

(7)＜**平面図形―作図**＞右図3で，∠ABC＝∠APCだから，4点A，B，C，Pは同じ円の周上にある。また，AP⊥BCだから，点Pは，点Aを通りBCに垂直な直線と，3点A，B，Cを通る円との交点となる。3点A，B，Cを通る円の中心をOとすると，OA＝OB，OA＝OCより，点Oは，線分ABの垂直二等分線と線分ACの垂直二等分線の交点として求められる。解答参照。

図3

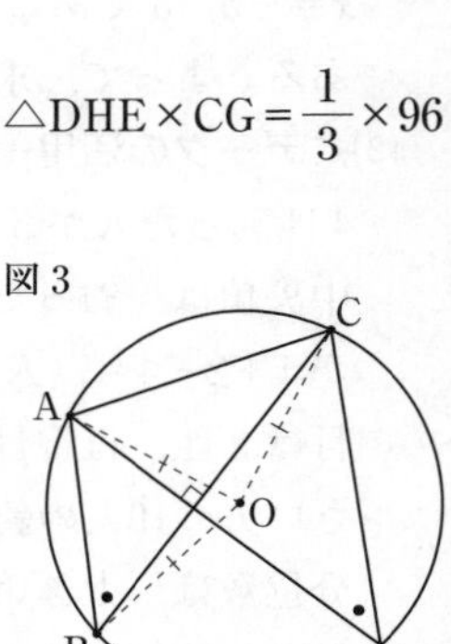

2 〔関数―関数$y=ax^2$と一次関数のグラフ〕

(1)＜**y座標**＞次ページの図で，点Aは関数$y=\frac{1}{2}x^2$のグラフ上にありx座標が6だから，y座標は$y=\frac{1}{2}\times6^2=18$である。

(2)＜面積＞右図で，(1)より，A(6，18)である。点Bは関数$y=\frac{1}{2}x^2$のグラフ上にありx座標が-3だから，$y=\frac{1}{2}\times(-3)^2=\frac{9}{2}$より，$B\left(-3,\ \frac{9}{2}\right)$である。直線$m$は2点A，Bを通る直線なので，傾きは$\left(18-\frac{9}{2}\right)\div\{6-(-3)\}=\frac{27}{2}\div9=\frac{3}{2}$より，直線$m$の式は$y=\frac{3}{2}x+b$とおける。点Aを通るので，$18=\frac{3}{2}\times6+b$より，$b=9$となる。切片が9なので，直線$m$と$y$軸との交点をCとすると，C(0，9)であり，OC=9となる。△OAC，△OBCの底辺をOCとすると，点Aのx座標が6，点Bのx座標が-3だから，△OACの高さは6，△OBCの高さは3となり，$\triangle AOB=\triangle OAC+\triangle OBC=\frac{1}{2}\times9\times6+\frac{1}{2}\times9\times3=\frac{81}{2}$ (cm^2)である。

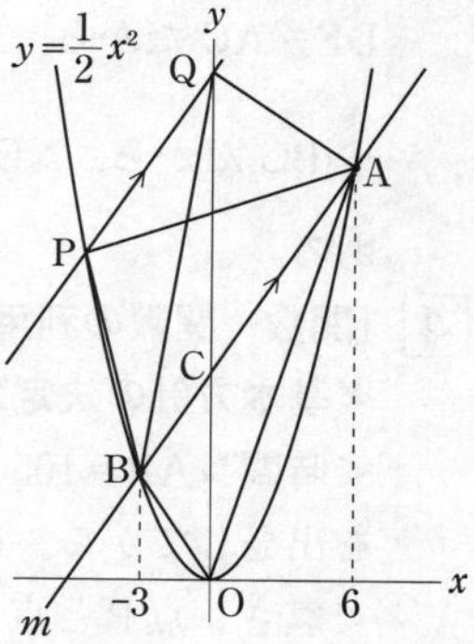

(3)＜座標＞右上図で，(2)より，$\triangle APB=2\triangle AOB=2\times\frac{81}{2}=81$である。$y$軸上の点Cより上に，△AQB=81となる点Qをとる。このとき，△AQB=△APBだから，△AQBと△APBの底辺をABとすると高さが等しくなり，AB∥QPとなる。直線ABの傾きは$\frac{3}{2}$だから，直線QPの傾きも$\frac{3}{2}$となる。また，CQ=qとし，△ACQと△BCQの底辺をCQとすると，△ACQの高さは6，△BCQの高さは3だから，$\triangle AQB=\triangle ACQ+\triangle BCQ=\frac{1}{2}\times q\times6+\frac{1}{2}\times q\times3=\frac{9}{2}q$と表せる。よって，$\frac{9}{2}q=81$が成り立ち，$q=18$である。C(0，9)より，点Qの$y$座標は$9+18=27$となるので，直線QPの切片は27である。したがって，直線QPの式は$y=\frac{3}{2}x+27$となる。点Pは関数$y=\frac{1}{2}x^2$のグラフと直線$y=\frac{3}{2}x+27$の交点だから，2式より，$\frac{1}{2}x^2=\frac{3}{2}x+27$，$x^2-3x-54=0$，$(x+6)(x-9)=0$　$\therefore x=-6,\ 9$　$x<-3$より，$x=-6$だから，点Pのx座標は-6であり，$y=\frac{1}{2}\times(-6)^2=18$より，P$(-6,\ 18)$である。

3 〔平面図形―二等辺三角形〕

(1)＜証明の方針＞右図で，AN=BMを証明するには，AN，BMが対応する辺となる2つの三角形が合同であることをいえばよい。選択肢の三角形より，△ABNと△BAMが合同であることを証明すればよい。

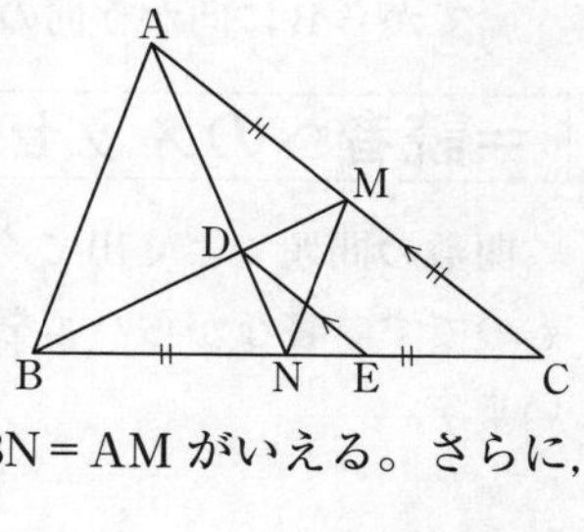

(2)＜証明＞右図の△ABNと△BAMにおいて，△ABCはAC=BCの二等辺三角形だから，∠ABN=∠BAMである。また，点M，点Nはそれぞれ辺AC，辺BCの中点だから，$AM=\frac{1}{2}AC$，$BN=\frac{1}{2}BC$となり，BN=AMがいえる。さらに，共通な辺より，AB=BAである。解答参照。

(3)＜長さの比＞右上図で，点M，点Nはそれぞれ辺AC，辺BCの中点だから，2点M，Nを結ぶと，△ABCで中点連結定理より，$MN=\frac{1}{2}AB$，MN∥ABである。よって，∠ADB=∠NDM，∠BAD=∠MNDより，△ABD∽△NMDとなるので，BD：MD=AB：MN=AB：$\frac{1}{2}$AB=2：1となる。

DE∥ACだから，BE：CE＝BD：MD＝2：1となり，BE＝$\frac{2}{2+1}$BC＝$\frac{2}{3}$BCとなる。また，BN＝$\frac{1}{2}$BCだから，NE＝BE－BN＝$\frac{2}{3}$BC－$\frac{1}{2}$BC＝$\frac{1}{6}$BCとなり，BN：NE＝$\frac{1}{2}$BC：$\frac{1}{6}$BC＝3：1である。

4〔関数―関数の利用〕

≪基本方針の決定≫(2)　点Qが進んだ時間と距離を考える。

(1)<**時間**>AB＝105で，点PはAからBまで毎秒7cmの速さで進むから，点PがBに着くのは，Aを出発してから，105÷7＝15(秒)後である。

(2)<**速さ**>点Pと点Qが初めて出会うのは，Aから52.5cmの地点だから，点PはAから52.5cm進んでいる。よって，初めて出会うのは，出発してから，52.5÷7＝7.5(秒)後である。このとき，点Qは，Bで引き返し，105－52.5＝52.5(cm)進んでいるので，点QがAを出発してから進んだ距離は，105＋52.5＝157.5(cm)である。したがって，点Qの速さは，157.5÷7.5＝21より，毎秒21cmとなる。

(3)<**時間**>点Pと点Qは，初めて出会ってからt秒後に2回目に出会うとする。初めて出会ってから2回目に出会うまでは，点PはBに向かっていて，点QはBで引き返してAに向かっているので，点Pと点Qの進んだ距離の和は，初めて出会った地点とBまでの間の1往復分となる。初めて出会った地点からBまでの距離は52.5cmだから，点Pと点Qの進んだ距離の和について，$7t+21t=52.5\times2$が成り立つ。これを解くと，$28t=105$，$t=3.75$となるので，2回目に出会うのは，出発してから，7.5＋3.75＝11.25(秒)後である。これより，2回目に出会うのは，Aから7×11.25＝78.75(cm)の地点である。2回目に出会った地点からBまでは105－78.75＝26.25(cm)だから，点Qは2回目に出会った地点からBまで進むのに，26.25÷21＝1.25(秒)かかる。したがって，点Qが3回目にBに着くのは，Aを出発してから11.25＋1.25＝12.5(秒)後である。

(4)<**回数**>点Pと点Qは，2回目に出会ってからs秒後に3回目に出会うとする。2回目に出会った地点からBまでの距離は26.25cmだから，(3)と同様に考えると，$7s+21s=26.25\times2$が成り立ち，$s=1.875$となる。これより，3回目に出会うのは，出発してから，11.25＋1.875＝13.125(秒)後なので，Aから7×13.125＝91.875(cm)の地点である。よって，点Qは，Bを3回目に引き返してから点Pと出会うまでの間ではAから90cmの地点を通らないので，点QがAから90cmの地点を通るのは，AからBに向かう間，1回目にBで引き返してから点Pと出会うまでの間，1回目に点Pと出会ってからBに向かう間，2回目にBで引き返してから点Pと出会うまでの間，2回目に点Pと出会ってからBに向かう間の5回である。

＝読者へのメッセージ＝

関数の問題でよく出てくる座標は，「我思う，ゆえに我あり」で有名なデカルトによって発明されたものです。寝ながらハエを眺めていたときに，ハエのいる位置を表す方法として思いついたといわれています。

国語解答

一 (1) エ　(2) ア　(3) イ　(4) ウ

二 (1) した　(2) せんい
(3) どんてん　(4) おちい

三 (1) 洗　(2) 沿　(3) 忠告
(4) 磁石　(5) 熱弁

四 (1) ④　(2) ウ
(3) Ⅰ　アナグマを狩る際に都合がよい
Ⅱ　社会の発展　Ⅲ　おおきな負担
(4) イ
(5) Ⅰ　違いがない
Ⅱ　遺伝子に違いがある

五 (1) ウ　(2) 白組キャプ　(3) エ
(4) Ⅰ　よりうまい選手とチームを組む
Ⅱ　出場機会
Ⅲ　怖いくらい前向き
(5) (a)　赤組と白組の間には力の差がある
(b)　いつもフェア　(c)　裏切り者

六 (1) いいしらぬ　(2) エ
(3) イ　(4) ア
(5) (a)（右参照）
(b)　軒端の竹の影を一心不乱に描き写した

心不レバ㆑在ラ㆑焉ニ

七 （省略）

一〔聞き取り〕

(1)山田さんは，「ダリという画家が描いた『神曲』の挿し絵」を見に行きたいと思って「神曲」と言ったが，早川さんは，その「神曲」を「ダンテの『神曲』」のことだと思った。山田さんは，言葉が足りず，伝えたいことを的確に伝えることができなかったと気づいたのである。

(2)早川さんが「美術館の展示物よりも建物のほうに興味がある」と言って，その建物の説明を始めたので，山田さんは，早川さんの話を受けとめたうえで，「でも，私はダリの『神曲』で頭がいっぱいなのよ」と言って，話をダリの絵のことに戻そうとした。

(3)昔の物事を知り，そこから新しい考えや知識を得ることを，「温故知新」という。

(4)二人の考えは，「ただ見に行くだけではなくて，自分の知ったことについて美術館で確認したり，知識をつけ加えたりしたほうがためになる」というところで一致した。見に行くものについて事前に知識や情報を得ておき，美術館でそれを確認したり新たな知識を得たりすることで，「ただ見に行く」よりも美術館での時間を充実したものにしようと二人は考えたのである。

二〔漢字〕

(1)音読みは「慕情」などの「ボ」。　(2)織物や紙などの原料になる，細い糸状のもののこと。
(3)くもった天気のこと。　(4)音読みは「欠陥」などの「カン」。

三〔漢字〕

(1)音読みは「洗剤」などの「セン」。　(2)音読みは「沿岸」などの「エン」。　(3)真心を込めて他人の欠点や過ちなどを指摘して直すようにさとすこと。　(4)鉄を引きつける性質を持つ物体のこと。　(5)熱のこもったものの言い方のこと。

四〔説明文の読解―自然科学的分野―自然〕出典；入谷亮介「数理で読みとく生物進化」（初田哲男・柴藤亮介編著『数理の窓から世界を読みとく　素数・AI・生物・宇宙をつなぐ』所収）。

≪本文の概要≫個体の形質が体内の情報として親から子に伝わって受け継がれる仕組みを遺伝といい，遺伝する情報のことを遺伝子という。遺伝子は，いわば，体の姿形や機能の設計図のようなもので，遺伝では，親から子に設計図の情報が伝わる。遺伝について，我々の先祖たちは経験的に知っていたようで，ペットの犬や，野菜・果物を見ると，人間にとって都合のよい特徴を持つものどうしの選択的な人為交配によって，その特徴を次の世代に遺伝させてきたことがわかる。遺伝子を通じて親と子は似るが，これだけでは，形質が多様である理由を説明できない。実は，遺伝とは，遺伝子という物質そのものが引き継がれることではなく，親から子に遺伝子の情報をコピペする現象である。膨大な情報をコピペする際にエラーが起こり，そのせいで親と子の間に遺伝子の違いがもたらされる。このエラーのことを突然変異といい，これはたまたま起こるものであるが，長い歴史の間で何度も起こり，それが蓄積された結果，形質の違いが現れるのである。

⑴＜**品詞**＞「逆に」と「仮に」は，副詞。「同じように」の「に」は，助動詞「ようだ」の連用形「ように」の活用語尾。「狩ることに」の「に」は，格助詞。「ちなみに」の「に」は，接続詞「ちなみに」の一部。

⑵＜**文章内容**＞「どの形質も，完全に遺伝だけで決まる，あるいは環境だけで決まる，ということはなく，中間的である」ということ自体が，「とてもおもしろいテーマ」である。

⑶＜**文章内容**＞Ⅰ．ダックスフンドという「足の短いイヌ個体」は，「アナグマ狩りという人間の目的にとって好都合」だった。そのことから「人間がそれらを優先的に育てて交配させ続けた」結果，ダックスフンドは今の姿になった。　Ⅱ．人為淘汰によって，「好都合な形質だけを選択的に残していくこと」ができ，これによって農作物の栽培や家畜の育成の効率は改善され，「社会の発展に大きく貢献」した。　Ⅲ．例えばダックスフンドの場合では，「品種改良で実現した骨格が，ワンちゃん１匹１匹にとっては，おおきな負担をともなうもの」であるというように，人為淘汰は，一方では「問題ある状況」を生んでいる。

⑷＜**文章内容**＞遺伝については，「生物学が科学として成立するずっと前から，我々の先祖たちは経験的に知っていた」と思われる。それは「愛玩動物(ペット)である犬を見てみる」とわかる。また，「農業において用いられる『品種改良』という技術」を見ても，野菜や果物には「人為的な交配による，品種改良種」があり，人為交配による特徴が次世代にも遺伝して現代に至っていることから，昔の人たちが「経験的な知識」として遺伝を理解していたことがわかる。

⑸＜**文章内容**＞Ⅰ．伝言ゲームでは，全員が正確に情報を伝えられるなら，「最初と最後の時点で，伝言された情報には違いがないはず」である。これと同じことが遺伝でも起こるのであれば，祖先と形質に「違いがない」個体ができることになる。　Ⅱ．伝言ゲームでは，聞き間違いや言い間違いなどが起こることがある。遺伝でも，「膨大な情報のコピペの途中で，エラーを起こしてしまう」ことがあり，そのエラーのせいで，親と子の間に「遺伝子の違い」がもたらされる。

五〔**小説の読解**〕出典；はらだみずき『名もなき風たち』。

⑴＜**文章内容**＞巧は，「生き残るためなら，ずるくなるのもひとつの手段」であり，必要なことだと思うようになっていた。一方，遼介は「いつもフェア」であった。巧から見ると，遼介の考え方は否定すべきものとなるが，だからといって「もう通用しない」とはっきり言うのは遼介の考え方を全否定することになるため，巧は，ためらいを感じて言葉を濁したと考えられる。

⑵＜**文章内容**＞常盤は，白組のキャプテンで，「チームワークを強調する，温厚で規律正しい」人物である。このような人物は，遼介が赤組に移りたいと言えば，その意志を尊重するだろう。

⑶＜**心情**＞遼介としては，巧の考え方にはとても同調できない。しかし，「中学時代，一度もトレセンには呼ばれなかった」巧が今ではトレセン経験者ばかりの中で「自分の居場所」をつかんでおり，そこまでくるには「巧なりの努力や工夫があったのだろう」ということは想像がつく。そこで遼介は，巧の事情をふまえて巧の考えも理解しようとしたのである。

⑷＜**文章内容**＞Ⅰ・Ⅲ．「自分になにが足りないのか」に気づいて「上を目指す」ためには「よりうまい選手とチームを組んで上を目指す」という環境が必要であるということは，おそらく「米谷の考え」であり，「赤組のチームコンセプトなのだろう」と遼介は思った(…Ⅰ)。それは，遼介から

見ると，「怖いくらい前向き」である(…Ⅲ)。　　Ⅱ．巧は赤組にくるよう遼介を誘っているが，ただし，遼介がきても試合にどれくらい出場できるかはわからないし，「白組より出場機会は減る」可能性があると言った。

(5)＜文章内容＞(a)上を目指すためには，「よりうまい選手とチームを組んで上を目指す」環境が必要だと言う巧の言葉を聞いて，遼介は，「このサッカー部にへたくそなんていない」と思い，赤組のチームコンセプトは「さも力の差があるように，だれかが幻想を抱かせているだけのような気」がして，「そんな居丈高な幻想には簡単に屈伏するつもりはないし，してはいけない」と考えた。
(b)巧は，「遼介はいつもフェアで，それが遼介でもあるんだと思う」と言っている。　　(c)遼介は，三宅とのトレードで自分が赤組に行くことについて，「裏切り者になる気がする」と言って，巧の誘いに「首を横に」振った。一方，巧は，「おれは上に行くためなら，裏切り者になってもいい」と言った。

六 〔古文の読解─随筆〕出典；『落栗物語』五九。

≪現代語訳≫狩野尚信は有名な絵描き職人である。その子の常信も父の仕事を継いで，絵を描くことにばかり気持ちを集中させていたが，あるとき，竹の絵を描いて父に見せたところ，(父は)あきれるほど下手だといって，機嫌が悪いように見えたので，(常信は)たいそう恥じてそれ以来毎日写生していたが，どうしても出来ばえに納得できない。あまりに困り果てて机にもたれて少し眠っていたが，日が暮れてとても寒くなったのにつれて目が覚めたところ，月の光が，窓にさし込んで，軒端の竹の影が何とも言いようがない眺めだったので，すぐに筆を取ってその様子を写生してみたところ，自分でも上手に描けたと思ったので，急いで父の所に持っていって見せると，尚信は大変喜び，「うまく描いたものだなあ」と言って，しばらくの間眺めて，「これは夜の竹だ。葉の勢いが皆陰になっているぞ」と言った。

(1)＜歴史的仮名遣い＞語頭以外のハ行の字は，現代仮名遣いでは原則として「わいうえお」にする。

(2)＜古文の内容理解＞常信が竹の絵を描いて父の尚信に見せたところ，尚信は「浅ましく拙し」といって不機嫌になった。

(3)＜古文の内容理解＞毎日写生をしていたけれども，どうしても出来ばえに納得できず，困り果てて机にもたれて眠ってしまった常信は，日が暮れて寒くなって目が覚めた。

(4)＜現代語訳＞「よくも」の「も」は，意味を強めるはたらきをする助詞。「かな」は，詠嘆の助詞。常信が前に竹の絵を描いたときは，父の尚信は「浅ましく拙し」といって不機嫌になったが，今回は，尚信はうまく描けたと褒めてくれたのである。

(5)(a)＜漢文の訓読＞「心」→「焉」→「在」→「不」の順に読む。一字返るときは，レ点を用いる。
(b)＜古文の内容理解＞「竹を見ながらも竹以外の何かが気になって仕方がなかった」のとは対照的に，常信は，目に映った竹を，他のことに心を乱されることなく写生したと考えられる。他のことに気をとられるということがなく，一つのことに心を集中するさまを，「一心不乱」という。

七 〔作文〕

グラフを見ると，働いている父親の姿について，「あんな大人になりたい」と「どちらかと言えばなりたい」が合わせて42.2パーセント，「どちらかと言えばなりたくない」と「あんな大人にはなりたくない」が合わせて26.3パーセントである。まずは，この数字に対して自分がどう感じたかを理由とともに書く。そして，それをふまえて，将来の自分の働く姿勢について書く。自分の父親のことや現代の社会状況などを引き合いに出しながら理由を挙げて，具体的に書くとよい。

Memo

2023年度 関東第一高等学校

【英　語】（50分）〈満点：100点〉

1　リスニングテスト（**放送**による**指示**に従って答えなさい。）

〔**問題A**〕 次の**ア**～**エ**の中から適するものをそれぞれ**一つずつ**選びなさい。

＜対話文１＞

ア Because they have a lot of pictures.

イ Because they are not expensive.

ウ Because her friend gave them to her.

エ Because they are written in easy English.

＜対話文２＞

ア She went to a restaurant.

イ She did her homework.

ウ She helped her mother.

エ She watched a soccer game on TV.

＜対話文３＞

ア He thinks it is easy.

イ He doesn't think books have good information.

ウ He thinks he needs a lot of time for that.

エ He doesn't think some information in books is true.

〔**問題B**〕 次の**ア**～**エ**の中から適するものをそれぞれ**一つずつ**選びなさい。

＜Question 1＞

ア To work with a Japanese doctor.

イ To get a lot of money.

ウ To live in a foreign country.

エ To help children in poor countries.

＜Question 2＞

ア He studies hard.

イ He learns about poor countries.

ウ He reads books about a famous doctor.

エ He communicates with people.

※リスニングテスト放送文は，英語の問題の終わりに付けてあります。

2 次の各問に答えよ。

（＊印の付いている単語・語句には，本文のあとに〔**注**〕がある。）

1 中学生の Akira とオーストラリアからの留学生の Jack は，週末のバスの時刻表を見ながら話をしている。 (A) 及び (B) の中に，それぞれ入る単語・語句の組み合わせとして正しいものは，下の**ア**～**エ**のうちではどれか。ただし，下の図１は，二人が見ている時刻表である。

Akira: I can't wait to go to the City Aquarium this Sunday!

Jack: *Me neither! We have to decide what time we should take a bus on that day.

Akira: Yes. Do you have any plans on Sunday morning?

Jack: Yes. I have a swimming *lesson, and it finishes at ten thirty. I will go home after that and change my clothes. It will *take about forty minutes to come to the bus *stop after finishing the swimming lesson.

Akira: I see. Then, we can take the bus that leaves Midori Park at (A) .

Jack: Yes, we can. Which bus do you want to take, the red bus or the blue bus?

Akira: I want to take the (B) . It takes a little longer than the other one to get to the aquarium, but I want to save money.

Jack: Me, too!

図１

Red Bus

Midori Park to City Aquarium

18 years old and over: 700 yen
Under 18 years old: 350 yen

Midori Park	City Aquarium
11:00	11:20
11:30	11:50
12:00	12:20

Blue Bus

Midori Park to City Aquarium *via Town Library

18 years old and over: 500 yen
Under 18 years old: 250 yen

Midori Park	Town Library	City Aquarium
11:00	11:15	11:30
11:30	11:45	12:00
12:00	12:15	12:30

〔**注**〕 Me neither. 僕も(～ない)。 lesson レッスン take (時間が)かかる
stop 停留所 via ～ ～経由で

ア (A) 11:00 (B) red bus
イ (A) 11:00 (B) blue bus
ウ (A) 11:30 (B) red bus
エ (A) 11:30 (B) blue bus

2 Akira と Jack は，City Aquarium で，プログラムを見ながら話をしている。 (A) 及び (B) の中に，それぞれ入る語句の組み合わせとして正しいものは，次のページの**ア**～**エ**のうちではどれか。ただし，次のページの図２は，二人が見ているプログラムである。

Akira: Which program do you want to join, Jack? Remember, we should leave here by six in the evening.

Jack: I know. I want to swim with a *dolphin, but we don't have enough time.

Akira: You're right. We have already *booked a table at a restaurant at twelve thirty, and the table time *limit is two hours.

Jack: I want to stay there *as long as we can.

Akira: OK, then let's join [(A)] after lunch.

Jack: OK! Then, we can join [(B)] after that.

Akira: Great! Now, let's go to the restaurant to have lunch.

図2

Today's Program

***Sea Lion's Show (30 minutes)**
13:30 / 16:00 / 17:00

***Photo Session with a *Penguin (10 minutes)**
15:00 / 16:00 / 17:00

Swimming with a Dolphin (1 hour)
13:00 / 17:30

〔**注**〕 dolphin イルカ　book ～ ～を予約する　limit 制限
as long as we can できるだけ長く　sea lion アシカ
photo session 撮影会　penguin ペンギン

ア (A) Swimming with a Dolphin　(B) Photo Session with a Penguin
イ (A) Swimming with a Dolphin　(B) Sea Lion's Show
ウ (A) Photo Session with a Penguin　(B) Sea Lion's Show
エ (A) Photo Session with a Penguin　(B) Swimming with a Dolphin

3 次の文章は，AkiraとJackの交換日記に，Jackが書いた日記である。

February 5th, Sunday, from Jack,

I had a good time with you in the City Aquarium today.

When I got to the aquarium, I was very surprised because it was so big! There is an aquarium in my town in Australia, but it is not as big as the City Aquarium. I really enjoyed watching sea animals there. I could watch some sea animals that do not live in Australia. I read the *notes about them at the aquarium, but I couldn't understand them well because they were written in Japanese. So, I checked the Internet after I came back home. I learned many interesting things about the sea animals that do not live in Australia, so I sent an e-mail to my brother to tell him about them. He is interested in sea animals, too.

Now, I want to go to another aquarium in Japan. Are there any aquariums you can recommend? Please tell me about them.

〔**注**〕 note 注意書き

⑴ この日記の内容と合っているのは，次のうちではどれか。

ア The aquarium in Jack's town in Australia is bigger than the City Aquarium.

イ The notes about sea animals in the City Aquarium were difficult for Jack to understand.

ウ Jack is going to learn about sea animals living in the sea to study Japanese.

エ Jack asked his brother questions about sea animals that don't live in Australia.

⑵ Jack の日記を読んだ Akira が，Jack に返事を書くことにしました。あなたが Akira だとしたら，Jack にどのような返事を書きますか。次の**<条件>**に合うように，下の［　　　　　　］の中に，**三つ**の英語の文を書きなさい。

<条件>

○ 前後の文につながるように書き，全体としてまとまりのある返事の日記文とすること。
○ Jack に伝えたい内容を**一つ**取り上げ，それを取り上げた理由を含めること。

February 6th, Monday, from Akira

I also had a good time with you yesterday. I'm so happy to hear that you enjoyed watching sea animals at the aquarium!

I didn't know that your town in Australia also had an aquarium. I want to go there someday. I hear that Australia has a lot of unique animals, so I want to see them.

Now I'll answer your question. Yes! There is an aquarium I want to recommend to you. I'll tell you about it.

［　　　　　　　　　　　　　　　　　　　　］

Why don't we go there next month?

---

3 次の対話の文章を読んで，あとの各問に答えよ。

（＊印の付いている単語・語句には，本文のあとに〔**注**〕がある。）

*Yuji, Hana, and Keiko are high school students in Tokyo, and they are all members of the school *drama club. Nick is a high school student from Canada. The three Japanese students are talking in their classroom. Nick comes in.*

Nick: Hi, everyone. What are you talking about?

Hana: Hi, Nick. We are talking about our school festival in October.

Nick: Oh, you are in the drama club, right?

Yuji: Yes. We'll perform a drama at the festival. We are talking about it now.

Keiko: Nick, this is your first school festival at this school.

Nick: Right. I'm very excited.

Hana: Nick, will you play music with your music club that day?

Nick: Yes, I will. I'll play the guitar. Well, will you perform a drama in Japanese?

Yuji: No, we will perform it in English. Our club made a drama and performed it in Japanese at the school festival every year in the past, but we'll try it in English this year. We are practicing hard for it every day.

Nick: (1)<u>Really?</u> That's *hard for you. I'm studying Japanese hard, but I can't perform a drama in Japanese. Who wrote the *script?

Keiko: I did. I finished it during summer vacation.

Hana: Keiko likes to read English books. She found an interesting story for us and wrote an original script.

Nick: You're great, Keiko!

Keiko: Thank you. Well, Nick, can you check our script if you have time? There may be some English *mistakes in it.

Nick: (2)<u>Sure.</u> I have time after school tomorrow.

Keiko: Thank you very much. I'll bring it to you tomorrow.

Yuji: We'll perform the drama in the gym, so please come to see it, Nick.

Nick: Of course. What time will you start?

Hana: We haven't decided yet.

Yuji: I think we should start at ten in the morning. If we do so, we will be able to perform the drama again in the afternoon that day, too. Last year, we had the festival for two days, so we could do it twice during the festival. However, the festival is only one day this year.

Keiko: I don't think that's a good idea. That's too hard.

Hana: (3)<u>I think so, too.</u> We won't be able to have time to see other club performances or eat something at the food *stands because we need to *prepare for our dramas before each of them starts.

Yuji: I see. You both are right.

Hana: Nick, what time will your music club perform?

Nick: We'll perform at one. And we should end by one forty.

Hana: Then, we should *avoid that time. Their performance is popular every year. And I want many people to watch our drama.

Yuji: I hear the brass band will perform at four. Their performance is popular, too.

Hana: Right. I think we should *advertise our drama in the morning.

Keiko: That's good. How about starting our drama at two? We can have enough time to advertise our drama and eat lunch.

Yuji: Let's do that! I like the cooking club's food. They sell different food every year. Last year, they made chocolate cake, and it was very good. I want to eat their food this year, too.

Nick: (4)<u>I want to do that, too.</u> I should have lunch before my performance.

Yuji: Let's eat together if we have time.

Nick: Yes, let's. Well, I have an idea about advertising your drama. Do you have *costumes for your drama?

Hana: Yes, we have already made them.

Nick: Then, how about advertising your drama with your costumes? I think students at our school know you are the drama club members, but other school students and parents don't. If you wear the costumes and advertise your drama, you will be able to *inform them about it well.

Keiko: (5)<u>I agree with you, Nick.</u> Our costumes *stand out, so people will be able to remember them more easily. If we just walk around the school in them, that will be good *advertisement.

Hana: You're right.

Nick: If you have time, come to listen to my group. We'll play first.

Yuji: OK. I hope we will be able to enjoy the festival.

Nick: Yes. It will be one of my *precious and special memories in Japan!

〔注〕 drama 演劇　hard 困難な　script 台本　mistake 間違い
stand 店　prepare for ～ ～の準備をする　avoid ～ ～を避ける
advertise ～ ～を宣伝する　costume 衣装　inform ～ ～に知らせる
stand out 目立つ　advertisement 宣伝　precious 大切な

〔問１〕 (1)Really? とあるが，このようにNickが言った理由を最もよく表しているのは，次のうちではどれか。

ア This will be his first school festival in Japan.
イ The drama club will perform an English drama this year.
ウ Yuji, Hana, and Keiko are practicing for the school festival every day.
エ The drama club performs a drama at the school festival every year.

〔問２〕 (2)Sure. の内容を，次のように書き表すとすれば，［　　　］の中に，下のどれを入れるのがよいか。

Nick agrees to ［　　　］.

ア help Keiko write an English script for the drama club
イ tell Keiko about an interesting story he found
ウ perform in a drama as a musician at the school festival
エ read the script and help to find English mistakes

〔問３〕 (3)I think so, too. とあるが，このようにHanaが言った理由を次のように書き表すとすれば，［　　　］の中に，下のどれを入れるのがよいか。

Hana thinks ［　　　］.

ア she wants to see other things at the school festival
イ the drama club should decide when to start their drama soon
ウ she wants to perform the drama in front of a lot of people
エ the drama club should have a food stand before their drama

〔問４〕 (4)I want to do that, too. の内容を，次のように書き表すとすれば，［　　　］の中に，下のどれを入れるのがよいか。

Nick wants to ［　　　］.

ア know what food the cooking club members will make this year
イ eat the cooking club's chocolate cake at the school festival this year
ウ get the food the cooking club members will make at the school festival
エ have lunch with Yuji after the drama

〔問5〕 (5)I agree with you, Nick. の内容を，次のように書き表すとすれば，［　　　　］の中に，下のどれを入れるのがよいか。

Keiko also thinks that the drama club members should ［　　　　］.

ア make costumes that stand out for advertising their drama
イ sell something in the costumes they made for their drama
ウ let people know that they made the original costumes for their drama
エ wear the costumes for their drama to advertise it before it starts

〔問6〕 次の**A**～**D**は，本文中に述べられているYujiが挙《あ》げた文化祭についての情報を表したものである。本文の内容の流れに沿って並べたものとして正しいものは，下の**ア**～**エ**のうちではどれか。

A The students will have the school festival for one day this year.
B The brass band will play at four at the school festival.
C The chocolate cake made by the cooking club was very good last year.
D The drama club performed a drama in Japanese every year.

ア **A → D → B → C**　　**イ** **A → D → C → B**
ウ **D → A → B → C**　　**エ** **D → A → C → B**

〔問7〕 次の文章は，Yujiたちと話した日に，Nickが書いた日記の一部である。［ (A) ］及び［ (B) ］の中に，それぞれ入る単語の組み合わせとして正しいものは，下の**ア**～**エ**のうちではどれか。

> Today, I talked with the drama club members at school, and we talked about the school festival. I didn't know they had it for two days last year. I ［ (A) ］ it were a two-day school festival again this year. They talked a lot about when to perform their drama. They wanted many students to watch it. That was very important to them. Finally, they decided to start it at two. It will be good for me because I will be able to go to watch them after my performance. I gave them an idea to advertise their drama at the festival, and they liked the idea. I want to enjoy the festival and ［ (B) ］ the day special.

ア (A) wish　(B) make　　**イ** (A) wish　(B) let
ウ (A) hope　(B) make　　**エ** (A) hope　(B) let

4 次のBillが書いた文章を読んで，あとの各問に答えよ。
（＊印の付いている単語・語句には，本文のあとに〔**注**〕がある。）

Our parents and teachers often talk about "*attitude." Attitude is the way we choose to think and *behave, and it is especially important when we have problems in our lives. It is easy to have a good attitude when things are going well, but what about when we are sick, hungry, tired, or sad? It will be difficult for almost all of us to keep a good attitude in such situations, but when it happens, we should work hard to think in a positive way. A positive attitude actually helps us be healthier, and improves our *relationships with the people around us. And when you really think about it, they are the two most important things in life — our health and our *personal relationships. So we should keep doing our best to improve our attitude. It helps us and it helps other people.

There is a famous story about attitude. The story is called "The Bogey-Beast," and that means "The *Scary Monster." The story goes something like this:

There once was an old woman who didn't have much money or food. She lived in a small old house, and did jobs for the people in the village to get food to eat. She didn't have a lot of things, but her cheerful attitude made her special. Even when she was hungry, she walked with a smile on her face. She believed that good things would come to her if she would keep smiling.

One evening, the old woman saw a large pot by the side of the *road. She didn't know why it was there. She looked around and saw that there were no people. She thought even a *broken pot *might be useful, so she decided to take it home. She was surprised because it was very heavy and she couldn't carry it. When she looked at it *carefully, she became more surprised: the pot was full of *gold! Finally she stopped worrying! She thought she could buy enough food and clothes. She also thought she could stop doing the jobs for the village people that *no one else wanted to do. <u>She said, "How wonderful!"</u>

But the pot was so heavy that the old woman could only move it a little. "It will *take many hours to *get it home, and it is already dark outside. But I don't want to *give up. This will give me time to think about what to do with all that gold. And I won't meet a person on the road because it is dark now," she said. She moved the pot *little by little. Finally she stopped for a rest. When she looked at the pot again, she found that there was no gold, but there was *silver! "Oh, no! Oh, well, not so many people want silver, so I don't have to worry about *thieves. This is better!" she thought.

The old woman kept carrying the pot and took a rest again. When she looked at the pot, it was full of *iron. It was not silver anymore. "Oh, I must be very tired. I thought the iron was gold or silver," she laughed and said, "Iron is much better because I can easily sell it and buy things I really need."

The next time the old woman rested, the pot was not full of iron but it was a *stone. "Oh, I really must get more sleep. The pot is not full of any *metal now! Oh. This stone will be perfect to *keep the gate open in my garden!" she said.

When the old woman finally arrived home and found the best place for the stone, it suddenly became big, stood up on four legs, laughed, and ran away!!

"Oh my! I am the luckiest person in the country! I have seen the Bogey-Beast!" the old woman said and went into her small old house. And she *spent the evening laughing at her good luck.

What do you think about the old woman? She had a positive attitude, right?

〔注〕 attitude 態度　behave 行動する　relationship (with ～) (～との)関係
personal 個人的な　scary monster 怖い怪物　road 道　broken 壊れた
might ～ ～かもしれない　carefully 注意深く　gold 金(きん)
no one ～ だれも～ない　take (時間が)かかる　get ～ home ～を持ち帰る
give up あきらめる　little by little 少しずつ　silver 銀
thieves thief(泥棒)の複数形　iron 鉄　stone 石　metal 金属
keep ～ open ～を開けたままにする　spend ～ …ing ～を…して過ごす

〔問１〕 She said, "How wonderful!" の内容を，次のように具体的に書き表すとすれば，［　　　　］の中に，下のどれを入れるのがよいか。

She said, "How wonderful! ［　　　　］."

ア I can buy food and clothes for the people living in the village
イ I can stop working because I got a lot of gold
ウ I can ask people in the village to do jobs that no one wants to do
エ I can give gold to the village people because I got enough of it

〔問２〕 次の①～④の文を，本文の内容の流れに沿って並べ換えたものとして適切なものは，下のア～エのうちではどれか。

① The old woman arrived home and saw something with four legs.
② The old woman found a pot by the side of the road.
③ The old woman saw silver in the pot.
④ The old woman started living in the village.

ア ① → ③ → ② → ④　　イ ① → ④ → ③ → ②
ウ ④ → ② → ③ → ①　　エ ④ → ③ → ② → ①

〔問３〕　次の⑴～⑶の文を，本文の内容と合うように完成するには，[　　　　]の中に，それぞれ下のどれを入れるのがよいか。

⑴ Bill thinks that it may be difficult for almost all of us [　　　　].

ア to have a good attitude when things are going well
イ to keep a good attitude when we have some problems
ウ to improve our relationships with other people
エ to be healthier with a positive attitude

⑵ Though the old woman was poor, she was special because [　　　　].

ア she was a woman who had a cheerful attitude
イ she didn't have any jobs for the village people
ウ she lived in a big old house in the village
エ she was a woman who didn't smile at the people in the village

⑶ The old woman thought iron was better than silver because [　　　　].

ア she didn't have to worry about thieves
イ she thought she could make a lot of things with iron
ウ she could sell it and get money to buy things she really needed
エ it would help her keep the gate open in her garden

〔問４〕　次の⑴，⑵の質問の答えとして適切なものは，それぞれ下のうちではどれか。

⑴ According to Bill's opinion, what helps us to keep good health and to improve our personal relationships?

ア A lot of money does.
イ A positive attitude does.
ウ The Bogey-Beast does.
エ People around us do.

⑵ What did the old woman think when she saw the Bogey-Beast?

ア She thought someone would come to her house to get her money.
イ She thought something bad would happen to her.
ウ She thought she wanted to talk about it to the people in the village.
エ She thought she was the luckiest person in the country.

＜リスニングテスト放送台本＞

開始時の説明

これから，リスニングテストを行います。

問題用紙の１ページを見なさい。リスニングテストは，全て放送による指示で行います。リスニングテストの問題には，問題Ａと問題Ｂの二つがあります。質問に対する答えを選びなさい。

英文とそのあとに出題される質問が，それぞれ全体を通して二回ずつ読まれます。問題用紙の余白にメモをとってもかまいません。答えは全て解答用紙にマークしなさい。（２秒の間）

〔問題Ａ〕

問題Ａは，英語による対話文を聞いて，英語の質問に答えるものです。ここで話される対話文は全部で三つあり，それぞれ質問が一つずつ出題されます。

では，＜対話文１＞を始めます。（３秒の間）

Rick: What do you usually do in your free time, Kana?
Kana: I usually read books. I like reading very much.
Rick: Do you? What kinds of books do you usually read?
Kana: These days, I read books written in English.
Rick: Books written in English? Great! But why?
Kana: Because it's good for studying English. I can't read books written in difficult English, so I usually read English books for children. They are written in easy English.
Rick: I see. I think it's good for you. （３秒の間）

Question: Why does Kana read English books for children?

（１回目：５秒の間，２回目：10 秒の間）

繰り返します。（２秒の間）
（対話文１と質問の繰り返し）

＜対話文２＞を始めます。（３秒の間）

Tom: Did you watch the soccer game on TV last night, Jun?
Jun: Oh, Tom, I really wanted to, but I couldn't.
Tom: Why not? What did you do then?
Jun: I helped my mother wash the dishes after dinner, and then I had to do my homework.
Tom: I see. We can watch another game tonight. Do you think you can watch it?
Jun: No, I don't. I'm going to go to a restaurant with my family this evening.
Tom: OK. Then, I'll send you a message about the result of the game. （３秒の間）

Question: What did Jun do after washing dishes last night?

（１回目：５秒の間，２回目：10 秒の間）

繰り返します。（２秒の間）
（対話文２と質問の繰り返し）

＜対話文３＞を始めます。（３秒の間）

Taku: Judy, do you have your own computer at home?
Judy: No, Taku. I don't have my own computer. There is one at home, and I use it with my family. How about you?
Taku: I use an old computer with my brother.
Judy: What do you do with the computer?
Taku: I usually use it to do my homework. When I want some information for my homework, I use the computer. I can find a lot of information on the Internet.
Judy: I see. But you should use books too because some information on the Internet is not true.
Taku: But I need a lot of time to find information in books. To do it with a computer is faster.
Judy: I understand. But I still think it's good for us to use both books and a computer to find information. （３秒の間）

Question: What does Taku think about finding information in books?
（１回目：５秒の間，２回目：10秒の間）

繰り返します。（２秒の間）
（対話文３と質問の繰り返し）
これで問題Ａを終わり，問題Ｂに入ります。

〔**問題Ｂ**〕（３秒の間）

これから聞く英語は，Makotoが英語の授業で行ったスピーチです。内容に注意して聞きなさい。
あとから，英語による質問が二つ出題されます。質問に対する答えを選びなさい。
では，始めます。（２秒の間）

Hi, I'm Makoto Ogawa. Today, I want to talk about my dream.

I want to be a doctor in the future because I want to help children in poor countries. When I was an elementary school student, I read a book about one Japanese doctor. He went to poor countries to help children there. In those countries, there were not enough doctors, so children often died. However, with his help, many children could live longer and started to live happy lives. I want to be a doctor like him.

I know it won't be easy for me to be a doctor, so now I study hard every day. Especially, I study English hard because I won't be able to communicate with people in poor countries if I can't speak English well. I'll keep doing my best for my dream.

Thank you for listening. （３秒の間）

Question 1: Why does Makoto want to be a doctor?
（１回目：５秒の間，２回目：10秒の間）
Question 2: What does Makoto do every day for his dream?
（１回目：５秒の間，２回目：10秒の間）

繰り返します。（２秒の間）
（問題Ｂの英文と質問の繰り返し）

以上で，リスニングテストを終わります。２ページ以降の問題に答えなさい。

【数　学】　(50分)　〈満点：100点〉

1　次の各問に答えよ。

〔問１〕　次の(1)～(8)において，□の中の「あ」～「そ」に当てはまる数字をそれぞれ答えよ。

(1)　$8+(-4)^2\times\dfrac{5}{8}$　を計算すると，[あい]である。

(2)　$5(6x-5y)-3(7x-6y)$　を計算すると，[う]$x-$[え]yである。

(3)　$\dfrac{24}{\sqrt{6}}+\sqrt{3}\times\sqrt{18}$　を計算すると，[お]$\sqrt{\text{[か]}}$である。

(4)　一次方程式　$3x-4=7x-12$　を解くと，$x=$[き]である。

(5)　連立方程式　$\begin{cases}5x-3y=3\\x+2y=11\end{cases}$　を解くと，$x=$[く]，$y=$[け]である。

(6)　二次方程式　$(x-11)^2=9$　を解くと，$x=$[こさ]，$x=$[し]である。

(7)　次の**図１**は，あるクラスの生徒20人が受けた10点満点のテストの結果を，箱ひげ図に表したものである。

図１

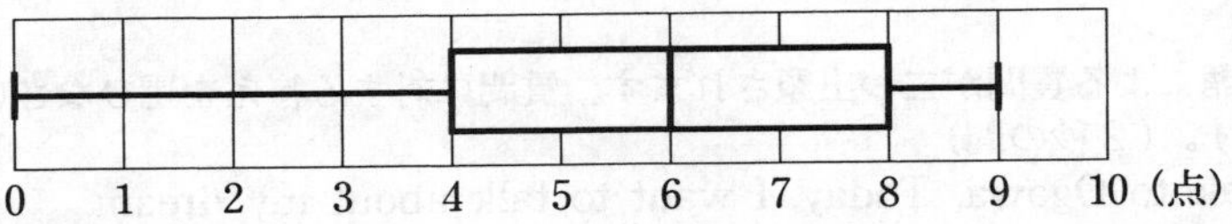

四分位範囲は，[す]点である。

(8)　右の**図２**で，四角形ABCDは平行四辺形である。辺BC上に点Eをとる。

$\angle D=65^\circ$，$\angle DAC=30^\circ$，AE＝BEのとき，xで示した∠CAEの大きさは，[せそ]度である。

図２

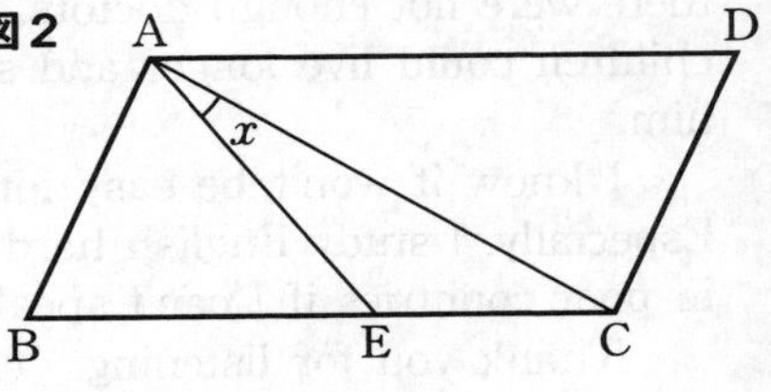

〔問２〕　右の**図３**のような△ABCがある。

直線BCについて，頂点Aと同じ側に点Pをとる。

記述式解答用紙の解答欄に示した図をもとにして，BP＝CP，∠BPC＝2∠BACとなるときの点Pを定規とコンパスを用いて作図によって求め，点Pの位置を示す文字Pも書け。

ただし，作図に用いた線は消さないでおくこと。

図３

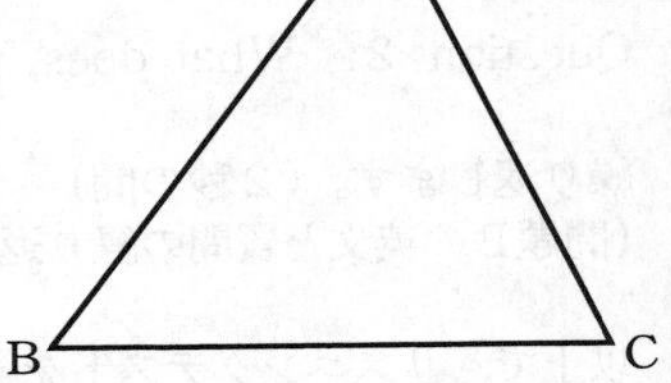

2 Kさんのクラスでは，先生が示した問題をみんなで考えた。

次の各問に答えよ。

[先生が示した問題]

右の表は，自然数を1から順に規則的に並べたものである。

この表において，12は3段目の4列目にある。

78は何段目の何列目にあるか答えなさい。

	1列目	2列目	3列目	4列目	5列目	…
1段目	1	2	9	10		
2段目	4	3	8	11		
3段目	5	6	7	12		
4段目	16	15	14	13		
5段目	17	18	19			
⋮						

〔問1〕 次の□の中の「**あ**」「**い**」に当てはまる数字をそれぞれ答えよ。

[先生が示した問題]で，78は **あ** 段目の **い** 列目にある。

Kさんのグループは，[先生が示した問題]をもとにして，次の問題を作った。

[Kさんのグループが作った問題]

[先生が示した問題]の表において，n 段目の n 列目にある数をP，$(n+3)$ 段目の $(n+3)$ 列目にある数をQとする。

Q－Pの値が6の倍数になることを確かめてみよう。

〔問2〕 [Kさんのグループが作った問題]で，**記述式解答用紙**の①，②にそれぞれ当てはまる n を用いた式を書け。また，③に続きを書き，Q－Pの値が6の倍数になることの証明を完成させよ。

3　右の図で，点Oは原点，曲線 ℓ は関数 $y=ax^2\,(a>0)$ のグラフである。

3点A，B，Cは曲線 ℓ 上の点で，点Aの座標は(9，27)，点B，Cの x 座標はそれぞれ3，-3 である。

4点O，B，A，Cを頂点とする四角形をつくる。

次の各問に答えよ。

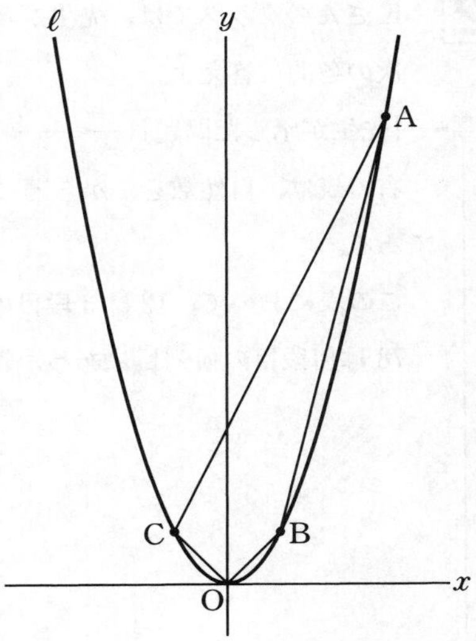

〔問1〕　次の□の中の「あ」「い」に当てはまる数字をそれぞれ答えよ。

$a=\dfrac{\boxed{\text{あ}}}{\boxed{\text{い}}}$ である。

〔問2〕　次の□の中の「う」「え」に当てはまる数字をそれぞれ答えよ。

2点A，Cを通る直線の式は，$y=\boxed{\text{う}}\,x+\boxed{\text{え}}$ である。

〔問3〕　次の□の中の「お」「か」に当てはまる数字をそれぞれ答えよ。

辺AC上に点Pをとる。

2点B，Pを通る直線が四角形OBACの面積を2等分するとき，点Pの x 座標は，$\dfrac{\boxed{\text{お}}}{\boxed{\text{か}}}$ である。

4　右の図で，四角形 ABCD の４つの頂点は１つの円の周上にあり，AB＝AD，CB＝CD である。

頂点 B を含まない $\overset{\frown}{\mathrm{AD}}$ 上に $\overset{\frown}{\mathrm{BC}}=\overset{\frown}{\mathrm{DE}}$ となる点 E をとり，頂点 A と点 E，頂点 D と点 E をそれぞれ結ぶ。

また，線分 BE と線分 AC との交点を F とする。

次の各問に答えよ。

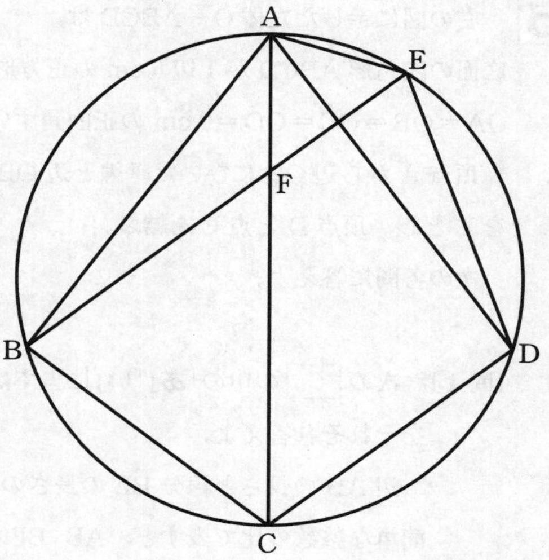

〔問１〕　△ABF≡△ADE であることを証明せよ。
ただし，解答は**記述式解答用紙**の解答欄に書け。

〔問２〕　∠ADE＝a° とするとき，∠EAD の大きさを表す式を，次の①～④のうちから選び，記号で答えよ。

① $(120-3a)$度　② $(90-2a)$度　③ $(60-a)$度　④ $\left(45-\dfrac{a}{2}\right)$度

〔問３〕　次の□の中の「**あ**」「**い**」「**う**」に当てはまる数字をそれぞれ答えよ。
AB＝8 cm，BC＝6 cm のとき，線分 AE の長さは，$\dfrac{\boxed{\text{あい}}}{\boxed{\text{う}}}$ cm である。

5 右の図に示した立体O－ABCDは，

底面の四角形ABCDが1辺6 cmの正方形で，

OA＝OB＝OC＝OD＝9 cmの正四角すいである。

頂点Aから辺OBにひいた垂線と辺OBとの交点をEとし，頂点Dと点Eを結ぶ。

次の各問に答えよ。

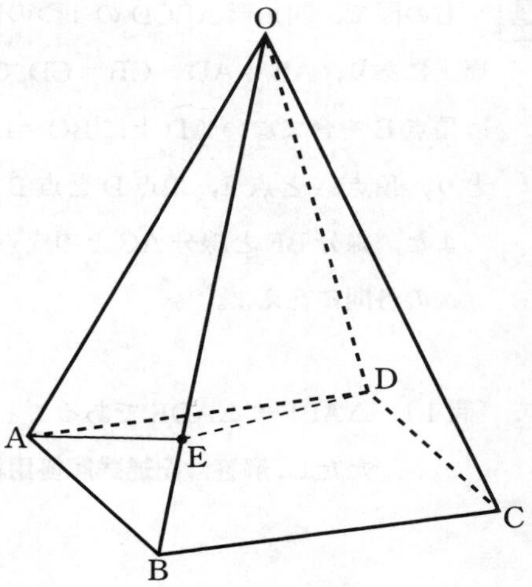

〔問1〕 次の$\boxed{}$の中の「**あ**」「**い**」に当てはまる数字をそれぞれ答えよ。

辺ABの長さと線分BEの長さの比をもっとも簡単な整数の比で表すと，AB : BE＝$\boxed{あ}$: $\boxed{い}$である。

〔問2〕 次の$\boxed{}$の中の「**う**」「**え**」「**お**」に当てはまる数字をそれぞれ答えよ。

四面体OAEDの体積は，$\boxed{うえ}\sqrt{\boxed{お}}$ cm^3である。

の夕暮れ」（『新古今集』）
『源氏物語』明石《あかし》巻――平安時代の物語で、作者は紫式部。五《ご》十四帖《じゅうよじょう》から成り、「明石」は十三帖。

〔問１〕 Ａの中の――を付けたア〜エのうち、現代仮名遣いで書いた場合と異なる書き表し方を含んでいるものを一つ選び、記号で答えよ。

〔問２〕 (1)もて興ずれ の主語として最も適切なのは次のうちではどれか。

ア よき人　　イ 興ずるさま
ウ 片田舎の人　　エ よろづ

〔問３〕 (2)まず、いつの世にもいる俗物を排除したいという狙いが見えます。とあるが、筆者がこのように述べたのはなぜか。次のうちから最も適切なものを選べ。

ア 現物より記憶を重視する自身の美的鑑賞態度について、屈折している心根だと批判してくる人を許さない姿勢を兼好が打ち出しているから。
イ 万事につけて頑迷な人や片田舎に住む人の生態を、底意地悪く指摘するような許せない行為に対し俗悪の極みだと兼好が指摘しているから。
ウ 満開の桜にしか関心を示さない人や、枝を折るような心ない行為をする人について文章の中で触れ、そのひどさを兼好が非難しているから。
エ 枝を折るといった心ない行為をする人をこき下ろしたうえで、一般的によいものとされている満開の桜にだけ兼好が関心を示しているから。

〔問４〕 (3)だが、兼好は、俗物・田舎者批判のためだけに、わざわざ逆説的な言葉を弄しただけではありません。とあるが、「逆説的な言葉を弄した」とはどういうことか。次のうちから最も適切なものを選べ。

ア 満開の桜と、一点のかげりもない月という、明と暗がはっきりとわかれている状態の事物について、兼好が対比していたということ。
イ 桜は満開で、月は一点のかげりもないという、誰もが見たいと感じるような状態の価値について、兼好が疑問を呈していたということ。
ウ 桜は満開の状態、月は一点のかげりもない状態の価値を認めていないにもかかわらず、その思いを兼好は明かさなかったということ。
エ 満開の桜と、一点のかげりもない月について、実際は価値を感じつつも、価値がないかのように兼好が気持ちを偽っていたということ。

〔問５〕 (4)だから、兼好の考え方は、別段、「つくり風流」でも屈折した心根でもなんでもない。とあるが、筆者がこのように述べたのはなぜか。次のうちから最も適切なものを選べ。

ア 兼好は、自分の心の中に生まれたものを思い浮かべ、鑑賞するという素直さを見せており、その心が屈折していたとは言い難《がた》いと考えたから。
イ この時代には過去を想像するのが通例で、未来を想像していなかった兼好の考え方を「つくりごと」と批判することはできないと考えたから。
ウ 兼好の考え方には、現実離れした和歌の風景にこそ価値をおくという特徴があり、それもこの時代の立派な風流の一つと言えると考えたから。
エ 兼好は、現実よりもつくられた想像を重んじていたのではなく、記憶する古典の言葉に美を見るという正統な考えに従っていたと考えたから。

(3)だが、兼好は、俗物・田舎者批判のためだけに、わざわざ逆説的な言葉を弄しただけではありません。

　雨に向かひて月を恋ひ、垂れこめて春の行方も知らぬも、なほあはれに、なさけ深し。

　春は家に立ち去らでも、月の夜は閨のうちながらも思へるこそ、いとたのもしう、をかしけれ。

という文章がありますが、これらの内容を少し説明しましょう。

「雨に向かひて月を恋ひ」とは、雨のために実際には目に見えぬ月を恋い慕うことであり、「垂れこめて春の行方も知らぬ」とは、「春の行方」が意味する桜が咲きはじめて散るまでの時間の流れを家の中に閉じこもっていて、想像することを言っています。次の「春は家に立ち去らでも」は「垂れこめて」と同様ですが、「月の夜は閨のうちながらも思へる」とは、寝床で見えない月を想像するということです。つまり、月や花を現実には見ないで、想像することの方が、「あはれになさけ深」いし、「いとたのもしう、をかし」いと言っているのです。

　それでは、どうして実際に見ることよりも、想像する方が美や風情《ふぜい》があるのでしょうか。

　現代人は、想像といえば、未知なるものについての思いや、自分勝手な空想（妄想か）だと考えがちです。前近代社会が昔に価値を置いているのに対して、近代以降の社会は未来に価値を置きますから、どうしても想像は未知なるものに向かってしまいます。しかし、兼好の時代、また、その前の＊定家《さだいえ》の時代も、想像とは、未知なるものや未来を思い浮かべるものではありません。過去を想像するのです。どうやって、過去を想像するのか。その過去も自分の個人的な過去や教科書で習う歴史のようなものではないことを最初に押さえておいてください。ここで言う過去とは、古典に書き遺《のこ》された言葉のことなのです。

　兼好が生きた時代である中世の文化の中心は和歌でした。貴族（公家）も僧侶（寺家）も、そして武士（武家）も和歌を詠《よ》むのです。和歌は藤原定家の歌がそうであるように、実際に見た風景など詠みません。古い歌（古歌といいます）の言葉を新たに組みなおして和歌に仕立て上げるのです。これはもう『古今集』の時代からその傾向がありましたが、中世に入ってからは、ほぼそうなりました。定家も一人海岸に立って＊あの歌を詠んだのではなく、＊『源氏物語』明石《あかし》巻の一節や、「春秋はすぐすものから心には花も紅葉もなくこそ有りけれ」（『貫之《つらゆき》集』、紀《きの》貫之）、「春は花秋は紅葉とちりはててたちかくるべきこのもともなし」（『拾遺集』、よみ人しらず）を思い出しながら、詠んでいるのです。つまり、現実の風景よりも和歌で詠まれた幻想の風景の方が、彼らにとっては価値があり、リアルなものだったということです。

　そう考えてみると、兼好が想像というよりも記憶にある美や風情を実際に見えるものよりも上においたことが分かってくるでしょう。(4)だから、兼好の考え方は、別段、「つくり風流」でも屈折した心根でもなんでもない。古典世界における正統的な美の享受のありようと言ってもよいでしょう。

（前田雅之「高校生からの古典読本」による）

〔注〕定家――藤原定家《ふじわらのさだいえ》のこと。鎌倉時代初期の歌人で、「新古今和歌集」の撰者《せんじゃ》の一人。

あの歌――「見わたせば花も紅葉もなかりけり浦のとま屋の秋

総じて、月や花を、そう目だけで見るものだろうか。春は家を出て行かないでも、月夜は寝室にいるままでも、月や花を想像しているのこそ、興趣もつきず、心豊かな感じがして、おもしろいものだ。情趣を解する人は、むやみにものを好むように見えないし、おもしろがる様子もあっさりしている。片田舎の人にかぎって、しつこく何事もおもしろがり、もてはやす。花の下には身をねじるように近寄り、わきみもせずに見つめ、酒を飲んだり連歌をしたりして、ついには、大きな枝を考えもなく折り取ってしまう。泉には手足をつっこんで浸し、雪には降り立って足跡をつけるなど、何事につけても、離れたままさりげなく見るということがない。

B

近世の本居宣長《もとおりのりなが》は、兼好のことを「つくり風流《みやび》」と言って批判しました。古代人の汚《けが》れない清純な心（これは宣長の考えですが、むろん事実ではなく、宣長の願望です）を最も尊んだ宣長の目から見れば、現物よりも記憶を重視する兼好の美的鑑賞態度は屈折した心根そのものであり、到底許しがたいものだったからです。

たしかに、冒頭に記される「花はさかりに、月はくまなきをのみ、見るものかは。雨に向かひて月を恋ひ、垂れこめて春の行方も知らぬも、なほあはれに、なさけ深し」という文章は、一見すると、素直ではないし、屈折しているように見えます。なにしろ、桜は満開で、月は一点のかげりのないのだけを見るものではないと言っているからです。人間なら誰しも（現代では花見・月見に価値を置かない向きもあるやと思われますが、それはともかく）花なら満開の桜が見たいし、お月様は、吸い込まれるようなまん丸い満月を拝みたいと思うでしょう。だから、宣長の批判は外れているわけではありません。

しかし、兼好が言いたいことは宣長の批判とは一味違う次元にあるのです。(2)まず、いつの世にもいる俗物を排除したいという狙いが見えます。

ことに頑なる人ぞ、「この枝、かの枝散りにけり。今は見どころなし」などは言ふめる。

片田舎の人こそ、色こくよろづはもて興ずれ。花のもとには、ねぢ寄り、あからめもせずまぼりて、酒飲み、連歌して、はては、大きなる枝、心なく折り取りぬ。泉には手足さしひたして、雪には降り立ちて跡付けなど、よろづの物、よそながら見ることなし。

この二つの文章は、「頑なる人」（万事につけて頑迷な人のことでしょう）と「片田舎の人」（これは説明は不要ですね）の生態が底意地悪く描写されています。「頑なる人」は満開の桜しか興味を持たず、「片田舎の人」は、桜の枝を折ったり、泉に手足をつけたり、雪に降り立って足跡をつけたりします。これらの行為は、兼好に言わせれば、俗悪の極みであって、許すことができないものでした。彼らの特質を兼好は「よろづの物、よそながら見ることなし」とさりげなく言っています。「よそながら見る」とは、やや距離を置いて、即物的に見ないことです。何であれ、よいとされる物そのもの（この場合は、満開の桜）にしか関心がないばかりか、「枝を折る」などといった心ない行為をする人間を兼好は「頑なる人」や「片田舎の人」とこき下ろしているのです。このような人は、現代風に言えば、「ウザい奴《やつ》」ということになるのかもしれません。要するにかっこよくないのです。

五　次の**A**は、鎌倉時代の兼好法師《けんこうほうし》の随筆「徒然草《つれづれぐさ》」の第一三七段の一部であり、[　　]内の文章はその現代語訳である。**B**は「徒然草」に関する解説文である。これらの文章を読んで、あとの各問に答えよ。（＊印の付いている言葉には、本文のあとに〔**注**〕がある。）

A　花はさかりに、月はくまなきをのみ、見るものかは。雨に向かひて月を恋ひ、垂れこめて春の行方知らぬも、ア なほあはれに情け深し。咲きぬべきほどの梢《こずゑ》、散りしをれたる庭などこそ見どころ多けれ。歌の詞書《ことばがき》にも、「花見にまかれりけるに、イ はやく散り過ぎにければ」とも、「障《さは》る事ありて、まからで」なども書けるは、「花を見て」と言へるに劣れる事かは。花の散り、月の傾《かたぶ》くを慕ふ習ひは、さる事なれど、ことに頑《かたく》なる人ぞ、「この枝、かの枝散りにけり。今は見どころなし」などは言ふめる。

よろづのことも、始め終はりこそをかしけれ。（中略）望月《もちづき》のくまなきを千里《ちさと》の外《ほか》まで眺めたるよりも、暁近くなりて待ち出《い》でたるが、いと心深《こころふか》う、青みたるやうにて、深き山の杉の梢に見えたる、木《こ》の間《ま》の影、うちしぐれたる村雲がくれのほど、ウ またなくあはれなり。椎柴《しひしば》・白樫《しらかし》などの、濡《ぬ》れたるやうなる葉の上にきらめきたるこそ、身にしみて、心あらん友もがなと、都恋しう覚ゆれ。

すべて、月・花をば、さのみ目にて見るものかは。春は家を立ち去らでも、月の夜は閨《ねや》のうちながらも思へるこそ、いとたのもしう、をかしけれ。よき人は、ひとへに好けるさまにも見えず、興ずるさまも等閑《なほざり》なり。片田舎の人こそ、色こくよろづは(1) もて興ずれ。花のもとには、ねぢ寄り立ち寄り、あからめもせずまもりて、酒飲み、連歌《れんが》して、はては大きなる枝、心なく折り取りぬ。泉には手足さし浸して、雪には降り立ちて跡つけなど、よろづの物、よそながら見ることエ なし。

花は、盛りに咲いているのだけを、月は一点のくもりもないのだけを見るものだろうか。雨に向かって月を恋い慕い、簾《すだれ》を垂れた部屋に閉じこもって、春が過ぎ行くのを知らないのも、やはり、しみじみとして趣深い。今にも咲きそうな桜の梢、花の散り敷いた庭などこそ、見どころが多いのだ。和歌の詞書にも、「花見に参りましたが、もう散ってしまっていたので」とも、「差し障りがあって花見に出かけないで」などと書いてあるのは、「花を見て」と書いてあるのに、劣っているといえようか。花の散り、月の傾くのを惜しむ世の習わしは、もっともなことであるが、特に、ものの情趣を解さない人が、「この枝もあの枝も、散ってしまった。今はもう見どころがない」などと言うようだ。

何事も、始めと終わりが特別に趣深いものなのだ。（中略）

満月のかげりもないのを、はるか千里のかなたまで眺めているよりも、明け方近くなって、待ちに待ってやっと出た月が、とても趣深く、青みをおびたようで、深山の杉の梢に見えている、その木々の間の月の光とか、さっとしぐれた空の一群の雲に隠れている月の姿のほうが、このうえなく情趣深い。椎の木や白樫などの、濡れたような葉の上にきらめく月の光こそは、身にしみて、情趣を解する友がいたらなあと、友のいる都が恋しく思われる。

エ　社会性を身につけさせ、自立に向けて強い人間になるように育てて、自立の時期になったら突き放して相手の破壊も視野に入れるということ。

〔問2〕 (2)本書で私がこれらの言葉を使う際には、性別に関係なく、さらには親であるかどうかに関係なく、心理機能という意味で用いている。とあるが、筆者がこのように述べたのはなぜか。次のうちから最も適切なものを選べ。

ア　母性や父性の強さには性別の影響が強く、過度に母親や父親をイメージさせる言葉の使用に抵抗を示す研究者が存在すると考えているから。

イ　母性機能と父性機能はそれぞれ、本来誰もが発揮できるものであり、筆者自身の経験をふまえた実感もその裏付けとなると考えているから。

ウ　筆者自身の母性が強いのと同様に、母性機能と父性機能の両方を兼ね備えている人がまれにいることを認識した方がいいと考えているから。

エ　母性と父性の発揮の仕方は性格や価値観、能力によっても変わり、どちらか一つに決定されるまでに時間がかかるものだと考えているから。

〔問3〕　この文章における第二十二段の役割を説明したものとして最も適切なのは、次のうちではどれか。

ア　それまでに述べてきた内容を受けて、身体性に目を向けた賛同できる論を示すことで筆者の補足に導き、論をより深めることにつなげている。

イ　それまでに述べてきた内容をふまえ、筆者が持っていなかった視点として身体性に関する論を示すことで、異なる話題へと転換を図っている。

ウ　それまでに述べてきた内容に対して、反対の内容となる身体性の問題を示すことで、どちらがより正しい方向性の考えかの比較に導いている。

エ　それまでに述べてきた内容について、具体例となっている身体性についての考え方を示すことで、筆者の論の展開をわかりやすくしている。

〔問4〕 (3)そして、同じ役割を平等に分担することを追求するため、差異を「ないもの」としていく議論に疑問を投げかける。とあるが、「差異を『ないもの』としていく議論に疑問を投げかける」とはどういうことか。次のうちから最も適切なものを選べ。

ア　男性と女性の性差はないものなのかどうかを改めて考え、同じ役割を平等に分担することを当然と受け止めるべきだと主張するということ。

イ　男性と女性が同じ役割を果たすことは難しいことではなく、改めて自然な性差について議論をする必要性がないことを強調するということ。

ウ　男性と女性の自然な性差を全く考慮することなく、父親と母親が完全に同じ育児をすることをよしとする方向性に異論を唱えるということ。

エ　男性と女性が担当する役割を平等にするという前提に基づいて、性差はないものとすることに疑問を持つべきではないと訴えるということ。

〔問5〕　国語の授業でこの文章を読んだ後、「自分の中の母性と父性」というテーマで自分の意見を発表することになった。このときにあなたが話す言葉を具体的な体験や見聞も含めて二百字以内で書け。なお、書き出しや改行の際の空欄、、や。や「なども それぞれ字数に数えよ。

に結びつける必要はない。（第二十一段）

ただし、身体性を軽視することに対する危惧を表明する教育学者もいる。宮澤康人《みやざわやすと》は、『妊娠・出産・哺乳』ができる身体か否《いな》かの違いは、実証的データには現れにくい深層において、女と男の子育てへの関わり方を決定的に左右する可能性があることを否定でき」ず、「人間にはいくら適応性があるからといって、身体性、自然性を見くびるのは危険ではないか」としている（「教育関係のエロス性と教育者の両性具有：教育学における母性・父性問題」根ケ山光一編著『母性と父性の人間科学』所収）。（第二十二段）

(3)そして、同じ役割を平等に分担することを追求するため、差異を「ないもの」としていく議論に疑問を投げかける。（第二十三段）

つまり、父親と母親にまったく性差がないとすれば、子どもには中性の親が二人いるということになるが、そこに二つの問題が生じるというのだ。ひとつは、同じ役割を担う大人が二人いる必要があるのかという問題である。もうひとつは、同じ人物が父性と母性を半分ずつの割合で兼備して使い分けることで、子どもが混乱しないかという問題である。（第二十四段）

自分自身の経験から言えば、子育ては性を問わないという主張に疑問をもつことには共感する。というのも、母乳を与えながら胸で寝つかせたり安らいだりさせられるかどうかは非常に大きい要素だし、筋力を使った遊びが得意かどうかということも大きい。どのスポーツを見ても男女別に競うのがふつうであり、性差が前提となっている。ゆえに、親の性差を完全に否定する必要はないだろう。（第二十五段）

ただし、私自身が母性と父性をともに発揮しながら子育てをしてきて、今もその両面で子どもたちと接している経験からして、同一の人間が厳しさとやさしさをともに発揮することにとくに問題は感じない。また、母性と父性を使い分ける人物が二人も必要なのかということについては、時と場合によって補い合うこともあるし、それでよいのではないかと思う。（第二十六段）

実際、母親は母性を担って子どもをひたすら甘く育て、父親は父性を担ってひたすら厳しく鍛えあげるというように、完全にそれぞれがいずれかの機能のみを担っているというような家庭もなかなかないだろう。父親、母親それぞれが異なる割合で母性と父性を担い、発揮しているのがふつうのはずだ。（第二十七段）

（榎本博明「イクメンの罠《わな》」による）

〔注〕ユング心理学――スイスの心理学者ユングによる、深層心理学。

〔問1〕(1)父性と母性について論じたユング心理学者の河合隼雄《かわいはやお》は、母性の原理は「包含する」機能によって示され、父性の原理は「切断する」機能によって示されるとする。とあるが、この場合の「切断する」とはどういうことか。次のうちから最も適切なものを選べ。

ア やさしく保護しようとするあまり、自分から離れないように束縛し、結果的に子どもの自立の妨げになってしまう母性を否定するということ。

イ 果たすべき義務や発揮するべき能力が基準に満たない場合には、それまでの関係性をなかったものとして相手とのやりとりを絶つということ。

ウ どんな場合でも温かく受け入れていくのではなく、その行動や成果が理想から離れる場合に厳しさを見せながら相手を導いていくということ。

うな気持ちになり、そこを離れられなくなる。（第十一段）

スズメの母親が子に餌をもっていき口移しであげているのを見かけると、何とか応援してあげたくなり、カバンにあったパンをちぎり米粒くらいに丸め、腕を振らないように気をつけて、指でそっと放ったものだった。母鳥はぴょんぴょんピョンと近づいてそれをくわえ、子どものところに飛んで行って口移しで食べさせる。それを何度も繰り返す。母鳥は、自分では一切食べず、ひたすら子に与える。子どもは、もう親鳥とほぼ同じ大きさなのだが、口で拾って食べるということがまだできない。そんな様子を見ていると、とても幸せな気分になると同時に、守ってやりたいという気持ちが強く湧いてくる。それは母性的な心理と言える。（第十二段）

冬になって草が枯れ、虫も少なくなると、近所の池のカモたちは餌がなくて腹を空《す》かすようになる。そんなときはパン切れをあげにいったものだが、積極的に食いつき、ライバルを押し退《の》けて、食べまくるカモもいれば、引っ込み思案な様子でなかなか食べられないカモもいる。（第十三段）

父性原理に従えば、貪欲かつ積極的に食らいつくカモが生き延びればよいということになるが、私は押し退けられているカモに何とかして食べさせようと必死になる。いくつかを離れた場所に投げ、積極的なカモたちがそっちに向かい突進していった隙に、要領の悪いカモの目の前に投げてやる。野生の世界は父性原理によって動いているのだろうが、私は弱い者を見捨てることに抵抗がある。（第十四段）

教育現場で学生たちの相手をする際にも、このような母性機能が私自身のなかで働くのを感じる。保護し、勇気づけながら、父性原理も加味して少しずつ鍛えてやらねばと思って動いてきた。（第十五段）

どうだろうか。母性機能と父性機能について、ある程度のイメージがつかめただろうか。誰もが母性と父性をもっているのだが、それぞれの強さが人によって違っており、それが個性なのだと私は考える。またそれがどう発揮されるかは、その人の性格や価値観、能力によって変わってくるし、夫婦の組み合わせにも影響されるだろう。（第十六段）

また、何らかの事情で片親しかいない場合も同様だ。シングル家庭の子育ての大変さは、片親が父性機能と母性機能のどちらもしっかり担《にな》う必要があることによるのだろう。親が過重負担に陥らないように、実家や親戚、知人の父性、母性を借りながらやっていくことを勧めたい。（第十七段）

「誰もが父性と母性をもつならば、父親や母親を連想させる父性とか母性という言葉を使わなくてもよいではないか」と言われることもある。別の言葉を使うべきだと主張するのが、心理学者の柏木恵子《かしわぎけいこ》だ。（第十八段）

「子どもへの育児行動と感情は、性を問わない学習、経験の産物である。こうした事実から、母性／父性の語に代わって、親性あるいは養護性とされるようになってきている」（「発達心理学からみた母性・父性」根ケ山光《ねがやまこう》一《いち》編著『母性と父性の人間科学』コロナ社所収）（第十九段）

私自身、非常にお世話になった先生で、尊敬する先生でもある。数年前、少子化を何とかしなければという強い思いを記した手紙をいただき、心から共感した。だが、育児行動は性を問わない、とまで言いきって良いのだろうか。そこのところは疑問である。（第二十段）

すでに述べたように、私自身は父性ばかりでなく母性も発揮してきたし、家族のやりとりを見ていた知人から「奥さんよりも母性的行動が多いですね」と言われたこともある。ゆえに、性別と父性、あるいは母性を固定的

四　次の文章を読んで、あとの各問に答えよ。（＊印の付いている言葉には、本文のあとに［**注**］がある。）

ここで心理学における母性機能と父性機能について解説しておこう。注意が必要なのは、誰もが性別に関わりなく、母性機能と父性機能のどちらも発揮することができるということだ。（第一段）

たとえば、まだ親になっていない若者であっても、近所の子どもや部活の後輩などに対して、母性機能や父性機能を発揮することがあるだろう。もちろん、元々母性豊かな者もいれば、父性豊かな者もいる。また、母親になっても母性の乏しい者もいれば、父親であっても母性の強い者もいる。親だから父性機能や母性機能を十分に発揮できるというわけではなく、女だから母性が強いとか男だから父性が強いというわけでもない。（第二段）

(1)父性と母性について論じたユング心理学者の＊河合隼雄《かわいはやお》は、母性の原理は「包含する」機能によって示され、父性の原理は「切断する」機能によって示されるとする。そして、母性原理はすべてのものを包み込み、すべての子どもを平等に扱うのに対して、父性原理はすべてのものを切断し分割し、主体と客体、善と悪、上と下などに分類し、子どもをその能力や個性に応じて類別するとする（『母性社会日本の病理』中公叢書《そうしょ》）。（第三段）

もう少し具体的に説明しよう。（第四段）

母性原理の特徴は、子どもの個性や能力に関係なく、わが子であるかぎり、すべて平等に扱うところにある。たとえば、言うことを聞かずに悪いことばかりしても、勉強をさぼってばかりいても、頑張るということがなく怠惰であっても、わが子だというだけで温かく受け入れる。（第五段）

そのような母性原理は、その肯定的な面においては、やさしく保護し、傷ついたときはその傷を癒やし、気持ちを支えるが、一方で、自分の思い通りにしよう、自分から離れないようにしようと束縛し、呑《の》みこみ、しがみつきさえして、子どもの自立の足を引っ張るといった否定的な面をもっている。（第六段）

一方、父性原理の特徴は、義務を果たしたり、能力を発揮したりする者だけを認め、義務を果たさない者や能力を発揮できない者は切り捨てるところにある。たとえば、すべきことを怠ったり悪いことをしたりすれば厳しく叱って行動を改めさせ、頑張ることをしない場合は叱咤激励《しったげきれい》して頑張るように仕向け、自立の時期が近づけば適度に突き放して自立へと駆り立てる。（第七段）

そのような父性原理は、社会性を身につけさせ、自立に向けて強い人間に育てあげていく建設的な面をもつと同時に、あまりに厳しい場合は切断の力が強すぎて破壊に到《いた》る面をもつ。（第八段）

母性原理に基づく心理的機能を母性機能、父性原理に基づく心理的機能を父性機能と言う。（第九段）

論者によっては、心理学的な意味での母性・父性と生物学的な意味での母親・父親を混同した記述がみられる。母性とか父性という言葉を用いることに抵抗を示す研究者もいるが、それは母性を母親に、父性を父親に固定するイメージを強くもっているからだろう。(2)本書で私がこれらの言葉を使う際には、性別に関係なく、さらには親であるかどうかに関係なく、心理機能という意味で用いている。（第十段）

私は子どもの頃から、わりと母性の強いタイプだったように思う。たとえば、スズメがピョンピョン跳ねているのを見かけると、もうとろけるよ

ウ 工藤は悪くなかったのに自分の行動によって関係をこじらせてしまい、工藤の無言の圧力を意識し続けることになる今後を恐れている。

エ 自分にもよくない点があったとはいえ、花壇の件について謝ろうという様子を見せない工藤と同じ空間にいることが嫌になっている。

〔問4〕 (4)天気はどうしようもないもんな。雨は防ぎようがない。しかたがないよ。と思う一方で、なにか方法はないかと考えてしまう。とあるが、このときの「ぼく」の様子として最も適切なのは、次のうちではどれか。

ア 花壇からできる限り水をとりのぞいておいたのにその行為が無駄になってしまい、自分をなぐさめつつも無念さを消せないでいる様子。

イ 花壇が水浸しになってしまうことを心配しながら、何もしなくても大丈夫だと自分を安心させるための方法を見つけようとしている様子。

ウ 花壇が雨の影響を受けてしまうことについて自分を納得させようとは思うものの、放置することをどうしても受け入れきれずにいる様子。

エ 花壇が水浸しになって台無しになることを仕方がないと思いつつ、次に花壇を作るときにはどうすればよいかを考えようとしている様子。

〔問5〕 (5)ぼくは花壇の前に、立ちつくした。とあるが、「ぼく」が「花壇の前に、立ちつくした」わけとして最も適切なのは、次のうちではどれか。

ア ブルーシートで花壇をおおうことについて改めて冷静に考え直して、自分の身を投げ出すことでなんとかならないかという発想になったから。

イ 花を守るために自分なりに考えた案を実行しようと思って来たものの、思いのほか状況は悪く、できることが見つからなくなってしまったから。

ウ 激しい雨に打たれて花や葉が弱っていく様子を見て、花や葉が人間だったらどのような思いになるのかを自分なりに感じようと思ったから。

エ 花を守るためにブルーシートを使う案を思いついたものの、いざやろうと思うと気が進まず、行動に移すことができなくなってしまったから。

立ちつくした。

激しい雨に打たれて、花や葉がふるえている。いまにもダウンしそうだ。

もしも花が話せたら、何て言うだろう。

やだよ、こんなところで終わりたくない――か?

ふと、*菊池さんの言葉が、頭をよぎった。

『気がついていたなら、できることがあったはず……』

ぼくは傘を閉じて足元に置くと、花壇を囲うコンクリートの縁に立った。ブルーシートを広げて、正門の塀の上からななめにかけようとしたが、うまく届かない。

「ちっ」

ぼくは正門の塀に手をかけて、よじのぼろうとした。だが、壁面タイルに足がすべってのぼれない。くり返すうち、ぬれたマスクが顔に張りついて苦しくなった。

「くそっ」

ぼくはマスクを引っぺがして、ポケットにねじこんだ。

(ささきあり「天地ダイアリー」による)

〔注〕 菊池さん――「ぼく」と同じクラスの栽培委員。

〔問1〕 (1)「なにしてんだよ!」とあるが、このときの「ぼく」の様子として最も適切なのは、次のうちではどれか。

ア 花壇の花を傷つけたことに怒りを感じつつ、自分の前であえて見せつけるように雑な態度をとっている工藤に敵対心を燃やしている様子。

イ 花壇の花を傷つけてしまったにもかかわらず、何も感じていないことが明らかな工藤の行動を目にして憤慨し、冷静さを失っている様子。

ウ 花壇の花を傷つけたのが自分の友人だったことに気づいて、気を遣いながらも工藤の落ち度についてはっきりと伝えようとしている様子。

エ 花壇の花を傷つけられたことについて栽培委員として責任を感じ、工藤のせいにすることでその思いをうやむやにしようとしている様子。

〔問2〕 (2)ぼくはさしていた傘を閉じて、花壇に向きなおった。ちぎれた花や葉を拾って集める。雨にぬれた花と葉はひんやりして、触れるたびに指先が冷えていった。とあるが、この表現について述べたものとして最も適切なのは、次のうちではどれか。

ア こじれてしまった工藤との仲を二度と修復することができない未来を、花壇の花や葉の状態に焦点を当てることにより暗示的に表現している。

イ 工藤とのやりとりによってすりきれてしまったように感じる「ぼく」の心の状態を、花や葉を用いた比喩を交えて印象的に表現している。

ウ 怒りをしずめるために「ぼく」が花壇の花と向き合うことに集中しようとしていることを、動作の一部始終を追って客観的に表現している。

エ 次第に冷静さを取り戻して衝動的な行動への後悔の念に駆られる「ぼく」の様子を、触れるものの感じ方に託して象徴的に表現している。

〔問3〕 (3)工藤の前から自分の存在を消してしまいたかった。とあるが、このときの「ぼく」の気持ちに最も近いのは、次のうちではどれか。

ア 原因はどうであれ、自身のとった行動は工藤に対する配慮に欠けていたと感じ、二人の関係を考えていたたまれない思いになっている。

イ 自分にも工藤にも反省すべき点があり、どちらも譲歩することはないように感じ、これまでの関係をなかったことにしたくなっている。

授業中プリントを回すときもたがいに無言で、目がちらりと合うことさえなかった。

工藤はもう、ぼくとは話したくないのだろう。嫌われたとわかっていて、そばにいるのはつらかった。(3)工藤の前から自分の存在を消してしまいたかった。

ぼくは背中に工藤の気配を感じながら、息を殺すようにして長い授業を終えた。

帰りがけに正門の花壇を見ると、ところどころに水たまりができていた。

少しでも、水をのぞいたほうがいいよな。

ぼくはたまった水を両手ですくって、側溝に流した。

こんなもんかな。

目に見える範囲では、水のたまり具合がマシになった。

けれど帰宅して三十分後、雨風が激しくなり、間もなくバケツをひっくりかえしたようなどしゃ降りになった。雨のしずくが窓を打ち、ベランダの排水溝がガボガボ、音をたてる。

まずいな。花壇、水浸しになっているかも。

インターネットで天気予報を見ると、この地域は深夜まで激しい雨が続くとあった。

(4)天気はどうしようもないもんな。雨は防ぎようがない。しかたがないよ。と思う一方で、なにか方法はないかと考えてしまう。

雨が土に染《し》みこまなければ、いいんだよな。これ以上、根を苦しめないようにするには、どうしたらいいんだろう。しばらく考えて、ひとつ思いついた。

ぼくは急いで部屋着から学校のジャージに着がえて、マスクをした。ろうかのクローゼットから物を引っぱりだしていると、ハハが目を見開いた。

「なに、どうしたの?」

「ブルーシート、ここにあったよね?」

「下の段よ。運動会で必要なの?」

「いや、いま使うんだ」

ハハが「え、なんで?」と疑問の声をあげるあいだも、どんどん物を出していく。

「あった!」

ぼくはブルーシートとガムテープをつかんで、玄関に急いだ。

「ちょっと、どこに行くの? ここのかたづけは?」

ハハに聞かれて、ぼくはドアを開けながらさけんだ。

「学校! そこは帰ってから、かたづける」

エレベーターで一階に降りると、エントランスから見える外の景色が薄暗かった。晴れていればまだ明るい時間なのに、上空に厚い雲が広がっているようだ。

通りに出ると、ザーという雨音と、車が水しぶきを上げて走る音しか聞こえなかった。傘をさしている意味がないぐらい、瞬《またた》く間に肩や腕、足がぬれていく。

正門の花壇は、予想以上に浸水していた。下のほうの葉がすべて、水につかっている。ブルーシートで花壇に屋根をつくるつもりだったけど、ここまでつかっていたら手遅れだろう。だいたい、ブルーシートで花壇をおおうのが、花にとっていいのかどうかもわからない。(5)ぼくは花壇の前に、

三

次の文章を読んで、あとの各問に答えよ。（＊印の付いている言葉には、本文のあとに〔注〕がある。）

（小学校時代、転校をくり返してきた「ぼく」は中学校生活も新しい土地で始め、栽培委員として学校の花壇の手入れをしている。前の学校で孤立して以来、常にマスクをつけて自分を守るようになった「ぼく」は、中学校では目立たないように過ごし、話が合う友人は工藤《くどう》くらいだ。）

霧雨だった。

登校する生徒は傘をさしている人と、さしていない人が半々ぐらい。ぼくは傘をさしていたけど、フェンス越しにグラウンドが見えてきたころには、スラックスが湿っていた。

前方で、黒い傘をふりまわしてふざけている生徒がいる。

ああいうやつら、小学校でもいたよな、と眺めていたら、傘が生徒の手をはなれて、正門の花壇に飛びこんだ。

あっ！

ぼくは反射的にかけだしていた。

花は？　花はどうなった？

花壇に近づくと、つぶれたペチュニアが目に入った。いくつかの花が茎ごと折れたり、ちぎられたりして、押しつぶされている。

花壇から傘を持ちあげて、「あーあー」と、だるそうにつぶやいたのは工藤だった。

工藤が傘についた花や葉を、めんどくさそうに払ったり、傘をふったりして落とす。その態度に、カッと腹の底が熱くなった。

(1)「なにしてんだよ！」

思わず怒鳴りつけると、工藤はいっしょにふざけていたほかのクラスのやつと顔を見あわせた。

「わざとじゃないよ」

「わざとじゃなくても、花がつぶれた。せっかく元気になりかけていたのに」

「知るかっ」

工藤は吐きすてるように言うと、早足で行ってしまった。

(2)ぼくはさしていた傘を閉じて、花壇に向きなおった。ちぎれた花や葉を拾って集める。雨にぬれた花と葉はひんやりして、触れるたびに指先が冷えていった。

なんであんなことを、言っちゃったんだろう。

カッとした瞬間、口から言葉が飛びだしていた。わざとじゃないとわかっていたけど、傷んだ花を見たら、がまんできなかった。

連れてこられた場所でがんばっている花に、自分を重ねたからか？

花を大事にしている人たちの顔が浮かんだからか？

どっちにしろ、言い訳にはならない。言ってしまったことは、取り消せない。工藤はぼくのことを、急にキレる、めんどうなやつだと切り捨てるだろう。

ぼくはまた、クラスでの居場所をなくしてしまったんだ——。

教室では工藤とぼくの間に、かたい壁ができたようだった。

休み時間になると、工藤はどこかへ行ってしまい、ぼくは机につっぷして過ごした。

二〇二三年度　関東第一高等学校

【国語】（五〇分）〈満点：一〇〇点〉

一　次の各文の――を付けた漢字の読みがなを書け。

(1) 迅速に指示を出す。

(2) 将来への不安が募る。

(3) 施設の使用を承諾する。

(4) 美しいピアノの音色に陶酔する。

(5) 久しぶりに降った雨が大地を潤す。

二　次の各文の――を付けたカタカナの部分に当たる漢字を楷書で書け。

(1) エンゲキを鑑賞する。

(2) 城のモケイを組み立てる。

(3) 苦労して今の地位をキズいた。

(4) 応接間でお茶とお菓子をイタダく。

(5) 調味料としてサトウと塩を適量入れる。

2023年度／関東第一高等学校

英語解答

1 問題A　対話文１　エ　対話文２　イ
対話文３　ウ
問題B　Question１　エ
Question２　ア

2 １　エ　　２　ウ
３　(1)…イ
(2)　(例) The aquarium is called Kamogawa Sea World. You like dolphins, don't you? You can see the wonderful dolphin show there, so I'm sure you will like it.

3 問１　イ　　問２　エ　　問３　ア
問４　ウ　　問５　エ　　問６　ウ
問７　ア

4 問１　イ　　問２　ウ
問３　(1)…イ　(2)…ア　(3)…ウ
問４　(1)…イ　(2)…エ

1 〔放送問題〕解説省略

2 〔総合問題〕

１＜対話文完成―適語句選択―図を見て答える問題＞≪全訳≫❶アキラ（A）：今度の日曜日に市営水族館に行くのが待ちきれないよ！❷ジャック（J）：僕もさ！　その日，何時にバスに乗るか決めないと。❸A：そうだね。日曜日の午前中，何か予定はある？❹J：うん。水泳のレッスンがあって，10時30分に終わる。その後，家に帰って着がえるよ。水泳のレッスンが終わってからバス停に来るまで，40分くらいかかるかな。❺A：わかった。それなら，11時30分にミドリ公園を出るバスに乗ることができるよ。❻J：うん，そうだね。赤いバスと青いバスのどっちに乗りたい？❼A：僕は青いバスに乗りたいな。もう１つのより水族館に行くまで少し時間はかかるけど，お金を節約したいから。❽J：僕もだよ！

＜解説＞(A)第４段落より，ジャックがバス停に来られるのは11時10分以降になるとわかる。バスの時刻表より，11時10分の後に出るミドリ公園発のバスの時刻は11時30分。　(B)この後アキラは「少し時間はかかるけどお金を節約したい」と言っている。時刻表からは各バスの料金と所要時間もわかる。

２＜対話文完成―適語句選択―図を見て答える問題＞≪全訳≫❶アキラ（A）：ジャック，君はどの催しに参加したい？　夕方６時にはここを出た方がいいのを忘れないでよ。❷ジャック（J）：わかってるよ。イルカと一緒に泳ぎたいけど，時間が足りない。❸A：そうだね。12時半にレストランの席を予約していて，席の制限時間は２時間だからね。❹J：僕はできるだけ長くそこにいたいな。❺A：よし，じゃあ，お昼の後にペンギンの写真撮影会に参加しよう。❻J：わかった！　それなら，その後にアシカショーに行ける。❼A：いいね！　じゃあ，レストランに行ってお昼を食べよう。

＜解説＞第１～３段落の内容より，イルカのショーは，13時の回も，17時半の回（終わりが18時を過ぎてしまう）も参加できないことがわかる。選択肢の中で，イルカの催しが含まれていないのはウだけである。

３＜長文読解総合―交換日記＞≪全訳≫２月５日（日）ジャックより❶今日は，市営水族館で君と楽しい時間を過ごせたよ。❷水族館に着いたとき，あまりの大きさに僕はとても驚いたんだ！　オーストラリアの僕の町にも水族館はあるけど，あの市営水族館ほど大きくはないよ。そこで海の動物を見るのがとても楽しかった。オーストラリアには生息していない海の動物も見ることができたしね。水族館でそれらの動物についての注意書きを読んだけど，日本語で書かれていたからよく理解できなかった。だから，家に帰った後，インターネットで調べたよ。オーストラリアに生息していない海の動物について，おもしろいことがたくさんわかったから，兄〔弟〕にメールを送って，それらの動物について教えてあげたんだ。彼も海の動物に興味があるんだよ。❸今，日本の他の水族館に行きたいと思ってるんだ。おすすめの水族館はあるかな？　それについて教えてほしいな。

(1)＜内容真偽＞ア.「オーストラリアのジャックの町の水族館は，市営水族館よりも大きい」…×　第２段落第２文参照。‘not as ～ as …’「…ほど～ない」　イ.「市営水族館の海の動物についての注意書きは，ジャックにとって理解するのが難しかった」…○　第２段落第５文に一致する。　ウ.「ジャックは日本語を勉強するために，海に生息する海洋生物について学ぶつもりだ」…×　そのような記述はない。　エ.「ジャックは兄〔弟〕に，オーストラリアに生息しない海の動物について尋ねた」…×　第２段落最後から２文目参照。尋ねたのではなく，教えてあげた。

(2)＜テーマ作文＞≪全訳≫２月６日(月)アキラより❶僕も昨日は君と楽しい時間を過ごせたよ。君が水族館で海の動物を見て楽しんでくれたと聞いて，とてもうれしいな！❷オーストラリアの君の町に水族館があることは知らなかった。いつかそこに行ってみたい。オーストラリアには固有の動物がたくさんいると聞いたから，そうした動物を見てみたいな。❸じゃあ，君の質問に回答するね。うん！　君にすすめたい水族館があるよ。それについて教えるね。❹(例)その水族館は鴨川シーワールドっていうんだ。君はイルカが好きだよね？　そこではすばらしいイルカのショーを見ることができるから，きっと気に入ると思うよ。❺来月そこに行ってみたらどうかな？

＜解説＞ジャックにすすめる水族館について，すすめる理由を含めて３文で書く。解答例のように，イルカに関連する内容でもよいし，それ以外の事柄でもかまわない。

3 〔長文読解総合―会話文〕

≪全訳≫❶ユウジ，ハナ，ケイコは東京の高校生で，彼らは全員，演劇部の部員である。ニックはカナダから来た高校生だ。３人の日本人高校生は教室で話をしている。ニックが入ってくる。❷ニック(N)：やあ，みんな。何について話をしているの？❸ハナ(H)：こんにちは，ニック。10月の文化祭について話しているところなの。❹N：ああ，君たちは演劇部だよね？❺ユウジ(Y)：そうだよ。文化祭で劇をやるんだ。それについて今話しているのさ。❻ケイコ(K)：ニック，今回はあなたにとってこの学校での初めての文化祭ね。❼N：そうだね。とてもわくわくしているよ。❽H：ニック，その日，あなたは音楽部で音楽を演奏するの？❾N：うん，するよ。僕はギターを弾くんだ。ええと，君たちは日本語で演劇をやるの？❿Y：いや，英語でするつもりなんだ。僕たちの部活は以前から毎年文化祭で日本語の劇をつくって上演していたんだけど，今年は英語でやってみるんだ。そのために毎日一生懸命練習しているんだよ。⓫N：そうなの？　それは大変だね。僕は日本語を一生懸命勉強しているけど，日本語で劇なんかできないよ。台本を書いたのは誰？⓬K：私よ。夏休みの間に完成させたの。⓭H：ケイコは英語の本を読むのが好きなの。彼女が私たちのためにおもしろい話を見つけてくれて，オリジナルの台本を書いてくれたのよ。⓮N：すごいね，ケイコ！⓯K：ありがとう。それで，ニック，時間があれば，私たちの台本をチェックしてもらえる？　英語の間違いがいくつかあるかもしれないから。16 N：もちろんさ。明日の放課後に時間があるよ。17 K：ありがとう。明日，あなたのところに台本を持っていくわね。18 Y：ニック，僕たちは劇を体育館でやるから，見に来てね。19 N：もちろんさ。何時に始まるの？20 H：まだ決めてないんだ。21 Y：僕は午前10時に始めるのがいいと思うな。そうすれば，その日の午後にも，もう一度上演することができるからね。去年は文化祭が２日間あったから，文化祭の期間中に２回上演することができた。でも，今年の文化祭は１日しかない。22 K：私はそれがいいとは思わないな。それはとても大変よ。23 H：私もそう思う。それぞれの上演が始まる前に劇の準備をする必要があるから，他の部の出し物を見たり食べ物のお店で何か食べたりする時間がなくなるわ。24 Y：なるほど。２人の言うとおりだ。25 H：ニック，あなたの部活は何時に演奏するの？26 N：僕たちは１時に演奏するよ。１時40分には終わるはずさ。27 H：それなら，その時間は避けた方がいいわね。彼らの演奏は毎年人気があるから。たくさんの人たちに私たちの劇を見てもらいたいもの。28 Y：４時からは吹奏楽部の演奏があるそうだよ。彼らの演奏も人気がある。29 H：そうね。私は午前中に劇の宣伝をした方がいいと思う。30 K：それはいいわね。劇は２時から始めるのはどう？　劇を宣伝する時間とお昼を食べる時間を十分に持てるわ。31 Y：そうしよう！　僕は料理部の食べ物が好きなんだ。彼らは毎年違う食べ物を売っている。去年はチョコレートケーキをつくっていて，とてもおいしかったよ。今年も料理部の食べ物を食べたい。32 N：僕もそうしたいな。自分の演奏の前にお昼を食べた方がいいね。33 Y：時間があれば一緒に食べよう。34 N：うん，そうしよう。あのね，劇の宣伝について僕にいい考えがあるんだ。劇の衣装はある？35 H：うん，衣装はもうつくってあるわよ。36 N：それなら，衣装を使って劇を宣伝するのはどうかな？　僕たちの学校の生徒は君たちが演劇部員だってわかるけど，他の学校の生徒と保護者はわからないよ。衣装を着て劇の宣伝をすれば，彼らに演劇のことをよく知らせることができるよ。37 K：あなたの意見に賛成だわ，ニック。私たちの衣装は目立つから，覚えやすいだろうし。私たちが衣装を着て校内を歩くだけでも，それはいい宣伝になるわね。38 H：そうね。39 N：もし時間があれば，僕のグループの演奏を聴きに来てよ。僕たちは最初に演奏するから。40 Y：わかった。文化祭を楽しむことができるといいね。41 N：うん。日本での大切で特別な思い出の１つになるよ！

問１＜文脈把握＞この後ニックは，「僕は日本語を一生懸命勉強しているけど，自分は日本語で劇なんかできない」と言っていることから，演劇部が今年は劇を英語でやるというのをユウジから聞いて驚いたのだとわかる。イ．「今年，演劇部は英語の演劇をする」が，この内容に一致する。

問２＜語句解釈＞「ニックは(　　)ことに同意している」―エ．「台本を読んで英語の誤りを見つけるのを助ける」　下線部は直前でケイコに英語の台本のチェックを頼まれたニックの返答である。

問３＜英文解釈＞「ハナは(　　)と思っている」―ア．「彼女は文化祭で他の催しを見たい」　下線部は直前でケイコが言った That's too hard.「それはとても大変よ」に同意を示したハナの発言。That が指すのは，この前でユウジが提案した午前と午後の両方に劇をすること。ハナはそれに反対する理由として，劇の準備で他の部活の催しを見たり食べ物を食べたりする時間がなくなることを挙げている。

問４＜指示語＞「ニックは(　　)ことを望んでいる」―ウ．「料理部員が文化祭でつくる食べ物を手に入れる」　下線部は直前でユウジが言った I want to eat their food this year, too. という発言を聞いたニックの言葉。下線部にある that はこの文の内容を受けている。their とは料理部の部員たちのこと。

問５＜英文解釈＞「ケイコも演劇部員は(　　)べきだと思っている」―エ.「演劇が始まる前に彼らの演劇を宣伝するために演劇の衣装を着る」　この後に続く内容から，ケイコは直前でニックが提案した，衣装を着て劇の宣伝をすることに同意していることがわかる。

問６＜文整序＞D.「演劇部は日本語で劇を毎年行った」(第10段落第２文)／→A.「今年の生徒たちが行う文化祭は１日になるだろう」(第21段落最終文)／→B.「吹奏楽部は文化祭の日は４時に演奏するだろう」(第28段落第１文)／→C.「料理部がつくった去年のチョコレートケーキはとてもおいしかった」(第31段落第４文)

問７＜内容一致＞≪全訳≫今日，僕は学校で演劇部員と話をして，僕たちは文化祭について話した。僕は，昨年の文化祭は２日間あったなんて知らなかった。僕は今年もまた文化祭が２日間なら(A)いいのにと思う。部員たちは演劇をいつ上演するかについてたくさん話をした。彼らはたくさんの生徒たちにそれを見てほしいと思っていた。それは彼らにとってとても重要なことだった。最終的に，彼らはそれを２時に始めることにした。その時間は僕にとって好都合だ，というのは，自分の演奏の後に彼らを見ることができるからだ。僕が彼らに文化祭の劇を宣伝するためのアイデアを出したら，彼らはそれを気に入ってくれた。僕は文化祭を楽しんで，その日を特別(B)にしたい。

＜解説＞(A)‘I wish＋主語＋(助)動詞の過去形...’の形で「～ならいいのに」という‘現在の事実と反対の願望’を表す(仮定法過去)。例年２日間開催だった文化祭が今年は１日だけになったと聞いて，ニックは残念に思っているのである。　(B)‘make＋目的語＋形容詞’で「～を…(の状態)にする」という意味を表す。

４ 〔長文読解総合―エッセー〕

≪全訳≫❶私たちの親や先生は，よく「態度」について話す。態度とは，私たちが考えたり行動したりすることを決めるやり方であり，それは人生で私たちが問題を抱えたときに特に大切なものだ。物事がうまくいっているときは，良い態度を取るのは簡単だが，病気だったり空腹だったり，疲れていたり，悲しいことがあったりしたときはどうだろうか。ほとんど全ての人にとって，そのような状況で良い態度を保つのは難しいだろうが，そんなときこそ，私たちは前向きに考えるよう必死に努めなければならない。前向きな態度を取っていれば，より健康でいられ，周りの人たちとの関係も良くなる。そして，そのことについてよく考えてみると，この２つ，私たちの健康と個人的な人間関係は，人生において最も大切なことだ。だから，私たちは自分の態度を改善するために最善を尽くし続けるべきなのだ。それが自分を助け，他人を助けることになるのだから。❷態度に関する有名な話がある。その話は「ボギー・ビースト」と呼ばれ，それは「怖い怪物」という意味だ。その話は次のようなものである。❸昔，お金も食べ物もあまり持っていない老婆がいた。彼女は小さな古い家に住み，村の人々のために仕事をして，食べるものを手にしていた。彼女は物をたくさん持っているわけではなかったが，彼女の陽気な態度が彼女を特別な存在にした。たとえおなかがすいていても，彼女は笑顔で歩いた。彼女は，笑顔でいれば，きっといいことがあると信じていた。❹ある日の夕方，その老婆は道端で大きなつぼを見かけた。彼女はそれがなぜそこにあるのかわからなかった。周囲を見渡したが，誰もいなかった。壊れたつぼでも役に立つかもしれないと思い，彼女はそれを家に持ち帰ることにした。そのつぼはとても重くて運ぶことができなかったので，彼女は驚いた。よく見てみると，彼女はさらに驚いた。そのつぼは金《きん》でいっぱいだったのだ！　とうとう彼女は心配するのをやめた！　彼女は食べ物も服も十分に買えると思った。彼女はまた，他の誰もやりたがらない村の人々のための仕事をするのもやめることができると思った。彼女は「なんてすばらしいの！」と叫んだ。❺しかし，つぼがとても重かったので，老婆は少ししか動かすことができなかった。「つぼを家に持ち帰るには何時間もかかるだろうし，外はもう暗い。でも，諦めたくないわ。こうしていれば，その金で何をするか考えられるわ。それに，今はもう暗いから，道で人に会うことはないだろう」と彼女は言った。彼女はつぼを少しずつ動かした。ようやく彼女は休憩のために立ち止まった。彼女が再びつぼを見ると，金は見つからなかったが，そこには銀があった！　「えっ，そんな！　まあ，でも，銀を欲しがる人はそんなに多くないから，泥棒の心配をする必要がないわね。この方がいいわ！」と彼女は思った。❻老婆はそのつぼを運び続け，再び休憩を取った。彼女がつぼを再び見ると，それは鉄でいっぱいだった。もう銀はなかった。「あら，私はとても疲れているに違いないわね。鉄は金か銀だと思ったのに」と彼女は笑って言った。「鉄は簡単に売って本当に必要な物を買うことができるから，鉄の方がずっといいわ」❼次に老婆が休憩したとき，つぼはもう鉄でいっぱいではなく，それは１つの石だった。「あら，本当にもっと睡眠を取らないといけないわ。つぼはもう金属でいっぱいじゃない！　あら，この石は私の庭の門を開けたままにしておくのにぴったりだわ！」と言った。❽老婆が家にようやく着いて，石に最適な場所を見つけると，石が突然大きくなって４本の足で立ち上がり，笑って走り去った!!❾「あらまあ！　私は国で一番運がいい人間だわ！　私はボギー・ビーストを見たのね！」と老婆は言って彼女の小さな古い家の中に入った。そして彼女は自分の幸運を笑って夜を過ごした。❿あなたはこの老婆をどう思うだろうか。彼女は前向きな態度でしたよね？

問１＜文脈把握＞「彼女は，『なんてすばらしいの！　(　　)』と言った」―イ．「金をたくさん手に入れたので働くのをやめられるわ」　下線部の直前の文が，金でいっぱいのつぼを見つけた老婆がHow wonderful! と言った理由になっている。

問２＜文整序＞④「老婆は村に住み始めた」(第３段落第１，２文)／→②「老婆は道端でつぼを見かけた」(第４段落第１文)／→③「老婆はつぼの中に銀を見た」(第５段落第８文)／→①「老婆は家に到着し４本の足があるものを見た」(第８段落)

問３＜内容一致＞(1)「ビルは，ほとんど全ての人にとって(　　)は難しいだろうと思っている」―イ．「私たちが問題を抱えたときに，良い態度を保つこと」　第１段落第４文参照。　(2)「老婆は貧しかったが，(　　)ので彼女は特別だった」―ア．「陽気な態度をとる女性だった」　第３段落第３文参照。　(3)「(　　)ので，老婆は銀より鉄の方がいいと思った」―ウ．「彼女がそれを売って本当に必要なものを買うお金を手に入れることができる」　第６段落最終文参照。

問４＜英問英答＞(1)「ビルの意見によると，何が健康を維持し人間関係を良くするために役立つものだろうか」―イ．「前向きな態度」　第１段落第５文参照。　(2)「ボギー・ビーストを見たとき，老婆はどう思ったか」―エ．「彼女は国で一番運がいいと思った」　第９段落参照。

数学解答

1 問１ (1) あ…１　い…８

(2) う…９　え…７

(3) お…７　か…６　(4) ２

(5) く…３　け…４

(6) こ…１　さ…４　し…８

(7) ４　(8) せ…２　そ…０

問２ (例)

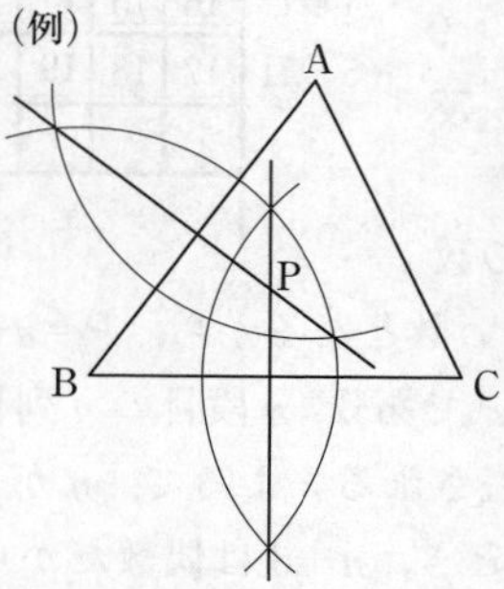

2 問１ あ…４　い…９

問２

①…n^2-n+1　②…n^2+5n+7

③ (例)よって，$Q-P=n^2+5n+7-(n^2-n+1)=6n+6=6(n+1)$　$n+1$は整数だから，$6(n+1)$は６の倍数である。したがって，$Q-P$の値は６の倍数になる。

3 問１ あ…１　い…３

問２ う…２　え…９

問３ お…９　か…４

4 問１ (例)△ABFと△ADEにおいて，仮定から，AB＝AD……①　円周角の定理より，∠ABF＝∠ADE……②　$\overset{\frown}{BC}=\overset{\frown}{DE}$より，∠BAF＝∠DAE……③　①，②，③より，１組の辺とその両端の角がそれぞれ等しいから，△ABF≡△ADE

問２ ④

問３ あ…１　い…４　う…５

5 問１ あ…３　い…１

問２ う…１　え…４　お…７

1 〔独立小問集合題〕

問１＜数・式の計算，方程式，データの活用，平面図形＞(1)与式$=8+16\times\frac{5}{8}=8+10=18$　(2)与式$=30x-25y-21x+18y=9x-7y$　(3)与式$=\frac{24\times\sqrt{6}}{\sqrt{6}\times\sqrt{6}}+\sqrt{3\times18}=\frac{24\sqrt{6}}{6}+\sqrt{3^2\times6}=4\sqrt{6}+3\sqrt{6}=7\sqrt{6}$　(4)$3x-7x=-12+4$，$-4x=-8$　$\therefore x=2$　(5)$5x-3y=3$……①，$x+2y=11$……②とする。②×５より，$5x+10y=55$……②′　①－②′より，$-3y-10y=3-55$，$-13y=-52$　$\therefore y=4$　これを②に代入して，$x+8=11$　$\therefore x=3$　(6)$x-11=\pm3$，$x=11\pm3$となるので，$x=11+3=14$，$x=11-3=8$より，$x=14$，８である。　(7)四分位範囲は，第３四分位数から第１四分位数をひいて求められる。箱ひげ図より，第１四分位数は４点，第３四分位数は８点だから，四分位範囲は$8-4=4$(点)である。　(8)右図１で，△ACDの内角の和が180°より，∠ACD＝180°－∠D－∠DAC＝180°－65°－30°＝85°となり，AB∥DCより錯角は等しいから，∠CAB＝∠ACD＝85°となる。また，四角形ABCDは平行四辺形だから，対角より，∠ABE＝∠D＝65°となり，AE＝BEだから，∠BAE＝∠ABE＝65°となる。よって，x＝∠CAE＝∠CAB－∠BAE＝85°－65°＝20°である。

図１

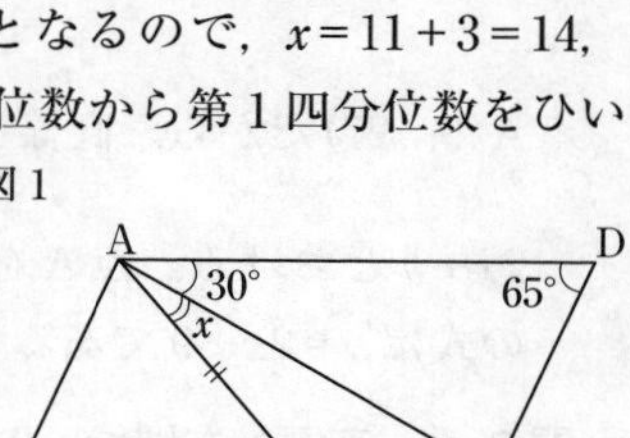

問２＜平面図形―作図＞右図２のように，３点A，B，Cを通る円を考え，その円の中心をOとすると，BO＝COとなり，$\overset{\frown}{BC}$に対する円周角と中心角の関係より，∠BOC＝2∠BACとなる。よって，BP＝CP，∠BPC

図２

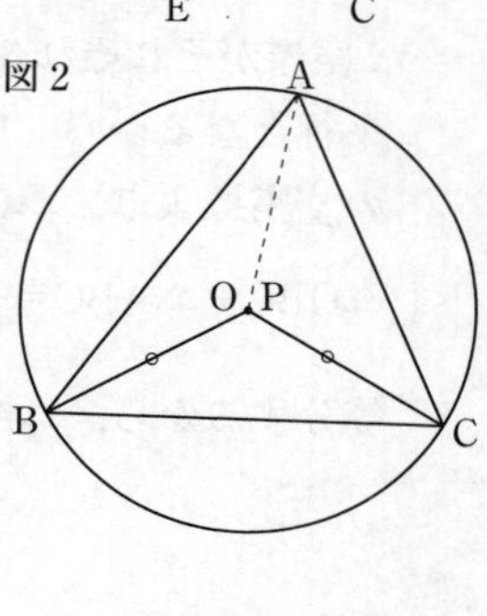

$=2\angle$BAC となる点Pは，点Oと一致し，3点A，B，Cを通る円の中心である。AP＝BP，BP＝CP より，点Pは，線分 AB，線分 BC の垂直二等分線の交点となる。解答参照。

2〔**数と式—文字式の利用**〕

問1＜78の位置＞自然数は，1から順に，右図のように並んでいる。1段目の1列目は $1=1^2$，2段目の1列目は $4=2^2$，1段目の3列目は $9=3^2$，4段目の1列目は $16=4^2$，1段目の5列目は $25=5^2$ となっているので，$6^2=36$ は6段目の1列目，$7^2=49$ は1段目の7列目，$8^2=64$ は8段目の1列目，$9^2=81$ は1段目の9列目の数となる。$81-78=3$ より，78は81より3小さい自然数である。9列目の数は，1段目から9段目までは1ずつ小さくなるので，78は81より3個下にあり，4段目の9列目にある。

	1列目	2列目	3列目	4列目	5列目	…
1段目	1	2	9	10	25	・
2段目	4	3	8	11	24	・
3段目	5	6	7	12	23	・
4段目	16	15	14	13	22	・
5段目	17	18	19	20	21	・
⋮	・	・	・	・	・	・

問2＜文字式の利用—証明＞n が奇数のとき，1段目の n 列目の数が n^2 であり，n 段目の n 列目にある P は，n^2 より $n-1$ 小さい数となるから，$P=n^2-(n-1)=n^2-n+1$ と表される。n が偶数のとき，n 段目の1列目の数が n^2 であり，n 段目の n 列目にある P は，n^2 より $n-1$ 小さい数となるから，同様に，$P=n^2-n+1$ と表される。よって，n が奇数，偶数どちらの場合でも $P=n^2-n+1$ と表される。また，n が奇数のとき，$n+3$ は偶数だから，$n+3$ 段目の1列目が $(n+3)^2$ であり，n が偶数のとき，$n+3$ は奇数だから，1段目の $n+3$ 列目が $(n+3)^2$ である。どちらの場合においても，$n+3$ 段目の $n+3$ 列目にある Q は，$(n+3)^2$ より $n+3-1=n+2$ 小さい数となるから，$Q=(n+3)^2-(n+2)=n^2+6n+9-n-2=n^2+5n+7$ と表される。これより，$Q-P=6\times$〔整数〕と表すことができれば，$Q-P$ は6の倍数であるといえる。③は解答参照。

3〔**関数—関数 $y=ax^2$ と一次関数のグラフ**〕

≪基本方針の決定≫問3　△PBC の面積を利用して，点Pの y 座標を求める。

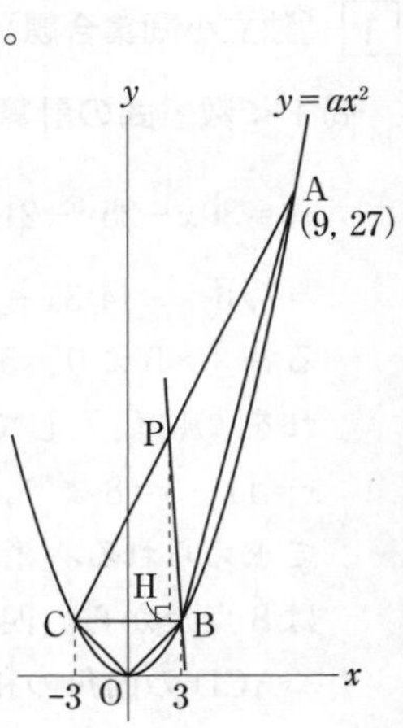

問1＜比例定数＞右図で，A(9，27)は関数 $y=ax^2$ のグラフ上の点だから，$y=ax^2$ に $x=9$，$y=27$ を代入して，$27=a\times9^2$，$a=\dfrac{1}{3}$ である。

問2＜直線の式＞右図で，問1より，点Cは関数 $y=\dfrac{1}{3}x^2$ のグラフ上の点となる。x 座標は-3だから，$y=\dfrac{1}{3}\times(-3)^2=3$ となり，C$(-3,\ 3)$である。A(9，27)だから，直線 AC の傾きは $\dfrac{27-3}{9-(-3)}=2$ となり，その式は $y=2x+b$ とおける。点Aを通るので，$27=2\times9+b$，$b=9$ となり，直線 AC の式は $y=2x+9$ である。

問3＜x 座標＞右図で，2点B，Cは関数 $y=\dfrac{1}{3}x^2$ のグラフ上の点であり，x 座標がそれぞれ3，-3だから，2点B，Cは y 軸について対称である。これより，BC は x 軸に平行となるから，BC$=3-(-3)=6$ である。△OBC，△ABC の底辺を BC と見ると，2点A，Cの y 座標より，△OBC の高さは3，△ABC の高さは $27-3=24$ となるから，〔四角形 OBAC〕＝△OBC＋△ABC$=\dfrac{1}{2}\times6\times3+\dfrac{1}{2}\times6\times24=9+72=81$ となる。直線 BP は四角形 OBAC の面積を2等分するから，△ABP$=\dfrac{1}{2}$〔四角形 OBAC〕$=\dfrac{1}{2}\times81=\dfrac{81}{2}$ であり，△PBC＝△ABC－△ABP＝72

$-\frac{81}{2}=\frac{63}{2}$となる。点PからBCに垂線PHを引くと，△PBCの面積について，$\frac{1}{2}\times BC\times PH=\frac{63}{2}$より，$\frac{1}{2}\times6\times PH=\frac{63}{2}$が成り立ち，$PH=\frac{21}{2}$となる。よって，点Cの$y$座標が3より，点Pの$y$座標は$3+\frac{21}{2}=\frac{27}{2}$となる。点Pは直線$y=2x+9$上の点だから，$\frac{27}{2}=2x+9$より，$2x=\frac{9}{2}$，$x=\frac{9}{4}$となり，点Pの$x$座標は$\frac{9}{4}$である。

4 〔平面図形—四角形と円〕

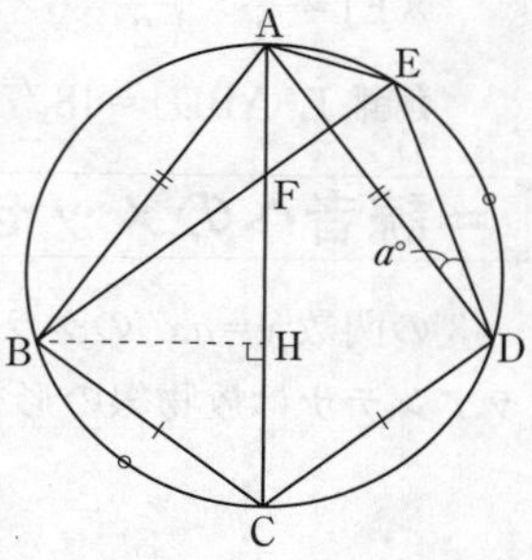

問１＜証明＞右図の△ABFと△ADEで，AB＝ADであり，$\overset{\frown}{AE}$に対する円周角より，∠ABF＝∠ADEである。また，$\overset{\frown}{BC}=\overset{\frown}{DE}$より，$\overset{\frown}{BC}$，$\overset{\frown}{DE}$に対する円周角は等しいから，∠BAF＝∠DAEとなる。解答参照。

問２＜角度＞右図で，$\overset{\frown}{AE}$に対する円周角より，∠ABE＝∠ADE＝a°である。また，AB＝AD，CB＝CD，AC＝ACより，△ABC≡△ADCとなる。これより，∠ABC＝∠ADCとなり，点Dを含む$\overset{\frown}{AC}$の長さと点Bを含む$\overset{\frown}{AC}$の長さは等しい。よって，線分ACは円の直径となるから，∠ABC＝90°であり，∠CBE＝∠ABC－∠ABE＝90°－a°となる。$\overset{\frown}{CE}$に対する円周角より，∠CAE＝∠CBE＝90°－a°となる。さらに，∠BAC＝∠DACであり，$\overset{\frown}{BC}=\overset{\frown}{DE}$より，∠BAC＝∠EADだから，∠DAC＝∠EADとなる。したがって，$\angle EAD=\frac{1}{2}\angle CAE=\frac{1}{2}(90^\circ-a^\circ)=45^\circ-\frac{a^\circ}{2}=\left(45-\frac{a}{2}\right)^\circ$である。

問３＜長さ＞右上図で，点Bから線分ACに垂線BHを引く。問２より∠ABC＝90°だから，△ABCで三平方の定理より，$AC=\sqrt{AB^2+BC^2}=\sqrt{8^2+6^2}=\sqrt{100}=10$である。また，∠ABC＝∠BHC＝90°，∠ACB＝∠BCHより，△ABC∽△BHCとなり，BC：HC＝AC：BCだから，6：HC＝10：6が成り立つ。これより，HC×10＝6×6，$HC=\frac{18}{5}$である。さらに，問１より△ABF≡△ADEだから，AF＝AEとなり，△AEFは二等辺三角形である。∠BFC＝∠AFEであり，$\overset{\frown}{AB}$に対する円周角より，∠BCF＝∠AEFだから，△BCF∽△AEFである。よって，△BCFもBC＝BFの二等辺三角形である。BH⊥CFより，$HF=HC=\frac{18}{5}$となるから，$AF=AC-HC-HF=10-\frac{18}{5}-\frac{18}{5}=\frac{14}{5}$となり，$AE=AF=\frac{14}{5}$(cm)である。

5 〔空間図形—正四角錐〕

≪基本方針の決定≫問２　〔三角錐O-ABD〕－〔三角錐E-ABD〕として求める。

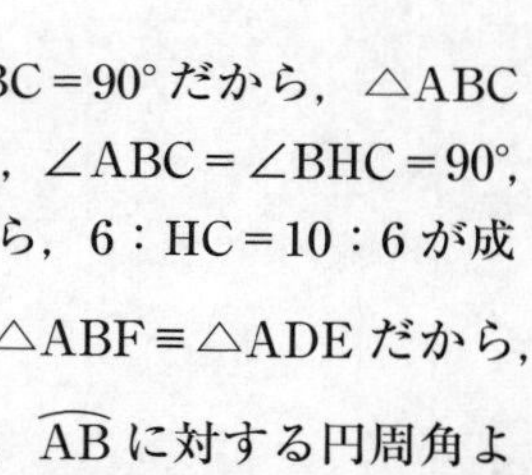

問１＜長さの比＞右図で，点Oから辺ABに垂線OHを引く。△OABはOA＝OBの二等辺三角形だから，点Hは辺ABの中点となり，$AH=BH=\frac{1}{2}AB=\frac{1}{2}\times6=3$である。また，∠OBH＝∠ABE，∠OHB＝∠AEB＝90°より，△OBH∽△ABEである。よって，BH：BE＝OB：ABより，3：BE＝9：6が成り立ち，BE×9＝3×6，BE＝2となるから，AB：BE＝6：2＝3：1となる。

問２＜体積＞右図で，点Oから面ABCDに垂線OIを引くと，立体O-ABCDが正四角錐より，点Iは正方形ABCDの対角線AC，BDの交点と一致する。△ABDは直角二等辺三角形だから，$BD=\sqrt{2}AB=\sqrt{2}\times6=6\sqrt{2}$ であり，$BI=DI=\frac{1}{2}BD=\frac{1}{2}\times6\sqrt{2}=3\sqrt{2}$ となる。△OBI で三平方の定理より，$OI=\sqrt{OB^2-BI^2}=\sqrt{9^2-(3\sqrt{2})^2}=\sqrt{63}=3\sqrt{7}$ となるから，〔三角錐 O-ABD〕$=\frac{1}{3}\times\triangle ABD\times OI=\frac{1}{3}\times\left(\frac{1}{2}\times6\times6\right)\times3\sqrt{7}=18\sqrt{7}$ となる。次に，点 E から面 ABCD に垂線 EJ を引く。このとき，点 J は線分 BD 上の点となり，$\triangle EBJ\backsim\triangle OBI$ となる。よって，EJ：OI＝EB：OB＝2：9 だから，$EJ=\frac{2}{9}OI=\frac{2}{9}\times3\sqrt{7}=\frac{2\sqrt{7}}{3}$ となり，〔三角錐 E-ABD〕$=\frac{1}{3}\times\triangle ABD\times EJ=\frac{1}{3}\times\left(\frac{1}{2}\times6\times6\right)\times\frac{2\sqrt{7}}{3}=4\sqrt{7}$ となる。以上より，〔四面体 OAED〕＝〔三角錐 O-ABD〕－〔三角錐 E-ABD〕$=18\sqrt{7}-4\sqrt{7}=14\sqrt{7}$ (cm^3) である。

＝読者へのメッセージ＝

3の関数 $y=ax^2$ のグラフは，放物線です。放物線は，英語でパラボラ(parabola)といいます。パラボラアンテナは放物線の形を利用してつくられています。

国語解答

一 (1) じんそく　(2) つの
(3) しょうだく　(4) とうすい
(5) うるお

二 (1) 演劇　(2) 模型　(3) 築
(4) 頂　(5) 砂糖

三 問1 イ　問2 エ　問3 ア
問4 ウ　問5 イ

四 問1 ウ　問2 イ　問3 ア
問4 ウ　問5 (省略)

五 問1 ア　問2 ウ　問3 ウ
問4 イ　問5 エ

一〔漢字〕

⑴きわめて速いこと。　⑵音読みは「応募」などの「ボ」。　⑶相手の申し出や頼みを引き受けること。　⑷心を奪われてうっとりすること。　⑸音読みは「潤沢」などの「ジュン」。

二〔漢字〕

⑴俳優が脚本と演出に従い，舞台上で身振りやせりふによって人物・物語などを表現する総合芸術のこと。　⑵実物の形に似せてつくったもの。　⑶音読みは「建築」などの「チク」。　⑷音読みは「頂上」などの「チョウ」。　⑸ショ糖を主成分とする甘味料のこと。

三〔小説の読解〕出典；ささきあり『天地ダイアリー』。

問1＜心情＞工藤は，傘で花を傷つけたが，「傘についた花や葉を，めんどくさそうに払ったり，傘をふったりして落とす」だけだった。その花に対する無関心な態度を見て「ぼく」は，「カッと腹の底が熱く」なり，「思わず」工藤を怒鳴りつけたのである。

問2＜表現＞「ぼく」は，「カッと腹の底が熱く」なって工藤を怒鳴りつけてしまった。しかし，ちぎれた花や葉を拾って集めるうちに，「なんであんなことを，言っちゃったんだろう」と，自分の行動を後悔した。このように，衝動的な強い怒りが冷めていく様子が，雨にぬれて冷たい花や葉に触れて，「指先が冷えていった」という「ぼく」の感覚に，象徴的に描かれている。

問3＜心情＞「ぼく」は，工藤が花を傷つけたのは「わざとじゃないとわかっていた」のに怒鳴ってしまった。「ぼく」は，自分の行動によって，「話が合う友人」であった工藤との間に壁ができ，「クラスでの居場所をなくしてしまった」ように感じていたのである。

問4＜心情＞「ぼく」は，「天気はどうしようもないもんな。雨は防ぎようがない。しかたがないよ」と，花壇を守る方法がないことを自分に言い聞かせ，無理に自分を説得しようとしていたが，なお「なにか方法はないかと考えてしまう」くらい，花壇を守ることを諦めきれないでいた。

問5＜文章内容＞「ぼく」は，ブルーシートで屋根をつくり，花壇を水から守ろうとしたが，駆けつけてみると，「正門の花壇は，予想以上に浸水して」いた。そのため，「ぼく」は，「ここまでつかっていたら手遅れだろう」と感じて立ち尽くしていた。

四〔論説文の読解―社会学的分野―家族〕出典；榎本博明『イクメンの罠』。

≪本文の概要≫誰もが性別に関係なく，母性原理に基づく心理的機能と，父性原理に基づく心理的機能の両方を発揮できる。母性原理の特徴は，我が子であるかぎり，全て平等に扱うところにある。一方，父性原理の特徴は，義務を果たしたり，能力を発揮したりする者だけを認め，そうでない者は切り捨てるところにある。母性と父性それぞれの強さが人によって違っており，それが個性なのである。誰もが父性と母性を持つならば，父親や母親を連想させる父性や母性という言葉を使わなくてもよく，別の言葉を使うべきだと主張する者もいる。しかし，育児行動は性を問わないとまで言いきってよいかどうかは，疑問である。父親と母親に全く性差がないとすれば，同じ役割を担う大人が二人いる必要があるか，そして同じ人物が父性と母性を半分ずつの割合で使い分けることで子どもが混乱しないかという二つの問題が生じる。父親，母親それぞれが異なる割合で母性と父性を担い，発揮しているのが，普通のはずである。

問１＜文章内容＞母性原理は，「わが子だというだけで温かく受け入れる」あまり，「子どもの自立の足を引っ張る」側面を持つ。一方，父性原理は，「義務を果たさない者や能力を発揮できない者は切り捨てる」側面を持ち，子どもとの関係を破壊する可能性もあるが，子どもに「社会性を身につけさせ，自立に向けて強い人間に育てあげていく建設的な面をもつ」のである。

問２＜文章内容＞「母性を母親に，父性を父親に固定するイメージを強くもっている」から，「母性とか父性という言葉を用いることに抵抗を示す研究者」もいる。しかし「私」は，性別や親であるか否かにかかわらず，母性と父性の両方を発揮できると考えている。実際，「私」は男性だが，「子どもの頃から，わりと母性の強いタイプだった」という自覚が，その裏づけとなっている。

問３＜段落関係＞第二十段で，「育児行動は性を問わない，とまで言いきって良いのだろうか」と疑問が提示され，第二十二段では，「『妊娠・出産・哺乳』ができる身体か否かの違い」が，「女と男の子育てへの関わり方を決定的に左右する可能性」を否定できないとする教育学者の主張が示される。それをふまえ，「私」は，「子育ては性を問わないという主張に疑問をもつことには共感」しつつ，「父親，母親それぞれが異なる割合で母性と父性を担い，発揮しているのがふつうのはずだ」と述べ，性にかかわらず，母性と父性を合わせ持つこと自体は不自然ではないと補足している。

問４＜文章内容＞親の性による「差異」を「ないもの」とする立場からは，「育児行動と感情は，性を問わない学習，経験の産物である」という前提のもと，「母性／父性の語」が「親性あるいは養護性」と代えられつつある。しかし，そうした「育児行動は性を問わない」という立場の主張に対して，男女の差異を「ないもの」として「身体性，自然性を見くびるのは危険ではないか」と疑問を投げかける教育学者もいる。

問５＜作文＞母性は，「わが子であるかぎり，すべて平等に扱う」という「やさしさ」を担う。一方，父性は，「義務を果たさない者や能力を発揮できない者は切り捨てる」という「厳しさ」を担う。「誰もが母性と父性をもっているのだが，それぞれの強さが人によって違っており，それが個性なのだ」という「私」の主張をふまえ，自分の見聞や体験とともに意見を述べればよい。

五〔**説明文の読解―芸術・文学・言語学的分野―文学**〕出典；前田雅之『高校生からの古典読本』／兼好法師『徒然草』。

問１＜歴史的仮名遣い＞歴史的仮名遣いの語中・語尾のハ行は，現代仮名遣いでは原則として，「わいうえお」となる。よって，「なほ」は，「なお」となる。

問２＜古文の内容理解＞「もて興ず」は，おもしろがり，もてはやす，という意味。しつこく何事もおもしろがり，もてはやすのは，「片田舎の人」である。

問３＜文章内容＞兼好は，満開の桜しか興味を持たない人を「頑なる人」，枝を折るなどの「心ない行為をする人間」を「片田舎の人」と呼び，「こき下ろしている」のである。

問４＜文章内容＞「逆説的」は，普通とは反対の方向から考えを進めるさま。「花なら満開の桜が見たいし，お月様は，吸い込まれるようなまん丸い満月を拝みたい」と思うのが普通だが，兼好は「咲きぬべき梢」や「暁近くなりて待ち出でたる」月に情趣を感じると述べているのである。

問５＜文章内容＞兼好の時代では，「古典に書き遺された言葉」をもとに想像することに，美や風情があるとされていた。文化人であった兼好は，「記憶にある美や風情を実際に見えるものよりも上においた」のであり，それは「古典世界における正統的な美の享受のありよう」だったのである。

2022年度 関東第一高等学校(推薦)

【英　語】(50分)〈満点：100点〉

1　リスニングテスト(**放送**による**指示**に従って答えなさい。)

〔**問題A**〕 最も適当なものを，次の**ア**～**エ**のうちからそれぞれ一つずつ選びなさい。

＜対話文１＞

ア Last summer.　　**イ** Last week.

ウ Last month.　　**エ** Last year.

＜対話文２＞

ア To help his mother.

イ To have Andy's birthday party.

ウ To clean his room.

エ To take care of his sister.

＜対話文３＞

ア He is going to walk to Minato Station.

イ He is going to go to the restaurant.

ウ He is going to go to the flower shop.

エ He is going to take a bus in five minutes.

〔**問題B**〕 最も適当なものを，次の**ア**～**エ**のうちからそれぞれ一つずつ選びなさい。

＜Question１＞

ア It closes at 5 p.m.　　**イ** It closes at 6 p.m.

ウ It closes at 7 p.m.　　**エ** It closes at 8 p.m.

＜Question２＞

ア Getting information for his homework.

イ Reading an English newspaper to study English.

ウ Writing something for his tests.

エ Buying some Japanese food for his friends.

※リスニングテスト放送文は，英語の問題の終わりに付けてあります。

2 次の**(1)**〜**(5)**のそれぞれの対話文を完成させなさい。

(1), **(2)**については,(　　　)の中の語を最も適当な形に書きかえなさい。ただし,**1語**で書きかえること。

また,**(3)**〜**(5)**については,それぞれの(　　　)の中の語を正しい語順に並べかえたものとして最も適当なものを,下の**ア**〜**エ**のうちから一つずつ選びなさい。

(1) A: What did you do at the library?

B: I (write) a letter to my grandfather.

(2) A: I hear you like tennis.

B: Yes. I have been (play) it since I was ten.

(3) A: Yuma, (① the　② runs　③ in　④ who　⑤ fastest) your class?

B: Kenta does.

ア ①⑤②③④　**イ** ①⑤③②④　**ウ** ④②①⑤③　**エ** ④②③⑤①

(4) A: Where do you want to go in the future?

B: France. I (① it　② I　③ visit　④ could　⑤ wish) now.

ア ⑤②④③①　**イ** ⑤②①④③　**ウ** ④②⑤③①　**エ** ④②①③⑤

(5) A: Do you have any pets?

B: Yes, I do. I have (① very　② swim　③ a dog　④ can　⑤ which) well.

ア ②③④⑤①　**イ** ②③⑤④①　**ウ** ③⑤①④②　**エ** ③⑤④②①

3 シドニーに留学しているカナ(Kana)とホームステイ先のアリス(Alice)が，冷蔵庫の中身を確認しながら話しています。アリスは，この場面で，何と言うと思いますか。その言葉を英語で書きなさい。

ただし，語の数は**<u>20語以上30語以下</u>**（ . , ? ! などの符号は語数に含まない。）とすること。

4 次の(1)～(3)の英文を読んで，それぞれの問いに答えなさい。

(1) Tea has a long history, and there are many interesting stories about it. One of them is a story about an ancient Chinese Emperor called Shen Nung. In the story, it is said that tea was accidentally discovered in China in about 2700 B.C. Here is the story:

Shen Nung was sitting under a tree (Ⓐ) his servant boiled some water. Some leaves dropped into the water, and Shen Nung decided to try drinking it. Then, he found it was good. Tea was born at that time.

People in Japan started drinking tea before 815, and people in Western Europe started drinking it around 1500, (Ⓐ) Portugal started trading with China. In 1650, a Dutchman (Ⓑ) tea to New Amsterdam. New Amsterdam is now called New York. Yes! People in America started drinking tea after 1650.

Tea traveled around the world in this way. If you are interested in the history of tea, why don't you check the Internet and look for more information?

（注） ancient 古代の　emperor 皇帝　accidentally 偶然に　～ B.C. 紀元前～
servant 使用人　boil ～ ～を沸かす　leaves leaf(葉)の複数形
Western Europe 西欧　Portugal ポルトガル　trade 貿易をする
Dutchman オランダ人

本文中の(Ⓐ), (Ⓑ)に入る最も適当な語を，それぞれ次の**ア**～**エ**のうちから一つずつ選びなさい。ただし，２か所の(Ⓐ)には同じものが入る。

Ⓐ **ア** if　**イ** that　**ウ** where　**エ** when

Ⓑ **ア** told　**イ** brought　**ウ** wanted　**エ** threw

(2) About sixty years ago, most mothers stayed at home to take care of their children and did almost all the housework. Fathers were too busy working, so they could hardly see their children. They left home early in the morning and came home late in the evening. Fathers could see their children only a few days in a week, so children sometimes forgot their fathers' faces. Today, many women are working, so the family way of life has changed. Fathers and mothers often work together to take care of their children and do housework. Fathers may even help their children eat meals, help them put on their clothes, or take them to school in the morning. Now they are happy because their children remember their faces.

（注） housework 家事　busy ～ing ～するのに忙しい　hardly ～ ほとんど～ない
put on ～ ～を着る

① 本文の内容に関する次の質問に，英語で答えなさい。
Why has the family way of life changed?

② 本文の内容に合っているものを，次の**ア**～**エ**のうちから一つ選びなさい。

ア 約60年前，女性は自分の母親と協力して子どもの世話や家事を行っていた。

イ 仕事が忙しくてなかなか家に帰れない夫の顔を忘れてしまう妻もいた。

ウ　子どもの世話はするが，家事をする男性はまだまだ多くない。

エ　子どもを学校に送っていくことで育児に参加する男性もいる。

(3) 次は，グリーン・ジャズ・カフェ(Green Jazz Cafe)の広告です。

Green Jazz Cafe

We will be closed for two weeks from July 6th to July 20th.

While we are closed, we will

★ paint the walls in the hall.

★ replace equipment in the kitchen.

★ make a large garden outside the cafe.

Re-opening Celebration

We will open again at eleven in the morning on Thursday, July 21st. If you come on that day, you'll get our original cookies for free.

Enjoy a newer and better Green Jazz Cafe!

★ After we open, we will have a new menu with more salads and desserts.

★ Every Saturday and Sunday, there will be a jazz concert from 6 p.m. to 9 p.m.

Enjoy food and drinks with your family or friends at the Green Jazz Cafe!

(注)　replace ～　～を取り換える　equipment　設備　re-opening　再開店
celebration　祝賀会　for free　無料で　dessert　デザート

① この広告の内容をもとに，次の質問の答えとして最も適当なものを，次の**ア**～**エ**のうちから一つ選びなさい。

What will be outside the cafe after July 21st?

ア　A new cafe.　　**イ**　A large garden.

ウ　A running ground for dogs.　　**エ**　A cookie shop.

② この広告の内容に合っているものを，次の**ア**～**エ**のうちから一つ選びなさい。

ア　The Green Jazz Cafe will be closed for more than one month.

イ　The re-opening celebration will start at eleven in the morning on Tuesday.

ウ　If you go to the Green Jazz Cafe on July 22nd, you can see a new menu.

エ　People visiting the Green Jazz Cafe will enjoy a jazz concert once a week.

5 次の英文を読んで，あとの(1)～(4)の問いに答えなさい。

Hello. I'm Akira. I like studying English, and I study it every day. I read a book written in easy English every day. Also, on weekends, I watch an English movie with English subtitles. How about you? What do you usually do to improve your English skills? I asked this question to my classmates last week.

Look at this graph. It shows the answers to my question. A lot of students answered that they memorized as many English words as they could. I think it's very important. If we know a lot of English words, we can read English books or watch English movies more easily.

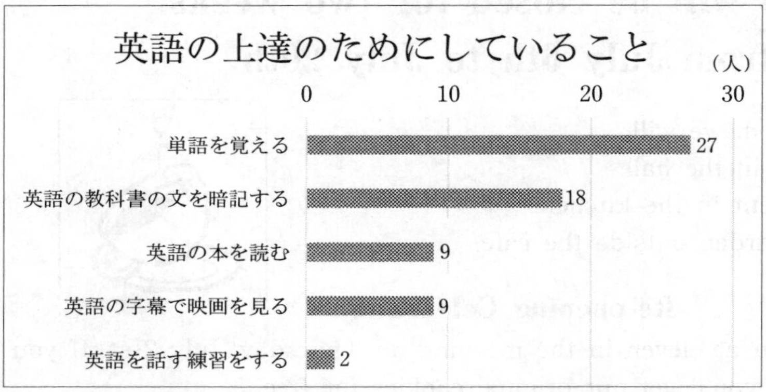

(①) students answered they tried memorizing the sentences in our English textbook. There are a lot of important English sentences to study in the textbook, so I think it helps us improve our English skills a lot.

The number of the students who answered "I read English books," and "I watch English movies with English subtitles," is the same. My friend Hikaru answered that he watched English movies with English subtitles on weekends. We sometimes watch them together. We love action movies. I think watching movies with English subtitles or reading English books is sometimes difficult for us, but both of them are interesting ways to improve our English skills.

When I made this graph, I was surprised two students answered "I practice speaking English." I also wanted to practice speaking English, but I didn't know what to do. Those two students told me that they took online English lessons twice a week. They also told me that they could talk with foreign teachers online in English. I sometimes talk with Mr. White, an ALT in our school, in English, but it's not enough. I need more practice. Now I'm really interested in taking online English lessons!

I'm sure that it's very important for us to study English hard. To improve our English skills, we should study it every day. So, the way to study it should be fun. Please try a lot of ways to study English, and find the (②) way for you.

(注) subtitle 字幕　graph グラフ　memorize 覚える，暗記する

as ～ as they could　できるだけ～　　sentence　文
take a lesson　レッスンを受ける　　online　オンラインの[で]

(1)　本文中の(　①　)に入れるのに最も適当な英単語を，次の**ア**～**エ**のうちから一つ選びなさい。

ア　Twenty-seven　　**イ**　Eighteen　　**ウ**　Nine　　**エ**　Two

(2)　本文の内容に関する次の質問に，英語で答えなさい。

What do Akira and Hikaru sometimes do together?

(3)　本文中の(　②　)に入る最も適当な英単語**1語**を書きなさい。

(4)　本文の内容に合っているものを，次の**ア**～**エ**のうちから一つ選びなさい。

ア　More than seventy students answered Akira's question last week.

イ　Akira doesn't think memorizing the sentences in the English textbook is useful.

ウ　No students answered they read English books to improve their English skills.

エ　Akira thinks the ways of learning English should be interesting.

6

新聞部員のエリカ(Erika)が，学校新聞を作るためにALTのスミス先生(Ms. Smith)にインタビューをしています。この対話文を読んで，[(1)] ～ [(4)] に入る最も適当な英文を，それぞれあとの**ア**～**エ**のうちから一つずつ選びなさい。

Erika:　Good afternoon, Ms. Smith. My name is Erika. I'm in the newspaper club. [(1)]

Ms. Smith:　Yes, of course.

Erika:　When did you come to Japan?

Ms. Smith:　I came to Japan about three years ago, and I have lived in Higashi City since then.

Erika:　I see. Do you enjoy living in this city?

Ms. Smith:　Yes. [(2)]

Erika:　That's good. I like your English classes. Could you tell me about your hobby, too?

Ms. Smith:　My hobby is running. Now, I run before dinner every day.

Erika:　Wow! It's difficult for me to run every day.

Ms. Smith: I can run along the beautiful beach, so running in this city is a lot of fun for me.

Erika: Do you mean Okihama Beach?

Ms. Smith: Yes.

Erika: Volunteers living in this city clean there every weekend, and my mother is one of them. [(3)]

Ms. Smith: I hope so.

Erika: Thank you very much for your time, Ms. Smith. I think I will be able to write a good article about you.

Ms. Smith: [(4)]

Erika: I hope you'll like it.

（注） article　記事

(1) ア May I ask you some questions?
イ Do you want to join us?
ウ Do you have any questions?
エ Shall I help you study Japanese?

(2) ア I lived in a smaller city when I was in Australia.
イ It's wonderful here.
ウ I haven't climbed Mt. Fuji yet.
エ I think your English has become better.

(3) ア But I have never been there.
イ So, you should help her clean there.
ウ So, she will be very happy to hear that.
エ But the beach was more beautiful before.

(4) ア I want you to help me write it.
イ I'll write it with you.
ウ I think I can do it for you.
エ I'm looking forward to reading it.

＜リスニングテスト放送台本＞

開始時の説明

これから，リスニングテストを行います。

問題用紙の１ページを見なさい。リスニングテストは，全て放送による指示で行います。リスニングテストの問題には，問題Ａと問題Ｂの二つがあります。質問に対する答えを選びなさい。

英文とそのあとに出題される質問が，それぞれ全体を通して二回ずつ読まれます。問題用紙の余白にメモをとってもかまいません。答えは全て解答用紙にマークしなさい。（２秒の間）

〔問題Ａ〕

問題Ａは，英語による対話文を聞いて，英語の質問に答えるものです。ここで話される対話文は全部で三つあり，それぞれ質問が一つずつ出題されます。

では，＜対話文１＞を始めます。（３秒の間）

Nick: Hi, Emi. What are you doing?

Emi: Hi, Nick. I'm looking at some pictures taken in Australia.

Nick: Wow, they are so beautiful! Did you take them?

Emi: Yes, I did. I went there last month to see my brother. He is now studying math at a university in Australia. He started studying there last year.

Nick: That's great. How long did you stay there?

Emi: For five days. My brother took me to a lot of exciting places. I saw koalas for the first time.

Nick: I think you had a great time in Australia with your brother. （３秒の間）

Question: When did Emi go to Australia? （１回目：５秒の間，２回目：10秒の間）

繰り返します。（２秒の間）

（対話文１と質問の繰り返し）

＜対話文２＞を始めます。（３秒の間）

Amy: Kota, you didn't come to Andy's birthday party yesterday. Why not?

Kota: Oh, Amy. I really wanted to go there, but my mother didn't feel well yesterday. I had to stay home to help her.

Amy: Really? Is she OK now?

Kota: Yes, she is.

Amy: That's good. Then, can you go shopping with me tomorrow? I want to buy some new shoes. I want you to help me choose them.

Kota: I'm so sorry. I have to stay home tomorrow because I have to take care of my sister.

Amy: OK. You're busy every day! （３秒の間）

Question: Why did Kota have to stay home yesterday?

（１回目：５秒の間，２回目：10秒の間）

繰り返します。（２秒の間）

（対話文２と質問の繰り返し）

＜対話文３＞を始めます。（３秒の間）

Man: Excuse me. Could you tell me how to go to Minato Station?
Nami: It will take more than thirty minutes to go there if you walk. Do you want to walk?
Man: Hmm ... I don't think so. Are there any buses that go there?
Nami: Yes, there are. Can you see the flower shop over there? You can take a bus in front of it, but ...
Man: What is the problem?
Nami: There is only one bus an hour. It's three now, so the bus left five minutes ago. You have to wait for fifty-five minutes.
Man: I see.
Nami: There's a restaurant next to the flower shop. You can have some coffee while you wait.
Man: That sounds great. OK. I'll wait for the next bus at the restaurant. Thank you.
（３秒の間）

Question: What is the man going to do next? （１回目：５秒の間，２回目：10 秒の間）
繰り返します。（２秒の間）
（対話文３と質問の繰り返し）
これで問題Ａを終わり，問題Ｂに入ります。

〔問題Ｂ〕（３秒の間）

これから聞く英語は，高校生の Ryota が留学先の学校で受けた図書館についての説明です。内容に注意して聞きなさい。
あとから，英語による質問が二つ出題されます。質問に対する答えを選びなさい。
では，始めます。（２秒の間）

Hello, Ryota. I'm happy that you're going to study with us for two months from today. My name is Judy. Now, I'm going to tell you about our school library.

It is open from seven a.m. to six p.m. on Monday to Friday, and nine a.m. to five p.m. on weekends. There are more than one thousand books. There are also some computers here. You can use them only for studying. You can't watch movies or use them to buy something. We also have some Japanese books because some students in our school are interested in studying Japanese. While you're in the library, you can't eat or drink. Also, if you have a smartphone, you have to turn it off. Please ask me if you have any questions. （３秒の間）

Question 1: When does the library close on Saturday?
（１回目：５秒の間，２回目：10 秒の間）
Question 2: What is the thing Ryota can't do with the computer in the library?
（１回目：５秒の間，２回目：10 秒の間）

繰り返します。（２秒の間）
（問題Ｂの英文と質問の繰り返し）

以上で，リスニングテストを終わります。２ページ以降の問題に答えなさい。

【数　学】 (50分) 〈満点：100点〉

1　次の(1)～(6)において，[　　] のア～サにあてはまる数字をそれぞれ答えなさい。

(1)　$-7\times(-9)$　を計算すると，[アイ] である。

(2)　$(-6)^2-3\div\dfrac{1}{3}$　を計算すると，[ウエ] である。

(3)　$7(3a-5b)-4(3a-8b)$　を計算すると，[オ] $a-$ [カ] b である。

(4)　一次方程式　$x+7=7x-17$　を解くと，$x=$ [キ] である。

(5)　$\sqrt{12}\times\sqrt{2}+\dfrac{18}{\sqrt{6}}$　を計算すると，[ク] $\sqrt{\text{[ケ]}}$ である。

(6)　二次方程式　$(x-1)^2-49=0$　を解くと，$x=$ [コ]，$x=-$ [サ] である。

2　次の(1)～(5)の問いに答えなさい。なお，(2)～(4)は [　　] のア～カにあてはまる数字をそれぞれ答えなさい。

(1)　あるクラスの男子生徒 18 人について，冬休みに読んだ本の冊数を調べた。

右の度数分布表は，その結果をまとめたものである。

この表からわかることとして正しいものを，次の①～④のうちから 1 つ選びなさい。

階級(冊)	度数(人)
1	2
2	7
3	2
4	3
5	4
計	18

①　分布の範囲は 5 冊である。

②　最頻値は 7 冊である。

③　中央値は 3 冊である。

④　平均値は 3 冊である。

(2)　一次関数 $y=ax+b$ において，傾きが4で，そのグラフが点 $(-2,\ 0)$ を通るとき，$a=$ ア ，$b=$ イ である。

(3)　右の図の立体 ABCD－EFGH は，1辺の長さが 6 cm の立方体である。

線分 BD 上に BP：PD＝2：1 となる点 P をとる。

4点 P，D，E，G を頂点とする立体の体積は，ウエ cm^3 である。

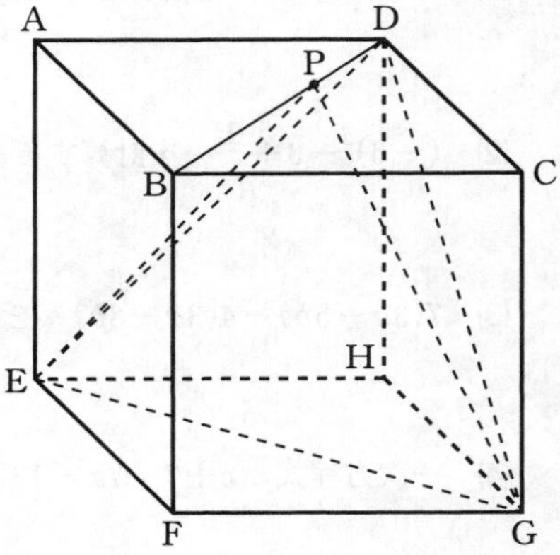

(4)　袋の中に，同じ大きさの赤玉2個，白玉1個，青玉1個の合計4個の玉が入っている。

この袋の中から玉を1個取り出し，その玉を袋に戻して，もう1回玉を1個取り出す。

このとき，2回とも同じ色の玉を取り出す確率は，$\dfrac{\text{オ}}{\text{カ}}$ である。

ただし，どの玉を取り出すことも同様に確からしいものとする。

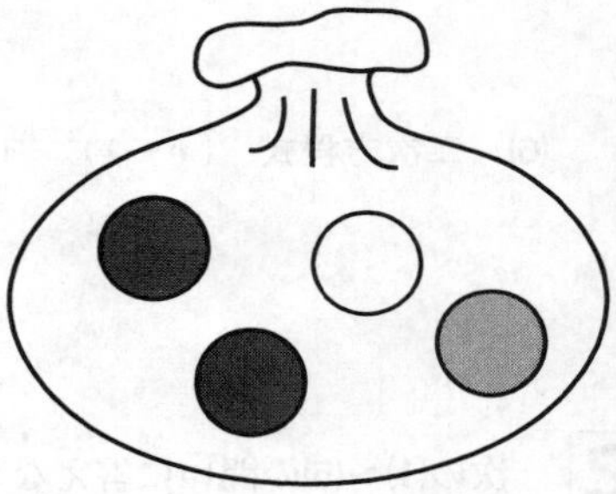

(5)　下の図で，線分 AB を直径とする円の中心を O とし，∠BOP＝120° となる点 P を $\overset{\frown}{\text{AB}}$ 上にとる。

次に，∠BPQ＝105° となる点 Q を $\overset{\frown}{\text{AP}}$ 上にとる。

2点 P，Q を，**記述式解答用紙**の解答欄に作図し，点 P，Q の位置を示す文字 P，Q も記入しなさい。

ただし，点 P は直線 AB より上側にあるものとする。

なお，三角定規の角を利用して直線をひくことはしないものとし，作図に用いた線は消さずに残しておくこと。

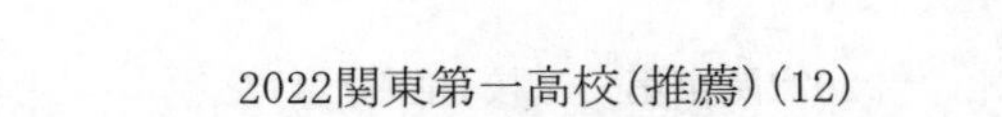

3 下の**図1**で，点Oは原点，曲線ℓは関数$y=2x^2$のグラフ，曲線mは関数$y=ax^2\ (0<a<2)$のグラフである。

曲線ℓ上にありx座標が2である点をAとし，点Aとy軸について対称な点をBとする。

また，曲線m上にありx座標が負でy座標が2である点をCとし，点Cを通りx軸に平行な直線とy軸との交点をDとする。

AD∥BCのとき，次の**(1)**～**(3)**において，□のア～カにあてはまる数字をそれぞれ答えなさい。

図1

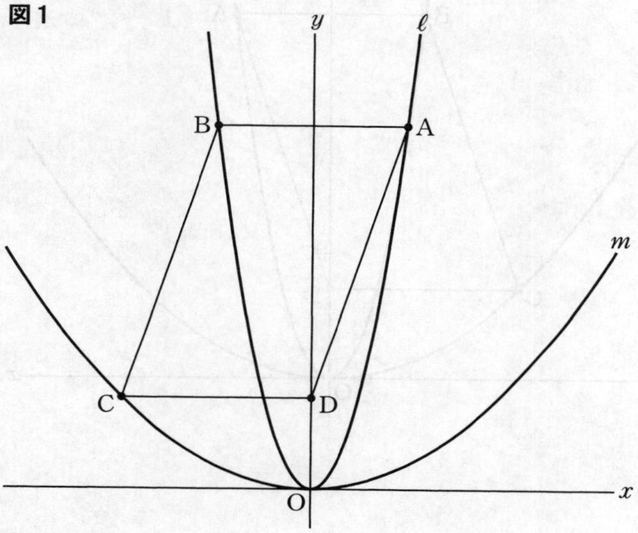

(1) 2点A，Dを通る直線の式は，$y=$ [ア] $x+$ [イ] である。

(2) $a=\dfrac{[ウ]}{[エ]}$ である。

(3) 下の**図 2** は，**図 1** において，曲線 ℓ 上にあり x 座標が 2 より大きい点を P とした場合を表している。

点 P を通り y 軸に平行な直線と曲線 m との交点を Q とする。

△PCD の面積が △QAB の面積の 2 倍となるとき，点 P の x 座標は，$\boxed{\text{オ}}\sqrt{\boxed{\text{カ}}}$ である。

図 2

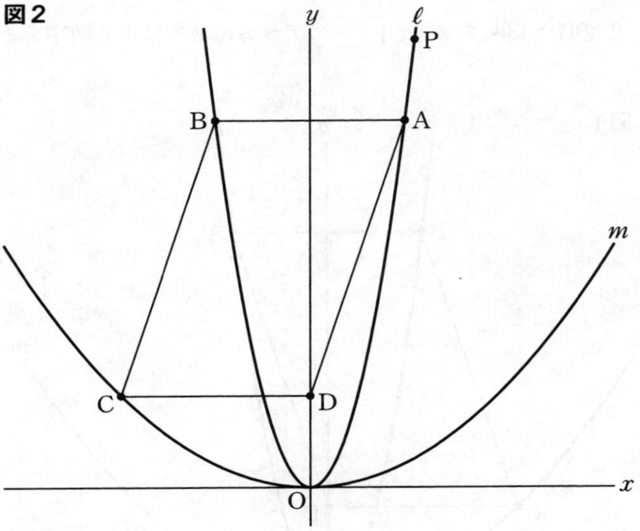

4 下の図において，△ABC の辺 BC は半円 O の直径で，点 A は $\overset{\frown}{BC}$ 上の点である。

∠ACB の二等分線が辺 AB，$\overset{\frown}{AB}$ と交わる点をそれぞれ D，E とし，頂点 B と点 E を結ぶ。

線分 OE と辺 AB との交点を F とする。

このとき，次の**(1)**，**(2)**の問いに答えなさい。なお，**(2)**は $\boxed{}$ のア，イにあてはまる数字をそれぞれ答えなさい。

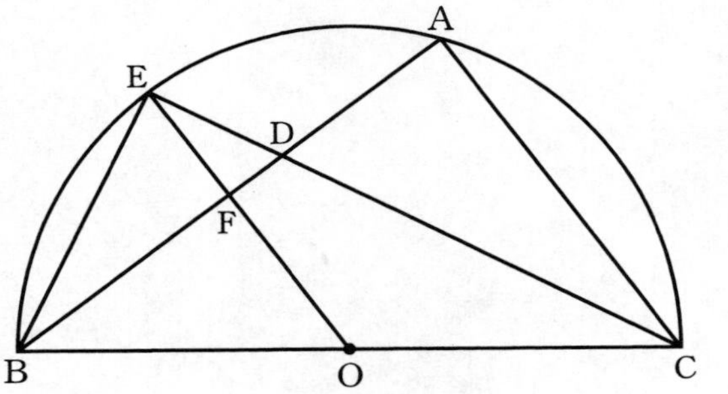

(1) △CAD∽△BFEとなることの証明を，次ページの[　　]の中に途中まで示してある。

[(a)]，[(b)]に入る最も適当なものを，次ページの**選択肢**の**ア**～**カ**のうちからそれぞれ１つずつ選び，符号で答えなさい。また，[(c)]には証明の続きを書き，**証明**を完成させなさい。

ただし，解答は**記述式解答用紙**の解答欄に書きなさい。

また，[　　]の中の①～⑤に示されている関係を使う場合，番号の①～⑤を用いてもかまわないものとする。

証明

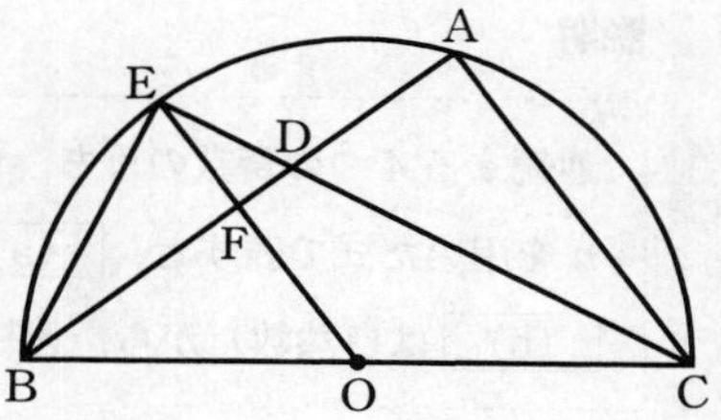

仮定から，　∠ACE＝∠OCE　……①

円Ｏの半径だから，　[(a)]　……②

②より，　∠OCE＝∠OEC　……③

①，③より，　∠ACE＝∠OEC　……④

④より，[(b)]が等しいから，

AC∥EO　……⑤

(c)　△CADと△BFEにおいて，

選択肢

ア　OB＝OE	**イ**　OC＝OE	**ウ**　OB＝OC
エ　同位角	**オ**　錯角	**カ**　対頂角

(2) AB＝4 cm，AC＝3 cmのとき，四角形OCDFの面積は，$\frac{\boxed{ア}}{\boxed{イ}}$ cm^2である。

5 奇数について，次の(1)〜(3)の問いに答えなさい。なお，(2)，(3)は □ のア〜キにあてはまる数字をそれぞれ答えなさい。

(1) 連続する4つの奇数の和が，ある自然数の倍数になることを次のように説明した。
説明の中の (a) に入る数を，下の**選択肢**の**ア〜エ**のうちから，(b) に入る式を，下の**選択肢**の**カ〜ケ**のうちからそれぞれ1つずつ選び，符号で答えなさい。
ただし，同じ記号には同じものがあてはまるものとする。

説明

連続する4つの奇数のうち，最も小さい数を自然数 n を用いて $2n-1$ とおき，4つの奇数の和を n を用いた式で表すと，(a) ×((b))となる。
(b) は自然数だから，連続する4つの奇数の和は，(a) の倍数になる。

選択肢

ア 2	**イ** 4	**ウ** 6	**エ** 8
カ $n-1$	**キ** $n+1$	**ク** $2n-1$	**ケ** $2n+1$

(2) 1から数えて n 番目の奇数を考える。
たとえば，1から数えて3番目の奇数は5である。
1から数えて a 番目の奇数を x，1から数えて b 番目の奇数を y とする。
$x<y$ で，x と y の和が146，差が80のとき，$a=$ アイ，$b=$ ウエ である。

(3) 連続する4つの奇数の和は，$1+3+5+7=16=4^2$ のように，自然数の2乗になる場合がある。
連続する4つの奇数の和が自然数の2乗になり，その和が900に最も近くなるとき，連続する4つの奇数のうち，最も小さい数は， オカキ である。

＜国語聞き取り検査放送用台本＞

（チャイム）

これから，国語の学力検査を行います。まず，問題用紙の１ページと２ページがあることを確認しますので，放送の指示に従いなさい。

（２秒空白）

では，問題用紙の１ページと２ページを開きなさい。

（３秒空白）

確認が終わったら，問題用紙を閉じなさい。１ページと２ページがない人は手を挙げなさい。

（10 秒空白）

次に，解答用紙を出しなさい。

（２秒空白）

最初は聞き取り検査です。これは，放送を聞いて問いに答える検査です。問題用紙の１ページと２ページを開きなさい。

（４秒空白）

一《いち》　これから，中学生の関口さん，石田さんが，学校支援ボランティアの山本さんから，旅行のしおりの作り方についてアドバイスを受けている場面と，それに関連した問いを四問放送します。山本さんは出版社で書籍を編集する仕事をしています。１ページの〔資料１〕と〔資料２〕を見ながら放送を聞き，それぞれの問いに答えなさい。

（２秒空白）

なお，やりとりの途中，（合図音Ａ）という合図のあと，問いを放送します。また，（合図音Ｂ）という合図のあと，場面の続きを放送します。１ページと２ページの余白にメモをとってもかまいません。では，始めます。

（２秒空白）

関口　関口と申します。石田と二人で参りました。本日は旅行で使用するしおりの作り方を教えていただけるそうですね。よろしくお願いします。

山本　山本です。こちらこそよろしくお願いします。早速，しおりの作り方について話していきましょう。まず，どのようなしおりを作る予定なのか，具体的に教えてください。

石田　石田と申します。私たちは，旅行中に持ち歩けるようなしおりを12ページくらいでまとめたいと思っています。「掲載する内容」というプリントを準備してきたので，ご覧ください。

山本　なるほどね。プリントの「しおりに入れなければならない内容」と「しおりに入れたい内容」の違いは何ですか，関口さん。

関口　「入れなければならない内容」のほうは先生からあらかじめ示されていたものです。それに，あると便利で旅行中もみんなに見てもらえるようなしおりにするという，最初の話し合いで決めたことを意識して，自分たちで内容を追加しました。

（合図音Ａ）

問いの(1)　関口さんの最後の発言はどのような意図によるものでしたか。最も適当なものを，選択肢**ア**～**エ**のうちから一つ選び，その符号を書きなさい。

（15 秒空白）

（合図音Ｂ）

山本　十分に考えられた内容だと思いますし，12 ページでまとめるのにちょうどよい情報量だと思います。では，この内容を上手にしおりに収めていく方法を考えていきましょう。私が用意した資料を見てください。しおりには様々な内容を記載しなければなりません。使いやすいしおりにするためには，情報を配置する順番を工夫する必要があります。石田さん，どのような工夫が考えられますか。

石田　事前準備から当日まで，時間の流れに沿って掲載するのはどうでしょうか。

関口　そうですね。それから，連絡先のような情報はいつでも見られるように表紙か裏表紙にあると便利だと思います。

石田　賛成です，関口さん。緊急時の対応も一緒にあったほうがよいと思うので，裏表紙にまとめてはどうでしょうか。

山本　いいですね。その方向で，しおりに入れる内容を順に並べていきましょう。

（合図音Ａ）

問いの(2)　今の関口さんと石田さんのやりとりはどのような様子でしたか。最も適当なものを，選択肢**ア**～**エ**のうちから一つ選び，その符号を書きなさい。

（15 秒空白）

（合図音Ｂ）

山本　資料に必要な情報がすべて盛り込まれているかを確認したうえでその順番を整理するために，私はいつも各ページに掲載する内容がおおまかにわかる見本を作っています。この作業をすることでミスを防ぐことができますよ。

（合図音Ａ）

問いの(3)　山本さんの今の発言は，山本さんの用意した資料のうちのどれに関するものでしたか。１ページの〔資料１〕のＡ～Ｅの中から適当なものを二つ選び，その符号を書きなさい。

（15 秒空白）

（合図音Ｂ）

関口　なるほど，確かに見本はあったほうが便利ですね。どうやって作ればよいのでしょうか。

山本　メモ帳など適当な紙を３枚重ねて折ると，12 ページの冊子と同じ形になります。それに大まかな内容を書いてみる。そうすると，どこにどのような内容を入れたほうがよいのか，わかりやすくなりますよ。

関口　なるほど，おっしゃった通りにやってみたいと思います。

（合図音Ａ）

問いの(4)　関口さんたちは，これからどのようにしおり作りを進めると考えられますか。最も適当なものを，選択肢**ア**～**エ**のうちから一つ選び，その符号を書きなさい。

（５秒空白）

放送は以上です。３ページ以降も解答しなさい。

七

次の【資料】は、高校生を対象に、「対面が欠かせない場面」について質問した結果をグラフに表したものです。この【資料】について、あとの〈条件〉にしたがい、〈注意事項〉を守って、あなたの考えを書きなさい。

【資料】「対面が欠かせない場面」

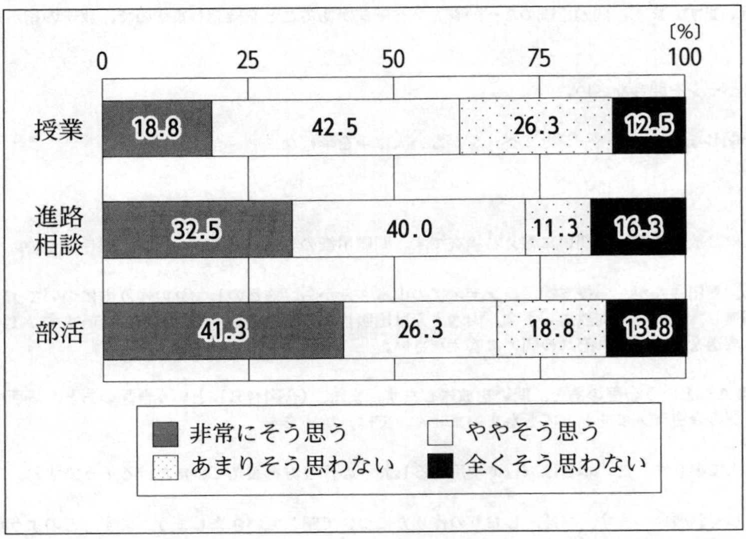

（ソニー生命「コミュニケーションに関する意識調査(2020)」 により作成）

〈条件〉

① **二段落構成**とし、**十行以内**で書くこと。

② 前段では、【資料】から読み取れることと、そのような結果になった理由として考えられることを書くこと。

③ 後段では、対面せずに行ったコミュニケーションに関するあなたの体験や見聞と、その感想を書くこと。

〈注意事項〉

① 氏名や題名は書かないこと。

② 原稿用紙の適切な使い方にしたがって書くこと。
ただし、━━ や ═ などの記号を用いた訂正はしないこと。

云々。

（『古事談』による。）

（注）小尼公＝安養の尼上に仕える尼。

(1) 文章中に^A^持て来たりければとあるが、小尼公の行動を説明したものとして最も適当なものを、次の**ア**～**エ**のうちから一つ選び、その符号を書きなさい。

ア 着るものが何もないと困るので、強盗を追いかけて小袖を取り返し、尼上に届けた。

イ 強盗が落としていった小袖を見つけ出し、尼上に着てもらうために持ってきた。

ウ 紙で作られた夜具だけでは寒いので、自分の小袖を探し出して尼上に差し出した。

エ 強盗の着ていた小袖が落ちていたので、尼上にどうすればよいのか判断を求めた。

(2) 文章中のB主《あるじ》にあたる人物として最も適当なものを、次の**ア**～**エ**のうちから一つ選び、その符号を書きなさい。

ア 尼上　**イ** 小尼公　**ウ** 強盗　**エ** 筆者

(3) 文章中にCよびかへしてとあるが、これについて次の(a)～(c)の問いに答えなさい。

(a) 「よびかへして」を現代仮名づかいに改め、**全てひらがな**で書きなさい。

(b) 誰から誰に対する行動かを、次の**ア**～**エ**のうちから一つ選び、その符号を書きなさい。

ア 尼上から小尼公　**イ** 小尼公から尼上

ウ 小尼公から強盗　**エ** 強盗から小尼公

(c) 何のための行動かを説明した次の文の□に入る言葉を、**十字以内**の現代語で書きなさい。

盗んだあとに落としていった□ため。

(4) 文章中にD返し置きて退散すとあるが、その理由として最も適当なものを、次の**ア**～**エ**のうちから一つ選び、その符号を書きなさい。

ア 尼上の部屋の中に落とした物を届けてくれた小尼公に対して、感謝の意を示したかったから。

イ 自分たちが盗んだと明らかになってしまったので、罪に問われないようにしたいと思ったから。

ウ 尼上の小尼公に対する信頼の深さを知り、盗みをやめて自らも尼上に信頼されたいと考えたから。

エ 盗みを働いたことをとがめない尼上の清らかな心に触れて、自らの行いを恥ずかしく思ったから。

(5) 強盗や泥棒のことを「梁上《りょうじょう》の君子」と言うが、「梁上の君子」の故事の一部に、「習ひ性を以て成り」という言葉がある。こう読めるように、次の「習以性成」に**返り点**をつけなさい。

習ヒ以テ性ヲ成リ

イ 故郷ではない場所で仕事を続けているヨシノは、故郷に戻ることをあきらめている

ウ 故郷ではない場所で生活しているのに、蕗子は故郷のようにとけこむことができた

エ 故郷ではない場所で仕事を続けていくことは、故郷で仕事をするより大変なことだ

(c) [Ⅲ] に入る言葉を、文章中から**五字**で**抜き出して**書きなさい。

(4) 文章中にD フキちゃんが、悲しむよ。すごく、心細いと思う とあるが、このときの朱里の様子を説明したものとして最も適当なものを、次の**ア**～**エ**のうちから一つ選び、その符号を書きなさい。

ア 自分は悲しんでいないということを遠回しに伝えて、ヨシノを気持ちよく送り出そうと意識している。

イ ヨシノが自分だけではなく蕗子のことも置き去りにしようとしていることに気づかせようとしている。

ウ この場にいない蕗子の心情に自分の思いを重ねながら、口に出せていない本音を伝えようとしている。

エ 蕗子のことをどのように考えているのかがわからなくなったので、ヨシノの本音を探ろうとしている。

(5) この文章についてまとめた次の文章を完成させなさい。ただし、[Ⅰ] に入る言葉は、文章中から**七字**で**抜き出して**書くこと。また、[Ⅱ] に入る言葉は、自分の言葉で、**二十字以上、二十五字以内**で書くこと。

> ヨシノは次回冴島に来るときのことを口にするが、[Ⅰ] ことを朱里は確信している。そして「次からは友達」という言葉は、[Ⅱ] ということを意味しているのであり、朱里はそれに対して悲しくなるとともに、改めてヨシノについて何も知らないことを実感する。

六

次の文章を読み、あとの**(1)**～**(5)**の問いに答えなさい。

安養の尼上のもとに、強盗乱入して、房中(部屋の中)にありける物みな捜し取り出《い》だし了《をは》んぬ。尼上、紙衾《かみふすま》(紙で作った夜具だけを)ばかりを着られけり。(注)小尼公走り回りて見ければ、かれ色の小袖を(枯れ草色の衣を)一つ落としたりけるを取りて、「これを落として候《さふら》ひける。たてまつれ(お召しなさいませ)」とてA持て来たりければ、尼上云《い》はく、「それも奪ひ取りて後は、我が物(盗み出した自分の物)とこそ思ふらむに、B主《あるじ》の心行かざらむ物をば、争《いか》でか着るべけむや(どうして着ることができるだろうか いやできない)。遠く行かざる以前に早く返し給《たま》ふべし」と云々《うんぬん》。よりて(そこで)小尼公、門を走り出でて、「やや」Cとよびかへして、「これを落とさしめ給ひたれば、たてまつらむ」と云ひければ、強盗ども立ち帰りて、しばらく案じて、「悪しく参り候ひにけり(私たちがしたことは間違いだった)」とて、取る所の物等併《しか》(すっかり)しながらD返し置きて退散す、と

ウ　朱里とヨシノによる、口には出せない心と心のやりとりを、一つ一つの言葉を対照的に描き分けることで表現している。

エ　ヨシノに対して朱里が抱く不信感について、時間の経過とともに思いが変化した様子を順序立てて示して表現している。

(2)　文章中に B ヨシノの顔が、微《かす》かに歪《ゆが》む とあるが、このときのヨシノの気持ちとして最も適当なものを、次の**ア**～**エ**のうちから一つ選び、その符号を書きなさい。

ア　冴島を出ることを伝えた際の、蕗子の反応をはっきりと思い出すことができずに苦しんでいる。

イ　次の仕事をするために仕方なく冴島を出るのに、蕗子に認めてもらえなくて意外に思っている。

ウ　冴島に住み続けることができないことは当然であり、蕗子の反応を冷ややかに受け止めている。

エ　次の仕事をするために冴島を出ることを伝えた際の、蕗子の反応を思い出して心を痛めている。

(3)　次は、この文章を読んだあとに、東野さん、北田さん、西山さんが、C 自分が思いがけず口にした言葉の衝撃 について話し合った内容の一部である。これを読み、あとの(a)～(c)の問いに答えなさい。

東野さん　これは、蕗子の受けた衝撃について、朱里が想像している部分ですよね。

北田さん　朱里と同じように蕗子も、ヨシノには［Ⅰ］と願っていると朱里は感じています。だからこそ、蕗子がヨシノに強い言葉をぶつけたときの気持ちはわかるはずです。ただ、「あなたの故郷じゃないのに」という言葉は、蕗子自身にも返ってきてしまいます。

西山さん　朱里にとっては島が故郷ですが、蕗子は別の場所から冴島に移住しているので、冴島が故郷ではないからですよね。

東野さん　［Ⅱ］ということを、具体的に言葉にしたことで意識し、衝撃を受けたのだろうと朱里は思ったのですね。

北田さん　自分が、「故郷」という言葉を使ってヨシノを引き留めることができるのだろうかとも考えたかもしれませんね。

東野さん　それに、故郷ではないからこそ自分を受け入れてくれた冴島の存在についても考えたと思います。

北田さん　様々な思いがありつつ、蕗子は［Ⅲ］をする覚悟をしてヨシノと向き合ったと朱里は考えたのですね。

西山さん　それでも、ヨシノは自分の決意を曲げようとはしなかったので、蕗子も見放された、捨てられたと思っているかもしれません。

北田さん　蕗子の登場しないシーンなので、彼女が実際にどう思っていたのか、知りたくなりますね。

(a)　［Ⅰ］に入る言葉を、文章中から**八字**で**抜き出して**書きなさい。

(b)　［Ⅱ］に入る最も適当なものを、次の**ア**～**エ**のうちから一つ選び、その符号を書きなさい。

ア　故郷ではない場所で生活をしている蕗子もいつか、自らの故郷に帰る可能性もあるぶ。そして、唇を引き結んだ。

故郷。

口にした蕗子は、言ってしまった後で、どう思っただろう。彼女も、気持ちは朱里と同じだったはずだ。ヨシノに、冴島にいてほしい。それは、冴島だって同じでも故郷でないと言うなら、ヨシノにとって、それは、冴島だって同じことだ。この場所は彼女の故郷ではない。それに、蕗子にとっても。

故郷ではないからこそ自分を受け入れた田舎の存在を、蕗子は、口にした後で振り返ることはなかったろうか。自分の故郷が別にあること。いずれは、そこに帰るのかもしれないことに、彼女はどの程度、自覚的だっただろう。

C自分が思いがけず口にした言葉の衝撃が、彼女自身の肩に跳ね返り、蕗子が受けたものの大きさが、朱里にははっきりと想像できた。蕗子は、きっと、言ってしまった。

「出てくこと、フキちゃんに言ったんだ」

「うん。どこに行くのかも」

「もう、冴島には来ないの?」

一縷《いちる》の望みをかけるような気持ちで言う。ヨシノは「仕事では」と答えた。

「次に来るのは、遊びに来る時だね。フキや朱里に会いたい時に、遊びに来る。次からは友達だね」

ヨシノは来ないのだ、と思い知る。

多忙なヨシノが、まして、今度は定住してどこかの町を手伝おうという彼女が、島に遊びに来ることなどあり得ない。

次からは友達、と言われたら、その突き放す響きに泣き出しそうになる。酷《ひど》い、と責めたくなる。これまでのヨシノにとって、やはり朱里は、友達ではなかった。

そして、今さらのように、気づいた。

朱里のことを、ヨシノはたくさんたくさん、知っているだろう。だけど朱里は、この人のことを何も知らない。愚痴も不満も、聞いたことが何もない。ヨシノはいつだって、朱里たちを受け止めてくれたけど、彼女の方から何か話してくれたことは一度だってない。

蕗子が強い言葉でヨシノを止めたというのなら、それはよほど覚悟してのことだろう。蕗子はたぶん、最後にヨシノと喧嘩《けんか》をしようとした。大人だけど、衣花《きぬか》(注2)と朱里がするような、本音の喧嘩を。

D「フキちゃんが、悲しむよ。すごく、心細いと思う」

「フキはもう大丈夫。あの子も未菜《みな》も、ここでしっかり暮らしていける」

ヨシノの反応はにべもなかった。

(辻村深月『島はぼくらと』による。)

(注1) フキ＝蕗子。冴島にIターン(都会で生まれ育った人が地方で就職をすること)でやってきた。未菜はフキの娘で、母子ともにヨシノと仲がよい。

(注2) 衣花＝冴島に住む高校生で朱里の親友。

(1) 文章中のA冴島を、捨てるのか。ここのことはもうどうでもいいのか。私たちに、愛着はないのか。――見放すのかという表現についての説明として最も適当なものを、次の**ア**～**エ**のうちから一つ選び、その符号を書きなさい。

ア 朱里がヨシノに対して感じる複雑な思いを、語句の繰り返しとたとえを用いることによってわかりやすく表現している。

イ 短い文を畳みかけるように重ねることによって、ヨシノにぶつけることのできない朱里の本音を印象的に表現している。

エ　恥の感覚を持つことがなくなる。

オ　精神的な苦痛を緩和することができる。

(4) 【1】の文章中の B虚構の構築 についての説明として最も適当なものを、次の**ア**〜**エ**のうちから一つ選び、その符号を書きなさい。

ア　自分が失敗や間違いをするという前提で物事を進行すること。

イ　自分が失敗や間違いをすることのないように準備をすること。

ウ　自分が失敗や間違いをした場合に正しい状態に修正すること。

エ　自分が失敗や間違いをしていないかのように見せかけること。

(5) 【2】の文章中に Cその評価を変えないように とあるが、「頭がいい」という評価を変えないための子どもの行動として、筆者が示している傾向を書きなさい。ただし、**三十字以上、四十字以内**の一文で書くこと。

(6) 【1】と【2】の文章から読み取れる、インポスター症候群についてまとめた次の説明文を完成させなさい。ただし、［Ⅰ］は文章中から**十一字**で**抜き出して**書き、［Ⅱ］はあとの**ア**〜**エ**のうちから最も適当なものを一つ選び、その符号を書くこと。

> 【1】において筆者は、インポスター感情を持つ人の感じ方を説明したうえで、現状はそれに対して［Ⅰ］がないものの、自分なりの対処法を提案する人はいると述べている。さらに【2】では、具体的な褒め言葉とそれに対する反応を示す中で、成績の良さを褒められた場合に関しては、［Ⅱ］ということを説明している。

ア　いつもより優秀な成績をとるとインポスター症候群を意識しない

イ　いつも良い成績をとっている子はインポスター症候群に陥りやすい

ウ　優秀な人に褒められる場合にはインポスター症候群を意識しない

エ　良い点数をとったと実感する子はインポスター症候群に陥りやすい

五

次の文章を読み、あとの(1)〜(5)の問いに答えなさい。

［高校生の池上朱里《いけがみあかり》の住む冴島《さえじま》の活性化に長い間関わってきたヨシノが、三月いっぱいで島との契約を終えることになった。ヨシノは仲のよい朱里に、四月からは他の場所の活性化のために、住み込んで仕事をする予定になっていると告げた。］

「なんで、そこまでするの？　仕事だから？」

自分の声がささくれ立っていくのがわかる。だけど、止められなかった。本当は、もっと直接的な言葉で聞きたかった。A冴島を、捨てるのか。このことはもうどうでもいいのか。私たちに、愛着はないのか。

——見放すのか。

行かないで、ほしかった。

新しい場所に、ヨシノを取られるのが、嫌だった。

「フキ(注1)にも言われたよ。昨日、全部話して、そして怒られた。なんでそこまでするんだって、止められた」

Bヨシノの顔が、微《かす》かに歪《ゆが》む。そして、その言葉を口にした。

「——そこは、あなたの故郷じゃないのにって、言われたよ」

朱里の胸に、蕗子《ふきこ》とヨシノが話すところが、見たことのように思い浮か

【2】

「頭がいいね」とその素質を褒められたとき、子どもはどのように考えているのでしょうか？

子どもには『頭がいい』と思われているのなら、C その評価を変えないように振る舞わなくてはならない」という心理的な圧力がかかります。

これは子どもばかりではなく、大人にも働く力です。「いつもおしゃれですね」と言われると、そう言葉をかけてくれた人の前ではだらしない格好ができなくなってしまったり、「いつもやさしいですね」と言われると、その人には③親切に振る舞わなければならないように感じたり。この現象はラベリング効果と呼ばれることもあります。

つまり「頭がいい」と褒められると、「頭がいいと思われているのなら、期待されているとおりの結果が出るような課題を選ぼう」という考えを持つようになり、難しい課題に挑戦しにくくなってしまうのです。

さらに、「期待されているとおりの結果を見せられないことで相手を失望させたくない」と考えるので、期待されているとおりの結果を報告する＝ウソをつく、という行動が起こりやすくもなるのです。

この研究(注6)は、80点は良い成績である、という前提で進められています。しかしいつも優秀な成績をとっている優秀な子どもたちは「80点が良い点数」とはなかなか感じにくい。

自分では良い点数をとっている実感がなく、努力や工夫が認められることはなく、ただなんとなく褒められてしまう。人よりもやすやすとできてしまうのに、④常に「才能があるね」と褒められ続ける。80点で満足できないような優秀な人たちほど、インポスター症候群に陥る可能性がより高いことの理由には、こうした背景があると考えられます。

（【1】、【2】とも、中野信子『空気を読む脳』による。）

（注1）インポスター感情＝自分の実力を自分で肯定できない心理現象。
（注2）外因＝物事について、外部から生じた原因。
（注3）キャリア＝経験・経歴。
（注4）トピック＝話題。話題になる出来事。
（注5）改竄＝自分に都合のよいように文書等を書きかえること。
（注6）この研究＝一九九〇年代の終わりにコロンビア大学で行われた、10歳から12歳までの子どもたち約四〇〇人に知能テストを行い、その結果をもとに行った実験に対する研究。

(1) 【1】、【2】の文章中の～～～①～④の**四つ**の語のうち、**品詞が異なるもの**を一つ選び、その符号を書きなさい。

(2) 【1】の文章中の a 、 b に入る言葉の組み合わせとして最も適当なものを、次の**ア**～**エ**のうちから一つ選び、その符号を書きなさい。

ア a ―― 恥ずかしい感情　b ―― 探求心に欠け
イ a ―― 素晴らしい感情　b ―― 向上心がなく
ウ a ―― 恥ずかしい感情　b ―― 虚栄心が弱く
エ a ―― 素晴らしい感情　b ―― 無関心になり

(3) 【1】の文章中に A 話し合うことが最も有効である とあるが、筆者の考える「話し合うこと」の効果として適当なものを、次の**ア**～**オ**のうちから**二つ**選び、その符号を書きなさい。

ア 自尊心を高めることができる。
イ 他者と適切な信頼関係を築ける。
ウ 同様の体験者がいると気づける。

三 次の(1)～(5)の――のカタカナの部分を**漢字**に直して、楷書で書きなさい。

(1) ゆっくり息をスう。

(2) 家の周りを塀でカコう。

(3) 各国とボウエキを行う。

(4) 荷物をホカンする。

(5) タントウ直入に話を切り出す。

四 次の文章【1】、【2】を読み、あとの(1)～(6)の問いに答えなさい。

【1】

インポスター(注1)感情を持つ大多数の人は、こんなふうに感じています。

「自分では自分の実力を正確に評価することができない。人々が見ているのは自分の『虚像』にすぎない。しかしこの不確かな『虚像』を基盤として自分の生活は成り立っている。収入も、立場も、社会における地位も、家庭も、ひょっとしたら友人関係でさえ、その『虚像』なしには成立しない。だから、たとえウソをついているような苦しさがあったとしても、その『虚像』を、自分からは崩すことができない……」

インポスター症候群は、疾患や障害というわけではありません。特定の出来事や外因(注2)に対する①正常な心の反応だと考えられています。ただスタンダードな定義を持たないため、その対処法については多くの研究者間でも、合意のある標準的な方法がない状態です。

しかし、この症候群にある人は不安やストレス、自尊心の低さ、抑うつ、恥の感覚、適切な信頼関係を築くことへの困難さなどに苦しめられており、自分なりの対処法の提案をしている人もいます。

インポスター症候群を緩和するには、キャリア(注3)の早い段階から、このトピック(注4)についてA話し合うことが最も有効であると考えられています。インポスター体験をしやすいときに、経験者の助けを借りて自らの状況や感情について話すことができれば、「孤独」や「ウソをついている感じ」による苦痛を和らげることができるでしょう。

通常、インポスター体験を持った大多数の人は、こんな［ a ］は自分だけが経験するものだと考えているために、ほかにも同じ体験をする人がいるなどとは思ってもみなかったと言います。②潜在的な劣等感が想像力を妨げてしまうのでしょう。

インポスター症候群は男女問わず見られるものではありますが、女性の場合は勤勉さによって自分の劣等感を克服しようとする傾向が顕著に見られるのと対照的に、男性では、新しい経験に飛び込む勇気に乏しく、［ b ］、失敗や間違いを恐れ、他人からの否定的意見を回避する傾向が強くなります。

また実際に失敗や間違いを犯した場合には、それが発覚するのを極度に避けようとします。

時には失敗や間違いを犯してしまった自身の「本当の姿」を知られないようにするために、隠蔽工作や記録の改竄《かいざん》(注5)など、しなくてもすむはずのB虚構の構築に必死になって手を染めてしまったりするのです。

(1)（問いを放送します。）

［選択肢］

ア　山本さんの質問を受け、自分たちがあらかじめ作成してきたプリントに目を向けさせる。

イ　山本さんの質問に答えたうえで、プリントに書くべき内容がほかにもあることを伝える。

ウ　山本さんの質問のおかげで、意識しておくべき内容の不足に気づけたことをほのめかす。

エ　山本さんの質問に答えるとともに、しおり作りにおける自分たちの方針を明らかにする。

(2)（問いを放送します。）

［選択肢］

ア　対話をしているうちに考え方に違いがあることが明らかになってきて、お互いに妥協するべき部分が見えてきた。

イ　対話を通して考えが整理されてきて、情報を掲載する順番を決める際に考慮すべき点に意識が向くようになった。

ウ　対話をしているうちに山本さんの導いた方向から話がずれてきて、山本さんの軌道修正で大切な点に思い至った。

エ　対話をするにあたり自分たちの考えよりも山本さんの意見を優先しつつ、掲載するべき情報を絞ることができた。

(3)（問いを放送します。）

(4)（問いを放送します。）

［選択肢］

ア　掲載する情報を載せるべきページを検討するために、適当な紙でしおりの見本を作る。

イ　情報の掲載順が異なるしおりの見本を三冊程度作ってから、どれがよいのか比較する。

ウ　メモ帳にしおりの絵を描いて、実際にどのようなできあがりになるかをイメージする。

エ　見本になるような、しおりと同じページ数の冊子を探して情報の載せ方を参考にする。

聞き取り検査終了後、二以降も解答しなさい。

※〈国語聞き取り検査放送用台本〉は国語の問題の終わりに付けてあります。

二

次の(1)～(4)の――の漢字の読みを、**ひらがな**で書きなさい。

(1)　穏やかな日常を送る。

(2)　さまざまな憶測が行きかう。

(3)　一点差で辛勝する。

(4)　彼は郷土の誉れだ。

二〇二二年度　関東第一高等学校（推薦）

【国　語】（五〇分）〈満点：一〇〇点〉

※注意　各ページの全ての問題について、解答する際に字数制限がある場合には、句読点や「　」などの符号も字数に数えること。

一　これから、中学生の関口さん、石田さんが、学校支援ボランティアの山本さんから、旅行のしおりの作り方についてアドバイスを受けている場面と、それに関連した問いを四問放送します。山本さんは出版社で書籍を編集する仕事をしています。1ページの〔資料1〕と〔資料2〕を見ながら放送を聞き、それぞれの問いに答えなさい。

（放送が流れます。）

〔資料1〕：山本さんの用意した資料

A　必要な情報をすべて盛り込む。
B　掲載する情報の順番を考える。
C　注意事項などを各自が書きこめるよう、余白をつくる。
D　ページが余った場合はメモスペースとして、旅行の思い出・感想などが書けるスペースとする。
E　はみ出さずに情報がすべて印刷されるように注意する。

〔資料2〕：関口さんたちが用意した「掲載する内容」のプリント

●しおりに入れなければならない内容
①日程
②持ち物
③決まり
④連絡先（緊急時）
⑤連絡先（宿泊先）
※表紙を含めて12ページくらい

●しおりに入れたい内容
⑥旅行の目的
⑦緊急時の対応
⑧班行動の予定表
（自由に書きこめる）
⑨座席表

2022年度／関東第一高等学校（推薦）

英語解答

1 問題A　対話文１　ウ　対話文２　ア

対話文３　イ

問題B　Question１　ア

Question２　エ

2 (1)　wrote　(2)　playing

(3)　ウ　(4)　ア　(5)　エ

3 （例）I want some eggs. Let's go on a picnic in the park tomorrow. I'm thinking about making egg sandwiches for the picnic lunch. How does that sound?（27語）

4 (1)　Ⓐ…エ　Ⓑ…イ

(2)　①　（例）Because many women are working today.

②…エ

(3)　①…イ　②…ウ

5 (1)　イ

(2)　（例）They sometimes watch English movies.

(3)　best　(4)　エ

6 (1)　ア　(2)　イ　(3)　ウ　(4)　エ

1〔放送問題〕解説省略

2〔対話文完成─語形変化・整序結合〕

(1)A：図書館で何をしたの？／B：おじいちゃんに手紙を書いたんだ。//What did you ～? と過去形で問われたので，過去形で答える。　write－wrote－written

(2)A：君はテニスが好きらしいね。／B：そうよ。10歳の頃からやってるわ。//have been と目的語の it より，現在完了進行形 have been ～ing「ずっと～し続けている」の文だとわかる。

(3)A：ユウマ，君のクラスで誰が一番速く走る？／B：ケンタだよ。//疑問文なので主語に疑問詞 who を置き，動詞 runs を続ける。この後は 'the＋最上級＋in ～'「～の中で一番…」の形になる。　Yuma, who runs the fastest in your class?

(4)A：将来どこへ行きたい？／B：フランスだな。今そこに行ければなあ。//'I wish＋主語＋(助)動詞の過去形…' で「～ならなあ」という '現在実現できそうにない願望' を表す。　I wish I could visit it now.

(5)A：何かペットを飼ってる？／B：うん，飼ってるよ。とても上手に泳げる犬を飼ってるんだ。//動詞 have の目的語に a dog を置き，残りは which を主格の関係代名詞として用いて a dog を修飾する関係代名詞節をつくる。　I have a dog which can swim very well.

3〔条件作文〕

カナの質問は「スーパーマーケットで私は何を買ったらいいかな？」。アリスの吹き出しには卵，カナとピクニックをしている様子，２人でサンドイッチを食べている様子が描かれている。卵を買う，ピクニックをする，卵サンドイッチを食べることを提案する内容を含めるとよいだろう。　（別解例）Can you buy some eggs? We're going on a picnic in the park tomorrow, right? So I need them. I want to make egg sandwiches.（25語）

4〔読解総合〕

(1)<適語選択─説明文>≪全訳≫**1**お茶には長い歴史があり，それについての興味深い話がたくさんある。そのうちの１つは，神農と呼ばれた古代中国の皇帝についての話だ。その話の中で，お茶は紀元前2700年頃に中国で偶然発見されたと言われている。その話はこういうものだ❷神農は使用人がお湯を沸かしたとき，木の下に座っていた。葉が何枚かそのお湯の中に落ち，神農はそれを飲んでみることに決めた。すると，それがおいしいとわかった。そのときにお茶が生まれたのだ。❸日本の人々は815年より前にお茶を飲み始め，西欧の人々はポルトガルが中国と貿易を始めた1500年頃に飲み始めた。1650年，１人のオランダ人がニューアムステルダムにお茶を持ち込んだ。ニューアムステルダムは今はニューヨークと呼ばれている。そう！　アメリカの人々は1650年より後にお茶を飲み始めたのだ。❹お茶はこのように世界中を旅した。もしお茶の歴史に興味があるなら，インターネットを検索して，もっと情報を探してみてはどうだろうか。

＜解説＞Ⓐ１つ目の空所は「～するとき」の意味の接続詞，２つ目の空所は，前の1500を先行詞とする関係副詞。　Ⓑ‘bring＋物＋to＋場所’で「〈場所〉に〈物〉を持っていく」。

⑵＜読解総合―説明文＞≪全訳≫約60年前，ほとんどの母親が子どもの世話をするために家にいて，ほとんど全ての家事をしていた。父親は働くのに忙しすぎたので，自分の子どもにほとんど会えなかった。彼らは朝早くに家を出て，夜遅くに家に帰った。父親は週に数日しか自分の子どもに会えなかったので，子どもは自分の父親の顔を忘れることがあった。今日，多くの女性が働いているので，家族の生活様式は変化した。父親と母親は多くの場合，協力して自分たちの子どもの世話と家事をしている。父親は子どもが食事を食べるのを手伝ったり，服を着るのを手伝ったり，朝，子どもを学校へ送っていくことさえするかもしれない。自分の子どもが自分の顔を覚えていてくれるので，今や彼らは幸せである。

①＜英問英答＞「なぜ家族の生活様式は変化したのか」―「今日，多くの女性が働いているから」第５文参照。

②＜内容真偽＞ア…×　第１文参照。　イ…×　第４文参照。　ウ…×　第６，７文参照。　エ…○　第７文に一致する。

⑶＜読解総合―広告を見て答える問題＞≪全訳≫グリーンジャズカフェ／７月６日から７月20日までの２週間，休業します。／休業中に／★ホールの壁のペンキを塗ります。★キッチンの設備を取りかえます。★カフェの外に大きな庭をつくります。／再開店を祝して／７月21日木曜日の午前11時に，再開店する予定です。その日にご来店いただいた方には，無料で当店オリジナルのクッキーを差し上げます。／より新しくよくなったグリーンジャズカフェをお楽しみください！／★開店した後には，サラダやデザートが増えた新メニューがあります。★毎週土曜日と日曜日は，午後６時から９時まで，ジャズコンサートをする予定です。／グリーンジャズカフェでご家族やお友達と食べ物や飲み物をお楽しみください！

①＜英問英答＞「７月21日より後に，カフェの外には何があるか」―イ．「大きな庭」

②＜内容真偽＞ア．「グリーンジャズカフェは１か月以上休業する予定だ」…×　休業は２週間。イ．「再開店祝いは火曜日の朝11時に始まるだろう」…×　木曜日である。　ウ．「もしグリーンジャズカフェに７月22日に行けば，新しいメニューが見られる」…○　エ．「グリーンジャズカフェを訪れる人は週に１度ジャズコンサートを楽しむだろう」…×　ジャズコンサートは「毎週土曜日と日曜日」。

5〔**長文読解総合―スピーチ**〕

≪全訳≫❶こんにちは。僕はアキラです。僕は英語を勉強するのが好きで，毎日勉強しています。毎日易しい英語で書かれた本を読みます。また，週末に，僕は英語の字幕で英語の映画を見ます。あなたはどうですか？　あなたの英語の技能を向上させるために，ふだん何をしていますか？　先週，僕はクラスメートにこの質問をしました。**❷**このグラフを見てください。それは僕の質問への答えを示しています。たくさんの生徒ができるだけ多くの英単語を覚えると答えました。それはとても大切だと思います。もし英単語をたくさん知っていれば，僕たちはもっと簡単に英語の本を読んだり，英語の映画を見たりすることができます。**❸**18人の生徒が英語の教科書の文を暗記すると答えました。教科書の中には勉強するためのたくさんの大切な英文があるので，それは僕たちが英語の技能を大いに向上させるのに役立つと思います。**❹**「英語の本を読む」と「英語の字幕で英語の映画を見る」と答えた生徒の数は同じです。僕の友達のヒカルは，週末に英語の字幕で英語の映画を見ると答えました。僕たちはときどき一緒に見ます。僕たちはアクション映画が大好きです。英語の字幕で映画を見ることや英語の本を読むことは，僕たちには難しいときもありますが，どちらも英語の技能を向上させるためのおもしろいやり方だと思います。**❺**このグラフをつくったとき，２人の生徒が「英語を話す練習をする」と答えたことに僕は驚きました。僕も英語を話す練習をしたかったのですが，どうしたらいいのかわかりませんでした。その２人の生徒は僕に，週に２回，オンラインの英語レッスンを受けていると教えてくれました。彼らは僕に，オンラインで外国人の先生と英語で話すことができることも教えてくれました。僕はときどき僕たちの学校の ALT，ホワイト先生と英語で話しますが，それでは十分ではありません。僕にはもっと練習が必要です。それで，僕はオンラインの英語レッスンを受けることに本当に興味があります！**❻**僕たちが英語を一生懸命勉強することはとても大切だと僕は確信しています。僕たちの英語の技能を向上させるために，僕たちは毎日勉強するべきです。だから，勉強する方法がおもしろくなければいけません。英語を勉強するたくさんの方法を試して，あなたにとって一番いい方法を見つけてください。

(1)＜**適語選択**＞空所を含む文の内容から，「英語の教科書の文を暗記する」と答えた生徒の人数が入るとわかる。

(2)＜**英問英答**＞「アキラとヒカルはときどき一緒に何をするか」―「彼らはときどき一緒に英語の映画を見る」　第４段落第２，３文参照。ここの them は English movies のこと。

(3)＜**適語補充**＞空所を含む文の「たくさんの方法を試して，あなたにとって（　）な方法を見つけて」という文脈から判断できる。空所の直前に the があることも手がかりになる。

(4)＜**内容真偽**＞ア．「先週，70人以上の生徒がアキラの質問に答えた」…×　グラフ参照。全ての人数をたすと65人になる。　イ．「アキラは英語の教科書の中の文を暗記することは役に立たないと思っている」…×　第３段落参照。　ウ．「英語の技能を向上させるために英語の本を読むとは１人の生徒も答えなかった」…×　第４段落第１文およびグラフ参照。　エ．「アキラは英語を勉強する方法はおもしろくあるべきだと思っている」…○　第６段落第３文に一致する。

6〔**対話文完成―適文選択**〕

≪全訳≫❶エリカ(E)：こんにちは，スミス先生。私の名前はエリカです。私は新聞部に入っています。(1)いくつか質問をしてもよろしいですか？**❷スミス先生(S)**：ええ，もちろん。**❸E**：日本に来たのはいつですか？❹S：約３年前に日本に来て，それ以来ずっとヒガシ市に住んでいるの。❺E：なるほど。この市に住むのを楽しんでいますか？❻S：ええ。(2)ここはすばらしいわ。❼E：それはよかったです。私は先生の英語の授業が好きです。先生の趣味についても教えていただけますか？❽S：私の趣味はランニングよ。今は，毎日夕食の前に走っているの。❾E：わあ！　毎日走るのは私には難しいです。❿S：きれいな浜辺に沿って走れるので，この市で走るのは私にとってとても楽しいわ。⓫E：オキハマビーチのことですか？⓬S：ええ。⓭E：この市に住んでいるボランティアの人たちが毎週末そこを掃除していて，私の母はその中の１人なんです。(3)だから，母はそれを聞いたらきっととても喜びます。⓮S：そうだといいわね。⓯E：お時間をいただき，どうもありがとうございました，スミス先生。先生についていい記事が書けると思います。⓰S：(4)それを読むのを楽しみにしているわ。⓱E：気に入っていただけるといいと思います。

＜解説＞⑴スミス先生が「ええ，もちろん」と答えた後に，エリカはいくつか質問をしている。⑵「この市に住むのを楽しんでいますか？」という質問の答えとなるのは，イ．「ここはすばらしいです」だけ。　⑶スミス先生のI hope so.「そうだといいわね」のso「そう」の内容を考える。ウのbe very happy to ～のto以下は‘感情の原因’を表す副詞的用法のto不定詞。　⑷エリカに「先生についていい記事が書けると思います」と言われた後のスミス先生の返答である。　look forward to ～ing「～するのを楽しみに待つ」

数学解答

1 (1) ア…6　イ…3
(2) ウ…2　エ…7
(3) オ…9　カ…3
(4) 4　(5) ク…5　ケ…6
(6) コ…8　サ…6

2 (1) ④　(2) ア…4　イ…8
(3) ウ…2　エ…4
(4) オ…3　カ…8
(5) （例）

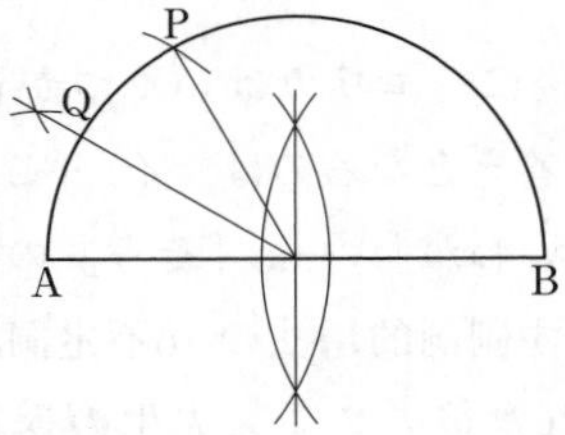

3 (1) ア…3　イ…2
(2) ウ…1　エ…8
(3) オ…2　カ…2

4 (1)
(a)…イ　(b)…オ
(c)　（例）半円の弧に対する円周角だから，$\angle DAC=90^\circ$……⑥　⑤，⑥より，平行線の同位角は等しいから，$\angle BFO=\angle DAC=90^\circ$……⑦　⑦より，$\angle EFB=180^\circ-90^\circ=90^\circ$……⑧　⑥，⑧より，$\angle DAC=\angle EFB$……⑨　$\overset{\frown}{AE}$に対する円周角だから，$\angle ACD=\angle FBE$……⑩　⑨，⑩より，2組の角がそれぞれ等しいから，$\triangle CAD \backsim \triangle BFE$
(2) ア…9　イ…4

5 (1) (a)…エ　(b)…キ
(2) ア…1　イ…7　ウ…5　エ…7
(3) オ…1　カ…9　キ…3

1〔独立小問集合題〕

(1)＜数の計算＞$-7\times(-9)=63$

(2)＜数の計算＞与式$=36-3\times\dfrac{3}{1}=36-9=27$

(3)＜式の計算＞与式$=21a-35b-12a+32b=9a-3b$

(4)＜一次方程式＞$x-7x=-17-7$，$-6x=-24$　$\therefore x=4$

(5)＜数の計算＞与式$=\sqrt{2^2\times3}\times\sqrt{2}+\dfrac{18\times\sqrt{6}}{\sqrt{6}\times\sqrt{6}}=2\sqrt{3}\times\sqrt{2}+\dfrac{18\sqrt{6}}{6}=2\sqrt{6}+3\sqrt{6}=5\sqrt{6}$

(6)＜二次方程式＞$(x-1)^2=49$，$x-1=\pm7$，$x=1\pm7$より，$x=1+7=8$，$x=1-7=-6$となる。

2〔独立小問集合題〕

(1)＜資料の活用―度数分布表＞①…誤。表より，分布の範囲は，$5-1=4$(冊)である。　②…誤。最頻値は，度数が最も多い7人の2冊である。　③…誤。度数の合計は18人だから，中央値は，冊数の少ない方から9人目と10人目の冊数の平均値になる。$2+7=9$(人)より，少ない方から9人目は2冊，$9+2=11$(冊)より，10人目は3冊だから，中央値は$\dfrac{2+3}{2}=2.5$(冊)である。　④…正。$(1\times2+2\times7+3\times2+4\times3+5\times4)\div18=54\div18=3$(冊)である。

(2)＜関数―a，bの値＞一次関数$y=ax+b$で，傾きが4より，$a=4$である。また，一次関数$y=4x+b$は点$(-2,\ 0)$を通るので，$x=-2$，$y=0$を代入して，$0=4\times(-2)+b$より，$b=8$である。

(3)＜空間図形―体積＞右図1で，4点P，D，E，Gを頂点とする立体は三角錐である。また，4点B，D，E，Gを頂点とする立体も三角錐で，これらの三角錐の底面をそれぞれ△PDG，△BDGと見

図1

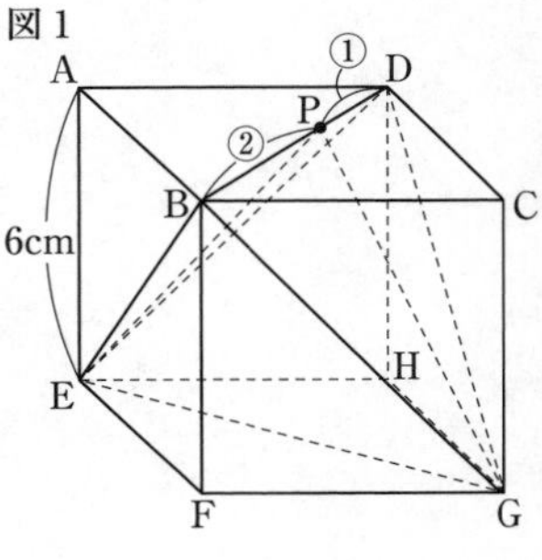

ると，高さは等しいから，体積の比は底面積の比と等しくなる。△PDG，△BDGの底辺をそれぞれPD，BDと見ると，高さは等しいから，BP：PD＝2：1より，△PDG：△BDG＝PD：BD＝PD：(BP＋PD)＝1：(2＋1)＝1：3となる。よって，〔三角錐PDEG〕：〔三角錐BDEG〕＝△PDG：△BDG＝1：3より，〔三角錐PDEG〕$=\frac{1}{3}$〔三角錐BDEG〕である。ここで，三角錐BDEGは，立方体ABCD-EFGHから，合同な4つの三角錐ABDE，三角錐CBGD，三角錐FBEG，三角錐HDEGを除いた立体だから，その体積は，$6^3-\left\{\frac{1}{3}\times\left(\frac{1}{2}\times6\times6\right)\times6\right\}\times4=216-144=72$となる。したがって，求める立体の体積は，$\frac{1}{3}\times72=24$(cm^3)である。

(4)＜**確率—色玉**＞袋の中の4個の玉を赤$_1$，赤$_2$，白，青とすると，1回目も2回目も取り出し方は4通りあるので，玉の取り出し方は全部で$4\times4=16$(通り)ある。このうち，2回とも同じ色の玉を取り出すのは，(1回目，2回目)＝(赤$_1$，赤$_1$)，(赤$_1$，赤$_2$)，(赤$_2$，赤$_1$)，(赤$_2$，赤$_2$)，(白，白)，(青，青)の6通りだから，求める確率は$\frac{6}{16}=\frac{3}{8}$である。

(5)＜**平面図形—作図**＞右図2で，円の中心Oは，線分ABの垂直二等分線とABの交点である。線分ABを直径とする半円をかくと，∠BOP＝120°より，∠AOP＝180°－∠BOP＝180°－120°＝60°で，OA＝OPより，点Pは線分AOを1辺とする正三角形の頂点になるから，AP＝AOとなる点Pを$\overset{\frown}{\mathrm{AB}}$上にとればいい。また，∠BPQ＝105°で，線分ABが半円の直径より∠APB＝90°だから，∠QPA＝∠BPQ－∠APB＝105°－90°＝15°となり，$\overset{\frown}{\mathrm{AQ}}$に対する円周角と中心角の関係より，∠QOA＝2∠QPA＝2×15°＝30°となる。よって，∠QOP＝∠AOP－∠QOA＝60°－30°＝30°より，∠QOA＝∠QOPとなるから，∠AOPの二等分線と$\overset{\frown}{\mathrm{AB}}$の交点がQになる。解答参照。

図2

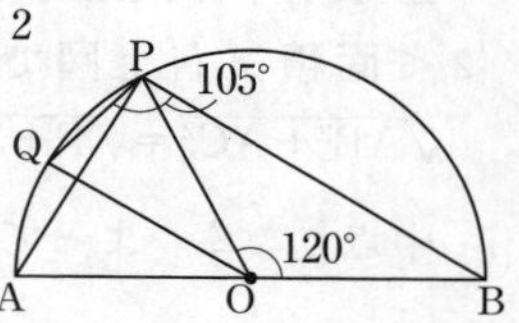

3〔**関数—関数$y=ax^2$と一次関数**〕

(1)＜**直線の式**＞右図1において，点Aは関数$y=2x^2$のグラフ上にあり，x座標が2だから，$y=2\times2^2=8$より，A(2, 8)である。点Cのy座標が2で，点Dは点Cを通りx軸に平行な直線とy軸との交点より，点Dのy座標も2だから，D(0, 2)である。2点A，Dを通る直線の傾きは，$\frac{8-2}{2-0}=\frac{6}{2}=3$で点Dの$y$座標より切片は2だから，求める直線の式は$y=3x+2$である。

図1

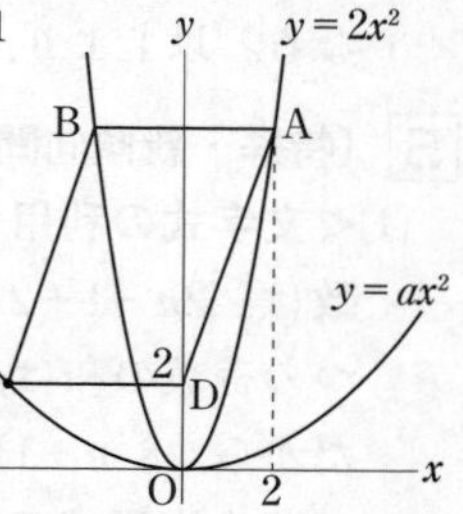

(2)＜**比例定数**＞点Bは点Aとy軸について対称な点だから，B(－2, 8)である。よって，線分ABの長さは，AB＝2－(－2)＝4である。また，AB∥DC，AD∥BCだから，四角形ABCDは平行四辺形である。これより，DC＝AB＝4だから，点Cのx座標は0－4＝－4となり，C(－4, 2)である。関数$y=ax^2$のグラフは点Cを通るので，$2=a\times(-4)^2$より，$a=\frac{1}{8}$である。

図2

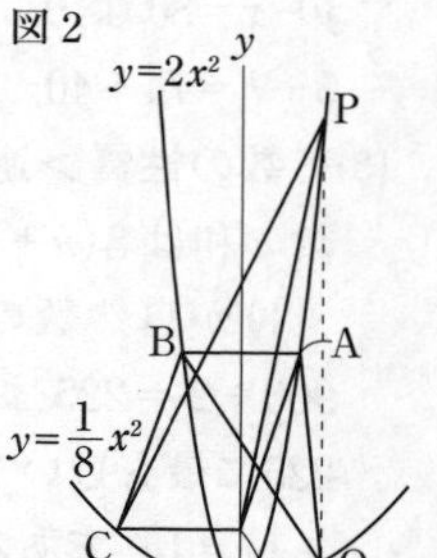

(3)＜**座標**＞右図2で，点Pのx座標をtとすると，点Pは関数$y=2x^2$のグラフ上にあるので，y座標は$y=2t^2$となり，P(t, $2t^2$)である。点Qは，点Pを通りy軸に平行な直線と関数$y=\frac{1}{8}x^2$のグラフとの交点だから，点Qのx座標もtで，y座標は$y=\frac{1}{8}t^2$となり，Q$\left(t,\ \frac{1}{8}t^2\right)$である。△PCDと△QABの底辺をそれぞれCD，ABと見ると，四角形ABCDが平行四辺形よりAB

=CD だから，底辺は等しくなり，面積の比は高さの比と等しくなる。△PCD の高さは，2点P，Cの y 座標の差より $2t^2-2$ と表せ，△QAB の高さは，2点A，Q の y 座標の差より $8-\frac{1}{8}t^2$ と表せる。よって，△PCD の面積が△QAB の面積の2倍となるとき，$2t^2-2=2\left(8-\frac{1}{8}t^2\right)$ が成り立つ。これを解くと，$t^2-1=8-\frac{1}{8}t^2$，$\frac{9}{8}t^2=9$，$t^2=8$，$t=\pm2\sqrt{2}$ となる。$t>2$ より，$t=2\sqrt{2}$ だから，点Pの x 座標は $2\sqrt{2}$ である。

4 〔平面図形―半円〕

≪基本方針の決定≫(2)　〔四角形 OCDF〕=〔四角形 OCAF〕−△ACD と考える。

(1)**＜証明＞**右図で，∠OCE=∠OEC を導くため，(a)には OC=OE が入る。また，∠ACE と∠OEC の関係より，(b)には錯角が入る。さらに，△CAD と△BFE で，AC∥EO で，∠DAC=90°だから，∠DAC=∠BFO=∠EFB となり，$\overset{\frown}{\mathrm{AE}}$ に対する円周角が等しいことから，∠ACD=∠FBE となる。解答参照。

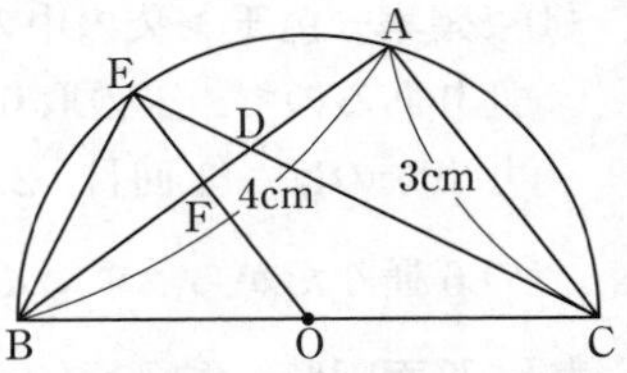

(2)**＜面積＞**右上図で，△ABC は∠BAC=90°の直角三角形だから，三平方の定理より，BC=$\sqrt{\mathrm{AB}^2+\mathrm{AC}^2}=\sqrt{4^2+3^2}=\sqrt{25}=5$ である。△ABC で，AC∥FO，BO=OC だから，点Fは辺 AB の中点となる。よって，FA=FB=$\frac{1}{2}$AB=$\frac{1}{2}\times4=2$ であり，中点連結定理より，FO=$\frac{1}{2}$AC=$\frac{1}{2}\times3=\frac{3}{2}$ となる。また，EO=BO=$\frac{1}{2}$BC=$\frac{1}{2}\times5=\frac{5}{2}$ だから，FE=EO−FO=$\frac{5}{2}-\frac{3}{2}=1$ となる。よって，(1)より△CAD∽△BFE だから，AD：FE=AC：FB より，AD：1=3：2 となり，AD×2=1×3，AD=$\frac{3}{2}$ である。したがって，四角形 OCAF は FO∥AC より台形だから，〔台形 OCAF〕=$\frac{1}{2}\times(\mathrm{FO}+\mathrm{AC})\times\mathrm{FA}=\frac{1}{2}\times\left(\frac{3}{2}+3\right)\times2=\frac{9}{2}$ となり，△ACD=$\frac{1}{2}\times\mathrm{AD}\times\mathrm{AC}=\frac{1}{2}\times\frac{3}{2}\times3=\frac{9}{4}$ となる。以上より，〔四角形 OCDF〕=〔台形 OCAF〕−△ACD=$\frac{9}{2}-\frac{9}{4}=\frac{9}{4}$(cm²)である。

5 〔特殊・新傾向問題〕

(1)**＜文字式の利用―証明＞**連続する4つの奇数で最も小さい数を $2n-1$ とすると，残りの3つの奇数は，$2n-1+2=2n+1$，$2n+1+2=2n+3$，$2n+3+2=2n+5$ と表される。よって，連続する4つの奇数の和は，$(2n-1)+(2n+1)+(2n+3)+(2n+5)=8n+8=8(n+1)$ となる。$n+1$ は自然数だから，$8(n+1)$ は8の倍数である。

(2)**＜連立方程式の応用＞**1からかぞえて n 番目の奇数は，$1+2(n-1)=2n-1$ と表せるので，1からかぞえて a 番目の奇数は $2a-1$，b 番目の奇数は $2b-1$ となり，$x=2a-1$，$y=2b-1$ である。$x+y=146$ だから，$(2a-1)+(2b-1)=146$ より，$2a+2b=148$，$a+b=74$……①，$x<y$ だから，$y-x=80$ より，$(2b-1)-(2a-1)=80$，$-2a+2b=80$，$-a+b=40$……②となる。①+②より，$b+b=74+40$，$2b=114$，$b=57$ となり，これを①に代入して，$a+57=74$ より，$a=17$ となる。

(3)**＜数の性質＞**連続する4つの奇数で最も小さい数を $2n-1$ とすると，(1)より，連続する4つの奇数の和は $8(n+1)$ である。$8(n+1)=2^2\times2(n+1)$ だから，$8(n+1)$ が自然数の2乗になるのは，$2(n+1)$ が自然数の2乗になるときである。また，$8(n+1)$ が900に最も近くなるとき，$2(n+1)$ は，$900\div2^2=225$ より，225に最も近い自然数の2乗になる。これと $2(n+1)$ が偶数であることから，225に最も近い $2(n+1)$ を探すと，$14^2=196$，$16^2=256$ で，$225-196=29$，$256-225=31$ より，$2(n+1)=14^2$ である。したがって，$2(n+1)=196$，$n+1=98$，$n=97$ だから，最も小さい数は，$2\times97-1=193$ である。

国語解答

一 (1) エ　(2) イ　(3) A，B
(4) ア

二 (1) おだ　(2) おくそく
(3) しんしょう　(4) ほま

三 (1) 吸　(2) 囲　(3) 貿易
(4) 保管　(5) 単刀

四 (1) ④　(2) ア　(3) ウ，オ
(4) エ
(5) 難しい課題に挑戦しにくくなり，期待されている結果でなければウソをつくこともある。(40字)
(6) Ⅰ　合意のある標準的な方法
Ⅱ…イ

五 (1) イ　(2) エ
(3) (a) 冴島にいてほしい　(b)…ア
(c) 本音の喧嘩
(4) ウ
(5) Ⅰ　ヨシノは来ない
Ⅱ　これまでのヨシノにとって朱里は友達ではなかった(23字)

六 (1) イ　(2) ウ
(3) (a) よびかえして　(b)…ウ
(c) 小袖を強盗に渡す
(4) エ　(5) (右参照)

習ヒ以テレ性ヲ成リ

七 (省略)

一〔聞き取り〕
(1)関口さんは，山本さんの質問に答えるとともに，「あると便利で旅行中もみんなに見てもらえるようなしおりにする」という，自分たちの計画を説明したのである。
(2)山本さんと話をしているうちに，問題が整理され，関口さんと石田さんは，「情報を配置する順番」について考えるようになった。さらに，「連絡先」や「緊急時の対応」といった重要なポイントも，しおりに載せるべきだ，ということに二人は気がついたのである。
(3)山本さんは，「資料に必要な情報が全て盛り込まれているかを確認」する必要があり(A…○)，さらに，情報の「順番を整理する」ことが大切だ，と考えている(B…○)。
(4)山本さんの話を聞いて，関口さんは，見本の重要性を知り，見本のつくり方を山本さんに尋ねている。この後，二人は，しおりの内容と配置を検討するために，見本をつくるだろうと考えられる。

二〔漢字〕
(1)音読みは「平穏」などの「オン」。　(2)根拠のない，いい加減な推測のこと。　(3)かろうじて，やっと勝つこと。　(4)音読みは「名誉」などの「ヨ」。

三〔漢字〕
(1)音読みは「呼吸」などの「キュウ」。　(2)音読みは「包囲」などの「イ」。　(3)国と国との間で商業取引をすること。　(4)ものを，壊れたり，なくなったりしないように管理しておくこと。
(5)「単刀」は，一振りの刀。「単刀直入」は，遠回しな言い方をせず，すぐに要点に入ること。

四〔論説文の読解〕出典；中野信子『空気を読む脳』。
≪本文の概要≫【1】インポスター感情を持つ人は，人々が見ているのは自分の「虚像」にすぎないが，自分の生活は，それを基盤として成り立っているので，その「虚像」を自分から壊すことはできないと感じている。インポスター症候群は，男女問わず見られるものではあるが，女性の場合は，勤勉さによって劣等感を克服しようとするのに対し，男性の場合は，新しい経験に飛び込む勇気が乏しく，失敗や間違いを恐れ，他人からの否定的意見を回避する傾向が強くなる。
【2】「頭がいいね」と褒められたとき，子どもには，その評価を変えないように振る舞わなくては

ならないという心理的な圧力がかかり，難しい課題に挑戦しにくくなってしまう。さらに，相手を失望させたくないと考え，よい結果を出したというウソをつくことが起こりやすくもなる。いつも優秀な成績を取る子どもたちは，自分ではよい点数を取っている実感がなく，努力や工夫が認められることもないまま，ただ何となく褒められてしまう。80点で満足できないような優秀な人たちほど，インポスター症候群に陥る可能性が高いことの理由には，こうした背景があると考えられる。

(1)＜**品詞**＞「常に」は，副詞。「正常な」は，形容動詞「正常だ」の連体形。「潜在的な」は，形容動詞「潜在的だ」の連体形。「親切に」は，形容動詞「親切だ」の連用形。

(2)＜**文章内容**＞ａ．「インポスター体験を持った大多数の人」は，「人々が見ているのは自分の『虚像』にすぎない」と思い，「孤独」や「ウソをついている感じ」に苦しんでいる。彼らは，こんなみっともない感情は，「自分だけが経験するものだと考えているために，ほかにも同じ体験をする人がいるなどとは思ってもみなかった」と言うのである。　ｂ．男性の場合，「新しい経験に飛び込む勇気に乏しく」て，「失敗や間違いを恐れ，他人からの否定的意見を回避する傾向」が強い人は，何かを探し求めようとする気持ちを持っていない可能性が高い。

(3)＜**文章内容**＞「インポスター体験をしやすいときに，経験者の助けを借りて自らの状況や感情について話すことができれば，『孤独』や『ウソをついている感じ』による苦痛を和らげることができる」のである(オ…◯)。インポスター症候群に陥った人は，「話し合うこと」によって，「ほかにも同じ体験をする人がいる」ことを知ることができるため，孤独に陥らずにすむ(ウ…◯)。

(4)＜**文章内容**＞「虚構の構築」とは，「失敗や間違いを犯してしまった自身の『本当の姿』を知られないようにするために，隠蔽工作や記録の改竄など」をして，あたかも失敗や間違いなど犯していないかのようなふりをするということである。

(5)＜**文章内容**＞「頭がいい」という評価を変えないようにするために，子どもは，「期待されているとおりの結果が出るような課題」ばかりを選んで，「難しい課題に挑戦しにくく」なる。また，「期待されているとおりの結果を見せられないことで相手を失望させたくない」と考えるので，「期待されているとおりの結果」が出たというウソをつくという「行動が起こりやすくもなる」のである。

(6)＜**文章内容**＞Ⅰ．インポスター症候群は，「スタンダードな定義を持たないため，その対処法については多くの研究者間でも，合意のある標準的な方法がない状態」である。　Ⅱ．いつも優秀な成績をとっていて，80点で満足できないような人たちほど，「自分では良い点数をとっている実感」がなく，褒められる自分を「虚像」と感じてしまいがちなので，「インポスター症候群に陥る可能性がより高い」のである。

五〔**小説の読解**〕出典；辻村深月『島はぼくらと』。

(1)＜**表現**＞「冴島を，捨てるのか」「ここのことはもうどうでもいいのか」「私たちに，愛着はないのか」「見放すのか」という言葉は，朱里が，本当は，ヨシノに言いたかったことである。短い文を重ねることによって，朱里の口には出せないいくつもの本音が切実なものであることが読者に伝わり，強い印象を与えるように工夫されている。

(2)＜**心情**＞ヨシノは，他の場所の活性化のために，冴島から出ていくということを蕗子に告げた。すると，蕗子は，腹を立て，「そこは，あなたの故郷じゃない」のに，「なんでそこまでするんだ」と言って，ヨシノを止めようとした。蕗子の反応を思い出して，ヨシノは，蕗子の心情を思いやり，顔をゆがめたのである。

(3)＜**文章内容**＞(a)朱里は，蕗子もヨシノに「冴島にいてほしい」と望んでいるだろうと感じていた。(b)蕗子にとっても，冴島は故郷ではないので，蕗子は，「あなたの故郷じゃないのに」という言葉を口にしたことによって，「自分の故郷が別にあること」や「いずれは，そこに帰るのかもしれないこと」を意識して，衝撃を受けただろうと朱里は考えていたのである。　(c)「蕗子はたぶん，最後にヨシノと喧嘩をしようとした」のだろうと朱里は推測した。ヨシノが島を去ることを止めようとしたその喧嘩は，「衣花と朱里がするような，本音の喧嘩」になるはずだったのである。

(4)＜心情＞朱里は，蕗子の心情を推測して，「フキちゃんが悲しむよ。すごく，心細いと思う」と言ったが，それは，ヨシノには言えなかった，「行かないで，ほしかった」という朱里の本音でもあった。

(5)＜文章内容＞Ⅰ．定住してまでどこかの町を手伝おうというヨシノが「島に遊びに来ることなどあり得ない」と思った朱里は，「ヨシノは来ない」ことを確信していた。　Ⅱ．「次からは友達」というヨシノの言葉は，「これまでのヨシノにとって，やはり朱里は，友達ではなかった」ということを意味していた。

六〔**古文の読解─説話**〕出典；『古事談』巻第三ノ三三。

≪**現代語訳**≫安養の尼上のところに，強盗が押し入って，部屋の中にあった物を全部探し出して奪ってしまった。尼上は，紙でつくった夜具だけをお召しになっていた。小尼公が走り回って見たところ，枯れ草色の衣を一つ落としていたのを拾って，「これを落としていきました。お召しなさいませ」と言って持ってきたところ，尼上が言うには，「それも奪い取ってから後は，盗み出した自分のものと思っているだろうから，持ち主(である強盗)の納得が得られないものを，どうして着ることができるだろうか，いや，できない。遠くへ行かない前に早くお返ししなさい」などと言った。そこで小尼公は，門を走り出て，「おおい」と呼び戻して，「これをお落としになったので，お返しいたします」と言ったところ，強盗たちは戻ってきて，しばらく考えて，「私たちがしたことは間違いだった」と言って，奪った物をすっかり返して(その場に)置いて退散した，という話だ。

(1)＜**古文の内容理解**＞衣服も全て奪われて，尼上は，紙でつくった夜具だけを着ていた。小尼公は，強盗が落としていった小袖を見つけて，尼上に着てもらおうと，その小袖を持ってきたのである。

(2)＜**古語**＞ここでの「主」は，持ち主のこと。小袖は，もともとは尼上のものだったが，強盗が奪い取った以上は，もう強盗のものである，と尼上は考えたのである。

(3)(a)＜**歴史的仮名遣い**＞歴史的仮名遣いの語頭以外のハ行は，現代仮名遣いでは，原則として，「わいうえお」になる。したがって，「よびかへして」は，「よびかえして」となる。　(b)＜**古文の内容理解**＞小尼公が，強盗を呼び戻したのである。　(c)＜**古文の内容理解**＞小尼公は，強盗が盗んだ後に落としていった小袖を強盗に返すために，強盗を呼び戻したのである。

(4)＜**古文の内容理解**＞尼上は，強盗が奪っていったからには，小袖は，すでに強盗のものであると考えて，小尼公に命じて，強盗に返させた。尼上の振る舞いに心を打たれて，強盗は，奪った物を全て返したのである。

(5)＜**漢文の訓読**＞「習」→「性」→「以」→「成」の順に読む。「性」から「以」に一字返って「性を以て」と読むには，「以」と「性」の間にレ点を打つ。

七〔**作文**〕

前段では，【資料】の数値から，割合の大きい部分あるいは少ない部分に着目して読み取ったことと，その特徴が生じた理由として考えられることをまとめる。後段では，自分の体験や知識もふまえて「対面せずに行ったコミュニケーション」のよい点・悪い点について具体的に考えてみるとよい。誤字脱字に注意して，条件に合わせて書いていくこと。

Memo

2022年度 関東第一高等学校

【英　語】（50分）〈満点：100点〉

1　リスニングテスト（**放送**による**指示**に従って答えなさい。）

〔**問題A**〕 次の**ア**～**エ**の中から適するものをそれぞれ**一つずつ**選びなさい。

＜対話文１＞

ア Curry and rice.
イ Potatoes, carrots, and milk.
ウ Carrots, onions, and milk.
エ Potatoes and beef.

＜対話文２＞

ア He moved the chair in his room.
イ He didn't clean the room.
ウ He drew a picture and put it on the wall.
エ He moved the table in his room.

＜対話文３＞

ア To the computer room.
イ To the music room.
ウ To the library.
エ To Shiori's classroom.

〔**問題B**〕 次の**ア**～**エ**の中から適するものをそれぞれ**一つずつ**選びなさい。

＜Question 1＞

ア Last Sunday.　**イ** Eight years ago.
ウ Last April.　**エ** In winter.

＜Question 2＞

ア To be good friends with her.　**イ** To study how to write Japanese.
ウ To know more about Japan.　**エ** To tell Miki about herself.

※リスニングテスト放送文は，英語の問題の終わりに付けてあります。

2 次の各問に答えよ。

（＊印の付いている単語・語句には，本文のあとに〔**注**〕がある。）

1 Mihoとカナダからの留学生のSallyは，ハワイアンフェスティバル(Hawaiian Festival)のイベントスケジュール(schedule)を見ながら，話をしている。 (A) 及び (B) の中に，それぞれ入る語句の組み合わせとして正しいものは，下の**ア**～**エ**のうちではどれか。ただし，下の図1は，二人が見ているイベントスケジュールである。

図1

February 19 (Saturday)

EVENT	TIME
Hawaiian Movie	10:30～12:30
Hula Show	14:00～14:30
*Ukulele *Performance	17:30～18:00

February 20 (Sunday)

EVENT	TIME
Ukulele Performance	11:00～11:30
Hula Show	15:30～16:00
Hawaiian Movie	17:00～19:00

Miho: The Hawaiian Festival will *be held at Sakura Park this weekend. Why don't we go there?

Sally: That sounds exciting!

Miho: Look at the event schedule. The festival is held on Saturday and Sunday.

Sally: I want to see the (A) , but I have to help my host mother cook dinner at about six on Saturday evening. And it will take more than forty minutes from my house to Sakura Park by bus, so Sunday will be better for me. How about you?

Miho: Sunday will be better for me, too! I want to see the *Hula Show.

Sally: I want to see it, too. Well, we'll have (B) before the Hula Show. What should we do?

Miho: I heard there was a famous Hawaiian restaurant near Sakura Park. How about having lunch there?

Sally: OK!

〔**注**〕 be held 開かれる　hula フラダンス　ukulele ウクレレ
performance 演奏

ア (A) Hawaiian Movie　(B) three hours

イ (A) Hawaiian Movie　(B) four hours

ウ (A) Ukulele Performance　(B) three hours

エ (A) Ukulele Performance　(B) four hours

2 ハワイアンフェスティバルの当日，Sakura公園を出たMihoとSallyは，近くのハワイアンレストランに入り，そこでメニューを見ながら話をしている。 (A) 及び (B) の中に，それぞれ入る単語の組み合わせとして正しいものは，右のページの**ア**～**エ**のうちではどれか。ただし，右のページの図2は，二人が見ているメニューの一部である。

Miho: I'm so hungry!

Sally: Me, too. Here is a menu.

Miho: Thank you. Oh! I'll have a Loco Moco.

Sally: What is a Loco Moco?

Miho: It's a Hawaiian rice *bowl with a *hamburg steak and a *fried egg.

Sally: I see. Everything looks delicious, but actually I *am allergic to （A）.

図2

Menu		
◇Loco Moco	980 yen	*allergens Egg Milk *Wheat
◇*Shrimp Curry	800 yen	allergens Shrimp Milk Wheat
◇Hawaiian Steak (with bread)	1,020 yen	allergens Egg Milk Wheat

Miho: Are you? Then, you should eat a Loco Moco or a Hawaiian steak.

Sally: You're right. I want to have （B）, so I'll have a Hawaiian steak.

〔注〕 bowl どんぶり　(hamburg) steak (ハンバーグ)ステーキ
fried egg 目玉焼き　be allergic to ～ ～にアレルギーがある
allergen アレルゲン(アレルギー起因物質)　wheat 小麦　shrimp 小えび

ア （A） shrimp （B） bread　**イ** （A） shrimp （B） rice
ウ （A） eggs （B） bread　**エ** （A） eggs （B） rice

3 次の文章は，Miho と Sally の交換日記に，Sally が書いた日記である。

Sunday, from Sally

Today, I had a really good time with you. The Hawaiian Festival was a lot of fun. I enjoyed a lot of Hawaiian culture. I have never been to Hawaii, so I want to visit it someday. I also want to visit the restaurant we had lunch at today again. Do you remember that they had Hawaiian pancakes? I want to try some next time.

Through today's experience, I became interested in Hawaiian culture. I want to know more about it. So, I'm planning to learn how to cook Hawaiian food. Actually, there is a cooking school near my house, and it has a Hawaiian food course. I'll *apply for the course next week. After learning how to cook Hawaiian food, I'll invite you to lunch!

By the way, did you know that Hawaii has its own language? People in Hawaii usually speak English, but some schools in Hawaii teach Hawaiian language to their students, too. I want to study it, too.

What are you interested in now? Please tell me about it.

〔注〕 apply for ～ ～に申し込む

(1)　この日記の内容と合っているのは，次のうちではどれか。

ア　Sally wants Miho to go to the cooking school to learn how to cook Hawaiian food with her.

イ　Sally is now planning to go to Hawaii to learn Hawaiian culture.

ウ　Sally likes the Hawaiian restaurant near Sakura Park and wants to go there again.

エ　Miho can speak the Hawaiian language, so Sally wants Miho to teach it to her.

(2)　Sally の日記を読んだ Miho が，Sally に返事を書くことにしました。あなたが Miho だとしたら，Sally にどのような返事を書きますか。次の**＜条件＞**に合うように，下の　　　　の中に，**三つ**の英語の文を書きなさい。

＜条件＞

○　前後の文につながるように書き，全体としてまとまりのある返事の日記文とすること。 ○　Sally に伝えたい内容を**一つ**取り上げ，それを取り上げた理由を含めること。

Monday, from Miho

I also had a good time with you yesterday. Hawaiian culture was very interesting, and the Hawaiian food was delicious! When we become university students, how about going to Hawaii together? I'm sure it will be a lot of fun!

You're interested in Hawaiian food, right? I'm interested in something different. I'll tell you about it.

I hope you'll enjoy learning how to make Hawaiian food and enjoy studying a new language! I'm also looking forward to having Hawaiian food cooked by you!

3 次の対話の文章を読んで，あとの各問に答えよ。

（＊印の付いている単語・語句には，本文のあとに〔**注**〕がある。）

Rena and Akira are high school students in Tokyo. Nick is a student from Australia, and Mr. Oka is their English teacher. Now Mr. Oka is talking to the students in a classroom before class.

Mr. Oka: Good morning, everyone.

Rena: Good morning, Mr. Oka.

Akira: Good morning.

Nick: Hello, Mr. Oka. It's very cold today. I didn't think that it was so cold in March in Tokyo.

Mr. Oka: It's sometimes cold and sometimes warm when seasons change from fall to winter, and from winter to spring. For example, we may have three cold days, and after that, four warm days at the end of winter and in early spring.

Nick: Oh, really? That's interesting. Before I came to Japan, I read a book about the four seasons in Japan. Since then, I have wanted to see how they are different. Now I'm in Japan and I'm enjoying the differences of the seasons.

Rena: Nick, what do you think about the four seasons in Japan?

Nick: (1)Well, I only know three seasons now because I came to Japan last summer. However, I think they are interesting. In summer, some days were too hot for me, but the blue sky was very beautiful. I also enjoyed swimming in the sea. In fall, seeing mountains covered with red and yellow *leaves was wonderful. I think a lot of foods are delicious in fall in Japan. In winter, I could see stars very *clearly at night. Also, I saw snow for the first time in my life. We don't have snow in my town in Australia.

Mr. Oka: You will feel spring next, right?

Nick: Yes. I'm waiting for warm days and beautiful flowers in spring.

Mr. Oka: I think seeing *ume* blossoms is a good way to feel early spring *although it is still cold now.

Akira: (2)That's a good idea! Nick, there is a good park in this city. Last year, my grandfather and I went to the park to see *ume* blossoms. They were very beautiful.

Nick: Oh, really?

Akira: Yes. When I see *ume* blossoms, I feel spring is coming.

Mr. Oka: I feel so, too. (3)Many people who enjoy seeing *ume* blossoms may have similar feelings. Well, Nick, have you ever heard anything about *haiku*? There are many *haiku* about *ume* blossoms.

Nick: Yes, I have read about *haiku* before. It's a kind of traditional Japanese *poetry, right? I tried to write one before, but it was too difficult for me.

Mr. Oka: Yes, it's a kind of short poetry. A *haiku* usually *contains a *seasonal word that *indicates the season. It is like a rule for making *haiku.* Also, there are various seasonal words for each season. The word "ume" is a seasonal word for spring.

Nick: Oh, really? I think Japanese people many years ago made seasonal words because there were clear differences among the four seasons in Japan then.

Mr. Oka: I think so, too. You can enjoy the seasons in Japan more if you learn other seasonal words.

Nick: I see. (4) I will.

Akira: Nick, there's a special event for seeing *ume* blossoms in the park. I join the event every year. I will go there next Saturday. My grandfather and my sister will go there with me. How about going with us?

Nick: A special event? Please tell me more about it.

Akira: OK. Do you and your host family use *kotatsu*?

Nick: Yes. It is warm and I like it. We have used it every day at home since last December. I love to spend time with my host family in the *kotatsu.*

Akira: That's good! In the event, we put *kotatsu* in the garden in the park and look at *ume* blossoms.

Nick: Really? I want to join it with you.

Akira: OK. We usually bring *ume* juice when we join the event. You can try it when you see *ume* blossoms.

Nick: That sounds great!

Mr. Oka: I didn't know about the event. (5) I have never used a *kotatsu* in that way. Actually, "kotatsu" is a seasonal word that indicates winter.

Nick: Oh, that's interesting. By seeing *ume* blossoms in the *kotatsu,* I will be able to feel both winter and spring.

〔**注**〕 leaves　leaf(葉)の複数形　　clearly　はっきりと
although ～　～にもかかわらず　　poetry　詩　　contain ～　～を含む
seasonal word　季語　　indicate ～　～を示す

〔問１〕 (1) Well, I only know three seasons now because I came to Japan last summer. の内容を，次のように書き表すとすれば，［　　　］の中に，下のどれを入れるのがよいか。

［　　　］ because I came to Japan last summer.

ア Well, I only know spring, summer, and fall
イ Well, I only know fall, winter, and spring
ウ Well, I only know summer, fall, and winter
エ Well, I only know winter, spring, and summer

〔問２〕 (2)That's a good idea! の内容を，次のように書き表すとすれば，［　　　　］の中に，下のどれを入れるのがよいか。

［　　　　］ is a good idea!

ア　Seeing *ume* blossoms to feel early spring in March

イ　Going to the park to see beautiful flowers in spring

ウ　Learning how different spring in Japan and spring in Nick's country are

エ　Writing a letter about Japanese seasons to Nick's family

〔問３〕 (3)Many people who enjoy seeing *ume* blossoms may have similar feelings. の内容を，次のように書き表すとすれば，［　　　　］の中に，下のどれを入れるのがよいか。

Many people who enjoy seeing *ume* blossoms may ［　　　　］.

ア　think writing *haiku* which contain seasonal words is difficult

イ　feel spring is coming when they see *ume* blossoms

ウ　think *ume* blossoms in the park in Akira's city are beautiful

エ　feel the four seasons in Japan are necessary for them

〔問４〕 (4)I will. の内容を最もよく表しているのは，次のうちではどれか。

ア　I'll find clear differences among the four seasons in Japan.

イ　I'll find old Japanese people who made seasonal words.

ウ　I'll learn various seasonal words for each season in my country.

エ　I'll learn other seasonal words to enjoy the seasons in Japan more.

〔問５〕 (5)I have never used a *kotatsu* in that way. の内容を，次のように書き表すとすれば，［　　　　］の中に，下のどれを入れるのがよいか。

Mr. Oka has never ［　　　　］.

ア　spent time with his family in a *kotatsu*

イ　put a *kotatsu* in a garden

ウ　brought a *kotatsu* to join the event

エ　written a *haiku* which contains the word "kotatsu" as a seasonal word

〔問６〕　本文中で述べられているNickとAkiraに関する情報の組み合わせとして正しいものは，次の表の**ア**～**エ**のうちではどれか。

	Nick	Akira
ア	A student who has been in Japan more than a year.	A Japanese student who is staying in Australia.
イ	A student who has been in Japan more than a year.	A Japanese student who joins the event in the park every year.
ウ	A student who is going to go to the park next Saturday with Akira.	A Japanese student who is staying in Australia.
エ	A student who is going to go to the park next Saturday with Akira.	A Japanese student who joins the event in the park every year.

〔問７〕　次の文章はイベントに参加した日の夜に，Nickが書いた英文日記の一部である。（A）及び（B）の中に，それぞれ入る単語の組み合わせとして正しいものは，下の**ア**～**エ**のうちではどれか。

> Mr. Oka told us that "ume" was a seasonal word for spring in *haiku*, and that "kotatsu" was a seasonal word for winter. Today, I saw a lot of beautiful *ume* blossoms while I was sitting outside in a *kotatsu*. So, I felt both spring and winter *at the same time! I was happy I could feel spring although it was still （A） outside.
>
> Now I'm very interested in seasonal words. I'm going to learn more about them and try writing *haiku*. （B） is coming, so I'm going to write a *haiku* using the word "ume" *to begin with.

〔**注**〕 at the same time　同時に　　to begin with　初めに

ア　(A)　warm　　(B)　Spring
イ　(A)　cold　　(B)　Spring
ウ　(A)　warm　　(B)　Summer
エ　(A)　cold　　(B)　Summer

4 次の文章を読んで，あとの各問に答えよ。

（＊印の付いている単語・語句には，本文のあとに〔**注**〕がある。）

Hello. I'm Sam. Do you have any *yearly *traditions in your family? When I was a child, my family always *celebrated Christmas the same way. In the morning I got up early and ran to the living room to see Santa's presents. My parents were drinking coffee and watching me *happily with sleepy eyes. After playing with my new toys *for a little while, I *got in the car with my family and drove to my grandparents' house *even though it was near our house. We needed the car to carry all the presents!

When we got to my grandparents' house, my other family members and I took all the presents inside, and then waited for my aunt, uncle, and my cousins to arrive. We decided where everyone would sit, and we put the presents next to each person's *spot. After we saw all the beautiful boxes that we were going to open, we had to wait. Before opening presents, we always had breakfast.

My grandfather usually made pancakes on Saturday mornings, but he often burned them a little in the *frying pan. They were still delicious, and I was happy to eat them because I loved spending time with my grandfather. He also made *bacon, eggs, and *sausage. But on Christmas morning, he used the special pancake frying pan called a "griddle." He didn't like to clean it, so he usually just used a *regular frying pan. But Christmas was a special day, so he used the griddle and made perfect pancakes. They were never burnt and they *tasted better than the pancakes he made the rest of the year. The bacon, eggs, and sausage were especially good, too! But even though the breakfast was really nice, we children *were eager to see our presents. So, we ate very quickly! Then, we *asked if we could open our presents. The adults all laughed and said, "We're still drinking our coffee, so you'll have to wait a little longer." They did this every year, and they enjoyed it. They were trying to teach us to be *patient and *polite. And they needed coffee to help them stay *awake because they all *stayed up late the night before to *prepare a wonderful Christmas for us!

Finally, after a very long time for the children, we all went into the living room to open presents. Of course, it was exciting to see what we got for Christmas, but it was also a lot of fun to watch others opening their presents. It was a very happy time. Christmas mornings are my most *treasured *childhood memories.

But Christmas wasn't *over yet. After we finished opening our presents, we played with them together. The adults were there to help us, but usually they just talked and drank more coffee. They drank so much coffee!

Around lunchtime we were all still very full from breakfast, so we didn't eat much. And sometimes we children and adults *took a nap. <u>Christmas can be very *tiring!</u> After that, it was time for our next tradition. We got in the car again and drove to my aunt and uncle's house. It was time for even more food! We ate ham, *turkey and stuffing, pasta salad, fruit salad, potato salad, ice cream, and so many pies! We always ate too much, and we enjoyed our time together as a family. After Christmas dinner, my cousins showed me their presents from Santa, and we played some more. The adults watched TV, talked, played cards, and drank more coffee!

After we were filled with delicious food and happy memories, we went home at about ten at night. My parents asked me, “Did you have a good Christmas?”, and every year the answer was the same. “Yes! Thank you!”

Just thinking about these memories now still *makes me smile. Traditions like this, especially with my family, are very important. I hope I will be able to make happy memories like these for my children in the future. And I hope you will make many happy memories with your family, too!

〔注〕 yearly 例年の　tradition 慣習　celebrate ～ ～を祝う
happily 幸せそうに　for a while しばらくの間　get in ～ ～に乗り込む
even though ～ ～にもかかわらず　spot 場所　frying pan フライパン
bacon ベーコン　sausage ソーセージ　regular 通常の
taste (～の)味がする　be eager to ～ ～することを熱望する
ask if ～ ～かどうか尋ねる　patient 忍耐強い　polite 礼儀正しい
awake 目が覚めて　stay up late 夜ふかしする　prepare ～ ～を準備する
treasured 宝物のような　childhood 子ども時代　over 終わって
take a nap 昼寝をする　tiring 疲れさせる
turkey and stuffing 七面鳥と詰め物　make ～ … ～を…させる

〔問1〕 Christmas can be very tiring! の内容を，次のように書き表すとすれば，［　　］の中に，下のどれを入れるのがよいか。

They are tired because ［　　］.

ア their parents didn’t let them open their presents even though they waited for a long time

イ they had a lot of things to do such as opening presents, playing with them, and having special meals

ウ they had to help the adults prepare the Christmas party and they didn’t have time to enjoy Christmas

エ there were a lot of adults around them and they had to keep being patient and polite that day

〔問2〕 次の①～④の文を，本文の内容の流れに沿って並べ換えたものとして適切なものは，下のア～エのうちではどれか。

① Sam and other children opened their Christmas presents together.
② Sam and his family drove to his grandparents’ house.
③ Sam had pancakes made with a special frying pan for breakfast.
④ Sam got in the car and went to his aunt and uncle’s house.

ア ① → ② → ④ → ③　　イ ① → ③ → ② → ④
ウ ② → ① → ③ → ④　　エ ② → ③ → ① → ④

〔問3〕 次の(1)～(3)の文を，本文の内容と合うように完成するには，[　　　] の中に，それぞれ下のどれを入れるのがよいか。

(1) After getting up on Christmas day, Sam [　　　].

ア went to the living room to see the Christmas presents from Santa
イ had breakfast in the living room before checking the presents from Santa
ウ went to his grandparents' house to show them the presents from Santa
エ started to drink coffee while his parents were opening their presents from Santa

(2) Sam's grandfather didn't usually use a griddle because [　　　].

ア he couldn't cook well with it
イ it was too heavy for him to use
ウ it was only for Christmas day
エ he didn't like to clean it

(3) Sam thinks that traditions with his family are very important and that [　　　].

ア he wants to do something for his parents now
イ all adults should prepare presents to make their children happy
ウ he wants to make such happy memories for his children
エ he really enjoyed Christmas with their children

〔問4〕 次の(1)，(2)の質問の答えとして適切なものは，それぞれ下のうちではどれか。

(1) Why did the adults in Sam's family need so much coffee?

ア Because they were full and couldn't eat meals.
イ Because they went to bed late the night before.
ウ Because they were tired from playing with their children.
エ Because they got delicious coffee as a present.

(2) What did Sam do at his aunt and uncle's house?

ア He had breakfast and opened presents.
イ He had lunch and slept a little.
ウ He had dinner and played with presents.
エ He took a bath and slept with his cousins.

＜リスニングテスト放送台本＞

開始時の説明

これから，リスニングテストを行います。

問題用紙の１ページを見なさい。リスニングテストは，全て放送による指示で行います。リスニングテストの問題には，問題Aと問題Bの二つがあります。質問に対する答えを選びなさい。

英文とそのあとに出題される質問が，それぞれ全体を通して二回ずつ読まれます。問題用紙の余白にメモをとってもかまいません。答えは全て解答用紙にマークしなさい。（２秒の間）

〔問題A〕

問題Aは，英語による対話文を聞いて，英語の質問に答えるものです。ここで話される対話文は全部で三つあり，それぞれ質問が一つずつ出題されます。

では，＜対話文１＞を始めます。（３秒の間）

Father: Kate, what do you want to have for dinner tonight?

Kate: Curry and rice! Your curry is really good, Dad.

Father: OK. Let's see. Oh. There are enough potatoes and beef, but we don't have enough carrots and onions.

Kate: Shall I go to the supermarket for you? You have been busy since this morning, right?

Father: Thank you, Kate. Then, can you buy some milk, too?

Kate: Sure. （３秒の間）

Question: What is Kate going to buy at a supermarket?

（１回目：５秒の間，２回目：10 秒の間）

繰り返します。（２秒の間）

（対話文１と質問の繰り返し）

＜対話文２＞を始めます。（３秒の間）

Bob: Mom, I want you to see my room. Come on!

Mother: Oh! Your room looks different, Bob. You cleaned your room and moved some things, right?

Bob: That's right. Do you know what I moved?

Mother: Umm. A chair? I think it was near the windows.

Bob: No. I didn't move that. I moved this small table near the wall. Now the room looks larger.

Mother: Yes, it does. Oh! You put a picture on the wall, too.

Bob: Yes, I did. My friend Misaki drew it. （３秒の間）

Question: Which is true about Bob? （１回目：５秒の間，２回目：10 秒の間）

繰り返します。（２秒の間）

（対話文２と質問の繰り返し）

＜対話文３＞を始めます。（３秒の間）

Ken: Hi, Lucy. I'm looking for Shiori. Did you see her?
Lucy: Hi, Ken. Yes, I saw her in the library about one hour ago. She was using a computer there.
Ken: I've just checked in the library, but she wasn't there.
Lucy: I see. Well, do you know what time it is now?
Ken: Yes. It's just three.
Lucy: Then, she may be in the music room. She said she was going to practice singing with her friends after school.
Ken: The brass band club is using the music room now.
Lucy: Then, how about her classroom? Last week, she was practicing singing there.
Ken: She may be there. I'll go there. Thank you! （３秒の間）

Question: Where is Ken going to go next? （１回目：５秒の間，２回目：10 秒の間）
繰り返します。（２秒の間）
（対話文３と質問の繰り返し）
これで問題Aを終わり，問題Bに入ります。

〔**問題B**〕（３秒の間）

これから聞く英語は，留学生の Judy がイギリスに帰国する前にクラスで行ったスピーチです。内容に注意して聞きなさい。
あとから，英語による質問が二つ出題されます。質問に対する答えを選びなさい。
では，始めます。（２秒の間）

Next Sunday, I'm going to go back to my country. When I came to this school last April, I couldn't speak Japanese very well. However, all of you helped me a lot. You spoke to me in easy Japanese. So, I enjoyed talking with you, and my Japanese became better.

One of my best friends, Miki, suggested that we should exchange e-mails in Japanese, too. I was very happy because it was still difficult for me to write Japanese. Soon I started exchanging e-mails with her. It was good practice for not only writing Japanese, but also reading it. I want to keep improving my Japanese skills, so I'm going to keep exchanging e-mails in Japanese with Miki after I go back to my country.

I had a very good time with you for eight months. I will never forget the days that I spent with you at this school. Thank you very much and goodbye.

（３秒の間）

Question 1: When did Judy come to Japan? （１回目：５秒の間，２回目：10 秒の間）
Question 2: Why did Judy start exchanging e-mails with Miki?
（１回目：５秒の間，２回目：10 秒の間）

繰り返します。（２秒の間）
（問題Bの英文と質問の繰り返し）

以上で，リスニングテストを終わります。２ページ以降の問題に答えなさい。

【数　学】（50分）〈満点：100点〉

1　次の各問に答えよ。

〔問１〕次の(1)～(8)において，［　］の中の「あ」～「せ」に当てはまる数字をそれぞれ答えよ。

(1)　$12-6\div\frac{2}{3}$　を計算すると，［あ］である。

(2)　$2(3a+5b)-3(a+b)$　を計算すると，［い］a＋［う］bである。

(3)　$\sqrt{54}+\sqrt{48}\div\sqrt{2}$　を計算すると，［え］$\sqrt{［お］}$である。

(4)　一次方程式　$x-3=4x-21$　を解くと，$x=$［か］である。

(5)　連立方程式　$\begin{cases}4x+3y=9\\5x+4y=11\end{cases}$　を解くと，$x=$［き］，$y=-$［く］である。

(6)　二次方程式　$x^2-9x+18=0$　を解くと，$x=$［け］，［こ］（ただし，［け］＜［こ］）である。

(7)　右のように，4，6，9の数字がそれぞれ書かれたカードが２枚ずつある。これら６枚のカードをよくきってから裏返し，同時に２枚のカードをひくとき，ひいた２枚のカードに書かれた数の積が18の倍数になる確率は，$\frac{［さ］}{［し］}$である。

4	6	9
4	6	9

(8)　右の**図１**は，$\angle B=60°$の平行四辺形ABCDの辺BC上に$AB=AE$となる点Eをとり，線分DEと対角線ACとの交点をFとしたものである。

$\angle CAE=16°$のとき，xで示した$\angle AFD$の大きさは，［すせ］度である。

図１

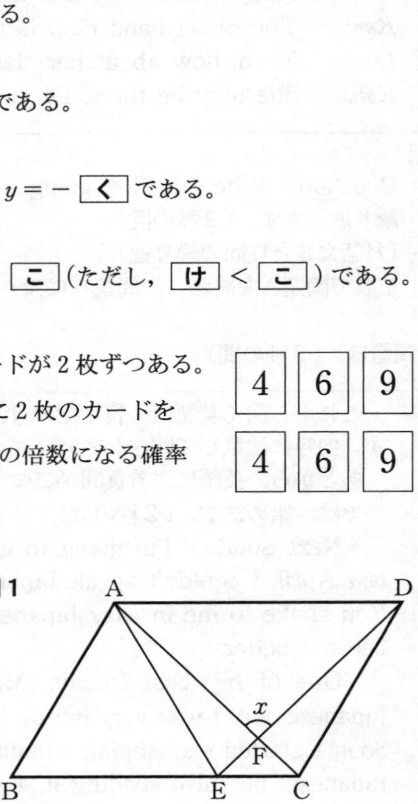

〔問２〕右の**図２**のような△ABCがあり，点Dは辺BC上にある。

記述式解答用紙の解答欄に示した図をもとにして，２辺AB，BCと接する円の中心Oが，点Dを通る辺BCの垂線上にあるとき，点Oを定規とコンパスを用いて作図によって求め，点Oの位置を示す文字Oも書け。

ただし，作図に用いた線は消さないでおくこと。

図２

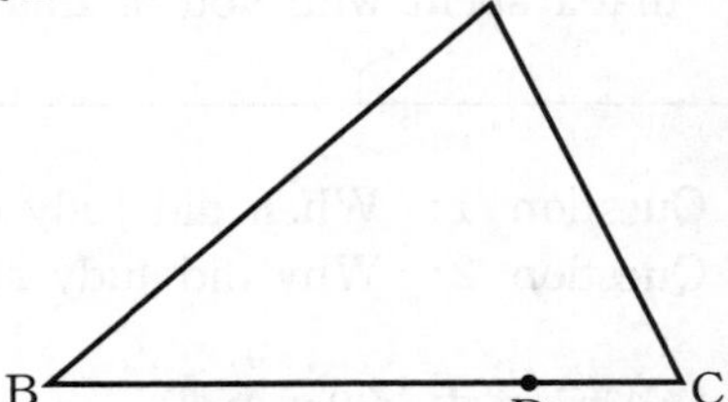

2 Kさんのクラスでは，先生が示した問題をみんなで考えた。

次の各問に答えよ。

［先生が示した問題］

n を3以上の自然数とする。

右のように，正方形のマスに1段目の左から自然数を1から順に1段に n 個ずつ3段目まで並べる。

1段目	1	2	3	4	…		a	n
2段目	$n+1$	$n+2$	$n+3$	$n+4$	…	b		c
3段目	x				…		d	

1段目の右から2番目の数を a，2段目の右から3番目の数を b，2段目のいちばん右の数を c，3段目の右から2番目の数を d とする。

$d=188$ のとき，3段目のいちばん左の数(図の x)はいくつか求めなさい。

〔問1〕 ［先生が示した問題］の答えを，次の①～④のうちから選び，記号で答えよ。

① 125　　② 126　　③ 127　　④ 128

Kさんのグループは，［先生が示した問題］をもとにして，次の問題を作った。

［Kさんのグループが作った問題］

［先生が示した問題］で，4つの数 a，b，c，d の和をPとする。

Pの値が4×(奇数) となることを証明しなさい。

〔問2〕 ［Kさんのグループが作った問題］で，a，b，c，d をそれぞれ n を用いた式で表し，P＝4×(奇数) となることを証明せよ。

ただし，解答は**記述式解答用紙**の解答欄に書け。

3 右の**図1**で，点Oは原点，曲線ℓは関数$y=ax^2(a>0)$のグラフである。

2点A，Bは曲線ℓ上の点で，点Aの座標は(8，16)，点Bのx座標は-2である。

点Oと点A，点Oと点B，点Aと点Bをそれぞれ結ぶ。

座標軸の1目盛りを1cmとして，次の各問に答えよ。

図1

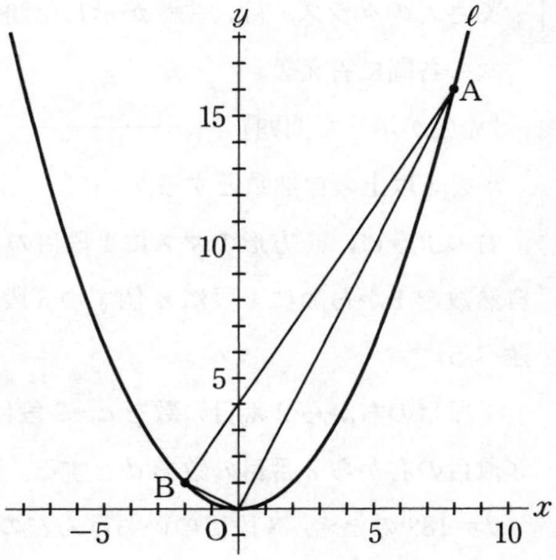

〔問1〕 次の□の中の「**あ**」「**い**」に当てはまる数字をそれぞれ答えよ。

$a=$ **あ** / **い** である。

〔問2〕 次の□の中の「**う**」「**え**」に当てはまる数字をそれぞれ答えよ。

点Bを通り，直線OAに平行な直線の式は，$y=$ **う** $x+$ **え** である。

〔問3〕 次の□の中の「**お**」「**か**」「**き**」に当てはまる数字をそれぞれ答えよ。

右の**図2**は，**図1**において，線分AB上に点Pをとり，点Pを通り線分ABに垂直な直線と線分OAとの交点をQとしたものである。

直線PQが△OABの面積を2等分するとき，線分APの長さは，

お √ **かき** cmである。

図2

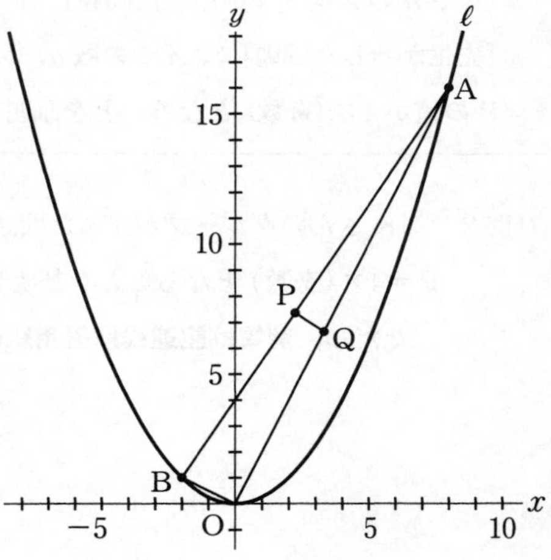

4　右の図で，四角形 ABCD の 4 つの頂点は，1 つの円の周上にあり，AD＝CD である。

線分 AC，BD の交点を E とし，点 E を通り辺 AB に平行な直線と辺 AD との交点を F とする。

次の各問に答えよ。

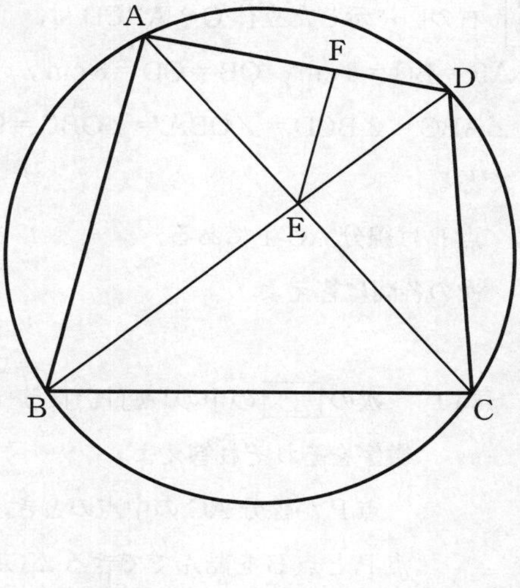

〔問 1〕　△AEF∽△CDE であることを証明せよ。
ただし，解答は**記述式解答用紙**の解答欄に書け。

〔問 2〕　∠ABD＝a°，∠BDC＝50° とするとき，∠ACB の大きさを表す式を，次の①～④のうちから選び，記号で答えよ。

①　$(2a-50)$ 度　　②　$(80-a)$ 度　　③　$(90-a)$ 度　　④　$(130-2a)$ 度

〔問 3〕　次の □ の中の「**あ**」「**い**」「**う**」「**え**」に当てはまる数字をそれぞれ答えよ。
AD＝6 cm，AE＝4 cm，CE＝5 cm のとき，△ABE の面積は，△DEF の面積の $\frac{\boxed{あい}}{\boxed{うえ}}$ 倍である。

5 右の図に示した立体O－ABCDは，

AB＝BC＝6 cm，OB＝CD＝8 cm，

∠ABC＝∠BCD＝∠OBA＝∠OBC＝90°の四角すいである。

点Pは線分AC上にある。

次の各問に答えよ。

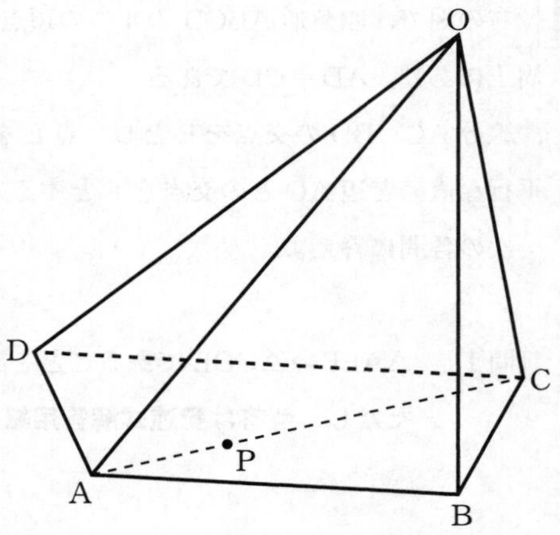

〔問1〕　次の□の中の「**あ**」「**い**」「**う**」に当てはまる数字をそれぞれ答えよ。

点Pが線分ACの中点のとき，点Oと点P，点Pと点Bを結んでできる△OPBの面積は，$\boxed{\text{あい}}\sqrt{\boxed{\text{う}}}\ \text{cm}^2$である。

〔問2〕　次の□の中の「**え**」「**お**」に当てはまる数字をそれぞれ答えよ。

AP：PC＝1：3のとき，4点O，B，P，Dを頂点とする立体の体積は，$\boxed{\text{えお}}\ \text{cm}^3$である。

いて述べたものとして最も適切なのは、次のうちではどれか。

ア 芭蕉は、自分が郷士の一家に生まれたことを受け入れられず、自ら家を飛び出して俳諧の道に進んだことで、肉体的にも精神的にも虚弱で傷つきやすくなってしまったと述べている。

イ 芭蕉は、生まれつき孤独な生活を好む自分の性質と、病弱な体のせいで郷士としての家業を手伝うことができず、無用者であるという劣等感から家族との交流を絶ったと述べている。

ウ 芭蕉は、郷士の一員として武家社会での立身出世をめざし、役に立つ才能や技能を磨く努力をしたが、どの才能にも恵まれず、結局、自分ができるのは俳諧しかなかったと述べている。

エ 芭蕉は、郷士の一員として家を支えて生きるはずだった自分が、本来の道を外れてしまったのは、身体が弱かったことに加え、俳諧の魅力にとりつかれてしまったからだと述べている。

若き時より横ざまに好けることはべりて」と言っています。「横ざま」とは、尋常ではないさま、つまり異常だということにほかなりません。

俳諧は、和歌・連歌・漢詩などの伝統文芸に対し、形も短く、小むずかしい約束事も少なく、内容もおもしろおかしい、新時代の新しい詩として、人びとの心をとらえ始めていました。

病弱な少年が、たまたま手を染めることによって知った、文学することの喜びにもとづく、異常なまでの俳諧に対する執心。それは、ひとたびは郷士の次男のかれを、伊賀上野における五千石の大身である藤堂新七郎家の嫡子良忠《よしただ》と結びつける機縁（きっかけ）をなしたのかも知れない。だが、結局はそれは、官途につく望み（武家勤めをして出世する希望）をも、また仏門に入る決意をも妨げ、社会的ないし宗教的な有用の生（無用の反対の役に立つ人生）への志向を挫折させる最大の原因になった、と芭蕉は告白しているわけです。

（尾形 仂「芭蕉のこころをよむ」による）

〔注〕芭蕉《ばしょう》――松尾芭蕉。江戸前期の俳人。『奥の細道』などを著し、多くの優れた門弟を輩出した。

ポーズ――気取った態度。

科《とが》――人に責められるような過ち。よくない行い。

仏籬祖室《ぶつりそしつ》――仏教のこと。主に禅宗を指すことが多い。

計《はかりごと》――何かを企てること。計画。

近江《おうみ》――旧国名。現在の滋賀県辺りを指す。

号した――「号する」は、本名の他に別名を付けるという意味。

深川――現在の東京都江東区辺り。

郷士《ごうし》――江戸時代の下級武士。身分は武士だが、農村に住み農業を行った。

境涯――境地。心境。

〔問1〕文章中の――を付けた**ア**～**エ**のうち、現代仮名遣いで書いた場合と異なる書き表し方を含んでいるものを一つ選び、記号で答えよ。

〔問2〕(1)この一筋 とは、具体的には何を指しているか。次のうちから最も適切なものを選べ。

ア 自分なりの履歴書

イ 旅の疲れをいやす生活

ウ 俳諧の道

エ 奥の細道の旅

〔問3〕(2)いちずに とあるが、この言葉が直接かかるのは、次のうちではどれか。

ア 愛し　**イ** 隠れ住んで

ウ くらまそうと　**エ** 書き起こしています

〔問4〕(3)同様なコンプレックスを裏返しにしたもの とはどのようなものか。次のうちから最も適切なものを選べ。

ア 自分の病弱さを理由に身内の厄介ごとから逃げ回っている負いめを、名前を変えることで消し去ろうとしたもの。

イ 自分が病弱で何の役にもたたないという引けめを、あえて愛おしいものとして肯定的に表現しようとしたもの。

ウ 自分が虚弱で無用であるという劣等感を、強靭《きょうじん》で有用な植物の名を名乗ることによって消し去ろうとしたもの。

エ 自分ができるのは俳諧しかないという否定的な自己評価を、貴重な才能があるという見方で覆そうとしたもの。

〔問5〕文章中で説明されている芭蕉自身が書いた「履歴書」の内容につ

八一）の冬にしたためた「乞食《こつじき》の翁《おきな》」の句文の中でも、「ただ老杜《らうと》にまさされるものは、ひとり多病のみ」、かの唐の大詩人杜甫《とほ》もしばしば「多病」（病気がち）を口にしているけれども、その杜甫と比べて自分がまさっているのは、自分のほうがより多病な点だけだ、と書いていました。

多くの書簡類に芭蕉がみずから「旧里《ふるさと》」と呼んでいる伊賀《いが》上野（現在の三重県伊賀市）の赤坂町は、元禄以前の古い地図には「農人（町）」（百姓町）と注記されており、また「松尾」という姓から推測して、その生家は、天正九年（一五八一）の天正伊賀の乱の際、織田信長の徹底的な焼土侵攻作戦――とりでや人家はもちろん、軍事的拠点になりそうな神社・仏閣までことごとく焼き払って攻め立てた、そのむごたらしさは、四百年以上たった今も、伊賀の人びとの語りぐさになっているという――その徹底的な攻撃によって散り散りバラバラになった伊賀の土豪の子孫に当たる*郷《ごう》士《し》の分かれであったと思われますので、幼名を金作といった芭蕉は、本来なら郷士の次男として耕作（百姓仕事）に従事し、当主の父なり、兄なりを助ける立場にあったはずです。それが、士農工商の四民の外の、「世を厭ひし人に似た」*境涯に入るようになったのも、もとはといえば体が弱かったからだといえましょう。

奥の細道の旅の前年、郷里の兄から何か身内の厄介な相談ごとを持ち込まれた返事に、「その身四十年余寝て暮らしたる段（なんにもしないで病人同様、何の職にもつかずブラブラして暮らしたことは）、各々《おのおの》様よく御存知にて御座《ござ》候《さうらふ》（皆様よく御存知のはずです）」と言って断っているように、芭蕉は時として病身を理由にひらき直ってみても、しかし、病弱な無用者という引けめは、苦い悔恨となってその生涯につきまといました。

実は芭蕉が「芭蕉」と号したのも、一つには自分がそうした病弱な無用者であるという気持ちを込めたものであったのです。

芭蕉という植物は、茎も太く、葉も大きくひろがりますが、葉は強い風に当たるとすぐズタズタになり、茎はいくら太くなっても材木にはなりません。奥の細道の旅から江戸に帰って、留守中人に預けておいた芭蕉を新しい庵に移し植える時につづった「芭蕉を移す詞《ことば》」の中で、芭蕉という植物が何の役にも立たないことを挙げ、だからこそ木こりの斧《おの》に伐《き》り倒される心配のないのを「その性尊し」とたたえ、「ただこの陰に遊びて、風雨に破れやすきを愛するのみ」と書いているのも、(3)同様なコンプレックスを裏返しにしたものと見ることができるでしょう。

ところで、芭蕉が今の二つの履歴書で、その人生コースを狂わせたもう一つの、より大きな理由として挙げているのは、俳諧という文芸の魔性の魅力、といったら大ゲサですが、まるで悪魔がとりついたように、どうにも払い捨てることのできない強い俳諧の魅力です。「幻住庵記」ではそれを、「たどりなき風雲に身を責め、花鳥に情を労じて」、つまり、とりとめもない風や雲の動き、花や鳥の美しさに心を悩ませてと、暗示的に述べるにとどまっていますが、『笈の小文』のほうでは、自分は昔から俳諧が大好きで、「しばらく身を立てんことを願へども（武家社会で立身出世をしようと願ったけれども）、これがために障《さ》へられ（俳諧のために邪魔され）、しばらく学んで愚を暁《さと》らんことを思へども（勉強して僧になり悟りを開こうとしたが）、これがために破られ、つひに無能無芸にして、ただこの一筋につながる」と言って、世に立つ上の有用な才能や技術（武芸とかソロバンとか、あるいは医術といった役に立つ技能や素養）を何一つ身につけずにしまった理由を、はっきりと俳諧が好きだったせいにしています。

好きといっても、それは並みひととおりのものではありませんでした。

「幻住庵記」には、何度も書き改めた草稿本が何種類か残っていますが、その草稿本のほうでは、さっきの暗示的に書いていた理由について「いと名性の負の側面」というテーマで自分の意見を発表することになった。このときにあなたが話す言葉を具体的な体験や見聞も含めて二百字以内で書け。なお、書き出しや改行の際の空欄、、や。や「などもそれぞれ字数に数えよ。

五

次の文章を読んで、あとの各問に答えよ。（*印の付いている言葉には、本文のあとに〔注〕がある。）

こう言ったらあるいは突飛に聞こえるかも知れませんが、*芭蕉《ばしょう》は生涯にわたって何度か自分自身の手で履歴書を書いています。履歴書という言葉が言いすぎなら、自身の経歴とからめてその精神的彷徨《ほうこう》の過程、つまり心の中でさまざまに悩み、さまよったプロセスを告白した文章と言い換えてもかまいません。それらは、自己告白の文章にありがちな、一種文学的に構えた*ポーズや、自分の本心を包み隠す自己韜晦《とうかい》的な言葉づかいを含んでいることは否定できないにしても、芭蕉の生涯をその精神の閲歴に即して考えてみようとする場合、やはり真っ先によるべき第一等の資料としなければならないでしょう。以下、そうした芭蕉のいくつかの履歴書を取り上げながら、芭蕉の心と人生をたどってみたいと思います。

その一つは、元禄《げんろく》三年（一六九〇）、四十七歳の秋に書かれた「幻住庵《げんじゅうあん》記《き》」の末尾に見える次の一節です。

かく言へばとて、アひたぶるに閑寂を好み、山野に跡を隠さんとにはあらず。やや病身人にイ倦《う》んで、世をウ厭《いと》ひし人に似たり。つらつら年月の移り来し拙き身の*科《とが》を思ふに、ある時は仕官懸命の地を羨み、エひとたびは*仏籬祖室《ぶつりそしつ》の扉《とぼそ》に入らむとせしも、たどりなき風雲に身を責め、花鳥に情を労じて、しばらく生涯の*計《はかりこと》とさへなれば、つひに無能無才にして、(1)この一筋につながる。

これは、奥の細道の旅を前年の秋に終えた芭蕉が、『猿蓑《さるみの》』集を刊行して円熟期の成果を世に問うに当たり、しばらく旅に疲れた身心を休め気息を調えるために、*近江《おうみ》の石山の奥の幻住庵で過ごした山庵生活についてつづった文章の終わりの部分で、いわば漂泊の詩人としての人生の一つの頂点に立って、これまでの歩みを振り返り、現在の立場を確認しようとして書かれたものであることをつけ加えておきましょう。

ここではまず、幻住庵での孤独な生活について述べたのを承《う》けて「かく言へばとて」、こう言ったからといって、ただ(2)いちずに閑寂な生活を愛し、山の中に隠れ住んで世間から姿をくらまそうというわけじゃあない、どうも自分は体が弱いために人との交際が煩わしく、それで隠者みたいに見えるだけだ、と書き起こしています。

実はこの時期、芭蕉は同じく自身の半生を回顧して「つひに無能無芸にして、ただこの一筋につながる」と結んだ、もう一通の履歴書ともいうべき文章をしたためていまして、これは後に、奥の細道の前々年から前年にかけての近畿地方への旅についてつづった紀行文『笈《おい》の小文《こぶみ》』の冒頭に収められますが、そこでも自分が風羅坊《ふうらぼう》（風羅坊の「羅」は薄い衣という意味）と*号したのは「羅《うすもの》」が風に破れやすいように、肉体的にも精神的にも虚弱で傷つきやすい人間だからだ、と言っています。

この二つの履歴書を通じて、芭蕉が「この一筋につながる」に至るまでの、さまざまに屈折した人生コースをたどる大前提として、*病弱という理由を挙げているのを見過ごすことはできないでしょう。

これより先、芭蕉は初めて*深川の芭蕉庵に入った翌年の天和《てんな》元年（一六

〔問1〕(1)ゆえに、多様なメディアが存在する今日のうわさを捉える上では、「内容」だけではなく、「形式」、言い換えればメディアの側からもその特徴を考える必要がある。とあるが、「うわさを捉える」ときに「メディアの側からもその特徴を考える必要がある」とはどういうことか。次のうちから最も適切なものを選べ。

ア　メディアは公平な伝達手段ではなく、発信する側の意図的な情報操作を含むため、うわさを捉える場合には、その内容がどのようなメディアのどのような意図を受けて拡散されているのかが重要だということ。

イ　メディアは透明な媒体といわれ、それ自体は手段としての役割しかないが、うわさを捉える場合には、その内容がどのようなメディアを通して伝えられるかで広がり方や広がる範囲が違ってくるということ。

ウ　メディアは単なる手段ではなく、それぞれに特性があり、それが伝達内容の一つにもなるため、うわさを捉える場合には、内容だけでなく、どのようなメディアで伝えられたのかも検討する必要があるということ。

エ　メディアは情報を伝達するための手段でしかないといわれているが、実は情報そのもの以上に多くのメッセージを含んでいるため、うわさを捉える場合には、まずメディアが何かを検討するべきだということ。

〔問2〕この文章の構成における第十二段の役割を説明したものとして最も適切なのは、次のうちではどれか。

ア　前の段落で提起した問題について、問題の原因を細かく分析することで、その解決方法の紹介へと話題を発展させている。

イ　前の段落で説明した考えについて、想定される反論を踏まえて様々な視点から補足することで、自説の妥当性を示している。

ウ　前の段落で主張した意見について、関連する例をいくつか挙げながら詳しく説明することで、主張を分かりやすくしている。

エ　前の段落で提示した内容について、具体的に説明しながら着目点を明らかにすることで、より詳細な説明につなげている。

〔問3〕(2)ただし、同じ場に居合わせることが持つ意味はそれだけではない。とあるが、「同じ場に居合わせることが持つ意味」とはどのようなことか。次のうちから最も適切なものを選べ。

ア　相手の様子や声から伝達内容の手がかりをつかめるうえ、会話がなくても相手がそこに確かに存在することで伝わるものがあるということ。

イ　身振りなどの非言語的情報の交換ができるうえ、時空を共有することで生まれる一体感があるので、相手との関係を深めやすいということ。

ウ　表情や動作で言葉以上のものを伝えられるうえ、自然に相手の存在を踏まえた行動をするため、相手と衝突することが少ないということ。

エ　外見や態度から相手の情報を得て会話できるうえ、相手の存在を意識することで責任をもって意見や情報を発信するようになるということ。

〔問4〕(3)その意味では都市空間における匿名性は不完全である。とあるが、筆者が「都市空間における匿名性は不完全である」と述べたのはなぜか。次のうちから最も適切なものを選べ。

ア　都市空間では、年齢や性別の異なる多様な人とすれ違うが、外見的な情報から正確な社会的属性を読み取ることはできないから。

イ　都市空間では、見知らぬ人とも同じ空間を共有しているために、直接話しかけて相手の社会的属性を聞き出すことができるから。

ウ　都市空間では、街中ですれ違う程度であっても、相手の顔や姿が見えているために、社会的属性を部分的に類推することができるから。

エ　都市空間では、見知らぬ人と空間をともにするとはいえ、直接会話をするわけではないので情報伝達が不十分だから。

〔問5〕国語の授業でこの文章を読んだ後、「インターネットにおける匿

十六段）

インターネット上でしばしばフレーミング（炎上）が発生するのは、コミュニケーション・キューの少なさによる誤解や匿名性がもたらす無責任な発言だけでなく、身体性の欠如も原因の一つである。目の前に相手がいるならば、言えないようなことを、まさに目の前にいないからこそインターネット上には書き込めてしまう。何を書いても殴られる心配はないのだから。（第十七段）

この身体性の欠如は匿名性の問題につながる。（第十八段）

匿名性とは都市社会における関係性の特徴を捉えるために用いられてきた言葉であり、文字通り「名前」だけでなく、個人が特定されないこと、具体的には年齢や性別、人種、社会的地位、職業など、その人が社会的に何者であるかがわからないことを指す。（第十九段）

私たちは親しい相手のことは名前だけでなく、その人が何者であるかよく知っている。しかし、街中ですれ違う相手のことは名前も社会的属性も知らず、知らないままやり過ごす。先に紹介した儀礼的無関心は匿名の関係性のままで同じ空間を共有するための作法であるのだ。ただし、お互い名前も知らず、何者であるかわからないが、顔や姿が見えていることから、推測できる部分がある。筆者を知らなくても街中で見かければ、中年女性だと「わかる」わけだし、子どもと一緒にいれば母親とみなされる。(3)その意味では都市空間における匿名性は不完全である。（第二十段）

かつて心理学者のスタンレー・ミルグラムは、電車のなかでよく見かけるため、顔はよく知っているが言葉を交わしたことのないような他人を「ファミリア・ストレンジャー（familiar stranger）」と名づけたが、このような親密性と匿名性の中間的関係性も都市化が進むなかで広がってきた。しかし、時空間を共有しないインターネット上で成立する匿名性は、これらとは別ものとして考えるべきである。（第二十一段）

インターネットが普及し始めた一九九〇年代半ば、インターネットに期待する言説の一つに、社会的属性にとらわれない平等なコミュニケーションが可能となるというものがあった。（第二十二段）

都市の匿名性では社会的属性が「見えてしまう」が、インターネット上では顔や姿は見えず、推測もできない。このため、重要になるのは、「誰が言ったか」ではなく、「何を言ったか」となる。インターネット上では、著名な政治家の発言であっても無名の子どもの発言であっても、同じようにその中身だけで評価されるようになると期待されたのである。ただし、その一方で、匿名性の持つ負の側面――誰であるかが知られないために無責任な行動をとる可能性が増大しかねないことも、当初から懸念されてきた。（第二十三段）

（松田美佐「うわさとは何か」による）

〔**注**〕
伝播《でんぱ》――広い範囲に伝わり、広がっていくこと。
瓦版――江戸時代に、時事的なニュースを伝えた印刷物。今日の新聞のようなもの。
異類譚《いるいたん》――動物や神など、人間とは違った種類の存在を扱った物語。
マスメディア――新聞やテレビなど、多数の人々に情報を伝える媒体。
第4章で紹介…――筆者はこの文章より前の部分で、「お互い話すこともなく、数分ないし数時間、鼻をつき合わせて見つめあうような状況」を「やり過ごすための小道具」として、駅構内の売店で書籍が売られるようになったと紹介している。

うわさを口頭のコミュニケーションだけに囲い込むことは、たしかにどんな時代でも難しいかもしれない。（第九段）

では、今日のうわさを考える上で、どのような「メディアのメッセージ」を考慮すべきであるのか。（第十段）

うわさを考える上で、もっとも今日的なメディアはインターネットであろう。（第十一段）

インターネットがうわさの巣窟《そうくつ》と批判されるのは、事実かどうか定かではない情報や虚偽の情報が流布《るふ》しやすいと考えられているためである。*マスメディアとは異なり、インターネット上では、誰もが容易に不特定多数に向けて情報発信できる。かつ、相手に自分の姿をさらすことなく、匿名のままで発信できるため、真偽を十分確かめず無責任に発信する人や意図的に虚偽の情報を発信する人がいると考えられているのだ。この「相手に自分の姿をさらすことなく、匿名のままで発信できる」というインターネットのメディア特性は混同されがちな二点――身体性の欠如と匿名性からなっている。（第十二段）

まず、身体性の欠如であるが、これはさらに、表情や身振りなどの言語的なメッセージに付随する非言語的な手がかりが欠如することと、身体そのものの欠如という相互に関連する二つに分けて理解する必要がある。（第十三段）

直接会って話をする場合、話の内容だけでなく、相手の様子や表情、声の抑揚や動作（手振り・身振り）などもメッセージとなる。「元気だよ」という相手の表情が優れない場合、「元気だよ」という言葉を額面通りには受け取らず、「具合が悪いのはなぜか」「何があったのか」「調子が悪いことをなぜ隠そうとするのか」などと考える。このような非言語的な手がかりは意図的に発せられる場合も意図せず発せられる場合もあるが、言語的なコミュニケーションが主流なインターネット上のやりとりには欠けている。それを補うために、顔文字が使われたり、表記方法が工夫されたりするが、インターネット上のコミュニケーションで誤解が生じる原因として、しばしばコミュニケーション・キュー（手がかり）の少なさが挙げられている。（第十四段）

(2)ただし、同じ場に居合わせることが持つ意味はそれだけではない。恋人同士や家族が一緒に過ごす場合、お互いの身体がそこに存在すること自体が特別な意味を持つのであって、そこで交わされる会話自体はたいしたことがなくても、ことによると会話が何もなくてもかまわない。電話の場合、相手は目の前にはいないが、時間を共有している。ゆえに、黙る、つまり声の不在が意味を持つ。しかし、時空間を共有しないインターネット上のコミュニケーションでは、相手の物理的な存在を感じにくい。（第十五段）

インターネット上では見知らぬ相手とやりとりすることができる。では、日常生活において私たちは見知らぬ相手とどのように接しているのか。たとえば、電車でたまたま一緒になった人と会話をすることは通常ないが、相手の存在自体を感じていないわけではない。相手の存在は十分認めた上で、あからさまにじろじろ見たりはせず、注意深く「相手に特別な関心を持っていない」という振る舞いをとるのである。*第4章で紹介した「車内での読書」もそのための小道具として用いられている。社会学者のアーヴィング・ゴフマンはこのような行動を「儀礼的無関心（civil inattention）」と名づけているが、私たちは他人と時空間を共有する場合、他人と他人のままでいるための行動をとっているのであり、違反した行動をとると、たとえば、あからさまに見知らぬ人を見つめると、話しかけられたり、場合によってはけんかになったりする。あるいは、あなたと関わり合いにならないように、相手はその場から逃げ出すかもしれない。（第

四 次の文章を読んで、あとの各問に答えよ。（*印の付いている言葉には、本文のあとに［注］がある。）

メディア（media）とは「媒体」「媒介物」を意味するmediumの複数形である。ゆえに、メディアは「手段」にすぎず、大切なのは「内容」、つまり、メディアが伝えるメッセージのほうである。このような考え方は、広く受け入れられている。たとえば、「テレビが悪いのではない。一部の俗悪なテレビ番組が悪いのだ」「インターネット自体は子どもたちの自発的な学びに役に立つ。問題は誰もが情報発信できるがゆえに、有害な情報を流すサイトがあることである」といった考え方だ。（第一段）

しかし、かつてメディア論の祖、マーシャル・マクルーハンが「メディアはメッセージ」という言葉で端的に表現したように、伝達「手段」として、あるいは、透明な媒体としてみなされがちなメディア自体もまた、メッセージ＝伝達「内容」である。（第二段）

このようなエピソードを紹介しよう。（第三段）

太平洋戦争の終戦近く、米軍が日本各地に戦況を伝える宣伝ビラを散布するようになる。とくに説得力を持ったビラは、次の空襲目標とその予定日を事前に知らせるものであった。ビラの伝える予告が「実現」するにつれ、米国の宣伝ビラの信憑《しんぴょう》性は増していく。加えて、ビラというメディア自体が持つメッセージも内容の信憑性を増すことに貢献した。ある女性はビラについて次のように回想する。

　母は、アメリカが世界中の原料をすべてもっているにちがいないと申しました。私がビラを母に見せたところ、母は、「見てごらん、ビラをまくのにこんな立派な紙を使ってるなんて」と申しました。

（川島高峰《かわしまたかね》『流言・投書の太平洋戦争』）

（第四段）

ビラに何が書かれているかは問題ではない。メッセージはビラの紙質にあるのだ。ビラの紙質は、書かれている内容以上に雄弁に米国の豊かさ、そして日本の戦況が芳《かんば》しくないことを伝えたのである。（第五段）

うわさはその「内容」だけで成り立っているのではなく、それを伝える「形式」――口頭で広まるのか、電話が使われるのか、インターネットなのか、テレビ番組で取り上げられるのか、それらすべてのミックスなのか――と切り離すことができない。どのメディアでどのように伝えても同じ、というわけではないのだ。(1)ゆえに、多様なメディアが存在する今日のうわさを捉える上では、「内容」だけではなく、「形式」、言い換えればメディアの側からもその特徴を考える必要がある。（第六段）

ただし、大急ぎで付け加えておくならば、こういった視点は今日のうわさだけでなく、口頭による*伝播《でんぱ》が主流だった頃のうわさを検討する際にも必要である。（第七段）

たとえば、佐藤健二は『流言蜚語《ひご》』のなかで江戸時代末に広まった「クダンのうわさ」について、それが口頭のコミュニケーションの世界に文字や文書が侵入するはざまで生まれた可能性を検討している。（第八段）

「クダンのうわさ」とは、獣身人面の怪物が現れ、豊作や流行病を予言するというものであり、当時、*瓦版にも数多く取り上げられた。佐藤はこの話を伝統的な*異類譚《いるいたん》の枠組みで捉えるのではなく、人の顔と牛の身体を持つクダンは「件（人偏に牛）」という文字の絵解きと考えられることなどを示した上で、このうわさの成立には口承の世界だけでなく、文字や印刷物メディアが深く関わっていると述べる。そして、このようにクダンのうわさを捉える方向性を示すことで、民俗学における口承研究が過去からの伝承や口頭性にこだわるあまり、そのうわさが語られる場や時代――メディアを含む――に対して寄せる関心が薄いことを批判するのである。

対して、無責任ではないかと不満に思う気持ちが、信哉の中で爆発寸前まで蓄積していることを婉曲《えんきょく》的に表現している。

イ　タイムが伸び悩んでいるのに箕月が具体的な指導をしてくれないので、碧李の焦りと不安が大きくなり崩れそうになっていることを、信哉の目線から間接的に表現している。

ウ　碧李のタイムが伸び悩んだまま壁を越えられず、変化が見られないことに対して、焦りと苛立ちが信哉の中で日に日に膨らみつつあることを対比的に表現している。

エ　碧李のタイムが伸び悩んでいるのに、好きなように走らせるという箕月の指導方針について、信哉の中で反発はしないまでも疑問が少しずつたまっていることを比喩的に表現している。

〔問３〕(3)碧李の決意を信哉は見事だと思う。とあるが、信哉がこのように思ったわけとして最も適切なのは、次のうちではどれか。

ア　走ることが好きな碧李は、誰よりも秀《ひい》でた才能を持ちながら、何かを背負い込み、長い間走れなかったつらさを経験してきたから。

イ　碧李は一度は走ることから遠ざかったものの、自分自身の弱さに向き合い、再び走ることを決意して競技の世界に戻ってきたから。

ウ　記録会直前になってもタイムが伸びない状況にありながらも、碧李はいたずらに焦ったりせず、誰よりも冷静に練習を続けてきたから。

エ　碧李は一度退部届を出した引けめがあり、タイムが伸び悩んでいても、レースでよい記録を出す義務があると思って努力していたから。

〔問４〕(4)二周目、ラップ・タイム、６８・０３。とあるが、このラップ・タイムを知ったときの信哉の気持ちに最も近いのは、次のうちではどれか。

ア　いつもよりハイペースで走っていることに碧李自身が気づいているはずなのに、自分の走りを抑制できずにいる碧李に失望する気持ち。

イ　自分の実力を信じて練習以上のペースで走る碧李の姿に焦り、このままでは最後まで好タイムを維持できないと碧李を心配する気持ち。

ウ　自分のペースを見失った碧李が、後半で体力と精神力を保つことができず、昨年のように崩れてしまうのではないかと怖れる気持ち。

エ　トップ争いをする碧李を応援しつつも、練習時の状態を考えると、今からペースを落としたほうがよいのではないかと疑問に思う気持ち。

〔問５〕(5)あぁと声をあげそうになった。とあるが、このときの信哉の様子として最も適切なのは、次のうちではどれか。

ア　碧李は無自覚にペースを乱されているのではなく、本来の走りを取り戻し、昨年よりも成長しているのだということに気づき、感動している。

イ　碧李が自分の限界を突破しようと、あえてハイペースに食らいついていることに気づき、そのランナーとしての意地に尊敬の念を抱いている。

ウ　碧李がかつての抑制の利いた美しいフォームを失った代わりに、より強く逞しいフォームを作り上げていたことに気づき、感心している。

エ　碧李が本来のフォームを取り戻し、昨年の走りに少しずつ近づいていることに気づき、箕月の指導は間違っていなかったのだと得心している。

「どうだ?」

箕月が問うてくる。口元がほんの少しだが綻んでいた。

「ええ、久々に見ました」

とっさに答えていた。ずいぶん頓珍漢《とんちんかん》な返答だったと気がついたのは、ずっと後になってからだ。

久々に、碧李の走りを見た。

最初に目にしたのは、陸上部に入部した日、初めて部活動に参加したときだった。一年生はまだ、競技パートに分かれての練習はなく、ひたすらグラウンドを走っていた。そのとき、十人ほどいた集団の中で、碧李の走りは群を抜いて美しかったのだ。

それは抑制の美しさだった。

優れた舞踏家のように身体の隅々まで抑制が利《き》いている。抑制により蓄えられた余力が持久力となり、何周走ってもフォームは乱れなかった。

こいつ、長距離だな。

練習の初日で確信していた。

こんな走りをするやつが、何で無名なんだ。

信哉は中学のときから陸上をやっていたが、加納碧李という名に聞き覚えはない。それが不思議でたまらなかった。碧李が中学卒業後に越してきたのだと知って、妙に納得したことを覚えている。

あの走りだ。

春たけなわのグラウンドで、初めて目にしたときのあの走りだ。いや、ちがう。強くなっている。背は高いが、その背に見合っただけの筋肉も骨格もまだ十分でなかった一年生のときより、ずっと強く、逞《たくま》しくなっている。

三周目、ラップ、68・04。

(あさのあつこ「スパイクス ランナー」による)

〔注〕ラップ・タイム――陸上競技の中距離走・長距離走での、トラック一周ごとの所要時間のこと。

首肯する――うなずく。

十五分の壁――一度は陸上競技をやめた碧李の復帰を快く思わない他の部員を納得させるために、五千メートルで十五分を切るタイムを出すよう、碧李は杏子に言われていた。

貢《みつぐ》――三堂貢。清都(清都学園高校)の走者。

ミド――碧李の愛称。

〔問1〕(1)眼鏡の下で、杏子の目が見開かれる。とあるが、このときの杏子の気持ちに最も近いのは、次のうちではどれか。

ア 碧李が本来持っている能力以上のラップ・タイムで走っていることに気づき、あまりの無謀さにあきれ果てる気持ち。

イ 碧李が本来の力を取り戻せていない状態を考えると、今のラップ・タイムは速すぎるのではないかと驚き心配する気持ち。

ウ 碧李が最近出せなかったラップ・タイムを出していることに驚き、もっと記録が伸びるのではないかと期待する気持ち。

エ 練習でラップ・タイムが伸びなかったのは、碧李が本気で臨んでいなかったからだと気づき、憤慨する気持ち。

〔問2〕(2)記録会が近づき、碧李のタイムが伸び悩む日々の中でその痼は徐々に膨れていった。無理やり切除するほどではないが、気にはなる。とあるが、この表現について述べたものとして最も適切なのは、次のうちではどれか。

ア 碧李のタイムが伸び悩んでいるのに、指導らしい指導をしない箕月にくわくと弾んでいる。

「加納くん、自分のラップわかって……るわよね。もちろん」

杏子が眼鏡を押し上げる。

メインスタンドの横に設置された大型掲示板には、選手それぞれのラップ・タイムが表示されている。この競技場は地方大会にも度々使用される所で、設備は近隣のどこより充実していた。

電光掲示板のおかげで、選手たちは一目で自分のタイムを確認することができる。

(4)二周目、ラップ・タイム、68・03。

「速すぎる。無茶だ」

思わず叫んでいた。ストップウオッチを握りしめる。

集団は完全に解け、帯状に伸びてしまった。*貢《みつぐ》と碧李に何とか付いていこうとしていた一団が遅れ、散《ばら》け始めたのだ。

「あまりにオーバーペースすぎませんか。監督」

杏子が箕月を見上げる。箕月は、無言のまま腕を組んだ。

「あのナンバー6のペースメーカー……清都《せいと》の三堂《みどう》くんですよね。加納くんは彼に惑わされて、自分のペースがわからなくなってます。このままだと、ゴールまでもたないんじゃないですか」

杏子の声が張り詰める。語尾が微《かす》かに震えているようでもある。そのとおりだと、信哉も頷きそうになった。

この展開はいかにも不味《まず》い。碧李はペースを完全に見失い、引き摺《ず》られている。三千を超えたあたりで、無理をしたツケが回ってくる。脚が不意に重くなり、息が滑らかにできなくなる。持久力が尽きて、精神の糸がぷつりと断ち切られる。

昨年と同じだ。

同じことがまた、繰り返される。

「監督！」

何も言わない箕月に、杏子が苛立《いらだ》つ。声音も眼《め》つきも尖《とが》っていく。杏子も怖《おそ》れているのだ。昨年のように碧李が崩れると予測し、怯《おび》えている。

箕月が腕を解いた。視線をトラックから杏子と信哉に移す。

「おまえら、何を見てるんだ」

箕月の口調は落ち着いていた。微かだが咎《とが》める響きがある。

「え？　何をって……加納くんに決まってるじゃないですか」

「いつの加納だ？」

杏子が息を詰める。それからちらりと信哉を見た。その視線を受け止める。箕月の一言が理解できない。

「おまえらの見ているのは、今の加納じゃない。去年、途中でへたれた加納碧李だ」

今度ははっきりと杏子と顔を見合わせる。箕月が小さく一つ、息を吐いた。ひどく年寄りじみたため息の吐き方だった。

「去年の結果を引き摺っているのは、加納じゃなくておまえたちじゃないか。引き摺ったままだから、今が見えないんだ」

箕月はグラウンドに向けて、軽く顎をしゃくった。

「しっかり目を開けて、今の加納を見てみろ」

その一言に押され、視線を向ける。

碧李は走っていた。

三堂貢の背後に、張りついたまま走っている。二人の距離は縮まってはいないが、広がってもいない。

(5)あぁと声をあげそうになった。

*ミドの走りだ。揺るがず、ぶれず、乱れない。

ほとんどその一言で片づけてしまう。

「好きに走らせていいんですか」

「いいだろう。ただし、疲労を翌日に残すな、そのための練習メニューは渡してあるだろう」

「はい……」

頷《うなず》いたけれど、納得できない思いが小さな痼《しこり》になる。(2)記録会が近づき、碧李のタイムが伸び悩む日々の中でその痼は徐々に膨れていった。無理やり切除するほどではないが、気にはなる。

いいのかな、このままで……。

ふっと思い、焦《あせ》る。焦ろうとしない監督が歯痒《はがゆ》くもあった。そして、「ともかく、走れ。スタートからゴールまで五千。その距離を最高のタイムで走るんだ。身体に五千って距離感覚をしみ込ませるんだよ」。監督からそう告げられたと碧李から聞いたとき、信哉は何となく違和感を覚えた。箕月の言葉は決して的外れではないけれど、曖昧で抽象的で指導の域には入らない。

今、加納に必要なのはもっと具体的なコーチじゃないんですか。

はっきり言葉にしてみようか。箕月なら、真剣な言葉にきちんと耳を傾けてくれるはずだ。

どうしようか。

思いあぐねもしたけれど、信哉は結局、何も口に出さなかった。遠慮したわけではない。臆したわけでもない。箕月が指導者としての資質に溢《あふ》れていることは、選手としてもマネジャーとしても十分、感じ取っている。その監督が好きに走らせろと言うのなら、好きに走ったその先に、信哉には見えない光が灯《とも》っているのかもしれない。と、考えたのだ。

信哉は、教師としても陸上部監督としても、箕月衛《まもる》という大人を信用していた。そして、選手としても人としても、加納碧李という少年を信じている。

このまま、潰れちまうわけがない。

碧李が箕月に退部届を提出したと知ったときでさえ、信じていた。その信頼は裏切られなかった。碧李は潰れずに、戻ってきたのだ。

昨年、碧李が何を背負い、あそこまで崩れたのか、薄々と察しはつく。その荷を下ろすことができたのか、まだ背負ったままなのか、そのあたりは推し量れない。どちらにしても、それらは全て碧李の背に括《くく》られた、あるいは碧李が自ら背負い込んだ荷だ。だから、信哉には手の出しようがない。手を出しても空《くう》を掴《つか》むだけだろう。

碧李は再びトラックを走ると決めた。競技に参加すると決めた。決めたからこそ、凡庸なタイムに誰より喘《あえ》いでいたのだ。

練習の後、暮れなずむグラウンドで、口元を引き締め俯《うつむ》いていた横顔を幾度も目にした。頬に汗の跡を残した顔は、「もう、だめだ」「苦しい」「おれは、ここまでかもしれない」そんな、弱音や苦悶《くもん》の滲《にじ》んだ一言より何倍も雄弁に、ランナーの焦燥を語っていた。

試合まであと一月、あと一週間、あと三日……。

容赦なく過ぎていく時間の中で、碧李は焦《じ》れ、足掻《あが》いていた。

それでも、走る。

荷を下ろせたから走るのではなく、背負ったままでも走る。

(3)碧李の決意を信哉は見事だと思う。ランナーとはそういうものなのだと、思い知らされる。走ることのできない状況に呑《の》み込まれるのではなく、必ず帰ってくるものなのだと。

だから、この試合で碧李がどんな走りを見せるか、ものすごく不安でもあり、楽しみでもあったのだ。さっき杏子に伝えたとおり、心の一部がわ

二〇二二年度 関東第一高等学校

【国 語】（五〇分）〈満点：一〇〇点〉

一 次の各文の――を付けた漢字の読みがなを書け。

(1) 旅先で精進料理を食べる。

(2) 与えられた任務を遂行する。

(3) 目標に向けての努力を怠らない。

(4) 気が済むまで泣いたらすっきりした。

(5) 早朝の爽快な空気の中を走るのが日課だ。

二 次の各文の――を付けたカタカナの部分に当たる漢字を楷書で書け。

(1) 策を弄してボケツを掘る。

(2) 自主練習に時間をツイやす。

(3) 父からもらった万年筆は私のタカラだ。

(4) 自宅の風呂《ふろ》が壊れたのでセントウに行く。

(5) 仲間と同じシュクシャに泊まって親睦を深める。

三 次の文章を読んで、あとの各問に答えよ。（＊印の付いている言葉には、本文のあとに〔注〕がある。）

（東部第一高校の陸上部で長距離走をしている加納碧李《かのうあおい》は、一年生の秋の大会で惨敗した。直後に陸上競技をやめてしまったが、さまざまな葛藤を経て二年生で復帰する。この日は復帰後初の記録会で、五千メートルのレースに出場している碧李を、同じ部の信哉《のぶや》と杏子《きょうこ》監督の箕月《みつき》が見守っていた。）

「どうだ？」

「どう？」

箕月と杏子の声が重なった。碧李の＊ラップ・タイムを尋ねているのだ。

信哉は黙って、ストップウオッチを差し出した。二人がほとんど同時に身を屈《かが》め、覗《のぞ》き込んでくる。

「69・01……」

「この数字は、明らかに飛ばしすぎでしょ」

(1)眼鏡の下で、杏子の目が見開かれる。箕月は小さく唸《うな》った。

「……ですね」

＊首肯する。明らかに飛ばしすぎなのだ。この数ヵ月、碧李のラップ・タイムが七十秒を切ったことは一度もなかった。七十二から七十三秒あたりで留《とど》まっている。それが碧李の本来の力でないことは、わかっていた。

こんなものじゃねえだろう、と。

しかし、一度見失った本来の力をどう取り戻すのか、＊十五分の壁を軽々と越えて、十四分台に入っていく力をどう復活させるのか、信哉には見当がつかなかった。何度か箕月に指示を仰いだが、明確な指導方法を示さないままだった。水分の補給時間とか、ストレッチやウェイトトレーニングの方法とか、細かな指示は的確に出すくせに、要の練習方法については、

「好きに走らせろ」

英語解答

1　問題A　対話文１　ウ　対話文２　エ
　　　対話文３　エ
　問題B　Question１　ウ
　　　Question２　イ

2　１　エ　２　ア
　３　(1)…ウ
　　(2)　(例) I became interested in the world music after we saw the Ukulele Performance at the Hawaiian Festival. I was so impressed by the ukulele sound and Hawaiian music that I want to know more about other music all over the world. Next weekend, I'm going to visit a CD shop and buy some CDs of music in different countries.

3　問１　ウ　問２　ア　問３　イ
　問４　エ　問５　イ　問６　エ
　問７　イ

4　問１　イ　問２　エ
　問３　(1)…ア　(2)…エ　(3)…ウ
　問４　(1)…イ　(2)…ウ

1 〔放送問題〕解説省略

2 〔総合問題〕

１＜対話文完成―適語句選択―図を見て答える問題＞≪全訳≫❶ミホ(M)：今週末，サクラ公園でハワイアンフェスティバルが開かれるんだよ。行ってみない？❷サリー(S)：おもしろそうだね！❸M：このイベントスケジュールを見て。フェスティバルは土曜日と日曜日に行われるんだよ。❹S：私はウクレレ演奏を見たいんだけど，土曜日の夕方６時頃はホストマザーが夕食をつくるのを手伝わないといけないんだ。それに私の家からサクラ公園まではバスで40分以上かかるから，私は日曜日の方がいいな。あなたはどう？❺M：私も日曜日の方がいいよ！　私はフラダンスのショーを見たいな。❻S：私もそれが見たいな。フラダンスショーが始まるまでに４時間もあるね。何をしていればいいかな？❼M：サクラ公園の近くに有名なハワイアンレストランがあるって聞いたよ。そこでお昼を食べるのはどうかな？❽S：いいよ！

＜解説＞(A)図１によると，土曜日の夕方に行われるイベントは「ウクレレ演奏」。　(B)図１によると，日曜日の「ウクレレ演奏」は11時30分に終了し，「フラダンスショー」は15時30分に始まるので，その間には４時間ある。

２＜対話文完成―適語選択―図を見て答える問題＞≪全訳≫❶ミホ(M)：すごくおなかがすいたよ！❷サリー(S)：私も。はい，メニューだよ。❸M：ありがとう。わあ！　私はロコモコにしようっと。❹S：ロコモコって何？❺M：ハンバーグと目玉焼きがのったハワイ風どんぶりだよ。❻S：へええ。どれもおいしそうだね，でも実は私，エビアレルギーがあるの。❼M：そうなの？　じゃあロコモコかハワイアンステーキを食べるといいよ。❽S：そうだね。私はパンを食べたいから，ハワイアンステーキにするよ。

＜解説＞(A)図２によると，ロコモコとハワイアンステーキに入っていないアレルゲンは shrimp「エビ」。　(B)図２によると，ハワイアンステーキについてくる主食は bread「パン」。

３＜長文読解総合―交換日記＞≪全訳≫日曜日，サリーより❶今日はあなたと一緒にとても楽しく過ごせたよ。ハワイアンフェスティバルはすごく楽しかったね。たくさんのハワイの文化を楽しめたよ。私はハワイに一度も行ったことがないから，いつか行ってみたいな。あと，今日お昼を食べたレストランにまた行きたいな。あのお店にハワイアンパンケーキがあったのを覚えてる？　次回はそれを食べてみたいな。❷今日の体験を通じて，私はハワイの文化に興味を持ったよ。ハワイ文化についてもっと詳しく知りたいんだ。だからハワイ料理のつくり方を習おうと計画中なの。実は私の家の近くに料理教室があって，そこにはハワイ料理の講座があるの。来週その講座に申し込むつもり。ハワイ料理のつくり方を習ったら，あなたを昼食に招待するね！❸ところで，ハワイには独自の言語があるって知ってた？　ハワイの人はふだんは英語を話すけど，ハワイの学校の中には生徒たちにハワイ語も教えているところがあるんだって。私もハワイ語を勉強したいな。❹あなたは今何に興味があるの？　それについて教えてね。

(1)**<内容真偽>**ア.「サリーはミホに自分と一緒に料理教室に行ってハワイ料理のつくり方を習ってほしいと思っている」…×　そのような記述はない。　イ.「サリーは今，ハワイ文化について学ぶためにハワイへ行く計画を立てている」…×　第１段落第４文および第２段落第３文参照。　ウ.「サリーはサクラ公園の近くにあるレストランが気に入り，そこへまた行きたいと思っている」…○　第１段落第５文に一致する。　エ.「ミホはハワイ語を話すことができるので，サリーはミホにそれを教えてほしいと思っている」…×　そのような記述はない。

(2)**<テーマ作文>≪全訳≫**月曜日，ミホより❶昨日は私も楽しかったよ。ハワイ文化はすごく興味深かったし，ハワイ料理もおいしかったね！　私たちが大学生になったら，一緒にハワイに行かない？　きっと楽しいと思うよ！❷あなたはハワイ料理に関心があるんだよね？　私は違うことに興味があるんだ。それについて説明するね。❸(例)私たちがハワイアンフェスティバルでウクレレ演奏を見た後，私は世界の音楽に興味を持ったんだ。ウクレレの音色とハワイの音楽にとても感銘を受けたから，世界中の他の音楽についてもっと知りたくなったの。次の週末，CD屋さんに行って，いろんな国の音楽のCDを買うつもりだよ。❹ハワイ料理のつくり方を習ったり，新しい言語を学んだりして楽しめるといいね！　それにあなたがつくったハワイ料理を食べるのを楽しみにしてるよ！

<解説>自分が今，興味を持っていることを１つ挙げ，その具体的な内容や魅力，興味を持ったきっかけなどを３つの文で説明する。解答例のように，ハワイアンフェスティバルに関連する内容でもよいし，それ以外の事柄でもかまわない。

３〔**長文読解総合―会話文**〕

≪全訳≫❶レナとアキラは東京の高校生である。ニックはオーストラリアから来た生徒で，オカ先生は彼らの英語の先生である。今，授業の前に教室でオカ先生は生徒たちと話している。❷**オカ先生(O)**：おはよう，みんな。❸**レナ(R)**：おはようございます，オカ先生。❹**アキラ(A)**：おはようございます。❺**ニック(N)**：こんにちは，オカ先生。今日はとても寒いですね。３月の東京がこんなに寒いなんて思いませんでした。❻**O**：秋から冬，冬から春へ季節が変化するときは，寒くなったり暖かくなったりするんだ。例えば，冬の終わり，春の初めには，３日間寒い日があれば，その後は４日間暖かい日が続くことがあるんだよ。❼**N**：へえ，そうなんですか？　それはおもしろいですね。日本に来る前，日本の四季に関する本を読みました。それ以来，日本の四季がどんなふうに違うのかをずっと知りたかったんです。今は日本にいるので，季節の違いを楽しんでいますよ。❽**R**：ニック，日本の四季についてどう思う？❾**N**：そうだなあ，今のところ僕が知ってる季節は３つだけなんだ，だって僕は去年の夏に来日したからね。でも，その３つの季節は興味深いと思うよ。夏には，僕には暑すぎる日もあったけど，青空はとてもきれいだったな。海で泳いで楽しめたしね。秋は，赤や黄色の葉っぱで覆われた山々を見るのがすばらしかったな。日本の秋にはおいしい食べ物がたくさんあると思うよ。冬は，夜に星がとてもくっきり見えたんだ。それに，生まれて初めて雪を見たよ。オーストラリアの僕の町では雪は降らないからね。**10**O：次は春を感じるわけだね？**11**N：はい。春の暖かい日やきれいな花々が待ち遠しいです。**12**O：今はまだ寒いけど，春の初めを感じるには梅の花を鑑賞するのがいい方法だと思うよ。**13**A：それはいい考えですね！　ニック，この町にいい公園があるんだ。去年，祖父と僕はその公園に梅の花を見に行ったんだよ。すごくきれいだったよ。**14**N：へえ，そうなの？**15**A：うん。梅の花を見ると，春が近づいていると感じるよ。**16**O：私もそう感じるよ。梅の花を見て楽しむ人たちの多くは同じような気持ちになるかもしれないね。そうだ，ニック，君はこれまで俳句について聞いたことはあるかい？　梅の花に関する俳句がたくさんあるんだよ。**17**N：はい，俳句については以前読んだことがあります。日本の伝統的な詩歌の一種ですよね？　以前１句詠《よ》んでみようとしたんですが，僕には難しすぎました。**18**O：そう，俳句は短い詩歌の一種なんだ。俳句には通常，季節を示す季語が含まれるんだよ。それは俳句をつくるための規則のようなものなんだ。あと，それぞれの季節にはさまざまな季語があるんだよ。「梅」という言葉は春の季語なんだ。**19**N：へえ，そうなんですか？　昔の日本人が季語をつくったのは，当時の日本には四季にはっきりとした違いがあったからだと思います。**20**O：私もそう思うよ。他の季語も学べば，日本の四季をさらに楽しめるよ。**21**N：わかりました。そうしてみます。**22**A：ニック，その公園で梅を鑑賞するための特別なイベントがあるんだ。僕は毎年そのイベントに参加してるんだよ。今度の土曜日にそこへ行くつもりなんだ。僕の祖父と姉〔妹〕が一緒に行くんだ。僕たちと一緒に行かない？**23**N：特別なイベント？　詳しく教えてよ。**24**A：いいよ。君と君のホストファミリーはこたつを使ってる？**25**N：うん。こたつはあったかくて好きだよ。去年の12月から家で毎日こたつを使ってるよ。こたつの中でホストファミリーと過ごすのが大好きなんだ。**26**A：それならよかった！　このイベントでは公園の庭園にこたつを設置して，梅の花を眺めるんだよ。**27**N：ほんと？　僕も君たちとご一緒したいな。**28**A：わかった。このイベントに参加するときは，いつも梅のジュースを持参するんだ。梅の花を眺めながらそのジュースを飲めるんだよ。**29**N：それはすごいね！**30**O：そのイベントのことは知らなかったな。私はこたつをそんなふうに使ったことはないよ。実は「こたつ」は冬を示す季語なんだよ。**31**N：へえ，それはおもしろいですね。こたつで梅の花を眺めることで，冬と春の両方を感じることができるわけですね。

問１＜文脈把握＞「僕は去年の夏に日本に来たので，(　　)」―ウ．「夏と秋と冬しか知りません」　去年の夏に来たのだから，ニックが知っている３つの季節は夏，秋，冬となる。

問２＜指示語＞「(　　)はいい考えですね」―ア．「３月に春の初めを感じるために梅の花を見ること」　この前でオカ先生が，梅の花を見ることは春の初めを感じるための良い方法だと述べたのを受けての発言である。That はそのアイデアを指している。

問３＜語句解釈＞「梅の花を見て楽しむ人々の多くは，(　　)かもしれない」―イ．「梅の花を見ると春が近づいていると感じる」　この前でアキラが，梅の花を見ると春が近づいていると感じると述べている。similar feelings「似た感情」とは，その感じ方を指している。

問４＜英文解釈＞直前でオカ先生は，他の季語を学べば，日本の季節をもっと楽しむことができると勧めている。よって，ニックが「そうしてみます」と言っている具体的な内容は，エの「日本の季節をもっと楽しむために，他の季語を学ぶつもりだ」。

問５＜英文解釈＞「オカ先生は一度も（　　）ことがない」―イ．「庭にこたつを置いた」　第26段落でアキラが，そのイベントでは公園内の庭園にこたつを置いて梅を鑑賞すると説明しており，それを聞いてオカ先生は，こたつをそういうふうに使ったことはないと言っている。

問６＜要旨把握＞第９段落より，ニックは日本に来てまだ１年に満たないことがわかり，第27段落より，アキラの誘った土曜日の公園でのイベントに参加する予定であるとわかる。また，第１段落より，アキラはオーストラリアではなく東京にいる高校生であるとわかり，第22段落第１，２文より，公園で行われる梅を見るイベントに毎年参加しているとわかる。

問７＜内容一致＞≪全訳≫オカ先生が，「梅」は俳句では春を表す季語で，「こたつ」は冬の季語だと僕たちに教えてくれた。今日は屋外でこたつに入りながら，たくさんのきれいな梅の花を眺めた。だから春と冬を同時に感じられた！　外はまだ(A)寒かったけど，春を感じることができてうれしかった。／今，季語にすごく興味がある。季語についてもっと学んで，俳句を詠むのに挑戦するつもりだ。(B)春が近づきつつある，だからまずは「梅」という言葉を使った俳句を詠んでみようと思う。

＜解説＞(A)本文第12段落に，梅の花を見ることは，まだ cold「寒い」のに春の初めを感じるための良い方法だとある。　(B)本文第18段落に，「梅」は春を表す季語だとある。「梅」を使った俳句を詠むのはもうすぐ spring「春」になるからである。

4 〔長文読解総合―スピーチ〕

≪全訳≫❶こんにちは。僕はサムです。皆さんの家族には毎年恒例の慣習はありますか？　子どもの頃，僕の家族はいつも同じやり方でクリスマスを祝っていました。朝，僕は早起きすると，サンタからのプレゼントを見るために居間に走っていきました。両親はコーヒーを飲みながら，眠たそうな目でうれしそうに僕を見ていました。しばらく新しいおもちゃで遊んだ後は，家族と一緒に車に乗って祖父母の家に行きました，といっても，それは我が家の近くだったのですが。全てのプレゼントを運ぶためには車が必要だったのです！❷祖父母の家に着くと，他の家族と僕は全てのプレゼントを家の中に運び込み，それからおばやおじやいとこたちが到着するのを待ちました。みんながどこに座るかを決め，それぞれの人の場所の横にプレゼントを置きました。これから開けることになっている全ての美しい箱を眺めた後は，待たねばなりませんでした。プレゼントを開ける前に，必ず朝食をとることになっていたのです。❸僕の祖父は土曜日の朝にはいつもパンケーキをつくってくれましたが，フライパンの中で少し焦がしてしまうことがしょっちゅうありました。それでもそのパンケーキはおいしかったし，祖父と一緒に過ごすのが大好きだったので，そのパンケーキを食べると幸せになりました。祖父はベーコンと卵料理とソーセージもつくりました。けれどクリスマスの朝には，「グリドル」と呼ばれる，パンケーキ用の特別なフライパンを使いました。祖父はグリドルをきれいにするのが好きではなかったので，ふだんは普通のフライパンを使っていました。ところが，クリスマスは特別な日だったので，祖父はグリドルを使って完璧なパンケーキをつくってくれたのです。そのパンケーキは決して焦げたりせず，１年のそれ以外の日につくってくれるパンケーキよりおいしかったのです。ベーコン，卵，ソーセージも格別においしかった！　でも，その朝食が本当においしかったにもかかわらず，子どもたちは自分のプレゼントを見たくてたまりませんでした。だから，私たちはものすごい速さで平らげたのでした！　それから，私たちは自分のプレゼントを開けてもいいかどうか尋ねました。大人たちはみんな笑ってこう言いました。「私たちはまだコーヒーを飲んでるの，だからもう少し待たないとだめだよ」　大人たちは毎年この返事をし，それを楽しんでいました。彼らは私たちに，忍耐強く礼儀正しくあれと教えようとしたのです。それに彼らは目を覚ましたままでいるためにコーヒーが必要だったのです，というのも，彼らはみんな，私たちのためにすばらしいクリスマスを準備しようと前夜は遅くまで起きていたのですから！❹ついに，子どもたちにとっては本当に長い時間が過ぎた後，僕たちはみんなで居間に行ってプレゼントを開けました。もちろん，クリスマスに自分がもらった物を見るのはわくわくすることですが，他の人たちがプレゼントを開けるところを見るのもまたとても楽しいものでした。それはとても幸せなひとときでした。クリスマスの朝は，僕の一番大切な子ども時代の思い出です。❺でも，クリスマスはまだ終わりじゃありません。プレゼントを開け終わった後は，みんなでそのプレゼントで遊ぶのです。大人たちは私たちを手助けするためにその場にいますが，たいていはおしゃべりをして，さらにコーヒーを飲んでいるだけでした。彼らはコーヒーをすごくたくさん飲んでいました！❻昼ごはんの頃になっても，私たちはみんな朝ごはんのおかげでまだかなり満腹なので，あまりたくさんは食べませんでした。そしてときには私たち子どもと大人たちは昼寝をすることもありました。クリスマスってとても疲れるものですからね！　その後は，私たちの次なる慣習がやってきます。私たちはまた車に乗り込んで，おばとおじの家に行きます。さらにたくさんのごちそうの時間です！　私たちはハム，詰め物をした七面鳥，パスタサラダ，フルーツサラダ，ポテトサラダ，アイスクリーム，それにとてもたくさんのパイを食べたのです！　私たちはいつも食べすぎるほど食べ，一族としてともに楽しく過ごしました。クリスマスディナーの後，いとこたちは私にサンタからもらったプレゼントを見せてくれて，もう少し遊びました。大人たちはテレビを見たり，おしゃべりをしたり，トランプをしたり，またコーヒーを飲んだりしていました！❼おいしい食事と幸せな思い出で満たされた後，夜10時頃に家に帰りました。両親は私に「いいクリスマスを過ごせた？」と尋ね，毎年その答えは同じでした。「うん！　どうもありがとう！」❽今，こうした思い出について考えるだけで，いまだに僕は笑顔になってしまいます。このような慣習は，特に自分の家族との慣習は，とても大切なものです。僕は将来，自分の子どもたちのために，このような幸せな思い出をつくることができるよう願っています。そして，皆さんにもご自分の家族と幸せな思い出がたくさんできるように願っています。

問１＜文脈把握＞「(　　)ので，彼らは疲れている」—イ．「プレゼントを開けたり，それで遊んだり，ごちそうを食べたりするなど，することがたくさんあった」　第５段落～第６段落第１文参照。

問２＜文整序＞②「サムと家族は車で彼の祖父の家に行った」（第１段落最後から２文目）／→③「サムは朝食に特別なフライパンを使ってつくられたパンケーキを食べた」（第３段落第４～７文）／→①「サムと他の子どもたちは一緒にクリスマスプレゼントを開けた」（第４段落第１文）／→④「サムは車に乗って，おばとおじの家に行った」（第６段落第５文）

問３＜内容一致＞⑴「クリスマスの日には起きた後，サムは(　　)」—ア．「サンタからのクリスマスプレゼントを見るために居間へ行った」　第１段落第５文参照。　⑵「(　　)ので，サムの祖父はふだんグリドルを使わなかった」—エ．「それをきれいにするのが好きではなかった」　第３段落第５文参照。　⑶「サムは，自分の家族との慣習はとても大切だし，(　　)と考えている」—ウ．「自分の子どもたちのためにそのような幸せな思い出をつくりたい」　第８段落第２，３文参照。

問４＜英問英答＞⑴「なぜサムの家族の大人たちはそんなにたくさんのコーヒーが必要だったのか」—イ．「前夜に寝るのが遅かったから」　第３段落最終文参照。　⑵「サムはおばとおじの家で何をしたか」—ウ．「夕食をとり，プレゼントで遊んだ」　第６段落第５～９文参照。

数学解答

1 問1　(1)　3　(2)　い…3　う…7

(3)　え…5　お…6　(4)　6

(5)　き…3　く…1

(6)　け…3　こ…6

(7)　さ…3　し…5

(8)　す…9　せ…2

問2　(例)

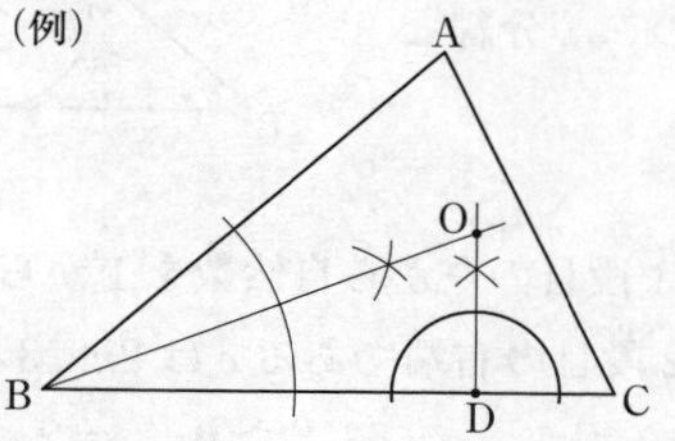

2 問1　③

問2　(例) a，b，c，d をそれぞれ n を用いた式で表すと，$a=n-1$，$b=2n-2$，$c=2n$，$d=3n-1$ となる。よって，$\mathrm{P}=(n+1)+(2n-2)+2n+(3n-1)=8n-4=4(2n-1)$ となる。n は自然数だから，$2n-1$ は奇数である。したがって，$\mathrm{P}=4\times$(奇数)となる。

3 問1　あ…1　い…4

問2　う…2　え…5

問3　お…4　か…1　き…0

4 問1　(例)△AEF と△CDE において，AD＝CD より，∠FAE＝∠ECD……①　AB∥FE で，錯角は等しいから，∠EAB＝∠AEF……②　$\overset{\frown}{\mathrm{BC}}$ に対する円周角だから，∠EAB＝∠CDE……③　②，③より，∠AEF＝∠CDE……④　①，④より，2組の角がそれぞれ等しいから，△AEF∽△CDE

問2　④

問3　あ…4　い…5　う…1　え…6

5 問1　あ…1　い…2　う…2

問2　え…2　お…0

1〔独立小問集合題〕

問1＜数・式の計算，方程式，確率，平面図形＞(1)与式$=12-6\times\frac{3}{2}=12-9=3$　(2)与式$=6a+10b-3a-3b=3a+7b$　(3)与式$=\sqrt{3^2\times6}+\frac{\sqrt{48}}{\sqrt{2}}=3\sqrt{6}+\sqrt{24}=3\sqrt{6}+\sqrt{2^2\times6}=3\sqrt{6}+2\sqrt{6}=5\sqrt{6}$

(4)$x-4x=-21+3$，$-3x=-18$　$\therefore x=6$　(5)$4x+3y=9$……①，$5x+4y=11$……②とする。①×4−②×3 より，$16x-15x=36-33$　$\therefore x=3$　これを①に代入して，$4\times3+3y=9$，$12+3y=9$，$3y=-3$　$\therefore y=-1$　(6)$(x-3)(x-6)=0$　$\therefore x=3$，6　(7)2枚の4のカードを 4_a，4_b，2枚の6のカードを 6_a，6_b，2枚の9のカードを 9_a，9_b とすると，6枚のカードの中から2枚のカードを順番に取り出す取り出し方は $6\times5=30$(通り)であるが，例えば，(1枚目，2枚目)＝$(4_a,\ 6_a)$，$(6_a,\ 4_a)$ の2通りは，同時に取り出す場合は同じ取り出し方で1通りとなる。よって，30通りの中に同じ取り出し方が2通りずつあるので，同時に取り出すときの取り出し方は $30\div2=15$(通り)である。このうち，取り出したカードの数の積が18の倍数になるのは，$(4_a,\ 9_a)$，$(4_a,\ 9_b)$，$(4_b,\ 9_a)$，$(4_b,\ 9_b)$，$(6_a,\ 6_b)$，$(6_a,\ 9_a)$，$(6_a,\ 9_b)$，$(6_b,\ 9_a)$，$(6_b,\ 9_b)$ の9通りだから，求める確率は $\frac{9}{15}=\frac{3}{5}$ である。　(8)右図1で，AB＝AE だから，∠AEB＝∠ABE＝60°となり，△ABE は正三角形である。△AED と

図1

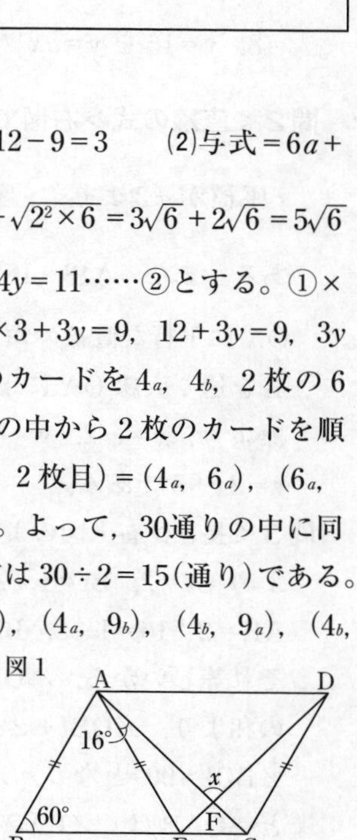

△DCA において，AD は共通，平行四辺形の対辺より AB＝DC で，AB＝AE より AE＝DC である。また，AD∥BC より，錯角は等しいから，∠EAD＝∠AEB＝60° で，平行四辺形の対角より，∠CDA＝∠ABE＝60° だから，∠EAD＝∠CDA である。よって，2 組の辺とその間の角がそれぞれ等しいから，△AED≡△DCA となり，∠EDA＝∠CAD である。これより，∠EDA＝∠CAD＝∠EAD－∠CAE＝60°－16°＝44° となる。したがって，△FDA で内角の和より，$\angle x$＝180°－∠EDA－∠CAD＝180°－44°－44°＝92° となる。

図２

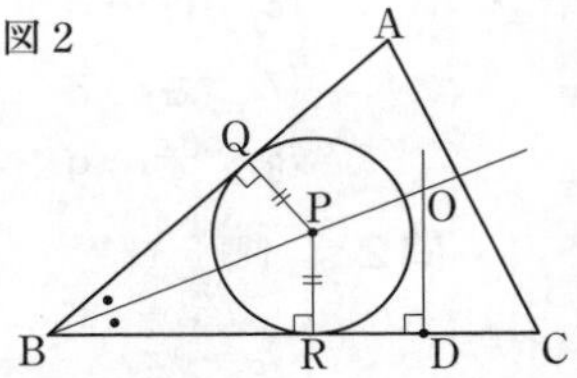

問２＜平面図形―作図＞右図２で，２辺 AB，BC と接する円 P の中心 P は，辺 AB，BC と等しい距離にあるから，∠ABC の二等分線上にある。よって，求める円 O の中心 O は，∠ABC の二等分線と点 D を通る辺 BC の垂線との交点となる。解答参照。

２〔数と式―文字式の利用〕

問１＜一次方程式の応用＞図のように，正方形のマスに１段目の左から自然数を１から順に１段に n 個ずつ３段まで並べるとき，１段目の右端が n より，２段目の右端である c は $2n$，３段目の右端は $3n$ と表される。よって，$d=188$ のとき，$3n=189$ であるから，$n=63$ となり，$c=2\times63=126$ である。したがって，$x=127$ である。

問２＜文字式の利用―証明＞ a，b，c，d を n を用いて表すと，$a=n-1$，$c=2n$，$b=c-2=2n-2$，$d=3n-1$ となるから，$a+b+c+d=(n-1)+(2n-2)+2n+(3n-1)=8n-4=4(2n-1)$ である。n は３以上の自然数だから，$2n-1$ は奇数を表す。解答参照。

３〔関数―関数 $y=ax^2$ と一次関数のグラフ〕

≪基本方針の決定≫問３　相似な三角形の相似比と面積比の関係を利用する。

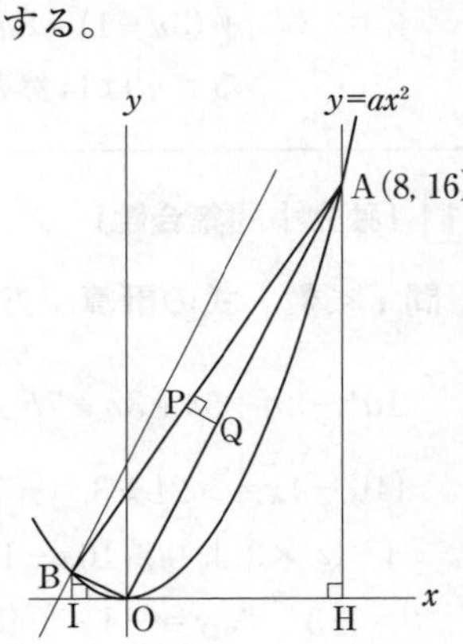

問１＜比例定数＞右図で，A(8，16)が放物線 $y=ax^2$ 上の点だから，$x=8$，$y=16$ を $y=ax^2$ に代入して，$16=a\times8^2$ より，$a=\dfrac{1}{4}$ である。

問２＜直線の式＞右図で，問１より，点 B は放物線 $y=\dfrac{1}{4}x^2$ 上の点で，x 座標が -2 より，y 座標は $y=\dfrac{1}{4}\times(-2)^2=1$ となり，B$(-2,\ 1)$ である。また，A(8，16)より，直線 OA の傾きは $\dfrac{16}{8}=2$ だから，直線 OA に平行な直線の傾きは直線 OA の傾き２に等しい。これより，点 B を通り直線 OA に平行な直線の式を $y=2x+k$ とすると，点 B の座標より，$x=-2$，$y=1$ を代入して，$1=2\times(-2)+k$，$k=5$ となる。よって，求める直線の式は $y=2x+5$ である。

問３＜長さ＞右上図のように，点 A，B から x 軸に垂線を引き，交点をそれぞれ H，I とする。B$(-2,\ 1)$ より OI＝2，BI＝1，A(8，16)より OH＝8，AH＝16 だから，△OBI と△AOH において，OI：AH＝2：16＝1：8，BI：OH＝1：8，∠OIB＝∠AHO＝90° より，２組の辺の比とその間の角がそれぞれ等しいから，△OBI∽△AOH である。これより，∠OBI＝∠AOH となるから，△OBI の内角の和より，∠OBI＋∠BOI＝180°－∠OIB＝180°－90°＝90° であるから，∠AOH＋∠BOI＝∠OBI＋∠BOI＝90° となり，∠AOB＝180°－(∠AOH＋∠BOI)＝180°－90°＝90° となる。よって，△PAQ と△OAB は，∠PAQ＝∠OAB，∠APQ＝∠AOB＝90° より，２組の角がそれぞれ等しいから，

△PAQ∽△OABである。直線PQが△OABの面積を2等分するとき，面積比は，△PAQ：△OAB＝1：2となり，相似比は，AP：AO＝$\sqrt{1}$：$\sqrt{2}$＝1：$\sqrt{2}$となる。したがって，△AOHで三平方の定理より，AO＝$\sqrt{\mathrm{OH}^2+\mathrm{AH}^2}=\sqrt{8^2+16^2}=\sqrt{320}=8\sqrt{5}$となるから，AP＝$\dfrac{1}{\sqrt{2}}$AO＝$\dfrac{1}{\sqrt{2}}\times 8\sqrt{5}=4\sqrt{10}$(cm)である。

4 〔平面図形―円〕

≪基本方針の決定≫問3　問1の相似を利用して，AFの長さを求め，AF：FDを考える。

問1＜証明＞右図1で，まず，AD＝CDより，△ACDは二等辺三角形だから，∠FAE＝∠ECDである。また，平行線の錯角が等しいことから，∠CAB＝∠AEFであり，$\overset{\frown}{\mathrm{BC}}$に対する円周角より，∠CAB＝∠CDEだから，∠AEF＝∠CDEとなる。解答参照。

図1

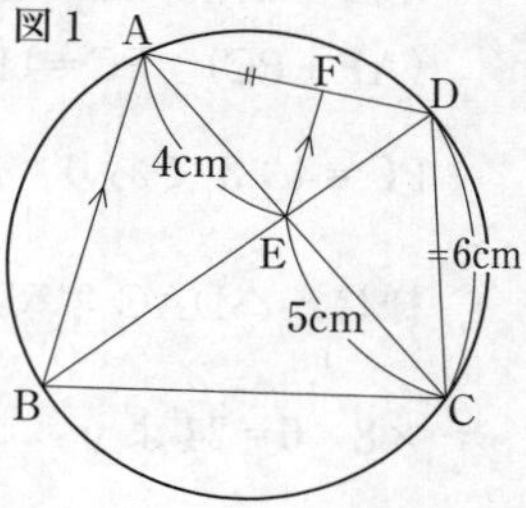

問2＜角度―文字式＞右下図2で，$\overset{\frown}{\mathrm{AD}}$に対する円周角より，∠ACD＝∠ABD＝$a$°であり，AD＝CDより，∠CAD＝∠ACD＝$a$°となる。よって，△ACDの内角の和より，∠ADB＝180°－∠BDC－∠ACD－∠CAD＝180°－50°－a°－a°＝130°－2a°となる。したがって，$\overset{\frown}{\mathrm{AB}}$に対する円周角より，∠ACB＝∠ADB＝130°－2a°である。(解答は(130－2a)度となる。)

図2

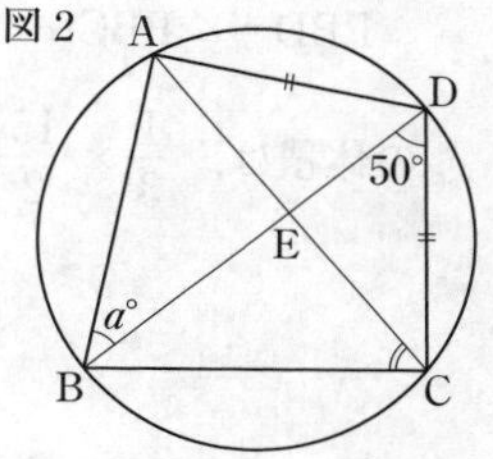

問3＜面積比＞右上図1で，問1より△AEF∽△CDEだから，AF：CE＝AE：CDとなり，CD＝AD＝6より，AF：5＝4：6が成り立つ。これより，AF×6＝5×4，AF＝$\dfrac{10}{3}$となるから，FD＝AD－AF＝6－$\dfrac{10}{3}$＝$\dfrac{8}{3}$である。よって，AB∥FEより，BE：ED＝AF：FD＝$\dfrac{10}{3}$：$\dfrac{8}{3}$＝5：4である。ここで，△ABEと△AEDの底辺をそれぞれBE，EDと見ると，高さが等しいから，面積の比は底辺の比に等しくなり，△ABE：△AED＝BE：ED＝5：4となる。これより，△ABE＝$\dfrac{5}{4}$△AEDである。同様に，△AEDと△DEFの底辺をそれぞれAD，FDと見ると，高さが等しいから，△AED：△DEF＝AD：FDとなる。したがって，AF：FD＝5：4より，AD：FD＝(5＋4)：4＝9：4だから，△AED：△DEF＝9：4となり，△AED＝$\dfrac{9}{4}$△DEFである。以上より，△ABE＝$\dfrac{5}{4}$△AED＝$\dfrac{5}{4}\times\dfrac{9}{4}$△DEF＝$\dfrac{45}{16}$△DEFとなるから，△ABEの面積は△DEFの面積の$\dfrac{45}{16}$倍である。

5 〔空間図形―四角錐〕

≪基本方針の決定≫問2　底面の△PBDは，四角形PBCDから△BCDを除いた図形と考える。

問1＜面積＞右図1で，AB＝BC，∠ABC＝90°より，△ABCは直角二等辺三角形だから，AC＝$\sqrt{2}$AB＝$\sqrt{2}\times 6=6\sqrt{2}$となり，点Pが線分ACの中点であるとき，AP＝$\dfrac{1}{2}$AC＝$\dfrac{1}{2}\times 6\sqrt{2}=3\sqrt{2}$である。また，BP⊥ACとなるから，△PABも直角二等辺三角形となり，BP＝AP＝$3\sqrt{2}$である。図1で，∠OBA＝∠OBC＝90°だから，OB⊥〔面ABCD〕であり，OB⊥BPとなる。よって，△OBP＝$\dfrac{1}{2}$×BP×OB＝$\dfrac{1}{2}\times 3\sqrt{2}\times 8=12\sqrt{2}$(cm²)

図1

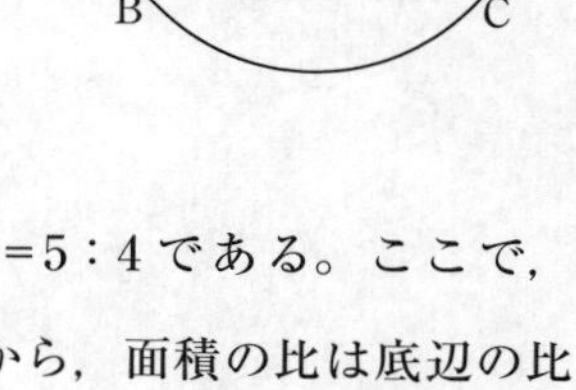

である。

問2＜体積＞右図2で，⑴よりOB⊥〔面ABCD〕だから，4点O，B，P，Dを頂点とする立体は，△PBDを底面，OBを高さとする三角錐である。△PBDの面積は，四角形PBCDの面積から△BCDの面積をひくことで求められる。四角形PBCDを△PBCと△DPCに分けて考えると，△ABCと△PBCで，底辺をそれぞれAC，PCと見ると，高さは等しいから，面積の比は底辺の比と等しい。AP：PC＝1：3より，AC：PC＝(AP＋PC)：PC＝(1＋3)：3＝4：3となるから，△ABC：△PBC＝AC：PC＝4：3であり，△ABC＝$\frac{1}{2}$×6×6＝18だから，△PBC＝$\frac{3}{4}$△ABC＝$\frac{3}{4}$×18＝$\frac{27}{2}$となる。同様に，△DAC：△DPC＝4：3であり，∠ABC＝∠BCD＝90°よりAB∥DCだから，△DAC＝$\frac{1}{2}$×8×6＝24より，△DPC＝$\frac{3}{4}$△DAC＝$\frac{3}{4}$×24＝18である。また，△BCD＝$\frac{1}{2}$×6×8＝24だから，△PBD＝△PBC＋△DPC－△BCD＝$\frac{27}{2}$＋18－24＝$\frac{15}{2}$となる。よって，OB＝8より，求める立体の体積は，$\frac{1}{3}$×$\frac{15}{2}$×8＝20(cm^3)である。

図2

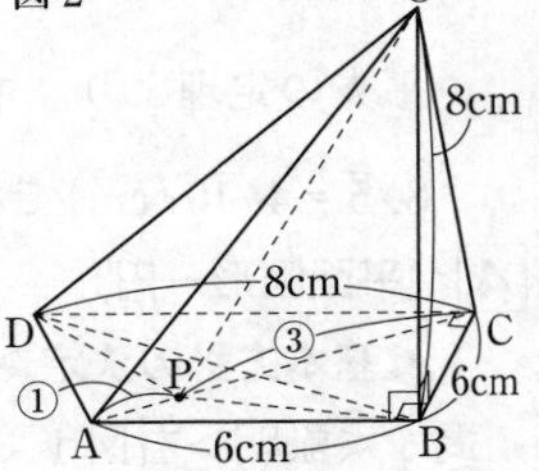

2022年度／関東第一高等学校

国語解答

一　(1)　しょうじん　(2)　すいこう　(3)　おこた　(4)　す　(5)　そうかい

二　(1)　墓穴　(2)　費　(3)　宝　(4)　銭湯　(5)　宿舎

三　問1　イ　問2　エ　問3　イ　問4　ウ　問5　ア

四　問1　ウ　問2　エ　問3　ア　問4　ウ　問5　(省略)

五　問1　ウ　問2　ウ　問3　ア　問4　イ　問5　エ

一〔漢字〕

(1)「精進」は，仏道修行に励むこと。また，あることに打ち込み，努力すること。「精進料理」は，肉や魚を用いず，野菜や豆腐などでつくる料理。　(2)物事をなしとげること。　(3)音読みは「怠慢」などの「タイ」。　(4)音読みは「決済」などの「サイ」。　(5)さわやかで，気持ちがよいこと。

二〔漢字〕

(1)「墓穴を掘る」は，自分で自分の失敗や破滅の原因をつくる，という意味。　(2)音読みは「消費」などの「ヒ」。　(3)音読みは「家宝」などの「ホウ」。　(4)料金を取って，入浴させる浴場のこと。　(5)泊まるところ。

三〔小説の読解〕出典；あさのあつこ『スパイクス　ランナー』。

問1＜心情＞「この数ヵ月，碧李のラップ・タイムが七十秒を切ったことは一度も」なく，「七十二から七十三秒あたりで留まって」いた。「それが碧李の本来の力でないことは，わかっていた」が，「本来の力」を取り戻せていない現状で，「69.01」というラップ・タイムは，「明らかに飛ばしすぎ」だと感じたので，杏子は，不安になって，目を見開いたのである。

問2＜表現＞碧李に関して，「要の練習方法については，『好きに走らせろ』」と言うだけの箕月に，信哉は「納得できない」でいた。碧李の記録が伸び悩んでいるのにこのままでいいのだろうかという疑問が，信哉の中で少しずつ大きくなっていった様子が，「小さな痼」が「徐々に膨れて」いく様子にたとえて表されている。そして，その疑念は「切除するほど」激しいものではないが，「気にはなる」ものだった。

問3＜文章内容＞碧李は，前年の秋の大会で惨敗して，一度は陸上部を辞めたが，復帰して，再び長距離走に挑戦する決心をした。信哉は，「碧李が何を背負い，あそこまで崩れたのか，薄々と察し」はついていたが，「その荷を下ろすことができたのか，まだ背負ったままなのか」まではわからなかった。信哉は，碧李が「荷を下ろせたから走るのではなく，背負ったままでも走る」決意をしたと考え，自分の弱さや競技の苦しさと向き合おうとした決意を「見事だ」と思ったのである。

問4＜心情＞「68.03」というラップ・タイムを見た信哉は，「速すぎる。無茶だ」と「思わず叫んで」いた。碧李は「ペースを完全に見失い，引き摺られて」おり，「三千を超えたあたりで，無理をしたツケが回って」きて，持久力と精神力がもたなくなり，昨年と「同じことがまた，繰り返される」だろうと信哉は思ったのである。

問5＜文章内容＞「去年の結果を引き摺っている」のはお前たちだと箕月に言われて，信哉は，今の碧李の走りに視線を向けた。すると，碧李が，自分のペースを見失っていたわけではなく，彼本来の力を取り戻し，「一年生のときより，ずっと強く，逞しくなって」いたことに気づき，信哉は，胸を打たれたのである。

四〔論説文の読解―社会学的分野―コミュニケーション〕出典；松田美佐『うわさとは何か』。

≪本文の概要≫メディアは，単なる手段ではなく，それ自体がメッセージである。したがって，今日のうわさをとらえるうえでは，メディアの側からもその特徴を考える必要がある。うわさを考えるうえで，最も今日的なメディアはインターネットである。相手に自分の姿をさらさずに匿名のままで発信できるという特性は，身体性の欠如と匿名性からなっている。直接会って話をする場合の表情や声の抑揚などの非言語的な手がかりが，インターネット上のやり取りには欠けている。また，相手が目の前に存在していないという身体性の欠如も，インターネット上で炎上が起きる原因の一つである。この身体性の欠如は，匿名性の問題につながる。インターネットが普及し始めた当初は，匿名性によって，平等なコミュニケーションが可能になるという期待もあったが，同時に，誰であるかが知られないために，無責任な行動を取る可能性が増大しかねないという負の側面も指摘されていたのである。

問１＜文章内容＞メディアは「伝達『手段』」や「透明な媒体」と見なされがちだが，メディア自体も，「メッセージ＝伝達『内容』」なのであり，うわさは，それを伝える「形式」と「切り離すことができない」のである。うわさをとらえるためには，その内容だけではなく，そのうわさがどのようなメディアによって伝えられたのかということも，考える必要があるのである。

問２＜段落関係＞前の段落で提示した「うわさを考える上で，もっとも今日的なメディアはインターネット」であることについて，第十二段では，「インターネットがうわさの巣窟と批判される」ことの説明や理由が述べられ，より具体的に説明している。そして，「『相手に自分の姿をさらすことなく，匿名のままで発信できる』というインターネットのメディア特性」は，「身体性の欠如と匿名性からなっている」ことを挙げて，次の段落以降の説明につなげている。

問３＜文章内容＞同じ場にいて会話すると，「話の内容だけでなく，相手の様子や表情，声の抑揚や動作」などからも，何らかのメッセージを受け取ることができる。それだけではなく，たとえ会話がなくても，「お互いの身体がそこに存在すること自体が特別な意味」を持ち，同じ場に居合わせるだけで何かが伝わるのである。

問４＜文章内容＞街中ですれ違う相手のことは「名前も社会的属性も」知らないため，我々は「知らないままやり過ごす」が，「顔や姿が見えていることから，推測できる部分」もある。このため，都市空間においては，たとえ見知らぬ他人どうしであっても，完全に匿名性を保つことはできない。

問５＜作文＞「インターネットにおける匿名性の負の側面」とは，インターネット上では「誰であるかが知られないために無責任な行動をとる可能性が増大しかねない」ことである。自分が見聞きした，あるいは，してしまった「無責任な行動」をまず考え，それについての意見を述べればよい。

五〔**説明文の読解―芸術・文学・言語学的分野―文学**〕出典；尾形仂『芭蕉のこころをよむ』。

問１＜歴史的仮名遣い＞歴史的仮名遣いの語頭以外のハ行は，現代仮名遣いでは，原則として「わいうえお」になる。したがって，「厭ひし」は，現代仮名遣いでは，「厭いし」となる。

問２＜文章内容＞「一筋」は，一本の道のこと。『幻住庵記』の末尾の一節は，芭蕉が「漂泊の詩人としての人生の一つの頂点」に立って，「現在の立場を確認しようとして書かれたもの」であり，「この一筋」とは，芭蕉が，人生をかけて打ち込んだ俳諧の道のことである。

問３＜文の組み立て＞芭蕉は，閑寂な生活を「いちずに」「愛し」たわけではない。

問４＜文章内容＞芭蕉は，「芭蕉という植物が何の役にも立たない」からこそ「木こりの斧に伐り倒される心配のないのを『その性尊し』と」たたえ，その葉が風雨に破れやすいことを愛するだけだとして，自ら芭蕉と号した。芭蕉は，「病弱な無用者という引けめ」を感じていたが，植物の芭蕉に自分を投影し欠点をあえてたたえることで，自らの欠点を肯定的にとらえようとしたのである。

問５＜要旨＞芭蕉は，「本来なら郷士の次男として耕作」に従事し，父や兄を「助ける立場にあったはず」である。それなのに，生まれつき「病弱」だったことに加えて，「俳諧の魅力」にとりつかれてしまったために，人生コースを狂わされてしまったと芭蕉は書いているのである。

Memo

Memo

2021年度 関東第一高等学校(推薦)

【英　語】 (50分) 〈満点：100点〉

1 リスニングテスト(**放送**による**指示**に従って答えなさい。)

〔**問題A**〕 最も適当なものを，次の**ア**～**エ**のうちからそれぞれ一つずつ選びなさい。

＜対話文1＞

ア To the park.

イ To a bookstore.

ウ To a hospital.

エ To Yuka's house.

＜対話文2＞

ア Because she has to take care of her sister.

イ Because she has to help Michael.

ウ Because she has to go to see her grandfather.

エ Because she has to go shopping with Eric.

＜対話文3＞

ア He enjoyed sightseeing.

イ He enjoyed doing some winter sports.

ウ He enjoyed swimming in the sea.

エ He enjoyed watching birds.

〔**問題B**〕 最も適当なものを，次の**ア**～**エ**のうちからそれぞれ一つずつ選びなさい。

＜Question 1＞

ア She is in the music club.

イ She is in the tennis club.

ウ She is in the English club.

エ She is not in any club.

＜Question 2＞

ア One time.

イ Two times.

ウ Three times.

エ Four times.

※リスニングテスト放送文は，英語の問題の終わりに付けてあります。

2

次の(1)~(5)のそれぞれの対話文を完成させなさい。

(1), (2)については，(　　)の中の語を最も適当な形に書きかえなさい。ただし，**1語**で書きかえること。

また，(3)~(5)については，それぞれの(　　　)の中の語を正しい語順に並べかえたものとして最も適当なものを，下の**ア**~**エ**のうちから一つずつ選びなさい。

(1) A：What did you do yesterday?

B：I went fishing in the lake and (catch) some fish.

(2) A：Your idea is much (good) than mine.

B：Thank you very much.

(3) A：Do you know the (① the　② girl　③ under　④ tree　⑤ standing) with a white dog?

B：Yes, I do. That's Tom's sister Alice.

ア ②⑤③①④　　**イ** ②③⑤①④　　**ウ** ④③⑤①②　　**エ** ④⑤③①②

(4) A：It's very (① to　② me　③ for　④ interesting　⑤ study) math.

B：Really? I'm not good at math.

ア ④①②③⑤　　**イ** ④①②⑤③　　**ウ** ④③⑤①②　　**エ** ④③②①⑤

(5) A：Mom, I'm (① tired　② to　③ my　④ do　⑤ too) homework.

B：I see. But you must do it before breakfast tomorrow morning.

ア ⑤②④③①　　**イ** ⑤①②④③　　**ウ** ④⑤①②③　　**エ** ④③①②⑤

3

タカシ(Takashi)とリンダ(Linda)が帰宅途中に話しています。リンダは，この場面で，何と言うと思いますか。その言葉を英語で書きなさい。

ただし，語の数は**20語以上30語以下**（．，？！などの符号は語数に含まない。）とすること。

4 次の(1)～(3)の英文を読んで，それぞれの問いに答えなさい。

(1) You will throw away most of the things around you someday. Clothes, books, furniture, electrical equipment — we can't use these things forever. Where do they go after we (Ⓐ) using them? Most of our trash goes to incinerators. What is an incinerator? It's a machine that burns trash. In Japan, about 80% of trash is burned, 19% is recycled, and 1% goes to landfills. There are not many places to make landfills because Japan is a (Ⓑ) country. The amount of trash is decreased by burning, but the smoke from burning trash is not good for our health. What can we do about this problem?

(注) throw away ～ ～を処分する someday いつか furniture 家具
electrical equipment 家電製品 trash ごみ incinerator 焼却炉
machine 機械 burn ～ ～を燃やす landfills ごみ埋め立て地
amount 総量 decrease 減らす smoke 煙 burning 燃やしている

本文中の(Ⓐ)，(Ⓑ)に入る最も適当な語を，それぞれ次の**ア**～**エ**のうちから一つずつ選びなさい。

Ⓐ **ア** find **イ** take **ウ** finish **エ** help
Ⓑ **ア** beautiful **イ** famous **ウ** simple **エ** small

(2) Last year a girl from London stayed with my family for three weeks. Her name is Beth. One day, Beth and I saw a rainbow together. I taught her the seven colors of a rainbow in Japanese. But then, she looked surprised and said, "We usually think there are six colors in a rainbow. Saki, do you really see seven colors?" We learned that the colors of a rainbow were different in some places. Another day, Beth and I went to a restaurant. She was surprised to get *oshibori* before having a meal. She said, "This is very nice. I've never seen such a thing in my country." I learned that getting *oshibori* at a restaurant was very special for some people.

(注) rainbow 虹 meal 食事

① 本文の内容に関する次の質問に，英語で答えなさい。
What did Saki teach Beth when they saw a rainbow together?

② 本文の内容に合っているものを，次の**ア**～**エ**のうちから一つ選びなさい。
ア ベスは３週間前に日本に来て以来ずっと，サキの家に滞在している。
イ ベスとサキは，虹の色の数え方が，場所によって異なることを知った。
ウ ベスは，日本のレストランでも英国のようにおしぼりが出されたので驚いた。
エ サキは，レストランでおしぼりがもらえるのは当たり前のことだと考えている。

(3) 次は，第一スポーツセンター(Dai-ichi Sports Center)の掲示物です。

Dai-ichi Sports Center

Open hours

Area A	Area B	Area C	Area D
 Swimming	 Baseball Soccer 	 Volleyball Basketball 	Tennis 
10:00 - 18:00	9:00 - 19:00	9:00 - 21:30	10:00 - 20:30
Thursday to Sunday	Monday to Sunday	Tuesday to Thursday	Friday to Sunday

☆Fee

Adults:	400 yen
Seniors (60 or over):	300 yen
Students (13 to 19):	200 yen
Children (7 to 12):	50 yen
Children (under 7 years old):	Free

☆Notes

1. You can rent balls, rackets, and shoes for your activities. (Swimwear is not available.)
2. People who do not live in Higashi City must pay 100 yen extra.
3. Area D will not be open when it rains.
4. Areas A and C are in the same building.

(注) open hours 営業時間　area 場所　fee 料金　adult 大人
senior 高齢者　free 無料の　note 覚え書き　rent ～ ～を借りる
activities activity(活動)の複数形　swimwear 水着　available 利用できる
pay ～ ～を支払う　extra 余分に

① この掲示物の内容をもとに，次の質問の答えとして最も適当なものを，次のア～エのうちから一つ選びなさい。

Which area is open every day?

ア Area A.　イ Area B.　ウ Area C.　エ Area D.

② この掲示物の内容に合っているものを，次のア～エのうちから一つ選びなさい。

ア You can enjoy swimming and baseball in the same building.
イ Area C is open from 9:00 to 21:30 for only two days every week.
ウ You can't use Area A and B if it rains.
エ A woman with a 6-year-old child doesn't have to pay for the child.

5 次の英文を読んで，あとの(1)～(4)の問いに答えなさい。

Hello. I'm Koji Yasuda. Do you like playing sports? Do you usually do any exercise? I'm interested in the exercise habits of people in my town, because I'm a member of the volunteer staff of the junior sports club in the town.

Graph A

「運動やスポーツがもたらす価値とは何ですか」

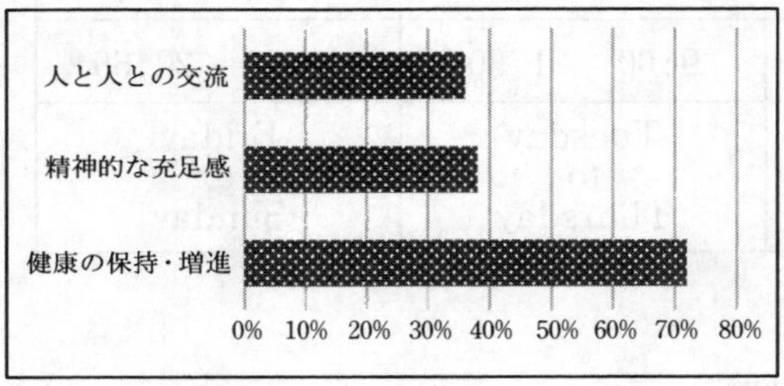

Graph B

「あなたは運動不足だと思いますか」

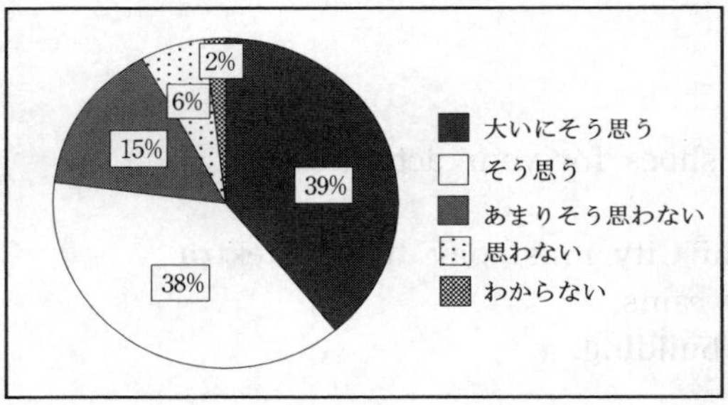

Look at Graph A. Most people in the town think that exercise is important for keeping and improving their health. But actually, as Graph B shows, about (①) percent of people in the town aren't getting enough exercise.

I was very sad to learn that. I think we should make more opportunities to enjoy exercise. I would like to make a suggestion. How about holding a sports event that all people living in this town can join? Look at Graph A again. It also shows that people want to interact with one another through exercise. So, if we hold an interesting sports event, I think they can also interact with one another.

What should we do to hold such an event? One idea is to invite a famous sports player. How about asking him or her to teach exercise or a sport that people of all ages can enjoy? If we do so, many people will become interested in the event. Also, if they come and enjoy exercise together, some people may start getting more exercise.

You may say, "We need a lot of money to hold such an event." I'm sure that it will be a big problem. To solve the problem may not be (②), but we can try. I hope that a lot of people will start getting more exercise for their health.

（注）exercise　運動　　habit　習慣　　staff　スタッフ　　graph　グラフ
as ～　～するように　　opportunities　opportunity(好機)の複数形
make a suggestion　提案する　　interact with ～　～と交流する
one another　お互いに　　solve ～　～を解決する

(1) 本文中の(　①　)に入れるのに最も適当な英単語を，次の**ア**～**エ**のうちから一つ選びなさい。

ア sixty

イ seventy

ウ eighty

エ ninety

(2) 本文の内容に関する次の質問に，英語で答えなさい。

What do most people in Koji's town think about exercise?

(3) 本文中の(　②　)に入る最も適当な英単語**1語**を書きなさい。

(4) 本文の内容に合っているものを，次の**ア**～**エ**のうちから一つ選びなさい。

ア Many people enjoy doing exercise almost every day in Koji's town.

イ Koji thinks that people will interact with one another at a sports event.

ウ Koji doesn't think that they need a lot of money to hold a sports event.

エ Koji was sad to know that people in his town don't like a big sports event.

6

高校生のナツミ(Natsumi)とALTのブラウン先生(Mr. Brown)が教室で話をしています。この対話文を読んで，[(1)] ～ [(4)] に入る最も適当な英文を，それぞれあとの**ア**～**エ**のうちから一つずつ選びなさい。

Natsumi: Hello, Mr. Brown.

Mr. Brown: Hi, Natsumi. How was your spring vacation? Did you have a good time?

Natsumi: Yes, I did. [(1)]

Mr. Brown: Oh, where?

Natsumi: We visited Kyoto for the first time in March.

Mr. Brown: [(2)] I love Kyoto. I've been there three times since I came to Japan.

Natsumi: Really? How do you like Kyoto?

Mr. Brown: Well, we can see a lot of old temples and shrines. I feel the long history of Japan when I visit there.

Natsumi: I felt the same. Kyoto was an old capital for more than one thousand years.

Mr. Brown: Yes. I think Japanese people are blessed.

Natsumi: Blessed? What do you mean?

Mr. Brown: [(3)] It is still a young country, so it doesn't have such a long history.

Natsumi: I see. I'm really happy to know that a person from a different country is interested in our history.

Mr. Brown: Do you like studying history?

Natsumi: Yes, I do. I'm a member of the history club at this school. We often visit historical spots around the Kanto area.

Mr. Brown: That's interesting.

Natsumi: We have our club meeting after school tomorrow. [(4)]

Mr. Brown: Can I? Thank you. I will.

（注） capital 首都　be blessed 恵まれている　historical spot 史跡
Kanto area 関東地方

(1) ア I traveled with my family.
イ I want to go abroad in the future.
ウ I have a plan to take a trip next month.
エ I enjoyed my trip to Kyoto.

(2) ア That's right.
イ Of course, you can.
ウ That's great.
エ You're welcome.

(3) ア People in Australia like Japan.

イ Japanese people are kind to me.

ウ There are many places to see in Japan.

エ I'm from Australia.

(4) ア Are you interested in Japanese history?

イ Why don't you join us?

ウ Where do you want to go?

エ Will you go to Kyoto again?

＜リスニングテスト放送台本＞

開始時の説明

これから，リスニングテストを行います。

問題用紙の１ページを見なさい。リスニングテストは，全て放送による指示で行います。リスニングテストの問題には，問題Ａと問題Ｂの二つがあります。質問に対する答えを選びなさい。

英文とそのあとに出題される質問が，それぞれ全体を通して二回ずつ読まれます。問題用紙の余白にメモをとってもかまいません。答えは全て解答用紙にマークしなさい。（２秒の間）

〔問題Ａ〕

問題Ａは，英語による対話文を聞いて，英語の質問に答えるものです。ここで話される対話文は全部で三つあり，それぞれ質問が一つずつ出題されます。

では，＜対話文１＞を始めます。（３秒の間）

Bob: Emily, you look sick. Are you OK?

Emily: No. I have been sick since yesterday.

Bob: Have you? It suddenly started raining and it got cold in the afternoon yesterday, right?

Emily: Yes, it did. When I was playing tennis with Yuka in the park, it started raining. So, we stopped playing tennis and went to a bookstore near the park. We stayed there until the rain stopped, and then we went home. But I had a headache and went to bed early.

Bob: Really? You should go to see a doctor.

Emily: I will. Thank you, Bob. （３秒の間）

Question: Where did Emily go after it started raining yesterday?

（１回目：５秒の間，２回目：10秒の間）

繰り返します。（２秒の間）

（対話文１と質問の繰り返し）

＜対話文２＞を始めます。（３秒の間）

Eric: Hi, Susan. Can you go shopping with me on Sunday morning?

Susan: Hi, Eric. Sorry, I'll be busy. I'll have to take care of my younger sister because my father and mother will not be at home.

Eric: I see. How about in the afternoon?

Susan: I can go with you then. But I have to come back home at five because my grandfather will come.

Eric: No problem. Then, let's meet in front of Michael's Coffee Shop at one thirty.

Susan: OK. See you then. （３秒の間）

Question: Why will Susan be busy on Sunday morning?

（１回目：５秒の間，２回目：10秒の間）

繰り返します。（２秒の間）

（対話文２と質問の繰り返し）

＜対話文３＞を始めます。（３秒の間）

Kumi: Did you go back to Australia during the winter vacation, James?

James: Yes, I did. I had a great time there. You went to Hokkaido during the vacation, right?

Kumi: Yes. It was very cold, but I enjoyed shopping and doing some winter sports there. Was it cold in Australia, too?

James: Cold? No! When it is winter in Japan, it is summer in Australia.

Kumi: Oh, really? Then, did you swim in the sea every day?

James: No, it was not so hot there. I went to the mountains and enjoyed watching birds.

Kumi: I see. （３秒の間）

Question: What did James enjoy doing in Australia during the winter vacation?
（１回目：５秒の間，２回目：10 秒の間）

繰り返します。（２秒の間）
（対話文３と質問の繰り返し）
これで問題Ａを終わり，問題Ｂに入ります。

〔問題Ｂ〕（３秒の間）

これから聞く英語は，高校生の Emi が英語の授業で行ったスピーチです。内容に注意して聞きなさい。

あとから，英語による質問が二つ出題されます。質問に対する答えを選びなさい。

では，始めます。（２秒の間）

Hello, everyone. My name is Emi Sakai. I have learned the piano at Ms. Brown's Music School since I was nine. She is from Canada, but she has lived in Japan for a long time, so she speaks Japanese well. At her school, I enjoy talking in both English and Japanese. So, I'm good at English. There are two girls from America in my school tennis club. I became friends with them soon because I have practiced speaking English with Ms. Brown.

When I was a junior high school student, I went to Ms. Brown's Music School on Tuesdays, Thursdays, and Sundays. But I'm so busy that I go there only on Fridays now. I want to make time to practice playing the piano and enjoy talking with her more. In the future, I want to be a kind music teacher like her. （３秒の間）

Question 1: What club is Emi in? （１回目：５秒の間，２回目：10 秒の間）

Question 2: How many times did Emi go to Brown's Music School every week when she was a junior high school student? （１回目：５秒の間，２回目：10 秒の間）

繰り返します。（２秒の間）
（問題Ｂの英文と質問の繰り返し）

以上で，リスニングテストを終わります。２ページ以降の問題に答えなさい。

【数　学】　(50分)　〈満点：100点〉

1

次の(1)～(6)において，$\boxed{}$ のア～スにあてはまる数字をそれぞれ答えなさい。

(1)　$-7-(-12)$　を計算すると，$\boxed{\text{ア}}$ である。

(2)　$15\div\left(-\dfrac{3}{4}\right)-3^2$　を計算すると，$-\boxed{\text{イウ}}$ である。

(3)　$2(4a-b)-3(a-6b)$　を計算すると，$\boxed{\text{エ}}\,a+\boxed{\text{オカ}}\,b$ である。

(4)　比例式　$9:x=3:(x-4)$　を解くと，$x=\boxed{\text{キ}}$ である。

(5)　$\sqrt{20}+10\div\sqrt{5}$　を計算すると，$\boxed{\text{ク}}\sqrt{\boxed{\text{ケ}}}$ である。

(6)　二次方程式　$x^2-5x+3=0$　を解くと，$x=\dfrac{\boxed{\text{コ}}\pm\sqrt{\boxed{\text{サシ}}}}{\boxed{\text{ス}}}$ である。

2

次の(1)～(5)の問いに答えなさい。なお，(2)～(4)は $\boxed{}$ のア～オにあてはまる数字をそれぞれ答えなさい。

(1)　次の表は，あるクラスの生徒30人の5点満点の計算テストの結果をまとめたものである。

得点(点)	0	1	2	3	4	5	計
人数(人)	0	2	6	7	10	5	30

得点の分布の範囲と中央値の組み合わせとして適当なものを，次の①～⑥のうちから1つ選びなさい。

①　分布の範囲…4点　　中央値…3点
②　分布の範囲…4点　　中央値…3.5点
③　分布の範囲…4点　　中央値…4点
④　分布の範囲…5点　　中央値…3点
⑤　分布の範囲…5点　　中央値…3.5点
⑥　分布の範囲…5点　　中央値…4点

(2) 関数 $y=\dfrac{1}{2}x^2$ と一次関数 $y=3x$ において，x の値が 2 から m まで増加するときの変化の割合が等しいとき，$m=$ ア である。

(3) 下の図の立体 O − ABCD は，すべての辺が 4 cm の正四角すいである。

辺 OB，OC の中点をそれぞれ M，N とし，四角すい D − MBCN をつくる。

このとき，四角すい D − MBCN の体積は，イ $\sqrt{\text{ウ}}$ cm^3 である。

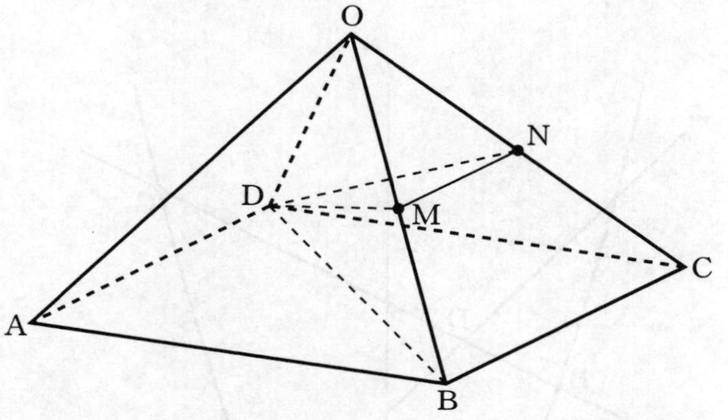

(4) 大小 2 つのさいころを同時に 1 回投げ，大きいさいころの出た目の数を a，小さいさいころの出た目の数を b とする。

このとき，二次方程式 $x^2-2x-ab=0$ の解が整数になる確率は，$\dfrac{\text{エ}}{\text{オ}}$ である。

ただし，さいころを投げるとき，1 から 6 までのどの目が出ることも同様に確からしいものとする。

(5) 下の図のように，線分 AB を直径とする半円 O がある。

$\overset{\frown}{AB}$ 上に $\overset{\frown}{AP}:\overset{\frown}{PB}=1:2$ となる点 P をとり，点 P を接点とする半円 O の接線を ℓ とする。

また，直線 ℓ と点 P で接し，直線 AB にも接する円の中心を Q とする。

2 点 P，Q を，**記述式解答用紙**の解答欄に作図し，点 P，Q の位置を示す文字 P，Q も記入しなさい。

ただし，点 Q は半円 O の内部にあるものとする。

また，三角定規の角を利用して直線をひくことはしないものとし，作図に用いた線は消さずに残しておくこと。

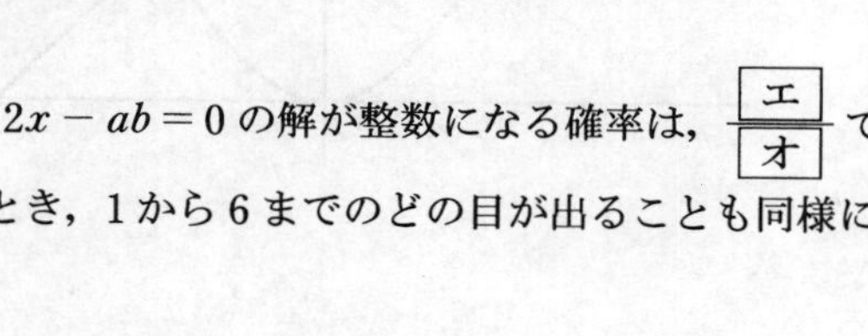

3 下の**図1**で，点Oは原点，曲線 ℓ は関数 $y=\frac{1}{4}x^2$ のグラフ，直線 m は一次関数 $y=ax+8\ (a<0)$ のグラフである。

点Aは曲線 ℓ と直線 m の交点で，その x 座標は4である。

2点B，Cは，曲線 ℓ 上の点で，点Bの x 座標は -6，点Cの x 座標は正，点Cの y 座標は点Bの y 座標より7大きい。

直線BCと直線 m の交点をDとする。

このとき，次の**(1)**〜**(3)**において，[　]のア〜クにあてはまる数字をそれぞれ答えなさい。

図1

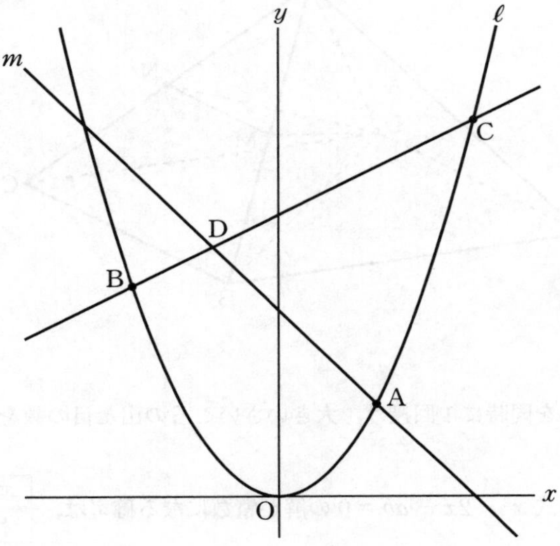

(1) $a=-$[ア]である。

(2) 直線BCの式は，$y=\dfrac{[イ]}{[ウ]}x+$[エオ]である。

⑶ 下の**図２**は，**図１**において，線分 CD 上の点をＰとし，点Ｐと点Ｏ，点Ａと点Ｏ, 点Ｂと点Ｏをそれぞれ結んだ場合を表している。

△OPB の面積と四角形 OADB の面積が等しいとき，点Ｐの x 座標は，$\dfrac{\boxed{\text{カキ}}}{\boxed{\text{ク}}}$ である。

図２

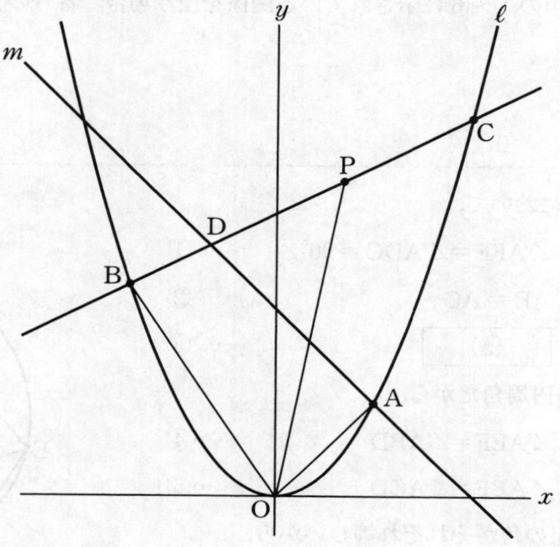

4

下の図のように，AB＝AC，∠BAC＜90°の二等辺三角形 ABC と，３点Ａ，Ｂ，Ｃを通る円がある。頂点Ａから辺 BC にひいた垂線と辺 BC との交点をＤとする。

また，頂点Ｃを通り辺 AB に垂直な直線と $\overset{\frown}{\mathrm{AB}}$，辺 AB，線分 AD との交点をそれぞれＥ，Ｆ，Ｇとし，頂点Ａと点Ｅ，頂点Ｂと点Ｅをそれぞれ結ぶ。

このとき，次の⑴，⑵の問いに答えなさい。なお，⑵は $\boxed{}$ のア～エにあてはまる数字をそれぞれ答えなさい。

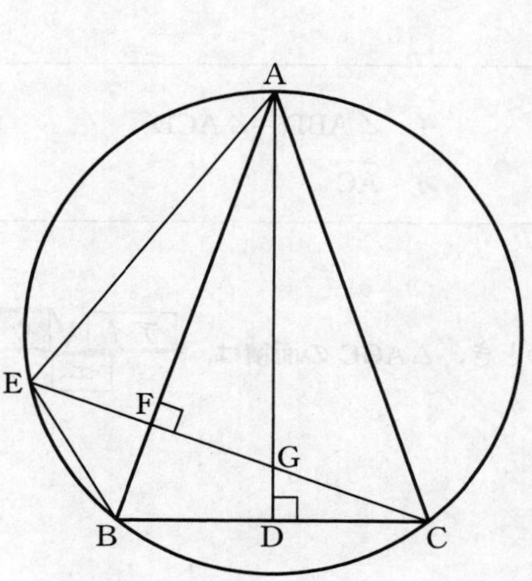

(1) △AEB ≡ △AGC となることの証明を，下の［　　　］の中に途中まで示してある。

［ (a) ］，［ (b) ］に入る最も適当なものを，次ページの**選択肢**の**ア～カ**のうちから，それぞれ1つずつ選び，符号で答えなさい。また，［ (c) ］には証明の続きを書き，**証明**を完成させなさい。

ただし，解答は**記述式解答用紙**の解答欄に書きなさい。

また，［　　　］の中の①～⑥に示されている関係を使う場合，番号の①～⑥を用いてもかまわないものとする。

証明

△AEF と △ACD において，

仮定から，　∠AFE＝∠ADC＝90°　……①

AB＝AC　……②

②より，　［ (a) ］　……③

［ (b) ］に対する円周角だから，

∠AEF＝∠ABD　……④

③，④より，　∠AEF＝∠ACD　……⑤

①，⑤より，2組の角がそれぞれ等しいから，

△AEF ∽ △ACD　……⑥

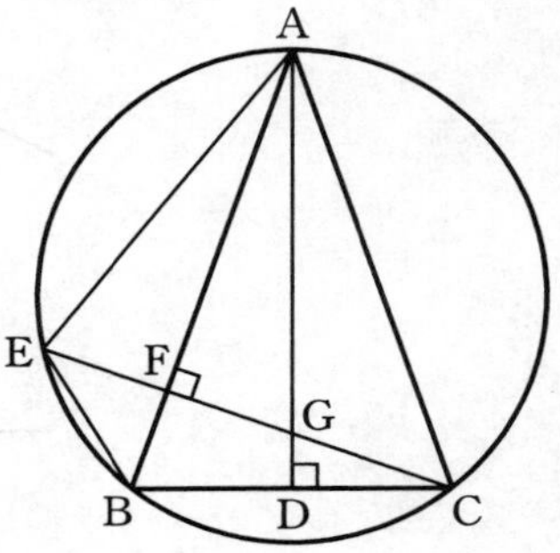

［ (c) ］

選択肢

ア　∠BAD＝∠CAD　　**イ**　∠ABD＝∠ACD　　**ウ**　∠ADB＝∠ADC

エ　$\overset{\frown}{BC}$　　**オ**　$\overset{\frown}{AC}$　　**カ**　$\overset{\frown}{AE}$

(2) AB＝9 cm，BC＝6 cm のとき，△AGC の面積は，$\dfrac{\boxed{アイ}\sqrt{\boxed{ウ}}}{\boxed{エ}}$ cm² である。

5　下の図のように，1辺が1cmの正方形**1**の下に，1辺が1cmの正方形**2**をかき，縦が2cm，横が1cmの長方形をつくる。

この長方形の長いほうの辺を1辺とする正方形**3**を長方形の右にかき，縦が2cm，横が3cmの長方形をつくる。

さらに，できた長方形の長いほうの辺を1辺とする正方形を，長方形の下，右，下，右，…の順にかき，長方形をつくっていく。

このとき，次の**(1)**，**(2)**の問いに答えなさい。

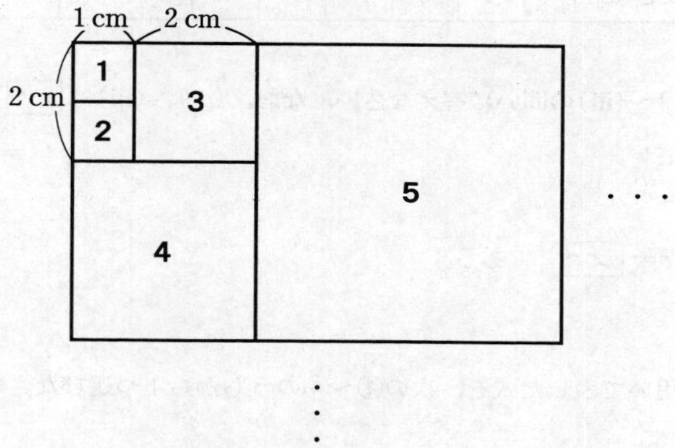

(1)　次の[　]のアにあてはまる数字を答えなさい。

正方形**5**までかいたときにできる長方形(上の図)の長いほうの辺は[ア]cmである。

(2) 下の表は，正方形の番号と，その正方形の１辺の長さ，その正方形までかいたときにできる長方形の面積と周の長さについてまとめたものである。

表の中の m，n は連続する自然数である。

正方形の番号	1	2	3	4	5	…	m	n	…
正方形の１辺の長さ (cm)	1	1	2	3	5	…	c	d	…
長方形の面積 (cm^2)	1	2	6	15	a	…	・	P	…
長方形の周の長さ (cm)	4	6	10	16	b	…	・	Q	…

このとき，次の（ⅰ）～（ⅲ）の問いに答えなさい。なお，（ⅰ），（ⅲ）は □ のイ～クにあてはまる数字をそれぞれ答えなさい。

（ⅰ）　$a=$ イウ，$b=$ エオ である。

（ⅱ）　P を c，d を用いて表した式を，次の①～④のうちから１つ選びなさい。

① cd
② c^2+cd
③ $cd+d^2$
④ c^2+d^2

（ⅲ）　$Q=5168$，$d=c+377$ のとき，$c=$ カキク である。

＜国語聞き取り検査放送用台本＞

（チャイム）

これから，国語の学力検査を行います。放送の指示に従いなさい。

（２秒空白）

最初は聞き取り検査です。これは，放送を聞いて問いに答える検査です。

（４秒空白）

一《いち》　これから，四葉《よつば》中学校の社会科見学に向けて，横手《よこて》さん，岩本《いわもと》さん，曽根《そね》さんの班で，美術館での鑑賞について話し合っている場面と，それに関連した問いを四問放送します。話し合いは，事前に配られた社会科見学についての「プリント」をそれぞれが机の上に出したところから始まります。「プリント」を見ながら放送を聞き，それぞれの問いに答えなさい。

（２秒空白）

なお，やりとりの途中，（合図音A）という合図のあと，問いを放送します。また，（合図音B）という合図のあと，場面の続きを放送します。メモをとってもかまいません。では，始めます。

（２秒空白）

横手　浮世絵といえば，「富嶽三十六景《ふがくさんじゅうろっけい》」や「東海道五十三次《とうかいどうこじゅうさんつぎ》」が有名ですよね。プリントを見ると，今回の特別展でも展示されているようなので，楽しみです。曽根さんはどうですか。

曽根　私も楽しみです。めったに見られないものなので，できるだけたくさん見たいと思っています。岩本さんはどうですか。

岩本　この特別展では300点以上の美術品を展示するので，たくさん見ようとすると，一つ一つをじっくり見ることができなくなります。だから，鑑賞する絵を絞りませんか。ちなみに私は「東海道五十三次」に興味があるので，これは見たいです。

（合図音A）

問いの**(1)**　今の発言における岩本さんの考えを説明したものとして最も適当なものを，選択肢**ア〜エ**のうちから一つ選び，その符号を書きなさい。

（13秒空白）

（合図音B）

曽根　では，歌川広重《うたがわひろしげ》の「東海道五十三次」を中心に作品を鑑賞しましょう。鑑賞手帳を作る必要がありますが，まずは何から調べましょうか，横手さん。

横手　まずは基本的なこととして，東海道のことを調べましょう。東海道とはどういう道なのか，53もあるという宿場はどんな場所なのかといったことです。事前に調べるときには，宿場の現在の様子を写した写真やイラストも集めておきましょう。そして見学するときには，調べてきたことや写真と一致する点，違う点を探しながら浮世絵を見るとよいと思います。

（合図音A）

問いの**(2)**　今の横手さんの発言の特徴を説明したものとして最も適当なものを，選択肢**ア〜エ**のうちから一つ選び，その符号を書きなさい。

（15秒空白）

（合図音B）

岩本　東海道の旅と言えば，十返舎一九《じっぺんしゃいっく》の「東海道中膝栗毛《とうかいどうちゅうひざくりげ》」で有名な弥次《やじ》さん喜多《きた》さんは，東海道を旅していますよね。曽根さん，「東海道中膝栗毛」との関わりを調べるのはどうでしょう。

曽根　それはおもしろそうですね。「東海道中膝栗毛」と「東海道五十三次」は，どちらが先に世に出たのでしょうか。先に出たものを見て，触発されたことで，作品が生まれたということもあるかもしれないですね。

（合図音A）

問いの**(3)**　今の曽根さんの発言の特徴を説明したものとして最も適当なものを，選択肢**ア〜エ**のうちから一つ選び，その符号を書きなさい。

（18秒空白）

（合図音B）

横手　東海道についての話が続いていますが，作者の歌川広重についても調べる必要があると思います。

岩本　確かにそうですね。広重がどんな人生を送ったのか，どんなきっかけで浮世絵を始めたのか。その辺りのことを調べればよいでしょうか。

横手　そうですね。曽根さん，広重のことでほかに調べたほうがよいことはあると思いますか。

曽根　では，広重が影響された人物がいたのかどうかを調べませんか。尊敬する絵描きがいれば，絵の特徴を取り入れているかもしれないし，敵対視する絵描きがいれば，真逆の画風を極めていったかもしれないですよね。

岩本　それはいい視点ですね。ぜひそれも調べましょう。

（合図音A）

問いの**(4)**　横手さんたちが調べることは何ですか。[調べること]の空欄に入る言葉を五字以内で書きなさい。

（５秒空白）

放送は以上です。

(4) 次の文章は、中学生の小島さんが授業でこの文章を読んだ考察をまとめたものです。空欄に入る言葉を書きなさい。ただし、[I]は文章中から**七字**で**抜き出して**書き、[II]は自分の言葉で**五字以上、十字以内**で書くこと。

> 大名は名馬を大切にしていたつもりでしたが、実際には、名馬は戦において「[I]」になってしまっていました。ここからは、大切にするということは、人に[II]ことなく、自分が主体的に関わっていくことが必要だということがわかります。大名には、その姿勢が足りなかったのでしょう。

七

次の文章を読み、あとの(1)～(4)の問いに答えなさい。

今はむかし、ある大名、Aきはめて良き名馬をもとめて、「我が一大事の先《せん》途《ど》(注1)見るべき物は、此《この》馬なり」とて秘蔵せられ、馬の飼料《かいれう》とて、米・豆潤沢にあてがはれしに、馬飼《むまかひ》の者、それを皆耗《へ》ぎて(注2)をのれが徳とし、馬にはわづかに草の糜《かゆ》ともしきほどに与へて飼ひ置きぬ。案のごとく天下乱れて戦に及ぶ。「馬を秘蔵せしは此たびの事なり」とて、かの大名件《くだん》の馬にめされしに、B馬の漢もことのほかに鈍く、沛艾《はね》をどる勢《いきをひ》もなし。大名大いに怒りて、「かかる用にも立たぬ馬とは思ひもよらず、いたはりて飼はせけることよ」とて、鞭《むち》にて散々に打ちければ、この馬、人のごとくに物いふて、「Cいかに殿もよく聞き給《たま》へ。馬飼更に食を惜しみて、腹に飽くほど与へたる事なし。さるままに力も弱く、心も勇まず、道も行かれず」とつげ侍《は》べり。

(『浮世物語』による。)

(注1)　先途＝運命や勝敗などの重要な分かれ道。

(注2)　耗ぎて＝こっそりと自分のものにして。

(1)　文章中の Aきはめて を現代仮名づかいに改め、**ひらがな**で書きなさい。

(2)　文章中に B馬の漢もことのほかに鈍く、沛艾《はね》をどる勢《いきをひ》もなし とあるが、これについて次の(a)、(b)の問いに答えなさい。

(a)　「漢」の文脈上の意味として、最も適当なものを、次の**ア**～**エ**のうちから一つ選び、その符号を書きなさい。

ア　気性の猛々《たけだけ》しさ　　**イ**　鞭に対する反応

ウ　毛並みの艶やかさ　　**エ**　主人への忠誠心

(b)　馬が「漢もことのほかに鈍く、沛艾をどる勢もなし」となった理由を述べた部分を、文章中から二十四字で**抜き出して**、**はじめと終わりの五字**をそれぞれ書きなさい。

(3)　文章中に Cいかに殿もよく聞き給《たま》へ とあるが、馬はなぜこのように言ったのか。その理由として最も適当なものを、次の**ア**～**エ**のうちから一つ選び、その符号を書きなさい。

ア　自分を名馬に戻す方法を大名に説明したかったから。

イ　大名には知らない事実があると伝えたかったから。

ウ　自分は大名の思うような力を持っていなかったから。

エ　自分の能力を買いかぶった大名の落ち度を指摘したかったから。

（注4） しゃっちょこばって＝緊張してかたくなって。
（注5） 予科練＝海軍飛行予科練習生の略。
（注6） くさされた＝悪い評価をされた。
（注7） 点頭＝うなずくこと。

(1) 文章中に A桐山が眉をひそめた とあるが、その理由を説明したものとして最も適当なものを、次の**ア**～**エ**のうちから一つ選び、その符号を書きなさい。

ア 二人が事故を切り抜けた様子を見て自分のもとにほしいと思ったが、天性の才能があるとはいえ、二人の見た目が想像より若かったから。

イ 緊張した面持ちで入室する二人の様子からは、自分が考えている作戦に必要な、向こうっ気の強さは感じ取ることができなかったから。

ウ 墜落しかけた攻撃機を立て直した実力を見込んで二人を呼び寄せたものの、飛行時間の少ない兵曹とわかり、あてが外れたから。

エ 攻撃機の異状に対処できても、見た目はまだまだ子供であり、これから危険な作戦に巻き込むことを思うとかわいそうになったから。

(2) 文章中に Bたしかに、私も最初は、海軍省人事局は何を考えているのかと、首をかしげました とあるが、その理由を、「熟練」という言葉を使って**三十五字以上**、**四十字以内**で書きなさい。

(3) 文章中に Cむっつりとうなずいた とあるが、このときの桐山の考えを説明したものとして最も適当なものを、次の**ア**～**エ**のうちから一つ選び、その符号を書きなさい。

ア 少年兵が活躍するためには指導方法の工夫が必要だと思い、神崎を教官にしたいと考えている。

イ 少年兵により高い技術を身につけさせるためには、自分の下で訓練させる方がよいと考えている。

ウ 少年兵の未熟な技術をどこまで伸ばせるのかわからず、任務を本当に達成できるのか考えている。

エ 少年兵を危険な任務につかせることに抵抗があったが、玉砕させられるよりはよいと考えている。

(4) 文章中に D先任で立場が上の桐山であろうと、譲れぬものは譲らぬ とあるが、このときの屋久寺の思いについてまとめた次の説明文を完成させなさい。ただし、［Ⅰ］は文章中から**八字**で**抜き出して**書き、［Ⅱ］は自分の言葉で**十字以上**、**十五字以内**で書くこと。

> 命令ではあるが、大切な新鋭機のみならず、［Ⅰ］を引き抜かれるのはあまりにも理不尽で、桐山から［Ⅱ］と思っている。

(5) 文章中の人物の様子について説明したものとして最も適当なものを、次の**ア**～**エ**のうちから一つ選び、その符号を書きなさい。

ア 桐山は、堂々とした振る舞いでその場にいる他の人々を萎縮させていて、計画を成功させるために、自らの意思を曲げないでいる。

イ 屋久寺は、上官に対して臆することなく自分の思いを言っていて、国を守ろうとする桐山の計画に自らも関わっていこうとしている。

ウ 神崎は、桐山と屋久寺の間を取りなしつつ、少年兵に対しては朗らかに接して緊張をほぐしたり、上官として厳しく接したりしている。

エ 少年兵は、終始緊張した様子でかたくなっているが、命を投げ出す覚悟と確かな実力を持っており、桐山たちからも認められている。

後段は、もちろん立花と倉町に話しかけたのである。先輩に褒められた少年搭乗員は、顔を輝かせた。

「飛行時間はどれぐらいかね」

「私は六十時間です」

「六十六時間です」

倉町、立花の順番で答えたのを聞いた神崎が、ひとりごちるように洩《も》らす。

「まだまだヒナだな」

(注6)くさされたと思ったのか、しょげかえった二人に厚みのある微笑を投げると、神崎は桐山に言った。

「しかし、子供はむきになります。だから、大人がおじけづいて動けないでいても、夢中で進んだりしますぞ」

「馬鹿な。子供を殺せるか」

なおも渋る桐山に対し、神崎がことばを重ねる。

「このままK五にいても、いずれアメリカの空母に突入して玉砕するのがせきの山です。だったら、何をやらかすのかはわからんが、少佐のもとで死んだほうが、まだしも手柄を立てられるでしょう」

桐山は直接答えはしなかった。

ただ、C むっつりとうなずいたあとに、念を押す。

「貴様が仕込むのだぞ。天性の才能があるとはいえ、まったく未熟だ」

「了解」

(注7)点頭した神崎は、怖い顔をつくって、立花と倉町に向けた。

「聞いての通り、貴様らは、ただ今より桐山少佐の指揮下に入る。訓練教官は俺だ。しごくぞ……復誦《ふくしょう》せよ」

「立花二飛曹、桐山少佐の指揮下に入り、中尉にしごかれます」

続いて、倉町も、立花と同様の珍妙な復誦をなした。

たまらず、噴きだした神崎に、屋久寺が異議を述べる。

「待ちたまえ、中尉。私はまだ認めたわけではないぞ」

意を決したというふうに告げた屋久寺は、桐山に詰め寄った。

「大事な新鋭機です。連合艦隊命令で出せと言われれば、渡さないわけにはいかない。だとしても、せいぜい三機が限度です」

しかし、桐山は、まったく動じない。

D 先任で立場が上の桐山であろうと、譲れぬものは譲らぬ。刃《やいば》を突きつけるような気迫をこめて、屋久寺は言い切った。

「三機か。任務達成を見込むには、ぎりぎりの数だな」

短い感想に、屋久寺が気色ばんだ。

「わずか三機とおっしゃるかもしれませんが、私としては、爪を剝がれ、歯を抜かれる思いなのです。それだけじゃない。有望な搭乗員の卵もさらっていくとおっしゃる。理由も聞かずに、うんと言えるものではありません」

腹に力をこめて、問いかけた。

「教えてください、桐山少佐。あなたは、流星を使って、何をなさろうというのです」

桐山の表情が消えた。心中をうかがわせない、仮面じみた面持ちだ。

「他言無用だ」

「もとより」

短いやり取りのあとに、桐山が語りだした。

（赤城　毅『八月の残光』による。）

(注1)　K五＝木更津《きさらづ》基地を根拠地としている攻撃第五飛行隊。

(注2)　尋常小学校＝戦前に置かれた初等教育機関。

(注3)　神崎＝かつて桐山とペアを組んで活躍し、今は横須賀《よこすか》航空隊で教官を務める海軍中尉。今日は桐山の召集を受けて、木更津にかけつけてきていた。

六 次の文章を読み、あとの(1)～(5)の問いに答えなさい。

〔太平洋戦争末期。K五隊長屋久寺《やくでら》のもとを、連合艦隊参謀桐山《きりやま》が訪れ、K五(注1)で保有している最新鋭攻撃機流星《りゅうせい》と、向こうっ気の強い搭乗員を分けてほしいと言う。そのとき二人の目の前で、訓練をしていた流星の一機に異状が起きて墜落しかけるが、機体はかろうじて制御を取り戻し、なんとか不時着する。桐山は、たった今不時着した流星を操縦していた二人をよこすように要求する。〕

「あなた、いったい何を……」

詰問《きつもん》に近い口調で屋久寺が聞きかけたとき、応接室の扉の向こうで「入ります！」との叫びが上がった。

「さっき墜落した流星に搭乗していた二人です。後始末がつきしだい、こちらに来るように伝えておきました」

説明を加えてから、屋久寺が「入れ」と許可を与える。

現れて、敬礼する航空服の二人を見て、A桐山が眉をひそめた。

「若いな」

答礼するそばから、桐山が独白したのも当然であったろう。

緊張に身を硬くし、赤い唇を真一文字に結んだ彼らは、ともに少年のおもかげを残している。たぶん二十歳にもなっていまい。

「官姓名を申し上げろ」

屋久寺にうながされ、(注2)尋常《じんじょう》小学校の生徒のように生真面目な顔で声を張り上げる。

「海軍二等飛行兵曹《へいそう》立花《たちばな》忠彦《ただひこ》です」

「同じく海軍二等飛行兵曹倉町《くらまち》正《ただし》です」

階級名を「二飛曹」と略さず、きっちりと唱えた二人に、桐山が尋ねた。

「いくつだ？」

問われた立花が、まず言った。

「十九歳です」

「満で、じゃないだろう。数えか」

桐山は、微苦笑を浮かべずにはいられなかった。数えで十九ということは、満年齢では十七か、十八歳ということになる。

「そちらも十九ぐらいだな」

横合いから、(注3)神崎《かんざき》がことばを挟むと、倉町が(注4)しゃっちょこばって答えた。

「立花二等飛行兵曹と同い年、(注5)予科練《よかれん》乙飛十八期の同期生です」

この口上に、桐山は、なかなか板に付いたしぐさで、西洋のスターのように肩をすくめ、屋久寺に眼《め》をやる。

「向こうっ気の強いのが気に入って、貰《もら》い受けるつもりだったが——まだ子供じゃないか」

「何をおっしゃいます。これぐらいの連中が、おんぼろの機体で特攻をかけているのをご存じないわけではありますまい」

屋久寺が、むっとした調子で応じる。

「いや、本土決戦用に新鋭機と熟練搭乗員を渡されているはずのK五にしては、いささか場違いだと思ったのだ」

B「たしかに、私も最初は、海軍省人事局は何を考えているのかと、首をかしげました。だが、こいつらは勘がいい。しっかり育てあげれば、きっと活躍してくれます」

部下をかばって、屋久寺が断言した。そこに、神崎が割って入る。

「まあ、いいじゃありませんか、桐山少佐。……遠くからだったとはいえ、貴様らが事故を切り抜けるさまは見ておった。悪くない度胸だったぞ」

多用していた一方、筆者は、そのような漢字の使い方は［ Ⅱ ］であると違和感を覚えていた。

(3) 文章中にCコンピュータで文章を書いていると、やがて手書きでは漢字が書けなくなるとあるが、世間のこの信念に対する筆者の考えを説明したものとして最も適当なものを、次の**ア**〜**エ**のうちから一つ選び、その符号を書きなさい。

ア 誰でも学校を終えると漢字を使いこなせるようになっているので、漢字が書けなくなることはなく、単にど忘れしているだけである。

イ コンピュータに慣れた人々が、わからない漢字を調べて手で書くことを面倒がっているだけであり、漢字が書けなくなるわけではない。

ウ ど忘れはあるが、最初から書けていた漢字が書けなくなったのではなく、そもそも漢字を習得していなかっただけということも多い。

エ コンピュータが一般の人々にも普及し、漢字変換ソフトの性能もどんどん上がっているので、手で書けなくても大きな問題はない。

(4) 文章中のD漢字のど忘れについて述べた次の文の［　］に入る言葉を、**七字**で**抜き出して**書きなさい。

今まで書けていた漢字が突然書けなくなることが「漢字のど忘れ」であり、これは［　］によって起きる。

(5) 文章中の［ E ］に入る言葉として最も適当なものを、次の**ア**〜**エ**のうちから一つ選び、その符号を書きなさい。

ア 恐ろしく退屈な反復　**イ** 地道で辛抱強い努力

ウ 見込み違いの心がけ　**エ** 熱心で丁寧な積み重ね

(6) 文章中にF私はむしろ高く評価したいとあるが、筆者がこのように考える理由として最も適当なものを、次の**ア**〜**エ**のうちから一つ選び、その符号を書きなさい。

ア 機械が日本中に普及し、人々が気軽に文章を書けるようになったことで、たくさんの文章が生まれ、豊かな言語文化が築かれるから。

イ コンピュータを使うと、変換候補の選択ミスを除けば漢字を間違えることがなくなるので、内容に集中して文章の作成ができるから。

ウ 機械を用いることで苦労して漢字を覚える必要がなくなり、覚えていない漢字も使って、手書きより楽に文章を書けるようになるから。

エ コンピュータの普及に伴い、手で書く機会は減っているが、文章作成が日常的になり、結果的には日本語と向き合う時間が増えるから。

に習得しなければ身につかないものであった。漢字習得の達成度にはもちろん個人差があり、同じ三十歳の男性でも、難字や珍読字が頻出する「漢字能力検定試験」の一級に合格する人もいれば、常用漢字(注2)くらいならだいたいなんとか書ける、というレベルの人だっているだろう。しかしどんな人であっても、小学生のときには一日百字か二百字の漢字を、マス目の入ったノートにポツポツと、眠い目をこすりながら埋めていった経験をもつはずである。若い世代なら、「漢字ドリル」という冊子を使って出された宿題をこなすのに苦労した思い出があるにちがいない。

このような〔E〕を続けてきた結果として、私たちはやがて一定の量の漢字が使いこなせるようになっていく。しかし学校を終えて社会に出ると、大多数の人は文章を書く機会が急に少なくなっていく。漢字を読むことは毎日のようにあるだろうが、しかし漢字を書かねばならない機会はだれにも毎日あるわけではない。こうして時間が経《た》つうちに、せっかく習得した漢字を、つい書けなくなってしまうことがある。これが「ど忘れ」とよばれる現象にほかならない。

これを避けるためには、たくさんの漢字を日常的に手で書くことしかないだろう。漢字の習得は車の運転やコンピュータの操作に似たところがあって、日常的な反復が最善の方法なのである。

現代の日本人は以前にくらべて文章を書く機会が格段に増加した。それはコンピュータや携帯電話を使っての「執筆」であるが、それにしても非常に多くの人が、日本語を日常的に、なんの気負いもてらいもなく書くようになったことは、疑いもなく素晴らしいことだ。これほどたくさんの人が、日常生活で大量に文章を書くというのは、これまでの日本の文化史の中では未曾有《みぞう》の事態なのである。

コンピュータは日本語記録環境を根底から改変した。機械を使えば、執筆者本人がもともと書けたかどうかすらあやしい漢字だって、いとも簡単に書くことができる。そんな機械を使っての執筆を続けているうちに、人はともすれば漢字を書くことにまったく苦労しないという錯覚をもってしまうのだが、しかしどんな人にもともと書けない漢字はあるし、反復訓練の欠如とともに、ある日突然かつて書けていた漢字が書けなくなる。

だがそれは機械のせいではなく、手で文章を書く機会が少ない人にはいつの時代にもついてまわる、実に単純な現象なのである。そのことを嘆くよりも、このように多くの日本人が日本語とより濃密に、そして気軽ではあるが真剣に向かいあえる状況が到来したことの方を、F私はむしろ高く評価したい。

（阿辻哲次『漢字と日本人の暮らし』による。）

（注1） ワープロ＝ワードプロセッサの略。パソコンで文章を作成するソフトウェアのこと。

（注2） 常用漢字＝一般の社会生活で使用する漢字の目安として、内閣が告示したもの。

(1) 文章中に Aコンピュータで文章を書く とあるが、「コンピュータで文章を書くこと」を言い換えた表現を、文章中から**九字**で**抜き出して**書きなさい。

(2) 文章中に B漢字を使いすぎるという傾向 とあるが、この傾向に対する、人々と筆者の思いをまとめた次の説明文を完成させなさい。ただし、〔Ⅰ〕は文章中から**八字**で**抜き出して**書き、〔Ⅱ〕に入る言葉は自分の言葉で**三字以上**、**五字以内**で書くこと。

人々は、簡単に漢字が表示されることに〔Ⅰ〕を感じて漢字を

五　次の文章を読み、あとの(1)～(6)の問いに答えなさい。

Aコンピュータで文章を書く人が、いま急激に増えつつある。小学校でもパソコンの初歩を教えているし、友人間の連絡をメールでとっている小学生だって珍しくない。数年前までは、ワープロ(注1)書きの文書には心がこもっていないとか、年賀状をワープロで作るのは失礼だ、との議論が新聞などに載ったものだが、それすらほとんど目にしなくなった。このあいだ私がもらった手紙は、「ワープロが使えないので、手書きで失礼いたします」という一文ではじまっていた。

私が勤めている大学でも、事務書類はほぼ例外なしにコンピュータで作成される。先日手元に回ってきた書類には、回答は○○というワープロソフトを使って作成されたい、手書きはご遠慮ください、とまで注記されていた。学生の卒論・修論やレポートはもちろんコンピュータで書かれている。学生はキーボードに習熟しているし、さらにいまの小中学生が成長して社会の第一線に出る時代になれば、その傾向がますます強まってゆくことが確実である。

コンピュータで日本語を書く最大のメリットは、どんな難しい漢字でも、それがコンピュータで使えるかぎり、いとも簡単に表記できるということである。これまで手書きではほとんど書けなかった「憂鬱」だって、あるいは「穿鑿《せんさく》」だって「顰蹙《ひんしゅく》」だって「矍鑠《かくしゃく》」だって「魑魅魍魎《ちみもうりょう》」だって、キーボード上のいくつかのキーを打つだけで即座に画面に表示できるし、さらにマウスをクリックするだけで、そんな難しい漢字があっという間にきれいに印刷される。

近頃はあまり目だたなくなったが、ワープロが普及しはじめたころはB漢字を使いすぎるという傾向がよく指摘された。キーを打つだけで次から次に漢字に変換されるものだから、最初は興味深さと面白さが入りまじって、なんでも漢字に変換しようとする人が多かった。「明けまして御目出度《おめでと》う御座居《ござい》ます」と書かれた年賀状をもらったことがあるし、いまでも「駆け付ける」とか「雨に降り込められる」という文章を見ると、私は「付」や「込」という字が気になってしようがない。手で文章を書いていたときはきっと「駆けつける」とか「降りこめられる」と書いただろうから、「付」や「込」は機械を使ったときの過度の漢字変換である。しかしそんな風潮もしだいにおさまってきたし、最近ではカナ漢字変換のソフトが「かしこく」なってきており、ソフトの方で度のすぎた漢字の使用を減らす工夫までされている。

このようにコンピュータを使って日本語を書く習慣が定着するとともに、世間にはひとつの「信念」ができあがった。それは、「Cコンピュータで文章を書いていると、やがて手書きでは漢字が書けなくなる」というもので、その「信念」に関しては、世代間の格差もないようだ。（中略）

機械を使えば、漢字を手で書く必要がない。だからそこではD漢字のど忘れが起こらないし、「辞書」が機械の中に内蔵されているから、漢字を書きまちがうこともない。「ワープロ誤植」とよばれる変換候補の選択ミスはありうるが、それはど忘れとは別の問題である。

しかし目の前に機械がないときには、かつての時代と同じように、手でコツコツと文字を書かねばならない。そのときに漢字のど忘れが起こる。しかしそれは文字記録環境が機械普及の前にもどっただけの話で、漢字が書けるか書けないかは、もとをただせば漢字に関する個人それぞれの知識量と習得達成度によるのである。もともと覚えていない漢字は、手書きではいつまでたっても書けるはずがなく、単に書けるつもりになっていたにすぎないのである。

かつて漢字は、小学校以来の学生時代に多くの時間をかけて、一所懸命

三

次の(1)～(5)の――のカタカナの部分を**漢字**に直して、楷書で書きなさい。

(1) マドを開けて部屋に風を入れる。

(2) 鏡に自分の姿をウツす。

(3) 右腕でケツアツをはかる。

(4) フクザツな人間関係をとらえる。

(5) ムビョウソクサイを願う。

四

次の文章は、中学三年生の島本さんがクラスで行うスピーチのために書いた原稿です。これを読み、あとの(1)～(4)の問いに答えなさい。

> 私は海の生物が①とても好きで、海の生物について書かれた本や図鑑を②毎日読みます。水族館にもときどき行きますが、それでもやはりガラス越しにしか生物を見ることはできません。私はどうしても海の生物をじかに見て、触れ合いたいと思い、今年の夏休みにスキューバダイビングに連れて行ってほしいと両親に③頼んでみました。実現にこぎつけるまでには時間がかかりましたが、9月の連休にようやく④海に潜ることができました。
>
> 「A百聞は一見に如《し》かず」とは、まさにこのことだと感じました。
>
> 私はこれまでたくさんの本を読み、水族館で生物を観察してきました。サイエンスクラブでも、先生にたくさんのことをB教えてもらい、海の生物のことはかなり詳しく「知っている」と思っていました。クラスの友達にも海の生物の生態についてクイズを出して、海洋博士などと呼ばれてもいました。しかし、C実際に見た海は、私が「知っている」と思っていた世界とはまるで違いました。
>
> みなさんぜひ一度、海の世界を自分の目で見てみてください。きっと想像以上の世界が見られると思います。
>
> 以上でスピーチを終わります。

(1) 文章中の①～④の〰〰のうち、二つの文節の関係が他と**異なるもの**が一つある。その符号を書きなさい。

(2) 文章中にA百聞は一見に如かずとあるが、こう読めるように、次の「百聞《ハ》不如《カ》一見《ニ》」に返り点をつけなさい。

百聞《ハ》不如《カ》一見《ニ》

(3) 文章中のB教えてもらいを適切な尊敬語に直して、**二文節**で書きなさい。

(4) 文章中のC実際に見た海は、私が「知っている」と思っていた世界とはまるで違いましたと関連の深い言葉として最も適当なものを、次の**ア**～**エ**のうちから一つ選び、その符号を書きなさい。

ア 待てば海路の日和あり　**イ** 石の上にも三年

ウ 井の中の蛙《かわず》大海を知らず　**エ** 身から出たさび

(1)（問いを放送します。）

［選択肢］

ア　各自が興味のある絵を鑑賞して、自分の関心を満たす。

イ　時間をかけて作品を見て、鑑賞を充実したものにする。

ウ　多くの絵を見て、めったにない貴重な機会を生かす。

エ　有名な作品に触れて、浮世絵に対する理解を深める。

(2)（問いを放送します。）

［選択肢］

ア　集める資料の数まで指定して、議論の話題を調べ方へと広げている。

イ　他の班員が挙げた調べたい内容を掘り下げて、詳細を確認している。

ウ　班員が知らないことに焦点を当てて、調べる内容を絞り込んでいる。

エ　当日の浮世絵鑑賞を想定して、調べる内容を具体的に提案している。

(3)（問いを放送します。）

［選択肢］

ア　前の発言に対して肯定的な反応を返したうえで、新たな視点を加えている。

イ　前の発言に対して理解を示しながらも、それとは反する意見を述べている。

ウ　前の発言を一旦受け入れたうえで、それとは関係のない話題に移っている。

エ　前の発言に同意したあと、他の班員の考えも踏まえて意見をまとめ直している。

(4)（問いを放送します。）

［調べること］

・東海道、五十三の宿場について
・『東海道中膝栗毛《くりげ》』との関わりについて
・歌川広重について（人生・浮世絵を始めた契機・□を受けた人）

聞き取り検査終了後、二以降も解答しなさい。

※〈国語聞き取り検査放送用台本〉は国語の問題の終わりに付けてあります。

二

次の(1)～(4)の――の漢字の読みを、**ひらがな**で書きなさい。

(1) 赤土の<u>塊</u>をくだく。

(2) 汗を<u>拭</u>う。

(3) 気になる場所に<u>付箋</u>を貼る。

(4) 騒音によって集中が<u>阻害</u>される。

二〇二一年度　関東第一高等学校（推薦）

【国　語】（五〇分）〈満点：一〇〇点〉

※注意　各ページの全ての問題について、解答する際に字数制限がある場合には、句読点や「　」などの符号も字数に数えること。

一

これから、四葉中学校の社会科見学に向けて、横手さん、岩本さん、曽根さんの班で、美術館での鑑賞について話し合っている場面と、それに関連した問いを四問放送します。話し合いは、事前に配られた社会科見学についての「プリント」をそれぞれが机の上に出したところから始まります。「プリント」を見ながら放送を聞き、それぞれの問いに答えなさい。

（放送が流れます。）

〈プリント〉

＊社会科見学　浮世絵特別展＊

・日程：令和2年12月3日（木）
・見学時間：十時～十一時半
・見学予定地：よつば美術館

【展示例】

菱川師宣《ひしかわもろのぶ》「見返り美人図」
葛飾北斎《かつしかほくさい》「冨嶽《ふがく》三十六景」
歌川広重《うたがわひろしげ》「東海道五十三次」
その他、東洲斎写楽《とうしゅうさいしゃらく》・喜多川歌麿《きたがわうたまろ》・司馬江漢《しばこうかん》の浮世絵など

浮世絵は、江戸時代初期に成立した、絵画の様式の一つ。この特別展では、日本に現存する三百点以上の浮世絵を時代順に展示する。

● 有意義な見学とするために、「鑑賞手帳」をつくろう！

［調べること］

・　　　　　　　（担当：　　　）
・　　　　　　　（担当：　　　）
・　　　　　　　（担当：　　　）
・　　　　　　　（担当：　　　）

※鑑賞手帳は当日までに人数分仕上げて、鑑賞時に利用すること。
※最終ページには感想を書けるようにすること。

英語解答

1 問題A　対話文１　イ　対話文２　ア

対話文３　エ

問題B　Question 1　イ

Question 2　ウ

2 (1)　caught　(2)　better

(3)　ア　(4)　エ　(5)　イ

3 (例) I like autumn〔fall〕 the best, because it is the best season for hiking. Also, I can enjoy foods like sweet potatoes in autumn〔fall〕. (23語)

4 (1)　Ⓐ…ウ　Ⓑ…エ

(2)　①　She taught her the seven colors of a rainbow in Japanese.

②…イ

(3)　①…イ　②…エ

5 (1)　ウ

(2)　(例) Most people in the town think that exercise is important for keeping and improving their health.

(3)　easy　(4)　イ

6 (1)　ア　(2)　ウ　(3)　エ　(4)　イ

1〔放送問題〕解説省略

2〔対話文完成―語形変化・整序結合〕

(1) A：昨日は何をしたの？／B：湖に釣りに行って，魚を何匹か捕まえたよ。//yesterday「昨日」のことについて話しているので，過去形にする。　catch－caught－caught

(2) A：あなたのアイデアは私のよりもずっといいですね。／B：ありがとうございます。//than ～「～よりも」があるので比較級にする。　good－better－best

(3) A：白い犬と一緒に木の下に立っている女の子を知ってる？／B：うん，知ってるよ。あれはトムの姉〔妹〕のアリスだよ。//まず Do you know the girl とし，the girl を standing under the tree が後ろから修飾する形にする（現在分詞の形容詞的用法）。 Do you know the girl standing under the tree with a white dog?

(4) A：数学を勉強することは私にとってとてもおもしろいのよ。／B：本当に？　僕は数学が得意ではないんだ。//'It is ～ for … to ―'「…が〔…にとって〕―することは～だ」の構文をつくる。　It's very interesting for me to study math.

(5) A：お母さん，疲れて宿題ができないよ。／B：わかったわ。でも明日の朝，朝食の前にやらなければならないわよ。//'too ～ to …'「…するには～すぎる，～すぎて…できない」の形にする。　Mom, I'm too tired to do my homework.

3〔条件作文〕

タカシの質問は Which season do you like the best?「どの季節が一番好き？」。吹き出しには，秋の食材と登山をしている様子のリンダが描かれている。秋は登山によい季節であること，おいしいものが食べられることなどを表すとよい。　(別解例) I like autumn〔fall〕 the best.　First, there are a lot of delicious foods in autumn〔fall〕.　Second, I like climbing mountains.　Autumn leaves on mountains are beautiful. (26語)

4〔読解総合〕

(1)＜適語選択—説明文＞≪全訳≫いつかあなたは身の回りにある物のほとんどを処分するだろう。服，本，家具，家電製品，私たちはこれらの物を永遠に使うことはできない。私たちがそれらを使い終えた後，それらはどこへ行くのだろうか。私たちのごみのほとんどは焼却炉に行く。焼却炉とは何だろう。それはごみを燃やす機械である。日本では，ごみの約80パーセントが燃やされ，19パーセントがリサイクルされ，そして1パーセントがごみ埋め立て地に行く。日本は小さな国なので，ごみ埋め立て地をつくるための場所は多くない。ごみの総量は燃やすことで減らされるが，燃やしているごみから出る煙は私たちの健康によくない。この問題について私たちは何ができるだろうか。

＜解説＞Ⓐ「使った物はその後どこに行くか」という文脈なので，「物を使い終えた後」とする。finish ～ing で「～し終える」。　Ⓑ There are not many places「場所は多くない」の理由となるのは，「小さな国だから」。

(2)＜読解総合—エッセー＞≪全訳≫去年，ロンドン出身の女の子が3週間，私の家族の家に滞在しました。彼女の名前はベスです。ある日，ベスと私は一緒に虹を見ました。私は日本語で虹の7色を彼女に教えました。でもそのとき，彼女は驚いたようにこう言いました。「私たちは普通，虹は6色だと思っているの。サキ，あなたには本当に7色見える？」　私たちは虹の色は場所によって異なるということを知りました。別の日に，ベスと私はレストランに行きました。彼女は食事を食べる前におしぼりをもらうことに驚いていました。「これはとてもいいわね。私の国でこんな物は見たことがないわ」と彼女は言いました。私はレストランでおしぼりをもらうことは人によってはとても特別なんだと知りました。

①＜英問英答＞「一緒に虹を見たとき，サキはベスに何を教えたか」—「彼女は日本語で虹の7色を彼女に教えた」　第4文参照。

②＜内容真偽＞ア…×　第1文参照。　イ…○　第7文に一致する。　ウ…×　第8～10文参照。　エ…×　最終文参照。

(3)＜読解総合—掲示物を見て答える問題＞≪全訳≫第一スポーツセンター／営業時間／エリアA／水泳／10時～18時／木曜日から日曜日／エリアB／野球　サッカー／9時～19時／月曜日から日曜日／エリアC／バレーボール　バスケットボール／9時～21時30分／火曜日から木曜日／エリアD／テニス／10時～20時30分／金曜日から日曜日／☆料金／大人：400円／高齢者(60歳以上)：300円／学生(13～19歳)：200円／子ども(7～12歳)：50円／子ども(7歳未満)：無料／☆備考／1．活動用のボール，ラケット，シューズは借りられます(水着は利用できません)。／2．ヒガシ市にお住みでない方は追加料金100円を払わなければなりません。／3．雨の場合，エリアDは開場しません。／4．エリアAとCは同じ建物内です。

①＜英問英答＞「どのエリアが毎日開いているか」—イ．「エリアB」　毎日開いているのは「月曜日から日曜日」のエリアB。

②＜内容真偽＞ア．「水泳と野球を同じ建物内で楽しめる」…×　「備考」の4参照。「エリアAとCは同じ建物」とある。水泳はエリアA，野球はエリアBなので該当しない。　イ．「エリアCは9時から21時30分まで毎週2日間のみ開く」…×　エリアCは火曜日から木曜日の3日間開いている。　ウ．「雨の場合，エリアAとBは使えない」…×　「備考」の3参照。雨のとき使え

ないのはエリアD。　　エ.「6歳の子どもを連れた女性はその子の分を払う必要はない」…○　7歳未満の子どもは無料である。

5〔長文読解総合―スピーチ〕

≪全訳≫❶こんにちは。僕はヤスダコウジです。スポーツをするのは好きですか？　ふだん，何か運動をしていますか？　僕は町の子どもスポーツクラブのボランティアスタッフの一員なので，町の人々の運動習慣に興味があります。❷グラフAを見てください。町のほとんどの人は，運動は健康の保持・増進のために大切だと考えています。しかし実際には，グラフBが示すように，町の人々の約80パーセントが十分な運動をしていません。❸僕はそのことを知ってとても悲しくなりました。僕たちは運動を楽しむための機会をもっとつくるべきだと思います。僕は提案をしたいです。この町に住んでいる全ての人々が参加できるスポーツイベントを開くのはどうでしょうか？　もう一度グラフAを見てください。それは人々が運動を通してお互いに交流したいと思っているということも示しています。だから，もし僕たちがおもしろいスポーツイベントを開催すれば，お互いに交流することもできると僕は思うのです。❹そのようなイベントを開くために，僕たちは何をするべきでしょうか？　1つのアイデアは，有名なスポーツ選手を招くというものです。全ての年齢の人々が楽しめる運動やスポーツを教えてもらうように，その選手に頼むのはどうでしょうか？　そうしたら，たくさんの人々がイベントに興味を持つようになるでしょう。また，人々が来て，一緒に運動を楽しんだら，もっと運動をし始める人がいるかもしれません。❺「そのようなイベントを開くためにはたくさんのお金が必要だ」と言われるかもしれません。それは確かに大きな問題になるでしょう。その問題を解決することは簡単ではないかもしれませんが，僕たちは挑戦できます。僕はたくさんの人々が健康のためにもっと運動を始めることを願っています。

(1)<**適語選択**>グラフBでは，自分が運動不足だと思うことを示す「大いにそう思う」(39パーセント)と「そう思う」(38パーセント)を足すと約80パーセントになる。

(2)<**英問英答**>「コウジの町のほとんどの人々は運動についてどう思っているか」―「町のほとんどの人は，運動は健康の保持・増進のために大切だと考えている」　第2段落第2文参照。

(3)<**適語補充**>「その問題を解決することは(　)ではないかもしれませんが，僕たちは挑戦できます」という文脈に合う語を考える。

(4)<**内容真偽**>ア.「コウジの町ではほとんど毎日，多くの人々が運動することを楽しんでいる」…×　第2段落最終文参照。　イ.「コウジはスポーツイベントで人々がお互いに交流するだろうと考えている」…○　第3段落終わりの2文に一致する。　ウ.「コウジは彼らがスポーツイベントを開くためにたくさんのお金が必要ではないと考えている」…×　第5段落第1，2文参照。　エ.「コウジは彼の町の人々が大きなスポーツイベントを好きではないと知って悲しかった」…×　そのような記述はない。

6〔対話文完成―適文選択〕

≪全訳≫❶**ナツミ(N)**：こんにちは，ブラウン先生。❷**ブラウン先生(B)**：やあ，ナツミ。春休みはどうだった？　楽しい時間を過ごせた？❸**N**：はい，過ごしました。(1)私は家族と旅行に行ったんです。❹**B**：へえ，どこに？❺**N**：私たちは3月に初めて京都を訪れました。❻**B**：(2)それはよかったね。僕は京都が大好きなんだ。僕は日本に来てから3回そこに行ったことがあるよ。❼**N**：本当ですか？　京都のどこが好きですか？❽B：そうだなあ，たくさんの古い寺や神社が見られるところかな。僕はそこを訪れると，日本の長い歴史を感じるんだ。❾N：私も同じことを感じました。京都は昔，1000年以上も首都でした。❿B：そうだね。日本人は恵まれていると僕は思うよ。⓫N：恵まれている？　どういう意味ですか？⓬B：(3)僕はオーストラリア出身だ。オーストラリアはまだ若い国だから，そんなに長い歴史はない。⓭N：なるほど。他の国から来た人が私たちの歴史に興味を持っているということを知って，私は本当にうれしいです。⓮B：歴史を勉強するのは好きかい？⓯N：はい，好きです。私はこの学校の歴史クラブのメンバーなんです。私たちはよく関東周辺の史跡を訪れます。⓰B：それはおもしろいね。⓱N：私たちは明日の放課後，クラブのミーティングをするんです。(4)先生も参加したらどうですか？⓲B：いいの？　ありがとう。そうするよ。

＜**解説**＞(1)この後，ブラウン先生に「どこに？」ときかれたナツミが，京都に行ったと伝えていることから判断できる。　(2)初めて京都を訪れたというナツミに対するブラウン先生の応答。この後の内容からブラウン先生も京都が好きなことがわかるので，「それはよかったね」というウが適切。

(3)直後のItはエのAustraliaを受けていると考えられる。ブラウン先生は続けてオーストラリアについて話しているのである。　(4)直後のブラウン先生の返答Can I？の後に省略されている語句を考える。これはイのWhy don't you join us？を受けての発言で，Can I join you？の意味だと考えられる。Why don't you ～？は「～してはどうですか」と‘提案’を表す表現。

数学解答

1 (1) 5 (2) イ…2 ウ…9

(3) エ…5 オ…1 カ…6 (4) 6

(5) ク…4 ケ…5

(6) コ…5 サ…1 シ…3 ス…2

2 (1) ② (2) 4

(3) イ…4 ウ…2

(4) エ…2 オ…9 (5) 右下図

3 (1) 1

(2) イ…1 ウ…2 エ…1 オ…2

(3) カ…1 キ…6 ク…9

4 (1)

(a)…イ (b)…オ

(c) (例)△AEBと△AGCにおいて，⑥より，∠BAE＝∠CAG……⑦ $\overset{\frown}{AE}$に対する円周角だから，∠ABE＝∠ACG……⑧ ②，⑦，⑧より，1組の辺とその両端の角がそれぞれ等しいから，△AEB≡△AGC

(2) ア…6 イ…3 ウ…2 エ…8

5 (1) 8

(2) (i) イ…4 ウ…0 エ…2 オ…6

(ii) ③

(iii) カ…6 キ…1 ク…0

(例)

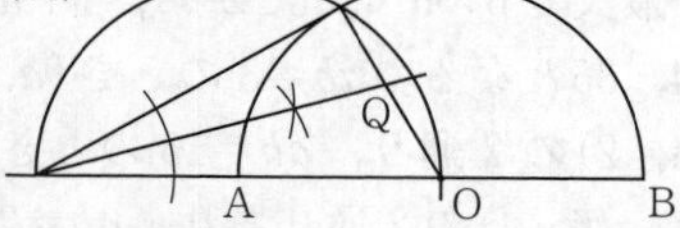

1〔独立小問集合題〕

(1)<数の計算>与式$=-7+12=5$

(2)<数の計算>与式$=15\times\left(-\frac{4}{3}\right)-9=-20-9=-29$

(3)<式の計算>与式$=8a-2b-3a+18b=5a+16b$

(4)<一次方程式—比例式>$9\times(x-4)=x\times3$より，$9x-36=3x$，$9x-3x=36$，$6x=36$　$\therefore x=6$

(5)<平方根の計算>与式$=\sqrt{2^2\times5}+\frac{10}{\sqrt{5}}=2\sqrt{5}+\frac{10\times\sqrt{5}}{\sqrt{5}\times\sqrt{5}}=2\sqrt{5}+\frac{10\sqrt{5}}{5}=2\sqrt{5}+2\sqrt{5}=4\sqrt{5}$

(6)<二次方程式>解の公式より，$x=\frac{-(-5)\pm\sqrt{(-5)^2-4\times1\times3}}{2\times1}=\frac{5\pm\sqrt{13}}{2}$となる。

2〔独立小問集合題〕

(1)<資料の活用—範囲，中央値>得点の最小値は1点，最大値は5点だから，分布の範囲は，$5-1=4$(点)である。また，生徒の人数が30人より，中央値は，得点を小さい順に並べたときの15番目と16番目の平均である。3点以下が$2+6+7=15$(人)で，3点，4点の生徒がともにいるから，15番目は3点，16番目は4点である。よって，中央値は$\frac{3+4}{2}=3.5$(点)となる。

(2)<関数—mの値>関数$y=\frac{1}{2}x^2$で，xの値が2からmまで増加するとき，xの増加量は$m-2$となり，yの増加量は$\frac{1}{2}m^2-\frac{1}{2}\times2^2=\frac{1}{2}(m^2-2^2)=\frac{1}{2}(m+2)(m-2)$と表せるから，変化の割合は$\frac{1}{2}(m+2)(m-2)\div(m-2)=\frac{1}{2}(m+2)$となる。一次関数$y=3x$の変化の割合は常に3だから，変化の割合が等しいことより，$\frac{1}{2}(m+2)=3$が成り立ち，$m=4$となる。

(3)<図形—体積>右図1で，四角錐D-MBCNと三角錐D-OBCの底面をそれぞれ四角形MBCN，△OBCと見ると，高さが共通だから，〔四角錐D-MBCN〕:〔三角錐D-OBC〕＝〔四角形MBCN〕:△OBCである。2点M，Nは辺OB，辺OCの中点だから，△OMN∽△OBCとなり，相似比はOM:OB＝1:2だから，△OMN:△OBC＝1^2:2^2＝1:4となる。よって，〔四角形MBCN〕:△OBC＝(4－1):4＝3:4

図1

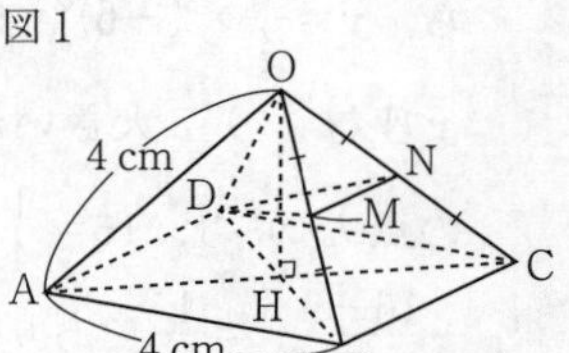

であるから，〔四角錐D-MBCN〕：〔三角錐D-OBC〕＝3：4となる。次に，点Oから底面ABCDに垂線OHを引くと，立体O-ABCDが正四角錐であるから，点Hは正方形ABCDの対角線AC，BDの交点と一致する。△ABCは直角二等辺三角形であり，△AOC≡△ABCとなるから，△AOCも直角二等辺三角形である。これより，∠OAH＝45°だから，△OAHも直角二等辺三角形となり，OH＝$\frac{1}{\sqrt{2}}$OA＝$\frac{1}{\sqrt{2}}\times4=2\sqrt{2}$である。したがって，〔三角錐D-OBC〕＝〔三角錐O-BCD〕＝$\frac{1}{3}\times$△BCD×OH＝$\frac{1}{3}\times\left(\frac{1}{2}\times4\times4\right)\times2\sqrt{2}=\frac{16\sqrt{2}}{3}$となるから，〔四角錐D-MBCN〕＝$\frac{3}{4}$〔三角錐D-OBC〕＝$\frac{3}{4}\times\frac{16\sqrt{2}}{3}=4\sqrt{2}$(cm^3)である。

(4)＜**確率―さいころ**＞大小2つのさいころを同時に1回投げるとき，目の出方は全部で6×6＝36(通り)あるから，a，bの組は36通りある。二次方程式$x^2-2x-ab=0$の解は，$x=\frac{-(-2)\pm\sqrt{(-2)^2-4\times1\times(-ab)}}{2\times1}=\frac{2\pm\sqrt{4+4ab}}{2}=\frac{2\pm\sqrt{4(1+ab)}}{2}=\frac{2\pm2\sqrt{1+ab}}{2}=1\pm\sqrt{1+ab}$である。これが整数になるのは，$1+ab$が自然数の2乗になるときである。$ab$の値は，最小で1×1＝1，最大で6×6＝36だから，$1+ab$＝4，9，16，25，36が考えられる。このとき，ab＝3，8，15，24，35となる。ab＝3のとき(a，b)＝(1，3)，(3，1)の2通り，ab＝8のとき(a，b)＝(2，4)，(4，2)の2通り，ab＝15のとき(a，b)＝(3，5)，(5，3)の2通り，ab＝24のとき(a，b)＝(4，6)，(6，4)の2通りあり，ab＝35のときはない。よって，二次方程式$x^2-2x-ab=0$の解が整数となるa，bの組は2＋2＋2＋2＝8(通り)だから，求める確率は$\frac{8}{36}=\frac{2}{9}$である。

(5)＜**図形―作図**＞右図2で，直線lと直線ABの交点をDとする。点Pは接点だから，∠OPD＝90°である。$\overset{\frown}{AP}$：$\overset{\frown}{PB}$＝1：2より，∠AOP：∠POB＝1：2だから，∠AOP＝$\frac{1}{1+2}\times180°=60°$となる。よって，OA＝OPより，△OAPは正三角形となるので，AO＝APであり，点Pは，点Aを中心とする半径がAOの円と$\overset{\frown}{AB}$との交点である。次に，△OPDで，∠ADP＝180°−90°−60°＝30°となり，∠APO＝60°より，∠APD＝90°−60°＝30°となるから，∠ADP＝∠APDである。これより，AD＝APだから，点Dは，点Aを中心とする半径がAOの円の周上の点となる。円Qは，点Pで直線lと接することより，∠QPD＝90°だから，点Qは線分OP上にある。円Qと直線ABの接点をRとすると，△QPD≡△QRDとなるから，∠PDQ＝∠RDQとなる。よって，点Qは∠PDRの二等分線と線分OPの交点となる。解答参照。

図2

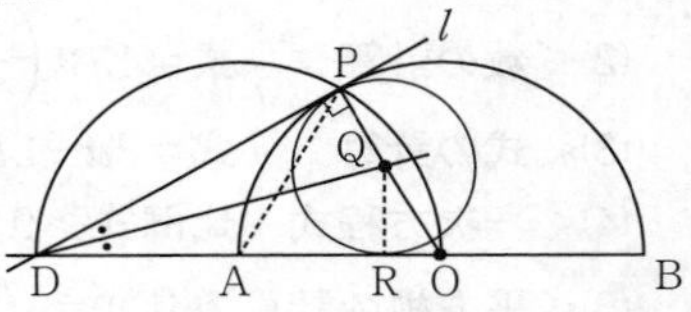

3 〔関数―関数 $y=ax^2$ と直線〕

≪基本方針の決定≫(3)　APとODの位置関係に気づきたい。

(1)＜**傾き**＞右図で，点Aは放物線$y=\frac{1}{4}x^2$上の点でx座標が4だから，$y=\frac{1}{4}\times4^2=4$より，A(4，4)である。点Aは直線$y=ax+8$上の点でもあるから，$4=a\times4+8$より，$a=-1$となる。

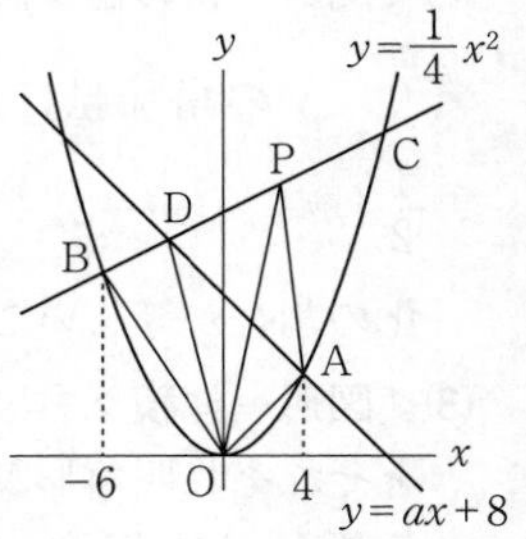

(2)＜**直線の式**＞右図で，点Bは放物線$y=\frac{1}{4}x^2$上の点でx座標が−6だから，$y=\frac{1}{4}\times(-6)^2=9$より，B(−6，9)である。点Cの$y$座標は点Bの$y$座標より7大きいから，9＋7＝16である。点Cは放物線$y=\frac{1}{4}x^2$上の点だから，$16=\frac{1}{4}x^2$，$x^2=64$，$x=\pm8$より，C(8，16)である。よって，直線BCの傾きは$\frac{16-9}{8-(-6)}=\frac{1}{2}$であり，その式は$y=\frac{1}{2}x+b$とおける。点Bを通るから，$9=\frac{1}{2}\times(-6)+b$，$b=12$

となり，直線BCの式は $y=\frac{1}{2}x+12$ である。

(3)＜x 座標＞前ページの図で，2点O，Dを結ぶ。△OPB＝△ODB＋△OPD，〔四角形OADB〕＝△ODB＋△OADだから，△OPB＝〔四角形OADB〕のとき，△OPD＝△OADである。よって，AP∥ODとなる。(1)，(2)より，点Dは，直線 $y=-x+8$ と直線 $y=\frac{1}{2}x+12$ の交点だから，$-x+8=\frac{1}{2}x+12$ より，$-\frac{3}{2}x=4$，$x=-\frac{8}{3}$ となり，$y=-\left(-\frac{8}{3}\right)+8$，$y=\frac{32}{3}$ となるから，$\mathrm{D}\left(-\frac{8}{3},\ \frac{32}{3}\right)$ である。これより，直線ODの傾きは $\left(0-\frac{32}{3}\right)\div\left\{0-\left(-\frac{8}{3}\right)\right\}=-\frac{32}{3}\times\frac{3}{8}=-4$ となり，直線APの傾きも -4 となる。直線APの式を $y=-4x+k$ とおくと，A(4，4)を通るから，$4=-4\times4+k$，$k=20$ となり，直線APの式は $y=-4x+20$ である。点Pは，直線 $y=-4x+20$ と直線 $y=\frac{1}{2}x+12$ の交点だから，$-4x+20=\frac{1}{2}x+12$ より，$x=\frac{16}{9}$ となり，点Pの x 座標は $\frac{16}{9}$ である。

4〔平面図形―円〕

≪基本方針の決定≫(2)　△AEBの面積を求めればよい。

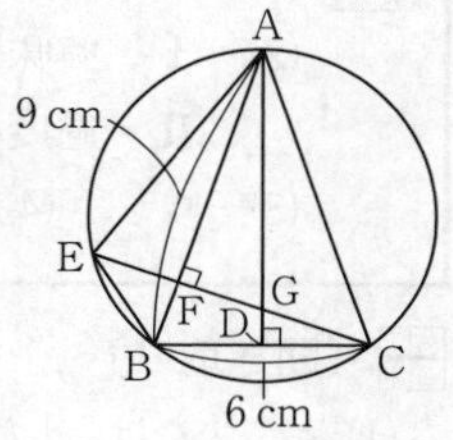

(1)＜**論証**＞右図で，証明の③は，②のAB＝ACから導かれ，③と，④の∠AEF＝∠ABDから，⑤の∠AEF＝∠ACDを導いているので，③は，∠ABD＝∠ACDである。また，④の∠AEF＝∠ABDは，$\overset{\frown}{\mathrm{AC}}$ に対する円周角であることからいえる。△AEBと△AGCにおいて，⑥の△AEF∽△ACDより，∠BAE＝∠CAGがいえる。(c)は解答参照。

(2)＜**面積―相似，三平方の定理**＞右図で，(1)より，△AEF∽△ACDだから，∠FAE＝∠CADであり，$\overset{\frown}{\mathrm{BE}}$ に対する円周角だから，∠GCD＝∠FAEである。よって，∠GCD＝∠CADとなる。また，∠CDG＝∠ADCだから，△CGD∽△ACDとなる。これより，GD：CD＝CD：ADである。△ABCはAB＝ACの二等辺三角形で，AD⊥BCだから，$\mathrm{BD}=\mathrm{CD}=\frac{1}{2}\mathrm{BC}=\frac{1}{2}\times6=3$ となり，△ABDで三平方の定理より，$\mathrm{AD}=\sqrt{\mathrm{AB}^2-\mathrm{BD}^2}=\sqrt{9^2-3^2}=\sqrt{72}=6\sqrt{2}$ となる。したがって，GD：3＝3：$6\sqrt{2}$ が成り立つので，$\mathrm{GD}\times6\sqrt{2}=3\times3$ より，$\mathrm{GD}=\frac{3\sqrt{2}}{4}$ となる。$\mathrm{AG}=\mathrm{AD}-\mathrm{GD}=6\sqrt{2}-\frac{3\sqrt{2}}{4}=\frac{21\sqrt{2}}{4}$ となるから，$\triangle\mathrm{AGC}=\frac{1}{2}\times\mathrm{AG}\times\mathrm{CD}=\frac{1}{2}\times\frac{21\sqrt{2}}{4}\times3=\frac{63\sqrt{2}}{8}(\mathrm{cm}^2)$ である。

5〔特殊・新傾向問題〕

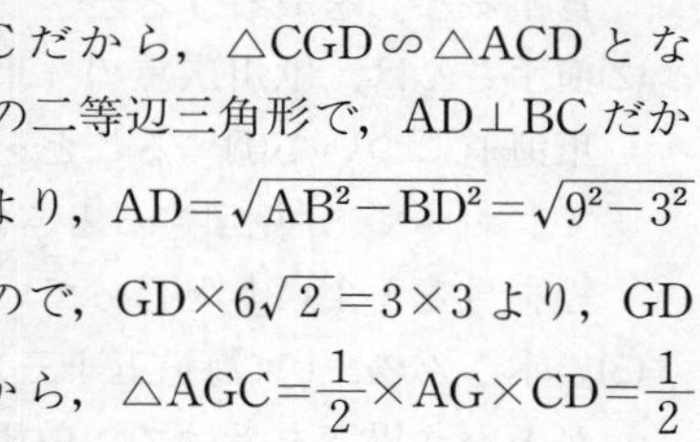

(1)＜**長さ**＞右図で，正方形4の1辺の長さは1＋2＝3となり，正方形5の1辺の長さは2＋3＝5となるから，長方形の横の長さは3＋5＝8(cm)である。

(2)＜**面積，長さ**＞**(i)**正方形5までかいたときにできる長方形の縦の長さは5cm，横の長さは8cmだから，面積は，$a=5\times8=40(\mathrm{cm}^2)$ である。また，周の長さは，$b=(5+8)\times2=26(\mathrm{cm})$ となる。　**(ii)**正方形 n までかいたときにできる長方形の短い方の辺の長さは，正方形 n の1辺の長さだから，d cmであり，長い方の辺の長さは，正方形 m と正方形 n の1辺の長さの和となるから，$c+d$ cmである。よって，$P=d(c+d)=cd+d^2(\mathrm{cm}^2)$ である。　**(iii)**(ii)より，$Q=\{d+(c+d)\}\times2=2c+4d$ となる。よって，$Q=5168$ のとき，$2c+4d=5168$ より，$c+2d=2584$……①が成り立つ。$d=c+377$……②だから，②を①に代入すると，$c+2(c+377)=2584$ より，$c=610$ となる。

国語解答

一 (1) イ　(2) エ　(3) ア
(4) 影響

二 (1) かたまり　(2) ぬぐ
(3) ふせん　(4) そがい

三 (1) 窓　(2) 映
(3) 血圧　(4) 複雑
(5) 無病息災

四 (1) ③
(2) （右参照）
(3) 教えていただき
(4) ウ

百聞ハ不レ如カ二一見一ニ

五 (1) 機械を使っての執筆
(2) Ⅰ 興味深さと面白さ
Ⅱ 過度の変換
(3) ウ　(4) 反復訓練の欠如
(5) イ　(6) エ

六 (1) ア
(2) 本土決戦用に新鋭機と熟練搭乗員を渡されるはずのＫ五に子どもが配属されたから。（38字）
(3) エ
(4) Ⅰ 有望な搭乗員の卵
Ⅱ 何をするつもりなのか聞きたい
(5) ウ

七 (1) きわめて
(2) (a)…ア
(b) 馬飼更に食～たる事なし
(3) イ
(4) Ⅰ 用にも立たぬ馬
Ⅱ 管理を任せきりにする

一〔聞き取り〕

(1)岩本さんは，「たくさん見ようとすると，一つ一つをじっくり見ることができなく」なるので，「鑑賞する絵」を絞ろうと述べている。

(2)横手さんは，歌川広重の「東海道五十三次」を鑑賞するにあたって，「鑑賞手帳」をつくるために東海道について調べることを提案し，具体的に「宿場の現在の様子を写した写真やイラストも集めて」おいて，「見学するときには，調べてきたことや写真と一致する点，違う点を探しながら浮世絵を見るとよい」と言っている。

(3)岩本さんの，「東海道五十三次」と十返舎一九の『東海道中膝栗毛』との関わりを調べてみてはどうかという提案を受けて，曽根さんは，それに賛成し，「どちらが先に世に出た」のかを調べ，先に出た作品に触発されて，後の作品が生まれたのかもしれないという新たな視点を提供している。

(4)歌川広重について調べることについて，岩本さんは，「広重がどんな人生を送ったのか，どんなきっかけで浮世絵を始めたのか」といったことを調べることを提案し，曽根さんは，「広重が影響された人物がいたのかどうか」を調べることを提案している。

二〔漢字〕

(1)音読みは「金塊」などの「カイ」。　(2)他の訓読みは「ふ(く)」。　(3)用件を書いたり，目印にしたりするために，張りつける小さな紙片。　(4)邪魔をして，妨げること。

三〔漢字〕

(1)音読みは「車窓」などの「ソウ」。　(2)音読みは「反映」などの「エイ」。　(3)血管に及ぼす血液の圧力。　(4)構造や関係が込み入っていて，わかりにくいこと。　(5)全く病気をせず，健康なこと。

四〔国語の知識〕

(1)＜**文の組み立て**＞「とても／好きで」「毎日／読みます」「海に／潜る」は，修飾・被修飾の関係。「頼んで／みました」は，補助の関係。

(2)＜**漢文の訓読**＞「百聞」→「一見」→「如」→「不」の順に読む。「見」から「如」へ二字以上返って読むので，一二点を用いる。「不」から「如」へは一字返って読むので，レ点を用いる。

(3)＜**敬語**＞謙譲語「いただく」を用いて，「教えていただき」にして，「先生」に対する敬意を表す。

(4)＜**ことわざ**＞「井の中の蛙大海を知らず」は，井戸の中にいる蛙は，そこが全世界だと信じて，大きな海があることを知らない，という意味。「待てば海路の日和あり」は，人生には苦しい時期もあるが，我慢強く待っていれば，必ずいい機会が訪れるものである，という意味。「石の上にも三年」は，困難な状況に耐えて努力すれば，いつかは必ず報われること。「身から出たさび」は，自分が犯した悪い行いのために，自分が苦しむこと。

五〔**論説文の読解―芸術・文学・言語学的分野―日本語**〕出典；阿辻哲次『漢字と日本人の暮らし』。

≪本文の概要≫コンピュータで文章を書く人が，今，急激に増えている。コンピュータで日本語を書く最大のメリットは，どんな難しい漢字でもいとも簡単に表記できることである。コンピュータで日本語を書く習慣が定着するとともに，世間には，コンピュータで文章を書いているとやがて手書きでは漢字が書けなくなるという一つの「信念」ができあがった。しかし，漢字が書けるか書けないかは，漢字に関する個人それぞれの知識量と習得達成度による。もともと覚えていない漢字は，手書きではいつまでたっても書けるはずがなく，単に書けるつもりになっていたにすぎない。かつて，漢字は，一生懸命に習得しなければ，身につかないものであった。習得しても，手書きで文章を書く機会が減ると，漢字が書けなくなることが起きる。これが「ど忘れ」で，この現象は，機械のせいではない。ど忘れを嘆くよりも，多くの日本人が，日本語とより濃密に，気軽ではあるが，真剣に向かい合える状況が到来したことの方を，「私」は，むしろ高く評価したい。

(1)＜**表現**＞「コンピュータで文章を書く」こととは，つまり，「機械を使っての執筆」のことである。

(2)＜**文章内容**＞「ワープロが普及しはじめたころ」，多くの人々は，「キーを打つだけで次から次に漢字に変換される」ことに「興味深さと面白さ」を感じて，「なんでも漢字に変換しよう」とした(…**Ⅰ**)。一方，「私」は，そのような「なんでも漢字に変換」する使い方は，「過度の漢字変換」であり，「度のすぎた漢字の使用」だと感じていた(…**Ⅱ**)。

(3)＜**文章内容**＞手書きで文章を書く機会が減ると，「せっかく習得した漢字を，つい書けなくなってしまう」という「ど忘れ」は，確かにある。しかし，漢字が書けるかどうかは，漢字の「知識量と習得達成度による」のであり，「コンピュータで文章を書いていると，やがて手書きでは漢字が書けなくなる」という世間の「信念」に対して，ど忘れして漢字を書けなくなったのではなく，もともと，それらの漢字を覚えていなかったにすぎないと「私」は考えている。

(4)＜**文章内容**＞「反復練習の欠如とともに，ある日突然かつて書けていた漢字が書けなくなる」ことが，「ど忘れ」である。

(5)＜**文章内容**＞「一日百字か二百字の漢字を，マス目の入ったノートにポツポツと，眠い目をこすりながら埋めて」いったり，「『漢字ドリル』という冊子を使って出された宿題をこなすのに苦労した」りといった，我慢強さの求められる，地味な努力によって，私たちは漢字を習得する。

(6)＜**文章内容**＞コンピュータの普及によって，文章を手で書く機会は減ったが，「非常に多くの人が，日本語を日常的に，なんの気負いもてらいもなく書くようになったことは，疑いもなく素晴らしい」ことなのである。「多くの日本人が日本語とより濃密に，そして気軽ではあるが真剣に向かい合える状況が到来した」ので，「私」は，このような状況の到来を「高く評価」しているのである。

六〔**小説の読解**〕出典；赤城毅『八月の残光』。

(1)＜**文章内容**＞立花と倉町が，異状を起こした流星を何とか不時着させたのを見て，桐山は，二人には「天性の才能」と度胸があると思い，この二人を貰い受けたいと思った。しかし，二人が，まだ

「少年のおもかげを残して」いて想像していたより「若い」ので，桐山は，子どもを殺すようなことはしたくないと思い，「眉をひそめた」のである。「眉をひそめる」は，心配なため，または，不愉快なために，顔をしかめる，という意味。

(2)＜**文章内容**＞K五には，「本土決戦用に新鋭機と熟練搭乗員を渡されている」はずであるのに，十七，八歳の子どもが配属されたので，屋久寺は，「首をかしげ」たのである。「首をかしげる」は，疑問に思う，不審に感じる，という意味。

(3)＜**心情**＞神崎は，二人の少年兵が，「このままK五にいても，いずれアメリカの空母に突入して玉砕するのがせきの山」であり，それなら，「少佐のもとで死んだほうが，まだしも手柄を立てられるでしょう」と言った。それを聞いて，桐山は，神崎の言うとおりだと思い，気は進まないが，しかたなく二人を任務につける決断を下したのである。

(4)＜**心情**＞連合艦隊命令ではあるが，「大事な新鋭機」だけではなく，「有望な搭乗員の卵」である二人の少年兵までも奪われるのは，屋久寺にとっては，納得がいかないことだった(…**Ⅰ**)。理由も聞かずに新鋭機と搭乗員を引き渡すことはできないので，桐山から，何をしようとしているのかを聞いておきたいと，屋久寺は思った(…**Ⅱ**)。

(5)＜**文章内容**＞神崎は，新鋭機を操縦していた搭乗員がまだ子どもであることを指摘した桐山に対して屋久寺が部下をかばっているところへ割って入って，二人をなだめている。また，神崎は，少年兵には「悪くはない度胸だった」と褒めて緊張をほぐしたり，「怖い顔を」つくって「訓練教官は俺だ。しごくぞ」と厳しく接したりしている(ウ…○)。

七〔**古文の読解―仮名草子**〕出典；浅井了意『浮世物語』巻第一ノ八。

≪**現代語訳**≫今となっては昔のことだが，ある大名が，とてもよい名馬を手に入れて，「私の一大事の分かれ道を見ることになるのは，この馬である」と思って秘蔵され，馬の飼料として，米・豆を潤沢にお与えになったが，馬飼の男は，それを全部こっそりと自分のものにして，馬にはかろうじて草のかゆのようなものをわずかに与えて飼っていた。(大名が)思ったとおり世の中が乱れて戦争になった。「馬を秘蔵したのはこのときのためである」と思って，この大名は例の馬をお召しになったが，気性の猛々しさも思いのほか鈍く，跳ねおどるような勢いもない。大名はとても怒って，「このような役にも立たない馬とは思いも寄らず，大切に飼わせたことであるよ」と言って，鞭で散々に打ったところ，この馬は，人のようにものを言って，「もし殿もよく聞いてください。馬飼はとても食べ物を惜しんで，腹が満ち足りるほど与えたことはありませんでした。そのようなままだったので力も弱くなり，心も勇み立たず，道を進むこともできません」と申し上げたのだった。

(1)＜**歴史的仮名遣い**＞歴史的仮名遣いの語頭以外のハ行は，現代仮名遣いでは原則として「わいうえお」と表記する。

(2)＜**古文の内容理解**＞(a)「漢」は，男らしさのこと。ここでは，馬の勇ましい性質のことで，それが鈍く，馬は跳ねおどるような勢いがなかった。　(b)馬飼が食べ物を惜しんで，馬に十分な飼料を与えなかったために，馬は，弱くなってしまったのである。

(3)＜**古文の内容理解**＞馬は，自分がこのように弱くなってしまったことに関して，大名が知らない事情があるということを伝えるために，人間の言葉を話したのである。

(4)＜**古文の内容理解**＞「大名は名馬を大切にしていたつもり」だったが，馬の世話を「馬飼」に任せていたために，馬は，戦争では，役に立たない馬になってしまっていた(…**Ⅰ**)。このことからは，ものを「大切にするということ」は，その管理を他人に全て任せてしまうのではなく(…**Ⅱ**)，「自分が主体的に関わっていくことが必要」だということがわかる。

2021年度 関東第一高等学校

【英　語】（50分）〈満点：100点〉

1　リスニングテスト（**放送**による**指示**に従って答えなさい。）

〔**問題A**〕　次の**ア**～**エ**の中から適するものをそれぞれ**一つずつ**選びなさい。

＜対話文１＞

ア　Music.　　**イ**　P.E.　　**ウ**　Math.　　**エ**　Science.

＜対話文２＞

ア　He usually gets up at five.
イ　He usually gets up at six.
ウ　He usually gets up at seven.
エ　He usually gets up at eight.

＜対話文３＞

ア　To find her bag.
イ　To look for a cat.
ウ　To buy a bag.
エ　To enjoy shopping.

〔**問題B**〕　次の**ア**～**エ**の中から適するものをそれぞれ**一つずつ**選びなさい。

＜Question 1＞

ア　For two years.
イ　For three years.
ウ　For four years.
エ　For five years.

＜Question 2＞

ア　She often practiced speaking Japanese with them.
イ　She often talked about popular music with them.
ウ　She often enjoyed playing basketball with them.
エ　She often learned about American culture with them.

※リスニングテスト放送文は，英語の問題の終わりに付けてあります。

2 次の各問に答えよ。

(＊印の付いている単語・語句には，本文のあとに〔**注**〕がある。)

1　Mai と留学生の Jim は，Aoba 水族館(aquarium)で，イベントスケジュール(event schedule)を見ながら，話をしている。 (A) 及び (B) の中に，それぞれ入る単語・語句の組み合わせとして正しいものは，下の**ア**～**エ**のうちではどれか。ただし，下のⅠは，二人が見ているイベントスケジュールである。

Ⅰ

EVENT	TIME	PLACE
*Feeding *penguins 	12：00～12：20 / 15：30～15：50	*Pool B
 *Dolphin *show	11：00～11：30 / 13：30～14：00 / 16：00～16：30	Stadium A
*Sea lion show 	10：30～11：00 / 14：30～15：00	Stadium A
 Penguins walking	11：00～11：15 / 14：00～14：15	Near the *gate

Mai:　Jim, look at the event schedule. Which events do you want to see?
Jim:　I want to see the dolphin show and the sea lion show. How about you?
Mai:　I want to see penguins walking and feed them.
Jim:　Oh, you like penguins very much. It's one o'clock now. Let's go to see the (A) show first.
Mai:　OK. Oh, wait! We can't see penguins walking if we see that show first, because Stadium A is not near the gate.
Jim:　You're right. Then, let's go to see penguins walking first.
Mai:　Yes, let's. What shall we see after that?
Jim:　Shall we see the sea lion show and feed penguins?
Mai:　That's a good idea. Can we arrive at Stadium A *by four after finishing feeding penguins?
Jim:　Sure. The event will finish at (B) , and Stadium A is *next to Pool B.
Mai:　I see. We have an hour before penguins walking. Let's look around.

〔**注**〕 feed ～　～にえさを与える　penguin　ペンギン　pool　プール
dolphin　イルカ　show　ショー　sea lion　アシカ　gate　門
by ～　～までに　next to ～　～の隣に

ア　(A)　sea lion　(B)　15：30　　**イ**　(A)　sea lion　(B)　15：50
ウ　(A)　dolphin　(B)　15：30　　**エ**　(A)　dolphin　(B)　15：50

2　Aoba 水族館を出た Mai と Jim は，水族館の最寄り駅である Aoba 駅に戻り，そこで近隣の飲食店案内を見ながら話をしている。 (A) 及び (B) の中に，それぞれ入る単語・語句の組み合わせとして正しいものは，右のページの**ア**～**エ**のうちではどれか。ただし，右のページのⅡは，二人が見ている飲食店案内である。

Mai:　Are you hungry?　Let's have dinner around here.
Jim:　OK. Oh! We can't have dinner at the (A) restaurant. It's *closed.

Mai: Right. If you want to have something soon, the Japanese restaurant is the best because it is in this station.

Jim: I see. But I want to have many kinds of foods. How about going to the *hotel? We can enjoy a *buffet there.

Mai: It'll take ten minutes from here and we have to wait for the bus. I can't wait!

Jim: The bus may arrive here soon. Let's check the bus schedule on the *smartphone.

Mai: OK. Oh, it will come here at six forty. It's [(B)] now.

Jim: I can't wait for twenty-five minutes! Let's take a *taxi.

Ⅱ

RESTAURANT	TIME	*ACCESS
Sakura (Japanese food)	11:00～22:00	in Aoba Station
Gg (*Italian food)	10:30～15:00	10 minutes from Aoba Station *on foot
Aoba Hotel (Buffet)	11:00～14:00 17:00～21:00	10 minutes from Aoba Station by bus
Korai (Chinese food)	17:00～23:00	15 minutes from Aoba Station on foot

〔注〕 close 閉める　hotel ホテル　buffet ビュッフェ(セルフサービス式の食事)
smartphone スマートフォン　taxi タクシー　access 交通手段
Italian イタリアの　on food 徒歩で

ア (A) Italian (B) six fifteen　イ (A) Italian (B) seven five
ウ (A) Chinese (B) six fifteen　エ (A) Chinese (B) seven five

3 次の文章は，Jim が英語の授業で行ったスピーチの内容である。

Last Sunday, I visited Aoba Aquarium with Mai. We enjoyed seeing many animals and joining some events. We enjoyed penguins walking near the gate. They were very cute and I wanted to take many pictures of them. But then, Mai said, "Jim, penguins are afraid of your camera *flash. Don't take pictures with a flash." I didn't know that. I took many pictures of them without a flash. I enjoyed the dolphin show the best of all the events. For Mai, feeding penguins was the best.

After visiting the aquarium, we had dinner at the Aoba Hotel. The *guide said we could go there by bus, but we took a taxi because we were too hungry and couldn't wait. We arrived at the restaurant in the Aoba Hotel at six thirty, and a woman working there said we could enjoy the buffet until eight. But we left there at seven thirty because we were *full. When we *paid for dinner, the woman said, "If you come to our restaurant next month, you will be able to enjoy some spring special lunch or dinner. Please come again."

I came to Japan last summer and I've not spent time in Japan in spring yet. What should I enjoy in spring in Japan? Can you *recommend something? If you can, please tell me about it. Thank you.

〔注〕 flash フラッシュ　guide 案内　full 満腹の
paid for ～ ～に対して支払った　recommend ～ ～を勧める

(1) このスピーチの内容と合っているのは，次のうちではどれか。

ア Mai told Jim to take pictures with a flash to take good pictures.

イ Mai enjoyed feeding penguins the best of all the events.

ウ Mai and Jim went to the Aoba Hotel by bus to enjoy a buffet for dinner.

エ Mai and Jim enjoyed a buffet at the Aoba Hotel for an hour and thirty minutes.

(2) Jim のスピーチを聞いた同級生の Ryo が，Jim にＥメールを送ることにしました。あなたが Ryo だとしたら，Jim にどのようなＥメールを送りますか。次の**＜条件＞**に合うように，下の［　　　］の中に，**三つ**の英語の文を書きなさい。

＜条件＞

○ 前後の文につながるように書き，全体としてまとまりのある返事のＥメールとすること。

○ Jim に伝えたい内容を**一つ**取り上げ，それを取り上げた理由を含めること。

Hello, Jim,

I'm happy to hear you had a good time with Mai last Sunday. I have been to Aoba Aquarium many times. I have liked it since I went there for the first time. I have never tried the buffet at the Aoba Hotel. I'll go there with my family next month to have a spring special lunch.

I have some things to recommend, so I'll tell you about one of them today.

［　　　　　　　　　　　　　　　　　　　　］

I want to recommend some other things, too. Let's talk about them at school next week!

Your friend,

Ryo

3 次の対話の文章を読んで，あとの各問に答えよ。
（＊印の付いている単語・語句には，本文のあとに〔**注**〕がある。）

Satomi, Kyoka, and Masaki are high school students in Tokyo. Mr. Hill is an ALT from New York in their high school. He has lived in Tokyo for only two months. They are talking in a classroom after school.

Mr. Hill: Your speech today was wonderful, Satomi!

Satomi: Thank you very much, Mr. Hill. I have a good friend, and she always helps me. Her name is Rika. She studied English at *college. She is my good English teacher, too.

Mr. Hill: (1)That's great!

Masaki: How did you meet her?

Satomi: Oh, my mother and her mother were classmates at college. So, we have known each other since I was a child. She has been like a big sister to me for a long time. She is very special to me because I don't have any *real brothers or sisters.

Mr. Hill: I see. I am an only child, too.

Satomi: Really?

Kyoka: (2)I didn't know that. Your parents *must *miss you.

Satomi: I think so, too. I don't think I can live in another country because I will be too worried about my parents.

Masaki: I agree.

Mr. Hill: You are very kind. My parents always say to me, "Live your life without *regrets," so I can be here now.

Kyoka: *Don't your parents miss you at all?

Mr. Hill: (3)Of course, yes. So, I call them every week.

Satomi: That's nice. How about you? Do you feel *lonely when you live away from home?

Mr. Hill: Sometimes, yes. But I'm very happy to be here because I can always learn many things about Japan. I think I will be able to have more friends in Japan if I learn more.

Masaki: Which language do you use when you talk with your friends, English or Japanese?

Mr. Hill: Japanese. All my friends can't speak English.

Kyoka: Do you want to have a friend being good at English?

Mr. Hill: Yes, I do.

Satomi: Oh! (4)How about my friend Rika? She is as old as you and speaks English like a *native speaker. Why don't you meet her?

Mr. Hill: I'd love to! But are you *sure Rika is OK with the idea?

Satomi: Yes, I am. She is a little *shy, but I think she will be happy to meet you. She wants more chances to make new friends and to *refine her English! I'll ask her about it. I think she will call you tonight.

Mr. Hill: Thank you!

*That night, Rika called Mr. Hill and they *promised to meet at 20:00 at the coffee shop *next to the station on Saturday.*

*On Saturday, Mr. Hill went to the coffee shop at 8 p.m. and waited for one hour, but Rika never came. He felt *disappointed and worried, and he went home. His phone *rang at 10 p.m.*

Mr. Hill: Hello?

Rika: You are *unbelievable! Satomi said you were very kind, but you *broke our promise! (5) I'm so angry!

Mr. Hill: I broke our promise? I went to the coffee shop at 20:00, just *as you said. I waited until 9 p.m, and then came home. I was worried about you. Satomi said you were shy, so I thought *maybe you got *nervous and were afraid of coming. Please don't be angry.

Rika: 20:00? Twenty?! Oh, no! I'm so sorry. I thought I said "twelve" o'clock. That's my *mistake. I'm so *ashamed. Please *forgive me!

Mr. Hill: Don't worry about it. I always make mistakes in Japanese. *Let me buy you coffee tomorrow at noon. OK?

Rika: "Noon"? Oh, twelve o'clock. OK, thank you. See you tomorrow! But please let me buy your coffee!

〔注〕 college 大学　real 本当の　must ～ ～にちがいない
miss ～ ～がいなくてさみしく思う　regret 後悔
Don't ～ … at all? ～はまったく…じゃないのですか。　lonely 孤独な
native speaker 母国語話者　sure (that) ～ 確かに～だと思う　shy 内気な
refine ～ ～を磨く　promise 約束する　next to ～ ～の隣の
disappointed がっかりした　rang 鳴った　unbelievable 信じられない
broke a promise 約束を破った　as ～ ～するように　maybe たぶん
nervous 神経質な　mistake 間違い　ashamed 恥じて
forgive ～ ～を許す　Let me buy ～. 私に～をごちそうさせて。

〔問1〕 (1) That's great! の内容を，次のように書き表すとすれば，[　　　] の中に，下のどれを入れるのがよいか。

It's good for Satomi to [　　　].

ア have a dream of studying English at college and to be an English teacher

イ help her friends when they study English

ウ have a classmate being good at English

エ have a good friend and English teacher

〔問２〕 (2)I didn't know that. の内容を，次のように書き表すとすれば，□の中に，下のどれを入れるのがよいか。

Kyoka didn't know □.

ア　Mr. Hill had a child

イ　Mr. Hill came to Japan with his brothers and sisters

ウ　Mr. Hill had no brothers or sisters

エ　Mr. Hill wanted to have a family

〔問３〕 (3)Of course, yes. の内容を最もよく表しているのは，次のうちではどれか。

ア　Mr. Hill's parents miss him because he never talks with them on the phone.

イ　Mr. Hill's parents miss him because he lives far away from them.

ウ　Mr. Hill's parents don't miss him because they live near his house in America.

エ　Mr. Hill's parents don't miss him because they live with him in Japan.

〔問４〕 (4)How about my friend Rika? の内容を最もよく表しているのは，次のうちではどれか。

ア　Rika will be a good person for you because she has many Japanese friends.

イ　Rika will be a good person for you because she is a good English teacher.

ウ　Rika will be your good friend because she speaks English like a native speaker.

エ　Rika will be your good friend because she is as old as you.

〔問５〕 (5)I'm so angry! とあるが，このようにRikaが言った理由を最もよく表しているのは，次のうちではどれか。

ア　Mr. Hill didn't buy a coffee for her at the coffee shop.

イ　Mr. Hill didn't call or send a message after visiting the coffee shop with her.

ウ　Mr. Hill didn't wait for her at the coffee shop for one hour.

エ　Mr. Hill didn't come to the coffee shop when she was there.

〔問6〕 次の英語の文を，本文の内容に合うように書き表すとすれば，［　　　］の中に，下のどれを入れるのがよいか。

Mr. Hill said he used Japanese when he talked with his friends in Japan ［　　　］ his friends couldn't speak English.

ア when

イ if

ウ because

エ so

〔問7〕 次の文章は Mr. Hill と Rika が最初に会う約束をした土曜日に，Satomi が書いた英文日記の一部である。［(A)］ 及び ［(B)］ の中に，それぞれ入る単語・語句の組み合わせとして正しいものは，下の**ア**～**エ**のうちではどれか。

> This evening, Rika called me. She said, "Satomi, Mr. Hill didn't come to the coffee shop at ［(A)］. I have waited for him for one hour. Do you think I should wait longer?" I said, "Mr. Hill is a kind man, so I don't think he broke your promise. He will call you or send you a message. Why don't you wait for his *phone call or message at home?" She answered, "OK, I'll do that." I'm worried about them.
>
> At ten thirty, Rika called me again. I was happy to learn that Rika would meet Mr. Hill at ［(B)］ tomorrow.

〔注〕 phone call　電話

ア (A) twelve　(B) eight o'clock at night

イ (A) twelve　(B) noon

ウ (A) twenty　(B) eight o'clock at night

エ (A) twenty　(B) noon

4 次の文章を読んで，あとの各問に答えよ。

（＊印の付いている単語・語句には，本文のあとに〔注〕がある。）

Hello! My name is Nick, and I'm from *the United States. I have lived in Japan for about twenty years. I am more than forty years old now, but I'm still learning about how to make my life better. I want to learn more new things! Today I'd like to *share one idea with you because the idea has been important for me since last year. But first, I'll tell you more about *myself.

I have no brothers or sisters, and I *grew up on a *farm. The *nearest town was about 30 kilometers away, so I didn't have the chance to play with other children *except at school. So, I liked school very much! When I was at home, I had to do farm work. I started helping my family on the farm when I was five. Of course I had free time, too. But if I didn't find something to do during that time, my father or mother often told me to do more work. I sometimes *kept busy, *even when I was alone!

One easy way to keep busy was by being a *collector. I had a *rock *collection, a *coin collection, a *stamp collection, a book collection, a sports card collection, and a video game collection. I had a collection of collections! Finding new things for my collections was fun, but I also enjoyed *maintaining my collections. That meant putting the things *in alphabetical order, or *in order by date. I enjoyed them like a *librarian. It was good for me because it kept me busy and because I learned a lot from it. Also, I lived in a big house, so there was a lot of *space.

When I left home for *college, I *left my collections in my room. They were still special to me, but I thought they would be *safe if they were in my father's house. Some years later, I *removed some of the things from my room, but many things were still there. *Over time, *however, things started to *disappear. A lot of my important sports cards *were stolen by *someone visiting the house. And many other important things *were thrown away by my father's new *wife. This made me sad and angry. I started to think that I should move all my things away from there.

After that, I moved to Japan to work. I wanted to bring all my things here, but I couldn't. There was just too much. My father moved into a smaller house, and he told me that I could put my things in a room there. But some things were *damaged by a *roof leak. Some *mice also got into the room and more things were damaged.

When my father died a few years ago, the house became mine. I finally sold it last year, but it still had many of my old things in it. I had to move them into a *storage unit. It *costs about 10,000 yen *per month just to keep my things there. When will I be able to *get them out? I don't know. I think that the 10,000 yen every month is a *waste of money, but I don't know what else to do.

When I was young, some people often said to me, "Will you live and die with your *toys?" I always answered, "I don't know." But since my father died, my answer has changed. When someone says to me, "Will you live and die with your toys?", I will say, "No." Now I know that we can't take our things with us when we die.

Do you collect many "toys"? If you do so, please remember that more things mean more *obligations for you, and for your family. There is great *value in having fewer things. I wanted to understand this idea when I was younger. You are still young, so please *keep this idea in mind.

〔注〕 the United States アメリカ合衆国　share ～ ～を共有する　myself 私自身
grow up 育つ　farm 農場　nearest 最も近い　except ～ ～を除いて
keep (…) ～ (…を)～の状態に保つ　even when ～ ～の時でも
collector コレクター　rock ロックの　collection コレクション
coin 硬貨　stamp 切手　maintain ～ ～を維持する
in alphabetical order アルファベット順に　in order by date 日付順に
librarian 司書　space 場所　college 大学　leave ～ ～を置いておく
safe 安全な　remove ～ ～を移動させる　over time 時間とともに
however しかしながら　disappear 消える　be stolen 盗まれた
someone だれか　be thrown away 捨てられた(throw away 捨てる)
wife 妻　damage 傷つける　roof leak 雨もり
mice mouse(ネズミ)の複数形　storage unit 収納庫　cost ～ ～がかかる
per ～ ～につき　get (～) out (～を)取りだす　waste 無駄
toy おもちゃ　obligation 義務　value 価値
keep ～ in mind ～を覚えておく

〔問１〕 I wanted to understand this idea when I was younger. の内容を，次のように書き表すとすれば，［　　　］の中に，下のどれを入れるのがよいか。

When I was young, ［　　　］.

ア I didn't understand this idea, so I became a librarian
イ I understood this idea and I lived in a big house
ウ I understood this idea and I moved to a foreign country
エ I didn't understand this idea, so I collected many things

〔問２〕 次の①～④の文を，古い出来事から順に並べ換えたものとして適切なものは，下のア～エのうちではどれか。

① Nick's father told him that Nick could put his things in a room in his father's new house.
② Nick's father's new wife threw away many of Nick's important things.
③ Nick started to help his father and mother on a farm.
④ Nick moved to Japan and started working in Japan.

ア ③ → ① → ② → ④　　イ ③ → ② → ① → ④
ウ ③ → ② → ④ → ①　　エ ③ → ④ → ② → ①

〔問３〕 次の(1)～(3)の文を，本文の内容と合うように完成するには，［　　　］の中に，それぞれ下のどれを入れるのがよいか。

(1) When Nick was a child, he liked school because ［　　　］.

ア he had to work on a farm with his parents except when he was at school

イ he didn't have any brothers, sisters, or other children to play with except at school

ウ he could enjoy doing many things with his best friend at school

エ he didn't have anyone to work or study with at home

(2) When Nick was in Japan, his collections in his father's house were damaged ［　　　］.

ア by his father and his mother

イ by someone visiting his father's house

ウ because of a roof leak and some mice

エ because of the animals kept by his father

(3) ［　　　］ since his father died.

ア Nick has learned that buying a lot of things for his collections is important

イ Nick has learned that big houses are better than small houses for keeping his collections

ウ Nick has learned that living alone is more important than living with his family

エ Nick has learned that having fewer things is better than having many things

〔問４〕 次の(1)，(2)の質問の答えとして適切なものは，それぞれ下のうちではどれか。

(1) How did Nick enjoy maintaining his collections?

ア By checking them like a librarian near his house.

イ By living in a big house with his family.

ウ By finding new things and giving them to his friends.

エ By putting the things in alphabetical order, or in order by date.

(2) What does Nick pay 10,000 yen per month for? pay ～ ～を支払う

ア To see other collectors' collections.

イ To get traditional Japanese things.

ウ To keep his important collections in a storage unit.

エ To get his collections from the United Sates.

＜リスニングテスト放送台本＞

開始時の説明

これから，リスニングテストを行います。

問題用紙の１ページを見なさい。リスニングテストは，全て放送による指示で行います。リスニングテストの問題には，問題Ａと問題Ｂの二つがあります。質問に対する答えを選びなさい。

英文とそのあとに出題される質問が，それぞれ全体を通して二回ずつ読まれます。問題用紙の余白にメモをとってもかまいません。答えは全て解答用紙にマークしなさい。（２秒の間）

〔問題Ａ〕

問題Ａは，英語による対話文を聞いて，英語の質問に答えるものです。ここで話される対話文は全部で三つあり，それぞれ質問が一つずつ出題されます。

では，＜対話文１＞を始めます。（３秒の間）

Alice: Hi, Fred. You don't look happy. Are you all right?
Fred: I'm OK, Alice. I'm just worrying about singing in music class. I'm not good at singing.
Alice: Oh, really? I think singing is a lot of fun.
Fred: You think so, because you're good at singing and you're in the music club.
Alice: You may be right. Well, what subject do you like?
Fred: I like math and P.E. Your favorite subject is music, right?
Alice: No. It's science. I like it better than any other subject. （３秒の間）

Question: What subject does Alice like the best? （１回目：５秒の間，２回目：10 秒の間）
繰り返します。（２秒の間）
（対話文１と質問の繰り返し）

＜対話文２＞を始めます。（３秒の間）

Saki: Good morning, Bob!
Bob: Good morning, Saki. Did you watch the soccer game on TV last night?
Saki: Soccer game? No, I didn't. What time did it start?
Bob: It started at eleven and finished at one. It was an exciting game!
Saki: Do you mean you didn't go to bed until that time? How long did you sleep last night?
Bob: For about five hours. Don't worry. I usually go to bed at twelve and sleep for six hours.
Saki: Do you? I think you should sleep a little longer. （３秒の間）

Question: What time does Bob usually get up? （１回目：５秒の間，２回目：10 秒の間）
繰り返します。（２秒の間）
（対話文２と質問の繰り返し）

＜対話文３＞を始めます。（３秒の間）

Beth: Excuse me. I'm looking for my bag. I lost it when I was looking around some shops in this building.
Man: I see. What color is your bag?
Beth: Blue.
Man: Well, we have some blue bags here. Is there any design on your bag?
Beth: Yes. It has a picture of a cat and my name on the front part.
Man: OK. There is one bag with a picture of a cat here. Could you tell me your name?
Beth: Sure. My name is Beth Brown.
Man: Thank you. It's yours, right?
Beth: Right! Thank you so much! （３秒の間）

Question: Why was Beth talking to the man? （１回目：５秒の間，２回目：10 秒の間）
繰り返します。（２秒の間）
（対話文３と質問の繰り返し）
これで問題Ａを終わり，問題Ｂに入ります。

〔**問題Ｂ**〕（３秒の間）

これから聞く英語は，ALT の Ms. Green がある中学校で行ったお別れのスピーチです。内容に注意して聞きなさい。
あとから，英語による質問が二つ出題されます。質問に対する答えを選びなさい。
では，始めます。（２秒の間）

Hi, everyone. Today I have to say goodbye to you. Now I remember my good days at this school. It was exciting for me to teach you English. When I came to Japan three years ago, it was not easy for me to live in Japan because I could not speak Japanese well. But many students tried to talk to me in English at school. Thank you for helping me a lot.

In my English class, I often talked about popular sports in America. After class, we often enjoyed playing basketball together. I also talked about American movies, and you told me many things about Japanese culture. We learned about each other's cultures. That was very interesting for me.

Thank you, everyone. I hope that we will meet again in the future. （３秒の間）

Question 1: How long has Ms. Green been in Japan?
（１回目：５秒の間，２回目：10 秒の間）
Question 2: What did Ms. Green often do with the students after class?
（１回目：５秒の間，２回目：10 秒の間）
繰り返します。（２秒の間）
（問題Ｂの英文と質問の繰り返し）

以上で，リスニングテストを終わります。２ページ以降の問題に答えなさい。

【数　学】 (50分) 〈満点：100点〉

1 次の各問に答えよ。

〔問１〕 次の(1)〜(8)において，[　　] の中の「あ」〜「そ」に当てはまる数字をそれぞれ答えよ。

(1) $-3+24\div\left(-\frac{4}{5}\right)$ を計算すると，$-$[あい] である。

(2) $4(3a-b)-(7a+2b)$ を計算すると，[う] $a-$ [え] b である。

(3) $\sqrt{32}+\frac{8}{\sqrt{2}}$ を計算すると，[お] $\sqrt{[か]}$ である。

(4) 一次方程式 $5(x-1)=-2x+9$ を解くと，$x=$ [き] である。

(5) 連立方程式 $\begin{cases} 2x-3y=14 \\ 5x+y=18 \end{cases}$ を解くと，$x=$ [く]，$y=-$ [け] である。

(6) 二次方程式 $x^2+x-72=0$ を解くと，$x=$ [こ]，$x=-$ [さ] である。

(7) 袋の中に，赤玉が３個，白玉が２個，青玉が１個，合計６個の玉が入っている。
この袋の中から，同時に２個の玉を取り出すとき，取り出した２個の玉が赤玉と白玉１個ずつである確率は，$\frac{[\text{し}]}{[\text{す}]}$ である。
ただし，どの玉を取り出すことも同様に確からしいものとする。

(8) 右の**図１**で，四角形ABCDは平行四辺形である。
辺AB上に点E，線分CE上に点Fをとり，頂点Dと点Fを結ぶ。
CB＝CE，DC＝DF，∠DFE＝103° のとき，x で示した∠ECBの大きさは，[せそ] 度である。

図１

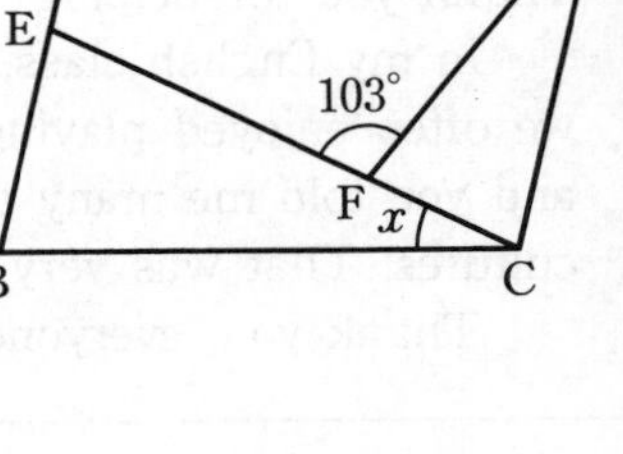

〔問２〕 右の**図２**のように，∠A＝90° の△ABCがある。
辺BCの中点をMとする。
記述式解答用紙の解答欄に示した図をもとにして，PM⊥BC，∠APB＝∠ACBとなる点Pを，定規とコンパスを用いて作図によって求め，点Pの位置を示す文字Pも書け。
ただし，点Pは直線BCの上側にとり，作図に用いた線は消さないでおくこと。

図２

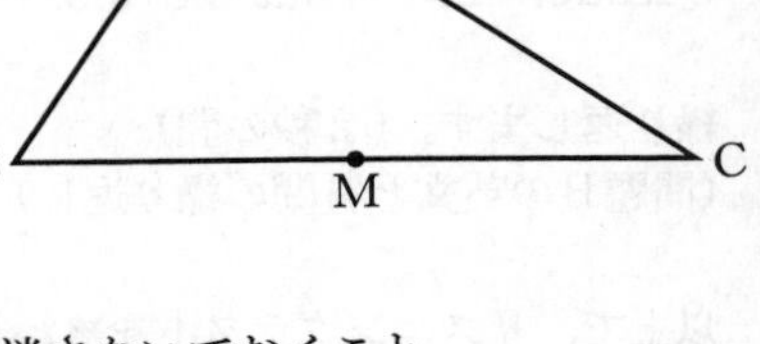

2 Sさんのクラスでは，先生が示した問題をみんなで考えた。

次の各問に答えよ。

［先生が示した問題］

右の**図1**のような，半径 r cm の球と，底面の円の半径が r cm の円すいの体積が等しいとき，円すいの高さについて考えてみよう。

図1

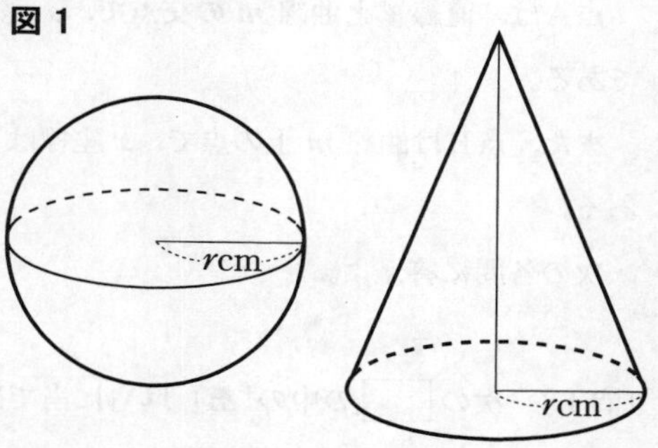

〔問1〕［先生が示した問題］について，円すいの高さとして正しいものを，次の①～④のうちから選び，記号で答えよ。

① $\frac{4}{3}$ cm　　② 4 cm　　③ $\frac{4}{3}r$ cm　　④ $4r$ cm

Sさんのグループは，［先生が示した問題］をもとにして，次の問題を作った。

［Sさんのグループが作った問題］

右の**図2**は，母線の長さが x cm で，底面の円の半径が r cm の円すいの展開図である。

側面の展開図のおうぎ形で，中心角の大きさが $120°$ のとき，この円すいの表面積は，半径が r cm の球の表面積と等しくなることを確かめてみよう。

図2

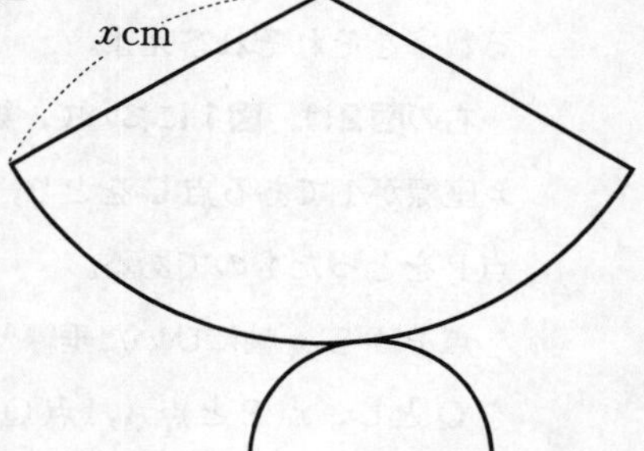

〔問2〕［Sさんのグループが作った問題］について，**記述式解答用紙**の解答欄の □ にあてはまる式を書き，円すいの表面積が球の表面積と等しくなることを証明せよ。

ただし，円周率は π とする。

3　右の**図1**で，点Oは原点，直線 ℓ は一次関数 $y=3x$ のグラフ，曲線 m は関数 $y=ax^2$ $(a>0)$ のグラフである。

点Aは，直線 ℓ と曲線 m の交点で，x 座標は6である。

また，点Bは曲線 m 上の点で，x 座標は -4 である。

次の各問に答えよ。

図1

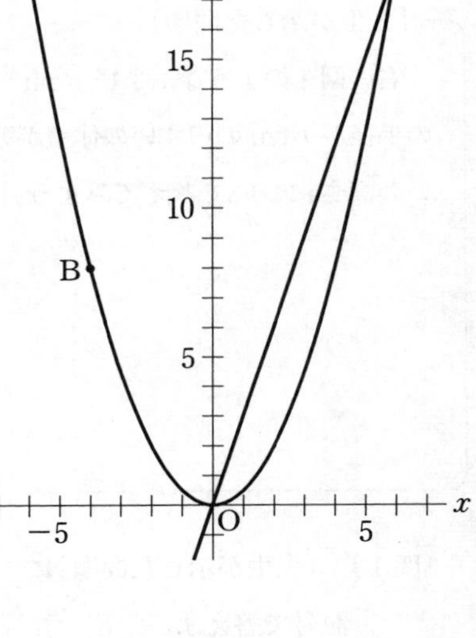

〔問1〕　次の □ の中の「**あ**」「**い**」に当てはまる数字をそれぞれ答えよ。

$a=\dfrac{\boxed{あ}}{\boxed{い}}$ である。

〔問2〕　次の □ の中の「**う**」「**え**」「**お**」に当てはまる数字をそれぞれ答えよ。

2点A，Bを通る直線の傾きは $\boxed{う}$，切片は $\boxed{えお}$ である。

〔問3〕　次の □ の中の「**か**」「**き**」「**く**」に当てはまる数字をそれぞれ答えよ。

右の**図2**は，**図1**において，線分OA上に，x 座標が1である点Cをとり，線分BC上に点Pをとったものである。

点Pから x 軸にひいた垂線と x 軸との交点をQとし，点Pと点A，点Qと点Bをそれぞれ結ぶ。

△APCの面積が△BQPの面積の2倍になるとき，点Pの x 座標は，$\boxed{か}-\sqrt{\boxed{きく}}$ である。

図2

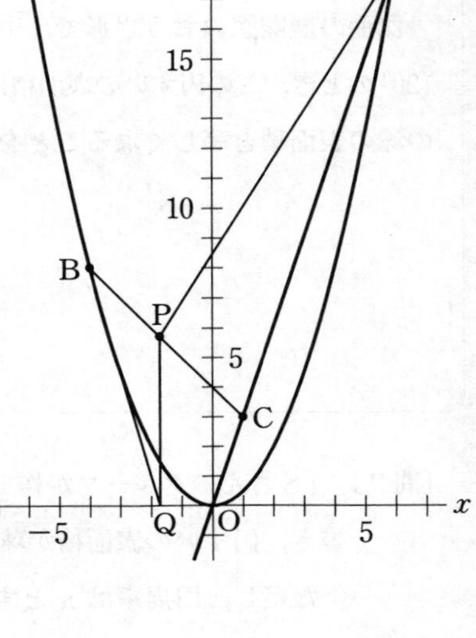

4 右の図のように，線分 AB を直径とする半円 O の $\overset{\frown}{AB}$ 上に，2 点 C，D を $\overset{\frown}{BC}=\overset{\frown}{CD}$ となるようにとり，四角形 ABCD をつくる。

線分 AC，BD の交点を E とし，点 E から辺 AB にひいた垂線と辺 AB との交点を F とする。

次の各問に答えよ。

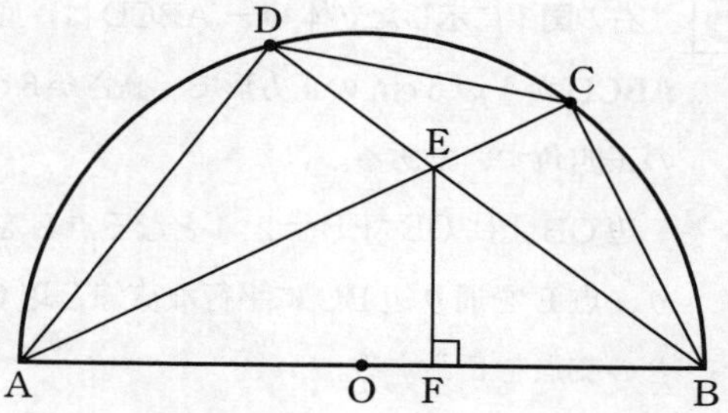

〔問1〕 △AED ≡ △AEF であることを証明せよ。

ただし，解答は**記述式解答用紙**の解答欄に書け。

〔問2〕 ∠ACD = a° とするとき，∠EBC の大きさを表す式を，次の①～④のうちから選び，記号で答えよ。

① a 度　　② $(90-2a)$ 度　　③ $\left(45-\dfrac{a}{2}\right)$ 度　　④ $(60-a)$ 度

〔問3〕 次の ☐ の中の「**あ**」「**い**」に当てはまる数字をそれぞれ答えよ。

AB = 10 cm，BD = 8 cm，AD = 6 cm のとき，△BCD の面積は，四角形 ABCD の面積の $\dfrac{\boxed{あ}}{\boxed{い}}$ 倍である。

5 右の**図1**に示した立体O－ABCDは，底面ABCDが1辺6 cmの正方形で，高さが6 cmの正四角すいである。

辺OB上にOE：EB＝2：1となる点Eをとり，点Eを通り辺BCに平行な直線と辺OCとの交点をFとする。

次の各問に答えよ。

図1

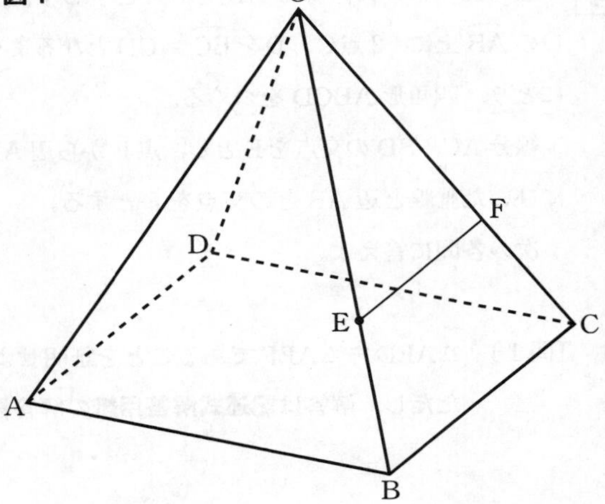

〔問1〕 次の□の中の「**あ**」「**い**」に当てはまる数字をそれぞれ答えよ。

△OEFの面積と四角形EBCFの面積の比を，もっとも簡単な整数の比で表すと **あ**：**い** である。

〔問2〕 次の□の中の「**う**」「**え**」「**お**」に当てはまる数字をそれぞれ答えよ。

右の**図2**は，**図1**において，2点E，Fを通り底面ABCDに垂直な平面と辺AB，CDとの交点をそれぞれG，Hとしたものである。

立体EF－BCHGの体積は，

$\frac{\text{うえ}}{\text{お}}$ cm^3 である。

図2

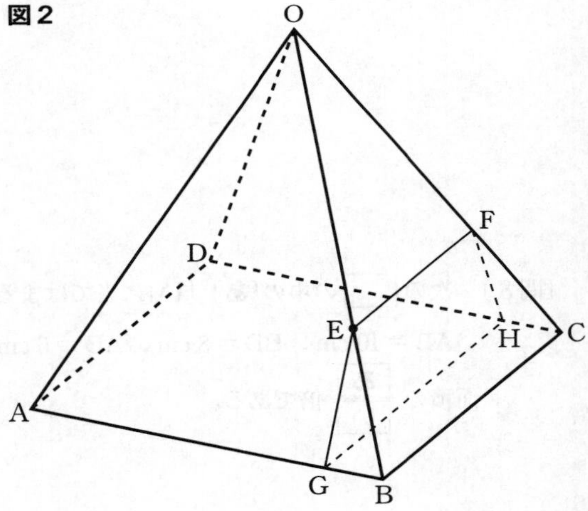

切なものを選べ。

ア　上皇の前で歌を披露すること。

イ　下鴨神社を歌に詠み込むこと。

ウ　歌道の知識を認められること。

エ　新しい歌枕を発掘すること。

〔問4〕 (4)長明のアンビバレントな気持ち とはどのような気持ちか。次のうちから最も適切なものを選べ。

ア　世俗的な名誉を求めて喜ぶ一方で、無益なことに一喜一憂していることを嘆く気持ち。

イ　自分の和歌が高く評価されて喜ぶと同時に、名誉を回復できて安心する気持ち。

ウ　自分の功績を横取りされて落胆する一方で、認めてくれる人がいたことを喜ぶ気持ち。

エ　和歌の才能を認められたいと思うと同時に、音楽でも評価されたいと願う気持ち。

〔問5〕 (5)それが長明でもあるのです。とあるが、この文章における長明について説明したものとして最も適切なのは、次のうちではどれか。

ア　仏門に入ったもののその教えを受け入れることができず、和歌や音楽などの現世的な楽しみにばかりうつつを抜かしている人物。

イ　仏門にありながら和歌や音楽などの享楽がやめられない自分を許すことができず、遊興と反省を繰り返し続けている人物。

ウ　仏門における厳しい修行を行う一方で、現世における和歌や音楽にも積極的に取り組み、両立を図ろうとしている人物。

エ　仏門にあって現世のはかなさを身にしみて知りながら、和歌や音楽などの現世的な楽しみへの衝動を抑えることができない人物。

琵琶の世界には、「秘曲」といわれるものがいくつかあり、師匠からの伝授がなければ弾いてはならないことになっています。ところが、長明はどうしても弾いてみたくて、禁を破って弾いてしまうのです。しかも、それぞれの楽器の当代きっての演奏家を集め、自分が主催者になって賀茂《かも》の森の奥のほうで演奏会を開き、みんなで研鑽《けんさん》を競って〝秘曲づくし〟をやろう、などということを企画するのです。結局、この計画は外部に漏れて、長明は後鳥羽院からお咎《とが》めを受けるのですが（一説によると、この一件のせいで彼は大原《おおはら》に隠棲《いんせい》することになったのだともいいます）、このように、長明という人はいったんやりたいと思ったら後戻りできず、多少の危険を冒してもやってしまうようなところがあるのです。

『方丈記』では、方丈の庵《あん》での手すさびについて、こう述べています。

もし余興あれば、しばしば松の響きに秋風楽をたぐへ、水の音に流泉の曲をあやつる。芸はこれつたなけれども、人の耳をよろこばしめむとにはあらず。ひとり調べ、ひとり詠じてみづから情《こころ》をやしなふばかりなり。

興が乗れば、松の木を吹く風や流水という自然界の音にあわせて琵琶を弾じる。人に聞かせるために演奏するのではなく、ただ自分の徒然《つれづれ》の心を慰めるために弾いているだけなのだ――。

一見奥ゆかしい発言ですが、考えてみれば、本来は一途《いちず》に仏道修行に励むべき身なのに、要らざる遊びにいまだに執着していることを言い訳しているようにも聞こえてきます。また、さりげない口ぶりながら、ここで述べている「流泉」という曲は、長明は師より伝授を受けておらず、演奏の許可をもらっていないために、弾いてはいけない秘曲でした。その曲名をわざわざ明記しているのは、意図するところがあるからなのでしょうか。

このように、仏道修行のかたわら、最後まで手放せないものがあった弱い人間、(5)それが長明でもあるのです。

（小林一彦「NHK『100分de名著』ブックス　鴨長明　方丈記」による）

〔注〕和歌所――勅撰和歌集を編纂《へんさん》するときに設置される宮中の部署。「寄人」はその職員。

無名抄《むみょうしょう》――鴨長明が書いた歌論書。

鴨社《かもしゃ》――京都市左京区にある賀茂御祖《かもみおや》神社のこと。下鴨神社。

歌合《うたあわせ》――与えられた題について、左と右に分かれて歌を詠み、判者が判定して歌の優劣を競う催し。

故実――古い儀式や作法などの決まりやならわし。

蒼古《そうこ》――古い中に趣がある様子。

禰宜《ねぎ》――神社に奉仕する神職の一つ。

斎串《いぐし》――神に供えるもので、榊《さかき》や笹《ささ》などの枝に麻や木綿などをかけて作る。

アンビバレント――相反する感情が同時に存在している様子。

〔問1〕(1)ある と品詞が同じものを、文中の━━線を付けた**ア**～**エ**から選べ。

〔問2〕(2)顕昭は勝負付けを保留します。とあるが、それはなぜか。次のうちから最も適切なものを選べ。

ア この歌の創作意図を作者に確認してから決めるべきだから。

イ 「瀬見の小川」が実在するかどうかがわからなかったから。

ウ 「瀬見の小川」について関係者の長明に確認したかったから。

エ 自分一人では正しい判断ができそうにないと思ったから。

〔問3〕(3)歌人としての功績 とはどのようなことか。次のうちから最も適歌の判定には古歌や*故実の知識が不可欠でした。顕昭は和歌の知識に明るく、博識で聞こえた第一人者だった人物です。しかし、この顕昭でさえ「瀬見の小川」がどのような川なのか、知りませんでした。けれども歌はよい出来映えだったので、その川が実在するとすれば事情に詳しい土地の者にでも確認してから判定をしましょうと、(2)顕昭は勝負付けを保留します。

後日、顕昭は長明から鴨川の異名だと聞かされ、驚きます。この頃の歌人たちは新しい素材や歌語・名所などの発掘によって、停滞した旧来の和歌を打破しようと躍起になっていました。それもただ目新しいだけでは駄目で、和歌に使う言葉には必ず由緒ある典拠が求められたのです。

「当社の縁起に侍り《はべ》」、*蒼古《そうこ》な歴史をもつ下鴨神社の由来を記した書物に見える名所、事情に明るい関係者長明の発言は、根拠を示す決定打となったことはいうまでもありません。新しい歌枕「瀬見の小川」の誕生でした。

この時、鴨社の*禰宜《ねぎ》の地位にあった鴨祐兼《かものすけかね》は、このような歌は内輪の会ではなく天皇や上皇、大臣の御前などで詠めばよかったのに、もったいない、と長明の軽挙を悔やみます。

はたして、ほかならぬ顕昭が、満を持して摂関家主催の「六百番歌合」で「石川や瀬見の小川に*斎串《いくし》立てねぎし逢瀬《おうせ》は神にまかせつ」の歌を詠み、中央の歌界でこの歌枕のお披露目をしてしまうのでした。

さらに続いて、後鳥羽院が主催した「千五百番歌合」では似せ絵の名手、藤原隆信《ふじわらのたかのぶ》が、「石川や瀬見の小川の流れにも逢瀬ありやとみそぎをぞする」を詠みます。この時の判者は顕昭で、「石川や瀬見の小川」とは、私が最初に詠んだものだ、摂関家主催の歌合に出席していた人びとはよくわかっているだろう、といけしゃあしゃあと公言して憚《はばか》りませんでした。

歌道について該博な知識をもつ第一人者が、オリジナルは私ですと上皇主催の歌合で宣言すれば、誰もが疑いなくそうだと信じてしまいます。これを聞いた長明の落胆は、察して余りあります。自分と深く関わる、鴨社ゆかりの瀬見の小川なのに、とっておきの名所を、はじめて和歌に仕立て上げたのは自分なのに、(3)歌人としての功績は横取りされてしまったのです。

このように名歌の陰では、他人に先んじようとする歌人たちの仁義なき熾烈《しれつ》な競争が、繰り広げられていたのでした。

しかし心ある人はいるものです。この経緯をよくわかった上で、『新古今和歌集』に長明の歌を推薦してくれたのです。撰者《せんじゃ》の一人であった、飛鳥井雅経《あすかいまさつね》がその人でした。権威ある勅撰集の『新古今和歌集』に選ばれたことで、長明の歌は埋もれることなく、見事に名誉を回復したのです。

長明は溜飲《りゅういん》を下げ、涙を流さんばかりに喜びました。しかし、そんな自分を冷めた目で客観的に眺め、同時にこのようにも付言しているのです。

すべてこのたびの集に十首入りて侍り。これ過分の面目なるうちにも、この歌の入りて侍るが、生死の余執ともなるばかりうれしく侍るなり。あはれ無益の事どもかな。（『無名抄』）

『新古今和歌集』に十首も入り、過分の幸せである。ことに「瀬見の小川」の歌が入集したことは嬉《うれ》しくてたまらない。しかし、喜びがあまりにも大きいので「生死の余執」となって成仏できないかもしれない。ああ、しかたがない。人間というのはなんと無益なことに必死になるものよ——。

(4)長明の*アンビバレントな気持ちがよくわかる言葉です。

音楽に関しても、同様の心境が見られます。長明は琵琶《びわ》演奏に関してはプロ並みでしたが、才にまかせてとんでもないことをやらかしてしまったのです。

エ　それまでの内容の要点を改めて簡潔に示し、それに対して役立つ視点へと論を展開する契機にしている。

〔問４〕(3)つまり流言リテラシーを身につけるためには、具体的な事例を知っておくこと、すなわち事前に「流言ワクチン」を摂取しておくことが有効だと考えられるのです。とあるが、「『流言ワクチン』を摂取しておく」とはどういうことか。次のうちから最も適切なものを選べ。

ア　過去の流言やデマを分析して偽の情報が出回るメカニズムを理解することで、流言やデマをよりよく知り、対応できるようにするということ。

イ　多くの流言やデマの疑似体験を繰り返すことで、偽の情報を見抜く力をつけ、たとえ騙されても傷つかないような強い心を育てるということ。

ウ　過去の流言やデマについて知り間接的に体験しておくことで、実際に流言やデマに直面したときに対応できる力を身につけておくということ。

エ　昔からよくある流言やデマのパターンを学び、現代の流言やデマをなくすための対策を立てる際にヒントにするということ。

〔問５〕国語の授業でこの文章を読んだ後、「流言やデマに惑わされないために」というテーマで自分の意見を発表することになった。このときにあなたが話す言葉を具体的な体験や見聞も含めて二百字以内で書け。なお、書き出しや改行の際の空欄、、や。や「なども それぞれ字数に数えよ。

五

次の文章を読んで、あとの各問に答えよ。（＊印の付いている言葉には、本文のあとに〔**注**〕がある。）

長明《ちょうめい》は若き日から和歌に情熱を傾けてきました。地下の歌人集団「歌《か》林苑《りんえん》」の中では若くして頭角を現していたものの、保守的な当時の中央歌界ではなかなか認められず、四十七歳になってアようやく革新派の後鳥羽院《ごとばいん》に見出《みいだ》され、＊和歌所の寄人《よりうど》に抜擢《ばってき》されました。イこれはたいへんな栄誉であり、周囲からも実力を認められて、『新古今和歌集』には十首もの入集をはたしました。藤原定家《ふじわらていか》（四十六首）にくらべれば少ないですが、歌人として誇ってよい業績です。

この入集歌の一つに、(1)あるエピソードがあります。「瀬見《せみ》の小川の事」という章段で＊『無名抄《むみょうしょう》』にウみずから載せている話です。

年時は不明ですが、源氏学者として名高い源《みなもとの》光行《みつゆき》が主催した＊鴨社《かもしゃ》の＊歌合《うたあわせ》において、長明は次のような歌を詠みました。

　　石川や瀬見の小川の清ければ月も流れをたづねてぞすむ

「石川瀬見小川」というのは『無名抄』によれば鴨社の縁起に見える鴨川の異名で、長明としては生まれ育った下鴨神社を称賛しつつ、エこの川の名を詠《よ》み込んだのです。しかし、どこの川なのか一人として知る者がなく、判者を務めた人物にも「こんな川は聞いたことがない」と言われて、負けにされてしまいました。この歌に、長明はかなり自信をもっていたらしいのですが、うまく創作意図が伝わらなかったようです。

この時はおかしな判定が多く、他の参加者からも不満が出たために、あらためて判者を顕昭《けんしょう》という歌僧にかえて、やり直しをしたようです。当時、えることが、社会全体にとっても有益になるという視点も重要なのです。

（第十七段）

（荻上チキ「検証　東日本大震災の流言・デマ」による）

〔注〕ライフライン――電気、水道、ガスなど生きるのに必要なものを供給するシステム。

ソース――情報源。

デマゴーグ――デマを使って人々を扇動する人。

ローカル――地方に限定されている様子。地域的。

閻魔《えんま》大王――地獄の大王。人の生前の行いをすべて知っていて、死者を審判し賞罰を決めるとされている。

マーケティング――製品やサービスを販売するための企業の活動全体を指す。販売戦略。市場活動。

〔問1〕(1)私自身は、流言とデマの区別は学術研究には有用ですが、臨床的な分析や対処の際には、実際はそれほど重要ではないと思っています。とあるが、「実際はそれほど重要ではない」と筆者が述べたのはなぜか。次のうちから最も適切なものを選べ。

ア 流言やデマに悪意が含まれているか否《いな》かを正しく見極めて明確な区別をしても、偽の情報が広まることは止められないことから、偽の情報を信じて安易に広めてしまう人の心理を研究するほうが大事だから。

イ 流言やデマを流す人に注目して悪意ある情報を流す行為をなくそうとしても、全てをなくすことはできないので、悪意があるかを確かめるより、情報を簡単に信じない人間を育てることが大切なことだから。

ウ 流言やデマの悪意の有無がわかるのは初期段階だけなので明確な区別が難しいうえ、その蔓延を抑えるには最初の発信者に注目するよりも、それを信じて広めてしまう集団心理や情報環境を見直す必要があるから。

エ 流言やデマが広まるのをいち早く止めて偽情報による被害が大きくなるのを防ぐには、流言やデマを最初に創作・発信した人に悪意があるかを調べ、悪意ある情報を信じないようにアナウンスする必要があるから。

〔問2〕(2)本書で重要視しているのは、流言やデマを流してしまう人の心理の分析ではなく、「そういう人」が一定数、必ず発生してしまうことを前提に、その影響をいかに最小化するのかという、課題解決型の思考です。とあるが、「課題解決型の思考」とは具体的にはどのようなものか。次のうちから最も適切なものを選べ。

ア 流言やデマを流す人の意図を探るよりも、偽の情報が広まることで発生する被害をできるだけ小さく抑えるための対応策を考えるもの。

イ 偽の情報が広まってしまうメカニズムを解明して流言やデマの拡散を止めるとともに、意義のある情報が広まるシステムを構築するもの。

ウ 偽の情報の中でも特に悪意のある情報を発信している情報源を見つけ出して処分することで、被害を最小限に食い止めようとするもの。

エ 流言やデマを流してしまう人が一定数いることを前提とした上で、悪意に振り回されない良心的な人々を増やしていこうとするもの。

〔問3〕この文章の構成における第十二段の役割を説明したものとして最も適切なのは、次のうちではどれか。

ア それまでの内容をまとめ、そこから導き出される筆者の意見を述べ、次の段落以降の補足説明へとつなげている。

イ それまでに論じてきた内容とは異なる事例を挙げて、次の段落からの反論へと展開している。

ウ それまでの内容を受けて、新たな問題点を指摘したあとに、別の話題へと転換している。

常にやり続ける必要がありますが、それだけでは議論としては不十分です。（第九段）

個人が騙《だま》されないようにしようという議論は、容易に「騙された本人が悪い」という話になりがちです。たとえば「情報弱者」という言葉があります。これはウェブ上で広まっている俗語で、主に情報技術に弱い者、ニセの情報に騙されてしまった者を叩き、嘲笑するために使われている言葉です。しかし弱者は必ずどの社会にも生まれるのですから、弱者が存在していることを前提とした対応、弱者というのは哂《わら》われる存在なのではなく、強者による支援不足の表れなのだという認識が必要不可欠です。流言やデマを見抜いた者が、それに騙された者を哂うためだけにリテラシーを発揮するというのはもったいないことですから。（第十段）

また、絶対に流言やデマに騙されない情報強者など存在しません。流言やデマに一切騙されない人というのは、要するに全てのウソを見抜ける人ということです。そんなことは*閻魔《えんま》大王のような架空の存在でないかぎり、不可能なことです。科学分野については詳しい方も、経済分野についてはおかしな理屈を鵜呑《うの》みにしてしまうということが往々にしてあります。あるタイプの流言は見抜けても、別のタイプの流言には騙されやすい、ということはどうしても起こります。リテラシー論の限界は、常に意識しておかねばなりません。（第十一段）

流言やデマに対する特効薬はありません。こういう能力を身につければ、流言やデマに絶対にひっかからない、ということはありえないわけです。とはいえ、リテラシーそのものの底上げは必要です。（第十二段）

ではどうすればいいのでしょう。（第十三段）

口から口へと、望ましくない情報が伝えられることによって、次々に広がっていく流言やデマ。その姿はあたかも、集団的なコミュニケーションにとっての感染症のようなものだと考えられます。実際、*マーケティングの業界には、口コミのことを指す「バイラルコミュニケーション（感染的なコミュニケーション）」という言葉もあるくらいです。では、感染症予防には何が有効だったか。それは、毒性をなくしたり、弱めた病原体をあえて摂取しておくことによって、感染症などにかかりにくくするという「ワクチン（予防接種）」の存在でした。（第十四段）

流言やデマについても、あらかじめ過去の事例を知っておくこと、あえて騙されてみるという擬似体験を繰り返すことで、流言やデマに感染しにくくすることができると思います。(3)つまり流言リテラシーを身につけるためには、具体的な事例を知っておくこと、すなわち事前に「流言ワクチン」を摂取しておくことが有効だと考えられるのです。（第十五段）

私が強い実感として思うのは、歴史に学ぶということ、具体的には、「擬似的に騙されるという追体験をする」ことの重要さです。つまり、過去の流言やデマの事例を知っておく。流言やデマについて記した書籍を数多く読めば、時代や国が変わっても、流言やデマのパターンというのは、実はあまり変わっていないことがわかります。基本的なパターンを知っておくことで、「あれ？　これは以前、流言やデマの事例で似たようなことがあったような」という既視感を抱きやすくしておくことは、かなりの程度、有効なのではないかと考えています。（第十六段）

流言に対する抵抗力を持つ人が増えると、単にその個人が流言を鵜呑みにしにくくなるだけでなく、その流言の拡散する速度を抑え、範囲を小さくすることもできます。それはまるでワクチンを接種する人が増えることで、個人が病気にかかりにくくなるだけでなく、集団的にも病気が蔓延《まんえん》しにくくなるのと似ています。感染症対策では、個人免疫の観点だけでなく、集団免疫の観点が重要なように、流言やデマに対する抵抗力を持つ人が増にさまざまな課題があります。中でも情報の分野では、実態の把握、余震や津波などの災害情報の共有、避難勧告の発信、連絡手段（現在では携帯電話回線やインターネットを含む）の確保、災害弱者（障害者や外国人など）への情報提供、国民や海外への支援の呼びかけ、問題報道の最小化などが挙げられます。（第二段）

情報が必要なのは、被災者はもちろんのこと、救援者、支援者も同じです。適切に情報が共有されれば、被災者をスムーズに救出し、適切に支援することができます。短時間で現地の状況や被災者のニーズを把握し、共有することによって、効果的な支援を行うことができれば、復興のための指針を作り、安心感を共有することもできるわけです。（第三段）

（中略）

ところで、これまで「流言」と「デマ」という言葉を並べて用いてきました。両者は厳密には区別されます。流言は「根拠が不確かでありながらも広がってしまう情報」のことであり、デマは「政治的な意図を持ち、相手を貶《おとし》めるために流される情報」のことです。ただ、現在の日本では、多くの方は両者をあまり区別せずに用いているので、私もメディアなどで発言する場合は、わかりやすく「デマ」と統一して両者を論じることもしばしばあります。（第四段）

(1)私自身は、流言とデマの区別は学術研究には有用ですが、臨床的な分析や対処の際には、実際はそれほど重要ではないと思っています。流言やデマが広がってしまうとき、多くの人は「なぜそんなウソをつく人がいるんだ」と、個人の「意図」を問題にします。しかし、流言やデマが広がるのは、それを信じた人・広げた人が多くいるからです。ですから、それを信じてしまう集団的な心理や情報環境にこそ注目すべきで、創作者・発信者の「意図」をあまり重要視する必要を感じないからです。（第五段）

それに、「悪意の有無」といった基準では、流言とデマを初期段階でしか区別できません。最初の一人がデマのつもりで流したものでも、広がっている過程で情報元、ソース*が明示されなければ、それは流言と基本的に変わらないわけです。また逆に、広がってきた流言をあえて悪意を持って流す人もいるでしょうから、デマと流言の明確な区別というのは難しい。ですから、「流言かデマか」という議論は、本書ではいったん脇におき、あくまで流言やデマへの実践的《プラグマティック》な対処法のみを共有できればと思います。（第六段）

(2)本書で重要視しているのは、流言やデマを流してしまう人の心理の分析ではなく、「そういう人」が一定数、必ず発生してしまうことを前提に、その影響をいかに最小化するのかという、課題解決型の思考です。つまり、*デマゴーグを叩《たた》くための「悪者探し」「責任論」ではなく、流言やデマを減らすための「対処法探し」「原因論」が大切だということです。その作業はひるがえって、意義のある情報の拡大を最大化するための環境づくりへとつながっていくものです。（第七段）

なお、流言やデマに似たものとして、都市伝説やうわさというものもあります。都市伝説というのは、社会的な風潮や特定の事件などを「物語」として楽しむもの。うわさは、*ローカルな集団内で共有される評判などです。こうした区別ももちろん、便宜的なものです。こうした事例については、本書ではあまり取り扱いません。（第八段）

流言やデマの話をすると、だいたい最後はリテラシー（情報を見抜く力）の話になりがちです。もちろん、リテラシーは大事です。しかし、災害が起きてから、短期間でこの社会にいる全員のリテラシーを上げるのは困難ですし、リテラシーを発揮すること自体が困難な非常時には、通用しにくい議論です。リテラシーの底上げに関しては、普段からの備えとして

ウ　練習を続けながらも、いつ膝が痛くなってもおかしくないという不安を抱いている。

エ　自分の出した学校記録は偶然に過ぎず、二度といい走りはできないと投げやりになっている。

〔問３〕(3)それが、直線にさしかかった所で急に怖くなった。とあるが、穂波が「急に怖くなった」わけとして最も適切なのは、次のうちではどれか。

ア　自分が必死に努力してきたことが報われたのはうれしいが、相手のもっている天性の才能を真の意味で超えることは不可能だと悟ったから。

イ　自分よりも才能があり明らかに格上の選手の実力を思うと、自分が勝てるはずなどないのではないかと疑いをもちはじめてしまったから。

ウ　仮にレースで勝ったとしても、穂波を相手にしてくれなかった指導者を見返すことはできないのではないかという不安に襲われたから。

エ　南原に勝つための作戦にしたがって早めにスパートをかけたせいで、ゴール目前になって膝の痛みが生じたことに慌ててしまったから。

〔問４〕(4)あなたと私は違う　とあるが、このときの穂波の気持ちに最も近いのは、次のうちではどれか。

ア　自分は南原のような飛び抜けた才能をもっているわけではないので、彼女が期待するような結果など出せるはずがないという気持ち。

イ　強豪校からの誘いを断って弱いチームに入ろうとする南原の考えが理解できず、自分は陸上の強い学校で南原に勝ちたいと思う気持ち。

ウ　陸上で進学先を決め、高校でも陸上を優先する生活を選んだ南原とは違い、自分は陸上ではなく学業に力を入れようと心に決める気持ち。

エ　万全の調子で陸上を続けることのできる南原とは異なり、自分はこれからもけがの不安を抱えていかなくてはならないと嘆く気持ち。

〔問５〕(5)激しく降る雨は勢いを弱め、雲間からは幾筋もの光が差し込んできた。とあるが、この表現について述べたものとして最も適切なのは、次のうちではどれか。

ア　目の前に広がる光景を、穂波の視点から細部まで鮮明に描くことで、穂波が冷静に自分の状況を分析していることをそれとなく示している。

イ　視界を悪くしていた雨がおさまり、思い切り走れる状況になったことを示して、穂波がこれから実力以上の力を発揮することを暗示している。

ウ　筋力をつけて故障を乗り越え、精神も充実している今なら南原に勝てると希望にあふれる穂波の気持ちを、差し込む光に託して描いている。

エ　不安を振り払い、自分を信じて勝つために全力を尽くそうとする穂波の強い気持ちを、雨が弱まり光が差し込む情景に重ねて表現している。

四

次の文章を読んで、あとの各問に答えよ。（＊印の付いている言葉には、本文のあとに〔注〕がある。）

震災などの災害に関する研究には様々な分野がありますが、その中の一つに、流言やデマに関するものがあります。というのも、こうした大災害時には必ず、数多くの流言やデマが発生するからです。流言やデマは、人びとの心を惑わせ、誤った行動をとらせます。その結果、災害による二次被害を拡大することにもなりかねません。そのため、いかにして流言やデマによる悪影響を最小化するのかも、災害時の重要な課題になります。

〔第一段〕

一度、大災害が起きれば、さまざまなライフライン＊が失われるため、被災地域以外のところから、迅速な支援を行う必要が生じます。被災した地域を救援するためには、人・水・モノ・カネ・情報、それぞれの分野で実が分かった。

――やれる！　今日の自分はやれる！

その場で声を出して叫びたいほどの感動だった。

襷を受け取り、ダッシュした時もテンションは上がったままで、道中はペースも考えずに飛ばした。

嬉《うれ》しかったから。

走れる。自分は走れる。

――あの時と同じように、今も自分は走れてるはず。

穂波は気持ちを奮い立たせる。

ふいに、後ろに気配を感じた。中継所を出て一キロを過ぎた地点。坂は傾斜を増し、スピードは最速となっていた。時計は確認していないが、キロ三分を切っているかもしれない。後ろは、それ以上の速度で来てるのか？

振り向きたいのを我慢する。追いつかれるよりも、リズムを崩す方が怖かった。

――順位を落とさずに繋げるかな？

ようやく平坦な場所に出て、膝が受けるショックは軽減された。

広々とした道の先に、こんもりと茂る八幡宮《はちまんぐう》の森が目を引いた。

下り坂を使って勢いをつけた選手が、次々とスピードに乗って平坦な場所を追いかけてくる。

まだ第二中継所までは二キロ以上ある。駅伝は始まったばかり。こんな手前で、抜かれるわけには行かない。

穂波は下り坂から平坦な道を走る為にギアを変え、ストライドを少し広げた。自分はあの時とは違う。格上の相手を恐れ、怯《ひる》んでしまった中学生の自分とは。

(5)激しく降る雨は勢いを弱め、雲間からは幾筋もの光が差し込んできた。

（蓮見恭子「襷を、君に。」による）

〔注〕オーバーユース――過酷な練習などで、膝や肘など、身体に無理がかかっている状態。使いすぎ。

スプリント――短距離を力走すること。

レッグエクステンションやレッグカール――どちらも足を鍛えるウエイトトレーニングの一種。

〔問1〕(1)邪魔をしないで！とあるが、このときの穂波の気持ちに最も近いのは、次のうちではどれか。

ア　完全に治っていない膝に不安を抱えているので、障害になるようなことは起きてほしくないという気持ち。

イ　膝の故障との戦いだった日々を経てやっと復調したのだから、なんとかよい結果を残したいという気持ち。

ウ　雨の中のレースは得意ではないので、もっとよいコンディションで復活のレースをしたいという気持ち。

エ　自分の番になると雨が強まったので、いつも自分のときばかりよくないことが起きるのが腹立たしいという気持ち。

〔問2〕(2)そこからの一年は、まさに薄氷を踏むような思いで過ごしてきた。とあるが、この一年の穂波の様子として最も適切なのは、次のうちではどれか。

ア　期待をかけてくれる先生を失望させてしまうかもしれないという怖さと戦っている。

イ　どんなに頑張っても、また南原に負けてしまうのではないかと弱気になっている。

一人で泣いていると、ぽんと肩を叩く者がいた。

顔を上げると、南原だった。

いきなり「高校、どうすんの?」と聞かれたから、咄嗟《とっさ》に返事ができなかった。

自分から声をかけてきたのに、南原は黙っている。しょうがないから「懇談会で担任の先生と相談して決める」と答えた。

今度は、穂波から聞いた。

「南原さんは城南《じょうなん》女子か一高から、声がかかってるんでしょ?」

無言で頷《うなず》く南原に、思わず「いいなぁ」と漏らしていた。

「でも、行かない」

「えぇっ!」

穂波は素っ頓狂な声を出していたが、別に驚く事ではなかった。南原なら、県外からも誘いが来ているのだろう。

——あぁ、余所《よそ》に行くんだ。

その時は、そう考えていた。だから、「私と一緒のとこにしない?」と誘われた時は、訳が分からなかった。

「私達の手で、強いチームを作らない？　福岡県の高校陸上界の歴史を変えるの」

「……無理。(4)あなたと私は違う」

当時は、自分に何処《どこ》かから声がかかるとは思えなかったから、受験勉強も始めていた。

穂波の態度を拒絶と受け取ったのか、南原はそれ以上何も言わなかった。

後に、高瀬《たかせ》先生が穂波の練習を見にきて、その時に「南原が入る」と教えられて耳を疑った。

何で、港ヶ丘なの?

そして、今でも覚えている。

(南原と一緒に全国を目指そう)

そう言われた時の衝撃を。

随分、遠回りをしたが、最後の年にようやく、高瀬先生の期待に応えられそうなところまで来た。

穂波は右膝に意識を向けた。

——もつかな……。右膝。

角を曲がった時に覚えた違和感は今、はっきりと痛みに代わっている。

——でも、我慢できない程じゃない。これは一時的なもの。

故障で走れなかった日々は辛《つら》かったが、穂波を強くした。

高校での三年間は痛みを覚えては休養。そして、我慢しきれずに練習して痛みを再発させるという事を繰り返し、一時期は精神的に荒《すさ》んでいた。

中学時代に出来ていた事ができなくなったのは、焦《あせ》りが原因だった。着々と結果を出す南原に対して、大事な場面で故障ばかりしている自分の不甲斐《ふがい》なさに泣いた事もあった。

(故障は必ず治る)

そんな高瀬先生の言葉も、ただの気休めにしか聞こえなかった。

高校二年の終わり、高瀬先生からは一人だけ別メニューを提案された。筋力をつけるように薦められ、太腿《ふともも》の前部や大腿《だいたい》二頭筋を鍛える*レッグエクステンションやレッグカールを取り入れた。ストレッチも入念に行った。消炎症剤、アイシング、温浴、低周波治療。考えられる事は全てやり、回復に努める。

そして、三年生の秋。

穂波は全快し、駅伝に出場できるところまで回復した。

先の「九州瀬戸内駅伝」で、中継所に立った時、足元から力が漲《みなぎ》るの

——また、膝をやった?

怖くなる。

だが、今は怯《ひる》んでる場合じゃない。穂波は重心を調節し、リズムを崩さずに坂を駆け下りた。接地時にかかる衝撃は平地を走る時より大きく、どうしても右膝に意識が向く。

そこに、穂波の古傷があるのだ。

*オーバーユースだったのか、それとも成長痛だったのか。或《ある》いはフォームの癖なのか、いつも肝心な時に膝が痛くなる。

思えば、中学時代から膝の痛みに悩まされてきた。今なら「筋力不足なまま長い距離を走ったから」と知識で分かるが、当時は何故《なぜ》、自分だけ膝が痛くなるのか理解できなかった。

中学時代の指導者からは「高校から陸上を始めた方がいい」と最初は匙《さじ》を投げられていた。理論よりも、体で覚えるような練習をさせる指導者だったから、手のかかる穂波のような部員は相手にしたくなかったのだ。

中学時代に走った大会は、南原理沙《なんばらりさ》の強烈なイメージと共に印象に残っている。

中学では八〇〇と一五〇〇メートル競走を走っていた穂波だったが、*スプリント力がなく、その距離ではとても勝負にならなかった。

迎えた中学二年の新人戦、共に一五〇〇を走った相手は、一〇〇メートル走の記録も平均以上の選手だった。残り三百でスパートをかけられ、信じられないほどの差をつけられた。

それが南原理沙だった。

あまりに屈辱的な負け方だったので、陸上を辞めてしまおうとまで思いつめた。

意外な事に、それまで穂波に興味を示さなかった指導者が、急に「来年は勝てる」とプランを立ててきた。穂波自身は「負けた」と落ち込んでいたが、学校記録を更新していたのだ。

(2)そこからの一年は、まさに薄氷を踏むような思いで過ごしてきた。練習の後、少しでも違和感を覚えたら鍼《はり》治療、マッサージを受け、膝の痛みが再発しないように努めた。

全ては、南原に勝つためだ。

そして迎えた翌年。

穂波は予定通り県の大会で決勝に進み、南原とトップ争いをした。残り一周にさしかかる、その手前で穂波はラストスパートをかけた。

スパートするには早過ぎるタイミングだったが、スプリント力では南原に負けるから、ずっとロングスパートの練習をしてきた。残りの六百メートルからスピードが落ちないようにと。

穂波は初めて南原を従えて先頭を走った。

——勝てる!

表彰台に上る自分を想像して胸が躍る。(3)それが、直線にさしかかった所で急に怖くなった。

——勝っちゃうの? 本当に?

一瞬、生まれた心の隙を、南原は逃さなかった。

ラスト百メートルで南原は怒濤《どとう》の追い込みを見せ、ゴール前でかわされた。十秒以上差を開けられた去年に比べて、今年は一秒以内という僅差だった。

悔しかった。

勝てるチャンスだったのに、途中で躊躇《ためら》った為《ため》に負けてしまった。

やっぱり、自分には才能が足りない。一年間、あんなに頑張ったのに。

ゴールした後は人気のない場所に行き、タオルに顔を埋《うず》めて泣いた。

二〇二一年度 関東第一高等学校

【国語】（五〇分）〈満点：一〇〇点〉

一 次の各文の――を付けた漢字の読みがなを書け。

(1) 自分の行動を戒める。

(2) 美術館で有名な彫刻を見る。

(3) 部屋から不必要なものを排除する。

(4) 久しぶりの再会に熱い抱擁をかわす。

(5) トラブルの対応について上司の指示を仰ぐ。

二 次の各文の――を付けたカタカナの部分に当たる漢字を楷書で書け。

(1) 腕に包帯をマく。

(2) ウチュウを旅行したい。

(3) 病室の患者をカンゴする。

(4) 日本で有数の史跡をオトズれる。

(5) 幼いころの記憶がノウリによみがえる。

三 次の文章を読んで、あとの各問に答えよ。（*印の付いている言葉には、本文のあとに〔注〕がある。）

港ヶ丘《みなとがおか》高校の陸上部は、駅伝の全国大会出場を目指して、福岡県予選に出場している。二区の河合穂波《かわいほなみ》は、一区からトップで襷《たすき》を受け取って走り始める。戦力的に苦しい四区に備えて、できる限りタイムを稼ぐことが穂波の使命だった。

襷を繋《つな》ぐ直前に急に強くなった雨が、激しく穂波の顔や体を打つ。まるで、この数年間、穂波を苦しめていた苦難のようだ。

（この三年間の全てをぶつけろ）

昨日、後藤田《ごとうだ》コーチから発破をかけられた。

高校入学後は故障続きで、消化不良な競技生活を送ってきた。二年生までは一人だけ鍛錬期の練習ができず、中学時代に出したベスト記録を超えられない有様だった。

――(1)邪魔をしないで！

降りかかる雨に向かって、叫びたくなる。

ようやく復調したのだ。今日は、その悔しさを存分にぶつけたかった。

目の前が急に暗くなった。道路に木が覆いかぶさっている。大きな弧を描くコースの、その路面に雨が叩《たた》きつけられ、川のように水が流れていた。

視界が悪い。

やがて、ぼんやりと光る点滅信号が見えてきた。あの交差点を右折したら、下り坂だ。そこでスピードに乗って、平坦《へいたん》な場所に入った時にも勢いを保ったまま走らなければならない。

大事なポイントだった。

右足を支点に方向転換する時、濡《ぬ》れた路面に足をとられ、一瞬、捻《ひね》るような形になる。じわりと不安が膨れ上がった。

英語解答

1 問題A　対話文1　エ　対話文2　イ
対話文3　ア
問題B　Question 1　イ
Question 2　ウ

2 1　エ　2　ア
3　(1)　イ
(2)　(例) You should see cherry blossoms. This is because they are very beautiful. Also, you can buy sweets like cherry blossoms at many stores.

3 問1　エ　問2　ウ　問3　イ
問4　ウ　問5　エ　問6　ウ
問7　イ

4 問1　エ　問2　ウ
問3　(1)…イ　(2)…ウ　(3)…エ
問4　(1)…エ　(2)…ウ

1〔放送問題〕解説省略

2〔総合問題〕

1 <対話文完成—適語(句)選択—表を見て答える問題>≪全訳≫

イベント	時間	場所
ペンギンにエサを与える	12:00～12:20 / 15:30～15:50	プールB
イルカショー	11:00～11:30 / 13:30～14:00 / 16:00～16:30	スタジアムA
アシカショー	10:30～11:00 / 14:30～15:00	スタジアムA
ペンギンウォーク	11:00～11:15 / 14:00～14:15	門の近く

❶マイ(M)：ジム，このイベントのスケジュールを見て。どのイベントを見たい？❷ジム(J)：イルカショーとアシカショーを見たいな。君は？❸M：私はペンギンウォークを見て，エサをあげたいわ。❹J：あっ，君はペンギンが大好きだもんね。今1時だから，最初にイルカショーを見に行こう。❺M：オッケー。あっ，待って！　最初にそのショーを見たら，ペンギンウォークを見られないわ。だって，スタジアムAは門に近くないから。❻J：そうだね。じゃあ，最初にペンギンウォークを見に行こう。❼M：そうしましょう。その後は何を見る？❽J：アシカショーを見て，ペンギンにエサをあげようか？❾M：それはいい考えね。ペンギンにエサをあげた後，4時までにスタジアムAに着けるかしら？❿J：もちろん。イベントは15時50分に終わるし，スタジアムAはプールBの隣だから。⓫M：わかったわ。ペンギンウォークまで1時間あるのね。いろいろ見て回りましょう。

<解説>(A)直後でマイが「最初にそのショーを見たら，ペンギンウォークを見られない」と言っている。イベントスケジュールより，dolphin show「イルカショー」(13:30～14:00)は，penguins walking「ペンギンウォーク」(14:00～14:15)と終了時間が重なっているうえに場所も離れている。(B)空所を含む文の主語 The event とは，直前でマイが話している feeding penguins (15:30～15:50)を指している。イベントスケジュールより，終了時刻は15:50である。

2 <対話文完成—適語(句)選択—表を見て答える問題>

≪全訳≫❶M：おなかすいてる？　この近くで夕食にしましょう。❷J：いいよ。あっ！　イタリアンレストランでは夕食を食べられないよ。閉まってる。❸M：そうね。何かをすぐに食べたいなら，この駅の中にあるから和食レストランが一番いいわね。❹J：そうだね。でも，たくさんの種類の食べ物を食べたいんだ。ホテルに行くのはどう？　そこではビュッフェを楽しめるよ。❺M：ここから10分かかるし，バスを待たなくちゃいけないわ。私は待てないわ！❻J：バスはここにすぐ来るかもしれないよ。スマートフォンでバスのスケジュールを確認してみよう。❼M：いいわ。あら，6時40

分にここに来るんですって。今は６時15分よ。

8 J：25分も待てないな！　タクシーに乗ろうよ。

＜解説＞(A)２人は水族館で４時に始まるイルカショーまで見ているので，この時点では少なくとも４時半を過ぎている。飲食店案内より，イタリアンレストランは３時に閉まる。

レストラン	時間	交通手段
サクラ （和食レストラン）	11:00～22:00	アオバ駅構内
Gg （イタリア料理）	10:30～15:00	アオバ駅から徒歩10分
アオバホテル （ビュッフェ）	11:00～14:00 17:00～21:00	アオバ駅からバス10分
コウライ （中国料理）	17:00～23:00	アオバ駅から徒歩15分

(B)６時40分に来るバスに対し「25分も待てない」と言っている。

3＜**長文読解総合―スピーチ**＞≪**全訳**≫1 この前の日曜日に，マイとアオバ水族館に行きました。たくさんの動物を見たり，いくつかのイベントに参加したりして，楽しみました。門の近くでペンギンウォークを楽しみました。ペンギンたちはとてもかわいくて，たくさんの写真を撮りたかったです。でもそのとき，マイが「ジム，ペンギンはあなたのカメラのフラッシュを怖がるの。フラッシュをたいて写真を撮っちゃだめよ」と言いました。僕はそのことを知りませんでした。僕はフラッシュをたかずに，たくさん写真を撮りました。全てのイベントの中ではイルカショーが一番楽しかったです。マイにとっては，ペンギンにエサをあげることが一番でした。2 水族館に行った後，アオバホテルで夕食を食べました。案内にはホテルまでバスで行けると書いてありましたが，おなかがすきすぎていて待てなかったので，タクシーに乗りました。アオバホテルのレストランに６時30分に着いて，そこで働いている女性が８時までビュッフェを楽しめますと教えてくれました。でも，満腹になったので，７時30分には出ました。夕食代を支払ったときに，その女性が「来月，こちらのレストランに来ると，春のスペシャルランチまたはディナーを楽しめます。また来てくださいね」と言いました。3 僕は去年の夏に日本に来て，日本の春はまだ過ごしていません。日本の春では何を楽しんだらいいでしょうか？　何かお勧めはありますか？　もしあれば，教えてください。ありがとうございました。

(1)＜**内容真偽**＞ア.「マイはジムに，いい写真を撮るために，フラッシュをたいて写真を撮るように言った」…×　第１段落第５，６文参照。マイはフラッシュをたかないように言った。　イ.「マイは全てのイベントの中でペンギンにエサをあげることを一番楽しんだ」…○　第１段落最終文に一致する。　ウ.「マイとジムはバスでアオバホテルに行き，夕食にビュッフェを楽しんだ」…×　第２段落第２文参照。バスではなくタクシーで行った。　エ.「マイとジムはアオバホテルでビュッフェを１時間30分楽しんだ」…×　第２段落第３，４文参照。レストランにいたのは６時半から７時半まで。

(2)＜**テーマ作文**＞≪**全訳**≫こんにちは，ジム／この前の日曜日にマイと楽しんだと聞いて，うれしいよ。アオバ水族館には何回も行ったことがあるよ。初めて行ったときからお気に入りなんだ。アオバホテルのビュッフェは一度も試したことがないな。来月，家族と一緒に行って，春のスペシャルランチを食べてくるよ。／お勧めはいくつかあるから，今日はそのうちの１つを教えるね。／(例)桜の花を見るといいよ。理由は，それらがとても美しいからだよ。それに，たくさんのお店で，桜の花みたいなお菓子を買えるよ。／他にも勧めたいものはあるよ。それは来週，学校で話そう！／友達のリョウより

＜**解説**＞ジムはスピーチの第３段落第２～４文で日本の春のお勧めをきいているので，それに答える内容にする。「三つの英語の文」「内容を一つ取り上げ」「理由を含める」という条件を必ず満たすこと。　This is because ～. は「この理由は～だからだ」という意味。原則，why ～？の疑問文に答えるとき以外は Because 節のみで１文にしてはいけないので注意すること。This is because を含めずに，They are very beautiful. と続けてもよい。

3〔**長文読解総合―会話文**〕

≪全訳≫❶サトミ，キョウカ，マサキは東京の高校生である。ヒル先生は彼らの高校に勤めるニューヨーク出身の外国語指導助手である。彼は東京に住んでまだ2か月だ。彼らは放課後に教室で話をしている。❷ヒル先生(H)：今日の君のスピーチはとてもすばらしかったよ，サトミ！❸サトミ(S)：どうもありがとうございます，ヒル先生。私には親友がいて，いつも私を助けてくれるんです。彼女の名前はリカといいます。彼女は大学で英語を勉強していたんです。彼女は私のよい英語の先生でもあるんですよ。❹H：それはすばらしいね！❺マサキ(M)：どうやって彼女に出会ったの？❻S：えっとね，お母さんと彼女のお母さんが大学のクラスメイトだったのよ。だから，私が子どもの頃からの知り合いなの。彼女はずっと私のお姉さんみたいな存在なんだ。私には本当の兄弟や姉妹はいないから，私にとってとても特別な人なの。❼H：わかるな。僕も一人っ子なんだ。❽S：本当ですか？❾キョウカ(K)：それは知りませんでした。ご両親は先生がいなくて寂しく思っているに違いありませんね。❿S：私もそう思います。私は外国で暮らすなんて考えられません。だって，両親のことを心配しすぎちゃうだろうから。⓫M：賛成。⓬H：君たちはとても優しいんだね。両親はいつも僕に「後悔のない人生を送りなさい」と言っているから，僕は今ここにいるんだよ。⓭K：ご両親は先生のことを全く寂しく思ってはいないのですか？⓮H：もちろん，思ってるよ。だから毎週，両親に電話しているんだ。⓯S：それはすばらしいですね。先生はいかがですか？　親元を離れて暮らして，孤独に感じますか？⓰H：感じるときもあるよ。でも，ここにいられて，とてもうれしいんだ。だって，日本についてたくさんのことを常に学べるからね。もっと学べば，日本でもっと友達ができると思うんだ。⓱M：友達と話すときは，英語と日本語のどちらの言語を使っていますか？⓲H：日本語だよ。僕の友達は全員，英語を話せないんだ。⓳K：英語が得意な友達が欲しくはありませんか？⓴H：欲しいよ。㉑S：あっ！私の友達のリカはどうですか？　先生と同じくらいの年で，ネイティブスピーカー並みに英語を話します。彼女と会ってみてはどうですか？㉒H：ぜひ会いたいな！　でも，リカさんがこの考えに賛成する確証はあるのかい？㉓S：はい，あります。彼女はちょっと内気だけど，先生に喜んで会うと思います。彼女は新しい友達をつくって，自分の英語を磨くチャンスをもっと欲しがっているんです！　彼女にきいてみますね。今晩，彼女が先生に電話すると思います。㉔H：どうもありがとう！㉕その晩，リカはヒル先生に電話して，駅の隣の喫茶店で土曜日の20時に会う約束をした。㉖土曜日，ヒル先生は午後8時に喫茶店に行って，1時間待ったが，リカは来なかった。彼はがっかりして，そして心配しながら，帰宅した。彼の電話が午後10時に鳴った。㉗H：もしもし？㉘リカ(R)：信じられない！　先生はとても優しいってサトミは言ってたけど，約束を破りましたね！　私はとても怒っています！㉙H：約束を破った？　リカさんが言ったように，20時に喫茶店に行きましたよ。午後9時まで待ってから，帰宅しました。リカさんのことを心配していました。サトミさんがリカさんは内気だって言ってたので，たぶん神経質になって，来るのが怖くなったんだと思いました。どうか怒らないでください。㉚R：20時？　Twenty？　えっ，そんな！　ごめんなさい。私は「twelve(12時)」って言ったと思ったんです。それは私の間違いです。とても恥ずかしいです。どうか許してください！㉛H：心配しないでください。私も日本語ではいつも間違えています。明日の正午に私にコーヒーをごちそうさせてください。いいですか？㉜R：「正午」？　あっ，12時ですね。わかりました，ありがとうございます。明日お会いしましょう！　でも，どうか私にコーヒーをごちそうさせてください！

問1＜指示語＞「サトミにとって(　　)のは良いことだ」―エ.「親友かつ英語の先生がいる」 下線部は直前のサトミの話を受けての発言。サトミはそこで英語を教えてくれる友達について話している。

問2＜指示語＞「キョウカは(　　)ことを知らなかった」―ウ.「ヒル先生に兄弟も姉妹もいない」 下線部はこの前のI am an only child, too. というヒル先生の発言に対するもの。 an only child「一人っ子」

問3＜語句解釈＞下線部は直前のDon't your parents miss you at all？「ご両親は先生のことを全く寂しく思ってはいないのですか？」という質問に対する返答。Of course, yes. は，Of course, yes, they do(＝miss me). ということなので，アかイになるが，アの後半部分 he never talks with them on the phone「電話では決して両親と話さない」は直後の内容に合わないので，イ.「ヒル先生が両親から遠く離れて暮らしているので，両親は彼がいなくて寂しく思っている」が適切。

問4＜文脈把握＞How about ～？は「～はどうですか」という意味。ここはヒル先生に，英語を話せる友達が欲しくないかときいている場面なので，サトミは英語を話せるリカを紹介しようと思いついたのである。よって，ウ.「リカはネイティブスピーカー並みに英語を話すので，あなたの親友になるだろう」が適切。

問5＜文脈把握＞この後の内容から，リカは，ヒル先生が待ち合わせの時間に来なかったので怒っていることがわかる。この内容を表すのは，エ.「彼女が喫茶店にいたときに，ヒル先生が来なかったから」。実際にはリカがtwelveとtwentyを言い間違えていたことで，その日は会えなかった。

問6＜内容一致＞「ヒル先生は，友達が英語を話せないので，日本にいる友達と話すときは日本語を使うと言った」　第17，18段落参照。「友達が英語を話せない」ことは，ヒル先生が日本語を使う理由になっている。

問7＜内容一致＞≪全訳≫❶今日の夜，リカが私に電話してきた。彼女は『サトミ，ヒル先生が12時に喫茶店に来なかったの。私は先生を1時間も待っているのよ。もっと待つべきだと思う？』と言った。私は『ヒル先生は優しい人だから，あなたとの約束を破ったってことじゃないと思うわ。先生はあなたに電話かメールをしてくるわよ。先生の電話かメールを家で待ってみたら？』と言った。彼女は『うん，そうするわ』と答えた。私は2人のことが心配だ。❷10時30分にリカから再び電話があった。リカがヒル先生と明日の正午に会うことになったと知って，私はうれしかった。

＜解説＞(A)第30段落参照。リカは自分では「twelve」と言ったと思い込んでいた。　(B)第31，32段落参照。

4〔長文読解総合―スピーチ〕

≪全訳≫❶こんにちは！　私の名前はニックです。アメリカ合衆国出身です。私は日本に約20年住んでいます。今は40歳を過ぎましたが，自分の生活を良くする方法を今も学んでいるところです。もっと新しいことをいろいろ学びたいです！　昨年から，ある考えが私にとって重要になってきたので，今日はその考えを皆さんと共有したく思っています。でも，まずは，私自身のことをもっとお話しします。❷私には兄弟姉妹がおらず，ある農場で育ちました。最寄りの町まで約30キロ離れていたので，学校を除いて，他の子どもたちと遊ぶ機会がありませんでした。だから，学校が大好きでした！　家にいるときは，農作業をしなくてはいけませんでした。5歳のときに農場で家族の手伝いを始めました。もちろん，自由な時間もありました。でも，その時間に何かすることが見つからないときには，父か母が私にもっと多くの仕事をするように言うことが多かったです。一人でいるときでも，私は忙しくしていることがありました！❸忙しい状態を保つ簡単な方法の1つは，コレクターになることでした。私は，石のコレクション，コインのコレクション，切手のコレクション，本のコレクション，スポーツカードのコレクション，テレビゲームのコレクションをしていました。私はコレクションのコレクションをしていたのです！　自分のコレクションのために新しい物を見つけるのは楽しかったですが，自分のコレクションを維持するのも楽しかったです。つまり，集めた物をアルファベット順や日付順に並べていたのです。私はそうした作業を司書のように楽しんでいました。そのおかげで私はずっと忙しく，そこから多くを学んだので，それは私にとって良いことでした。そのうえ，私は大きな家に住んでいたので，たくさんの場所があったのです。❹大学のために実家を離れるとき，私はコレクションを自分の部屋に置いておきました。それらは私にとってまだ特別な物でしたが，父の家に置いてあれば安全だろうと私は思っていました。何年か後に，そうした物のうちいくつかを私の部屋から移動させましたが，多くの物はまだそこにありました。しかしながら，時間とともに，物が消え始めました。私の大切なスポーツカードの多くが，家を訪ねてきた誰かに盗まれました。さらに，他の多くの大切な物が私の父の新しい妻によって捨てられました。このことは，私を悲しく，そして腹立たしくさせました。私は自分の物全てをそこから移さないといけないと考え始めました。❺その後，私は仕事をするために日本に引っ越しました。自分の物全てを日本に持ってきたかったのですが，できませんでした。あまりにも多すぎたのです。父は前よりも小さな家に引っ越し，そこの部屋に私の物を置いてもいいと言いました。でも，いくつかの物は雨もりによって傷んでしまいました。しかも，何匹かのネズミが部屋に入り，さらに多くの物が傷つけられました。❻父が数年前に亡くなったとき，家は私の物になりました。去年，ようやく家を売りましたが，家の中には私の古い物がまだたくさんありました。私はそれらを収納庫に移さねばなりませんでした。物をそこに保存しておくだけで，1か月につき約1万円かかっています。私はいつそれらを取り出せるのでしょうか？　わかりません。毎月1万円というのは金の無駄だと思いますが，他にどうしてよいか私にはわかりません。❼若いとき，何人かの人は私に「おもちゃと一緒に暮らして死ぬつもりなの？」とよく言っていました。私はいつも「わからない」と答えていました。でも，父が亡くなってから，私の答えは変わりました。誰かが私に「おもちゃと一緒に暮らして死ぬつもりなの？」と言ったら，私は「いいえ」と言うでしょう。私たちは死ぬときに自分の物を持っていけないということを，私は今では知っているからです。❽皆さんは「おもちゃ」をたくさん集めていますか？　もしそうなら，物が増えることは，皆さんや皆さんの家族の義務も増えることを意味する，と覚えておいてください。物を減らすことには大きな価値があります。私はもっと若いときに，この考えを理解したかった。皆さんはまだ若いのですから，どうかこの考えを覚えておいてください。

問1＜英文解釈＞「私は若いときに(　　)」―エ．「この考えを理解していなかったので，多くの物を集めた」　下線部の this idea とは，直前の文 There is great value in having fewer things.「物を減らすことには大きな価値がある」という考えのこと。筆者は若い頃は，このことに気づいていなかったので，多くの物を集めたのである。

問2＜文整序＞③「ニックが農場で父と母の手伝いを始めた」(第2段落第5文)→②「ニックの父の新しい妻が，ニックの大切な物の多くを捨てた」(第4段落第6文)→④「ニックが日本へ引っ越し，日本で働き始めた」(第5段落第1文)→①「ニックの父が，物を父の新しい家に置いてもいいとニックに言った」(第5段落第4文)

問3＜内容一致＞(1)「ニックは子どものとき，(　　)ので学校が好きだった」―イ．「学校を除いては，一緒に遊べる兄弟姉妹も他の子どもたちもいなかった」　第2段落第1～3文参照。　(2)「ニックが日本にいるとき，父の家にあった彼のコレクションは(　　)傷つけられた」―ウ．「雨もりと何匹かのネズミのせいで」　第5段落最後の2文参照。　(3)「彼の父が亡くなってから，(　　)」―エ．「物を減らすことの方が，物をたくさん持つことよりも良いとニックは学んだ」　最終段落第3文参照。

問4＜英問英答＞(1)「ニックはどのようにして自分のコレクションを維持することを楽しんでいたか」―エ．「物をアルファベット順や日付順に並べることによって」　第3段落第4，5文参照。アは near his house「家の近くの」が不要。　(2)「何のためにニックは1か月につき1万円払っているのか」―ウ．「自分の大切なコレクションを収納庫に保存しておくため」　第6段落第3，4文参照。

2021年度／関東第一高等学校

数学解答

1 問１　(1)　あ…３　い…３

(2)　う…５　え…６

(3)　お…８　か…２　(4)　２

(5)　く…４　け…２

(6)　こ…８　さ…９

(7)　し…２　す…５

(8)　せ…２　そ…６

問２　右下図

2 問１　④

問２　(例)半径 r cmの球の表面積は $4\pi r^2$ cm^2　おうぎ形の弧の長さを，xを用いた式で表すと $\frac{2}{3}\pi x$ cm……①　底面の円の周の長さを，rを用いた式で表すと $2\pi r$ cm……②　①＝②より，$x=3r$　よって，円錐の表面積は，$\pi\times(3r)^2\times\frac{1}{3}+\pi r^2=3\pi r^2+\pi r^2=4\pi r^2$(cm^2)　よって，円錐の表面積と球の表面積は等しい。

3 問１　あ…１　い…２

問２　う…１　え…１　お…２

問３　か…５　き…３　く…１

4 問１　(例)△AEDと△AEFにおいて，共通な辺だから，AE＝AE……①，$\overset{\frown}{\mathrm{CD}}=\overset{\frown}{\mathrm{BC}}$より，∠DAE＝∠FAE……②　仮定から，∠AFE＝90°……③　線分ABが半円の直径だから，∠ADE＝90°……④　①，②，③，④より，直角三角形で，斜辺と１つの鋭角がそれぞれ等しいから，△AED≡△AEF

問２　③　問３　あ…１　い…４

5 問１　あ…４　い…５

問２　う…１　え…６　お…３

(例)

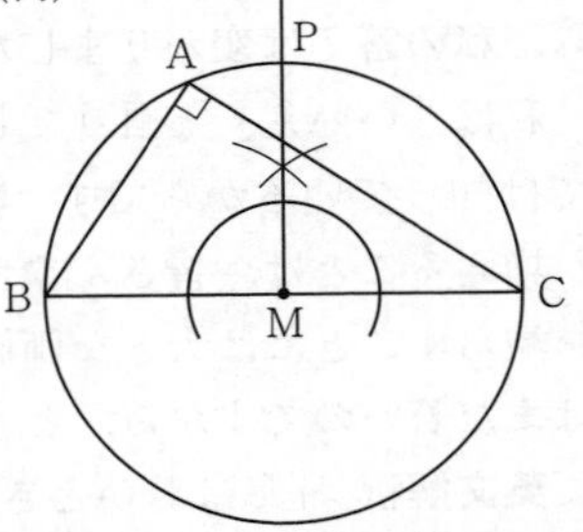

1〔独立小問集合題〕

問１＜数・式・平方根の計算，方程式，確率，図形＞(1)与式＝$-3+24\times\left(-\frac{5}{4}\right)=-3+(-30)=-3-30=-33$　(2)与式＝$12a-4b-7a-2b=5a-6b$　(3)与式＝$\sqrt{4^2\times2}+\frac{8\times\sqrt{2}}{\sqrt{2}\times\sqrt{2}}=4\sqrt{2}+\frac{8\sqrt{2}}{2}=4\sqrt{2}+4\sqrt{2}=8\sqrt{2}$　(4)$5x-5=-2x+9$，$5x+2x=9+5$，$7x=14$　$\therefore x=2$　(5)$2x-3y=14$……①，$5x+y=18$……②とする。②×3より，$15x+3y=54$……②′　①＋②′より，$2x+15x=14+54$，$17x=68$　$\therefore x=4$　これを②に代入して，$5\times4+y=18$，$20+y=18$　$\therefore y=-2$　(6)左辺を因数分解して，$(x-8)(x+9)=0$　$\therefore x=8,\ -9$　(7)３個の赤玉をR_1，R_2，R_3，２個の白玉をW_1，W_2とする。６個の玉の中から２個の玉を１個ずつ順番に取り出すとすると，取り出し方は$6\times5=30$(通り)あるが，同時に取り出す場合は順序を問わないので，例えば，(１個目，２個目)＝$(R_1,\ R_2)$，$(R_2,\ R_1)$の２通りは同じ取り出し方となる。よって，順番に取り出すときの30通りの中に同じ取り出し方が２通りずつあるので，同時に取り出すときの取り出し方は$30\div2=15$(通り)となる。このうち，取り出した玉が赤玉と白玉１個ずつであるのは，R_1とW_1，R_1とW_2，R_2とW_1，R_2とW_2，R_3とW_1，R_3とW_2を取り出す場合の６通りだから，求める確率は$\frac{6}{15}=\frac{2}{5}$である。　(8)次ページの図１で，∠DFC＝180°－∠DFE＝180°－103°＝77°であり，△DCFはDC＝DFの二等辺

三角形だから，$\angle \mathrm{DCF}=\angle \mathrm{DFC}=77^\circ$ となる。四角形ABCDが平行四辺形より，AB∥DCだから，錯角より，$\angle \mathrm{CEB}=\angle \mathrm{DCF}=77^\circ$ である。△CBEはCB＝CEの二等辺三角形だから，$\angle \mathrm{CBE}=\angle \mathrm{CEB}=77^\circ$ となり，$\angle \mathrm{ECB}=x=180^\circ-\angle \mathrm{CEB}-\angle \mathrm{CBE}=180^\circ-77^\circ-77^\circ=26^\circ$ となる。

図1

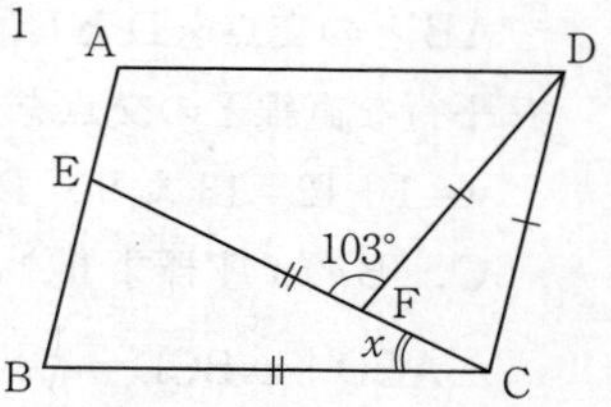

問2＜図形—作図＞右図2で，$\angle \mathrm{APB}=\angle \mathrm{ACB}$ だから，4点A，B，C，Pは同一円周上にある。$\angle \mathrm{BAC}=90^\circ$ だから，4点A，B，C，Pを通る円は，線分BCを直径とする円である。点Mは線分BCの中点だから，点Mがその円の中心となる。PM⊥BCなので，点Mを中心とする半径BMの円と，点Mを通り線分BCに垂直な直線の交点のうち，直線BCより上側にある方が点Pとなる。解答参照。

図2

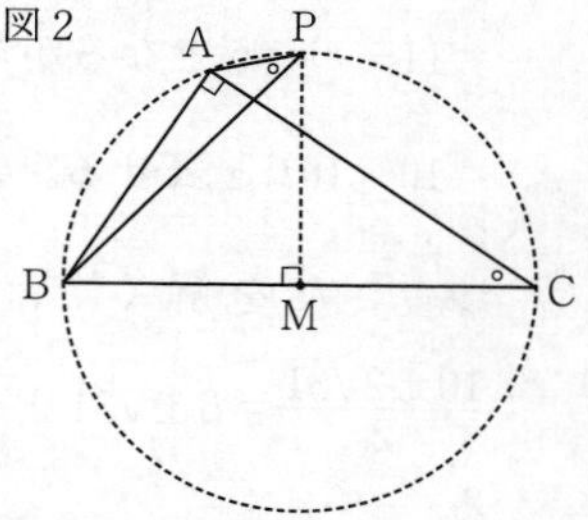

2 〔数と式—文字式の利用〕

問1＜長さ＞半径が r cmの球の体積は $\frac{4}{3}\pi r^3\,\mathrm{cm}^3$ である。また，底面の円の半径が r cmの円錐の高さを h cmとすると，円錐の体積は $\frac{1}{3}\pi r^2 h\,\mathrm{cm}^3$ と表せる。よって，球の体積と円錐の体積が等しいとき，$\frac{4}{3}\pi r^3=\frac{1}{3}\pi r^2 h$ が成り立ち，$h=4r$ (cm)となる。

問2＜論証＞半径 r cmの球の表面積は $4\pi r^2\,\mathrm{cm}^2$ である。おうぎ形の弧の長さと底面の円の周の長さが等しいことから，x を r で表し，円錐の表面積を r を用いて表す。これが $4\pi r^2\,\mathrm{cm}^2$ になることをいえばよい。解答参照。

3 〔関数—関数 $y=ax^2$ と直線〕

《**基本方針の決定**》問3　点Pの x 座標を文字でおき，その文字を使って△APC，△BQPの面積を表す。△APCの面積は△ABCの面積を基準にして考えるとよい。

問1＜比例定数＞右図で，点Aは直線 $y=3x$ 上にあり，x 座標が6だから，$y=3\times6=18$ より，A(6，18)である。点Aは関数 $y=ax^2$ のグラフ上の点でもあるから，$18=a\times6^2$ が成り立ち，$a=\frac{1}{2}$ となる。

問2＜傾き，切片＞右図で，問1より，点Bは関数 $y=\frac{1}{2}x^2$ のグラフ上の点となる。x 座標は -4 だから，$y=\frac{1}{2}\times(-4)^2=8$ より，B$(-4，8)$である。A(6，18)だから，直線ABの傾きは $\frac{18-8}{6-(-4)}=1$ となる。また，直線ABの式を $y=x+b$ とおくと，点Bを通ることから，$8=-4+b$，$b=12$ となり，切片は12である。

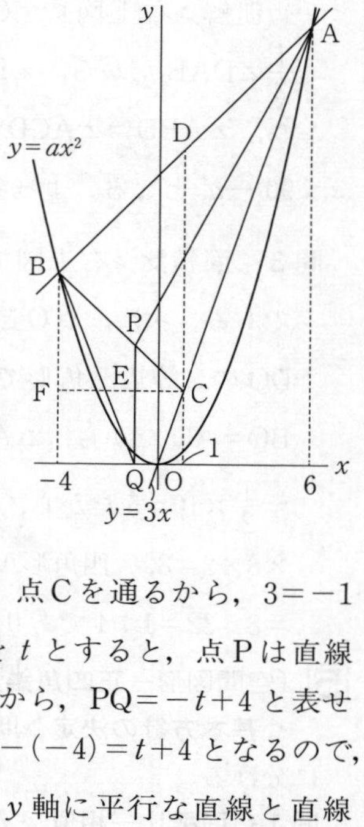

問3＜x 座標＞右図で，点Cは直線 $y=3x$ 上にあり，x 座標が1だから，$y=3\times1=3$ より，C(1，3)である。B$(-4，8)$だから，直線BCの傾きは $\frac{3-8}{1-(-4)}=-1$ となり，直線BCの式は $y=-x+c$ とおける。点Cを通るから，$3=-1+c$，$c=4$ となり，直線BCの式は $y=-x+4$ である。点Pの x 座標を t とすると，点Pは直線 $y=-x+4$ 上にあるので，P$(t，-t+4)$となる。辺PQは y 軸に平行だから，$\mathrm{PQ}=-t+4$ と表せる。これを底辺と見ると，2点P，Bの x 座標より，△BQPの高さは $t-(-4)=t+4$ となるので，$\triangle \mathrm{BQP}=\frac{1}{2}\times(-t+4)\times(t+4)=-\frac{1}{2}t^2+8$ となる。次に，点Cを通り y 軸に平行な直線と直線

ABとの交点をDとし，点Cを通りx軸に平行な直線と線分PQとの交点をE，点Bを通りy軸に平行な直線との交点をFとする。問2より，点Dは直線$y=x+12$上にあり，x座標が1だから，$y=1+12=13$より，D(1, 13)であり，CD$=13-3=10$となる。これを底辺と見ると，3点A，C，Bのx座標より，△ACDの高さは$6-1=5$，△BCDの高さは$1-(-4)=5$となり，△ABC$=$△ACD$+$△BCD$=\frac{1}{2}\times10\times5+\frac{1}{2}\times10\times5=50$となる。また，PE∥BFより，PC：BC$=$EC：FC$=(1-t):5$となるから，△APC：△ABC$=(1-t):5$となり，△APC$=\frac{1-t}{5}$△ABC$=\frac{1-t}{5}\times50=10-10t$と表せる。よって，△APC$=2$△BQPになるとき，$10-10t=2\times\left(-\frac{1}{2}t^2+8\right)$が成り立つ。これを解くと，$t^2-10t-6=0$より，$t=\frac{-(-10)\pm\sqrt{(-10)^2-4\times1\times(-6)}}{2\times1}=\frac{10\pm\sqrt{124}}{2}=\frac{10\pm2\sqrt{31}}{2}=5\pm\sqrt{31}$となる。$-4<t<1$だから，$t=5-\sqrt{31}$であり，点Pの$x$座標は$5-\sqrt{31}$である。

4〔平面図形—半円〕

《基本方針の決定》問2　△BCDに着目する。　　問3　OC⊥BDであることに気づきたい。

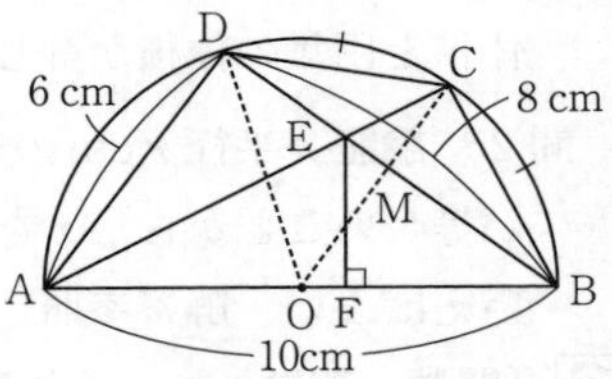

問1＜論証—合同＞右図の△AEDと△AEFにおいて，AE$=$AEであり，$\overset{\frown}{\mathrm{CD}}=\overset{\frown}{\mathrm{BC}}$より，∠DAE$=$∠FAEである。また，∠AFE$=90^\circ$であり，線分ABが半円の直径より，∠ADE$=90^\circ$である。解答参照。

問2＜角度＞右図で，線分ABが半円の直径であることより，∠ACB$=90^\circ$だから，∠BCD$=$∠ACB$+$∠ACD$=90^\circ+a^\circ$である。また，$\overset{\frown}{\mathrm{BC}}=\overset{\frown}{\mathrm{CD}}$だから，∠BDC$=$∠EBCとなる。よって，△BCDで，∠EBC$=$∠BDC$=(180^\circ-$∠BCD$)\div2=\{180^\circ-(90^\circ+a^\circ)\}\div2=45^\circ-\frac{a^\circ}{2}=\left(45-\frac{a}{2}\right)^\circ$となる。

《別解》右上図で，$\overset{\frown}{\mathrm{CD}}$に対する円周角より，∠EBC$=$∠DACであり，問1より，∠DAC$=\frac{1}{2}$∠DABだから，∠EBC$=\frac{1}{2}$∠DABである。また，∠ADB$=90^\circ$であり，$\overset{\frown}{\mathrm{AD}}$に対する円周角より，∠ABD$=$∠ACD$=a^\circ$だから，△ABDで，∠DAB$=180^\circ-$∠ADB$-$∠ABD$=180^\circ-90^\circ-a^\circ=90^\circ-a^\circ$となる。よって，∠EBC$=\frac{1}{2}(90^\circ-a^\circ)=45^\circ-\frac{a^\circ}{2}=\left(45-\frac{a}{2}\right)^\circ$となる。

問3＜面積比＞右上図で，問1より，∠ADB$=90^\circ$だから，△ABD$=\frac{1}{2}\times$AD$\times$BD$=\frac{1}{2}\times6\times8=24$である。次に，点Oと2点C，Dを結び，線分COと線分BDの交点をMとする。△OBDはBO$=$DOの二等辺三角形で，$\overset{\frown}{\mathrm{BC}}=\overset{\frown}{\mathrm{CD}}$より，∠BOC$=$∠DOCだから，OC⊥BD，BM$=$DMとなる。BO$=$AOだから，△ABDで中点連結定理より，OM$=\frac{1}{2}AD=\frac{1}{2}\times6=3$となる。CO$=BO=\frac{1}{2}AB=\frac{1}{2}\times10=5$だから，CM$=CO-OM=5-3=2$である。したがって，△BCD$=\frac{1}{2}\times$BD$\times$CM$=\frac{1}{2}\times8\times2=8$,〔四角形ABCD〕$=$△ABD$+$△BCD$=24+8=32$となるので，△BCD：〔四角形ABCD〕$=8:32=1:4$であり，△BCDの面積は四角形ABCDの面積の$\frac{1}{4}$倍である。

5〔空間図形—正四角錐〕

《基本方針の決定》問1　△OEF∽△OBCである。　　問2　いくつかの体積の求めやすい立体に分ける。

問1＜面積比—相似＞次ページの図で，∠EOF$=$∠BOCであり，EF∥BCより，∠OEF$=$∠OBCだから，△OEF∽△OBC である。相似比は OE：OB＝2：(2＋1)＝2：3だから，面積比は相似比の２乗となり，△OEF：△OBC＝$2^2:3^2$＝4：9 である。よって，△OEF：〔四角形EBCF〕＝4：(9－4)＝4：5 である。

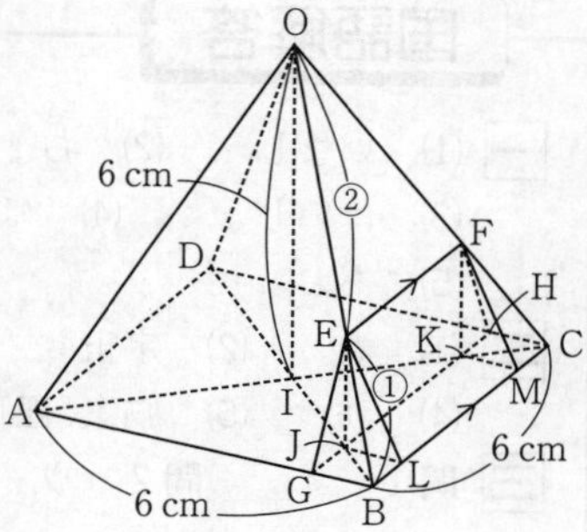

問２＜**体積―相似**＞右図で，底面の正方形ABCDの対角線BD，ACの交点を I とすると，立体O-ABCDが正四角錐より，OI⊥〔面ABCD〕となり，高さが6 cmより，OI＝6 である。〔面OBD〕⊥〔面ABCD〕，〔面OAC〕⊥〔面ABCD〕だから，〔面EFHG〕⊥〔面ABCD〕より，線分 BD，線分ACと線分 GH の交点をそれぞれ J，Kとすると，EJ⊥〔面 ABCD〕，FK⊥〔面 ABCD〕となる。点 J，点Kから辺 BC に垂線を引き，交点をそれぞれL，Mとして，立体 EF-BCHG を，四角錐 E-BLJG，三角柱 EJL-FKM，四角錐 F-CMKH の３つの立体に分ける。△OEF∽△OBC より，EF：BC＝OE：OB＝2：3 だから，EF＝$\frac{2}{3}$BC＝$\frac{2}{3}$×6＝4 となり，四角形 ELMF は長方形となるから，LM＝EF＝4 となる。EF∥BC より，OE：EB＝OF：FC だから，OB＝OC より，EB＝FC となる。これより，△EBL≡△FCM となるから，BL＝CM＝(BC－LM)÷2＝(6－4)÷2＝1 となる。∠JBL＝45°だから，△JBL は直角二等辺三角形であり，JL＝BL＝1 となる。また，△OBI∽△EBJ より，OI：EJ＝OB：EB＝3：1 だから，EJ＝$\frac{1}{3}$OI＝$\frac{1}{3}$×6＝2 となる。よって，〔四角錐 E-BLJG〕＝$\frac{1}{3}$×〔正方形BLJG〕×EJ＝$\frac{1}{3}$×1×1×2＝$\frac{2}{3}$，〔三角柱 EJL-FKM〕＝△EJL×EF＝$\frac{1}{2}$×1×2×4＝4 となり，四角錐 E-BLJGと同様にして，〔四角錐 F-CMKH〕＝$\frac{2}{3}$ となる。したがって，立体EF-BCHGの体積は，〔四角錐E-BLJG〕＋〔三角柱EJL-FKM〕＋〔四角錐F-CMKH〕＝$\frac{2}{3}$＋4＋$\frac{2}{3}$＝$\frac{16}{3}$(cm^3) である。

═読者へのメッセージ═

4問１では，２つの三角形が合同であることを証明しました。日本では合同の記号は「≡」を用いますが，多くの国では「≅」という記号を用います。「≡」は「≅」に由来しています。

2021年度／関東第一高等学校

国語解答

一 (1) いまし　(2) ちょうこく
(3) はいじょ　(4) ほうよう
(5) あお

二 (1) 巻　(2) 宇宙　(3) 看護
(4) 訪　(5) 脳裏〔裡〕

三 問1 イ　問2 ウ　問3 イ
問4 ア　問5 エ

四 問1 ウ　問2 ア　問3 エ
問4 ウ　問5 （省略）

五 問1 エ　問2 イ　問3 エ
問4 ア　問5 エ

一〔漢字〕
(1)音読みは「自戒」などの「カイ」。　(2)石や木などをほり刻んで，立体的な像をつくること。そのようにしてつくられた作品。　(3)おしのけること。取り除くこと。　(4)抱きかかえること。抱きしめること。　(5)音読みは「仰天」などの「ギョウ」，「信仰」などの「コウ」。

二〔漢字〕
(1)音読みは「全巻」などの「カン」。　(2)全てを含む空間の広がり。特に，地球の大気圏外のこと。(3)けが人や病人の世話をしたり，手当てをしたりすること。　(4)音読みは「来訪」などの「ホウ」。(5)頭の中。

三〔小説の読解〕出典；蓮見恭子『襷を，君に。』。

問1＜心情＞穂波は，「高校入学後は故障続きで，消化不良な競技生活を送って」きた。ようやく，駅伝の福岡県予選に出場できるまでに復調し，何とか良い結果を出したいと意気込んでいたので，穂波は，雨に対して，ついいらだちを感じたのである（イ…○）。

問2＜心情＞「薄氷を踏む」は，危険な場面に臨み，ひやひやする，という意味。穂波は，練習を続けながら，膝の痛みの再発を恐れ，「少しでも違和感を覚えたら」治療を受けていたのである。

問3＜心情＞穂波は，中学二年の新人戦で，南原を相手に大差で負けた。翌年の県大会の決勝戦で，再び，穂波は，南原とトップ争いをして，リードすることができた。勝てると思ったが，「直線にさしかかった所で」，自分よりも明らかに才能がある南原に，本当に勝てるのだろうかという疑いが生じて，穂波は，「急に怖くなった」のである。

問4＜心情＞南原は，飛び抜けた才能を持った選手であり，県内の高校はもちろん，県外の高校から誘いが来てもおかしくはなかった。そんな南原なら，自分たちの手で「強いチーム」をつくり，「福岡県の高校陸上界の歴史を変える」ことも不可能ではないだろう。しかし，南原ほどの実力のない自分には，とうてい無理だと思って，穂波は，「あなたと私は違う」と言ったのである。

問5＜表現＞穂波は，古傷を恐れる弱い気持ちを振り払い，追い上げてきた選手の気配を感じながらも，「こんな手前で，抜かれるわけには行かない」と自分に言い聞かせて，「ストライドを少し広げた」のである。雨の勢いが弱まり，雲間から光が差し込んできた情景は，恐れや不安を捨て去り，自信を取り戻した穂波の心情を表している。

四〔論説文の読解―社会学的分野―情報〕出典；荻上チキ『検証　東日本大震災の流言・デマ』。

≪本文の概要≫大災害時には，必ず流言やデマが発生し，人々の心を惑わせ，誤った行動を取らせる。流言やデマが広がるとき，多くの人は，うそをついた人の「意図」を問題にするが，流言やデマが広がるのは，それを信じた人・広げた人が多くいるからである。「意図」よりも，それを信じてしまう集団的な心理や情報環境に注目し，流言やデマによる悪影響を減らす努力をするべきである。流言やデマの話をすると，だいたい最後はリテラシーの話になりがちであるが，リテラシーがいくら高くても，流言やデマに絶対に引っかからない，ということはない。では，どうすればいいのだろうか。一つには，あらかじめ過去の事例を知っておき，あえてだまされてみるという擬似体験を繰り返すことである。流言やデマのパターンというのは，実はあまり変わっていない。基本的なパターンを知っておくことは，だまされるのを防ぐうえで，ある程度有効である。流言やデマに対する抵抗力を持つ人が増えることは，社会全体にとっても有益である。

問１＜**文章内容**＞流言とデマは，「悪意の有無」という基準で区別されるが，このような基準では，「流言とデマを初期段階でしか区別でき」ない。「私」は，「いかにして流言やデマによる悪影響を最小化するのか」を問題にしているため，「創作者・発信者の『意図』をあまり重要視する必要」はなく，「それを信じてしまう集団的な心理や情報環境にこそ注目すべき」だ，と考えているのである。

問２＜**文章内容**＞ここでの「課題解決型の思考」とは，「デマゴーグを叩くための『悪者探し』『責任論』ではなく，流言やデマを減らすための『対処法探し』『原因論』」を重視する，というものである。つまり，流言やデマの「創作者・発信者の『意図』をあまり重要視」せずに，それらによる「悪影響を最小化する」手段を考えるのである。

問３＜**段落関係**＞ここまでの内容を，「流言やデマに対する特効薬」はない，と簡潔にまとめている。そのうえで，「流言やデマによる悪影響を最小化する」ためには，「リテラシーの底上げ」が必要であるとして，その方法へと話題を切りかえている。

問４＜**文章内容**＞「『流言ワクチン』を摂取しておく」とは，流言やデマについて，「あらかじめ過去の事例を知って」おき，「あえて騙されてみるという擬似体験を繰り返すことで，流言やデマに感染しにくく」しておくということである。

問５＜**作文**＞本文には，流言やデマにだまされないようにするためには，「あらかじめ過去の事例を知っておくこと」と「あえて騙されてみるという擬似体験を繰り返すことで，流言やデマに感染しにくくすることができる」と書かれている。この点をふまえて，「具体的な体験や見聞」の内容に沿った形で，流言やデマにだまされないための方法を考えればいいだろう。

五〔**説明文の読解―芸術・文学・言語学的分野―文学**〕出典；小林一彦『方丈記 鴨長明』。

問１＜**品詞**＞「ある」「この」は，連体詞。「ようやく」「みずから」は，副詞。「これ」は，代名詞。

問２＜**文章内容**＞「和歌の知識に明るく，博識で聞こえた」顕昭でさえ，「『瀬見の小川』がどのような川なのか」知らなかった。「川が実在するとすれば事情に詳しい土地の者にでも確認してから」この和歌の判定をしよう，と考えて，「顕昭は勝負付けを保留」したのである。

問３＜**文章内容**＞「瀬見の小川」は，「由緒ある典拠」を持ち，「新しい素材」として十分に条件を満たしていたので，「新しい歌枕」として採用された。ところが，長明が発掘した「瀬見の小川」という新しい歌枕を，顕昭は，摂関家主催の歌合で披露し，あたかも自分が発掘したかのように公言した。こうして，長明の「歌人としての功績」は，顕昭に横取りされてしまったのである。

問４＜**文章内容**＞『新古今和歌集』に自分の歌が十首も選ばれ，その中の一首が，長明が「瀬見の小川」を歌枕として発掘した「石川や」の歌であったために，長明は，とても喜んだ。しかし，その一方で，そのような世俗的な喜びを感じている「自分を冷めた目で客観的に眺め」，成仏の妨げになるとも感じていた。和歌で世間に認められたいという気持ちと，そのような「無益なこと」にはこだわらずに，仏道修行に励むべきだという気持ちが，「アンビバレント」なのである。

問５＜**文章内容**＞長明は，「本来は一途に仏道修行に励むべき身」であり，世俗的な喜びが「無益なこと」であることをよく知っていた。にもかかわらず，長明は，和歌や琵琶などの「要らざる遊びにいまだに執着して」おり，その道で，「いったんやりたいと思ったら後戻りできず，多少の危険を冒してもやってしまうようなところがある」人物なのであった。

Memo

2025年度用

高校スーパー過去問

■編集人 声の教育社・編集部

■発行所 株式会社 声の教育社

〒162-0814 東京都新宿区新小川町8-15

☎03-5261-5061㈹ FAX03-5261-5062

https://www.koenokyoikusha.co.jp

関東第一高等学校

別冊解答用紙

丁寧に抜きとって、別冊としてご使用ください。

★合格基準点

コース	入試	2024年度	2023年度	2022年度	2021年度
特別進学	推薦 1/22	207	217	207	207
	一般 2/10	230	220	207	211
進学A	推薦 1/22	180	191	180	180
	一般 2/10	205	187	185	172
進学G	推薦 1/22	170	171	170	170
	一般 2/10	190	180	170	165

注意

○ 解答用紙は、収録の都合により縮小したものや、小社独自に作成したものもあります。
○ 学校配点は学校発表のもの、推定配点は小社で作成したものです。
○ 無断転載を禁じます。
○ 解答用紙を拡大コピーする場合、表示した拡大率に対応する用紙サイズは以下のとおりです。
101%～102%＝B5　103%～118%＝A4　119%～144%＝B4　145%～167%＝A3
（タイトルと配点表は含みません）

２０２４年度　関東第一高等学校　推薦

英語解答用紙　No.1

評点	／100

氏名	

受験番号	
万	⓪ ① ② ③ ④ ⑤ ⑥ ⑦ ⑧ ⑨
千	⓪ ① ② ③ ④ ⑤ ⑥ ⑦ ⑧ ⑨
百	⓪ ① ② ③ ④ ⑤ ⑥ ⑦ ⑧ ⑨
十	⓪ ① ② ③ ④ ⑤ ⑥ ⑦ ⑧ ⑨
一	⓪ ① ② ③ ④ ⑤ ⑥ ⑦ ⑧ ⑨

<記入上の注意>

1．この用紙は計算機で処理します。汚したり曲げたりしないでください。

2．マークはＨＢ以上の鉛筆で枠内をぬりつぶしてください。

3．訂正は消しゴムでていねいに行い、消しくずは取り除いてください。
（消し方が悪いと正しく採点されないことがあります。）

4．受験番号は忘れずにマークしてください。

5．マーク例　（良い例）●　（悪い例）

問題番号			解答欄
1	No.1		Ⓐ Ⓑ Ⓒ Ⓓ
	No.2		Ⓐ Ⓑ Ⓒ Ⓓ
	No.3		Ⓐ Ⓑ Ⓒ Ⓓ
2	No.1		Ⓐ Ⓑ Ⓒ Ⓓ
	No.2		Ⓐ Ⓑ Ⓒ Ⓓ
3	No.1		Ⓐ Ⓑ Ⓒ Ⓓ
	No.2		Ⓐ Ⓑ Ⓒ Ⓓ
4	No.1	①	Ⓐ Ⓑ Ⓒ Ⓓ
		②	Ⓐ Ⓑ Ⓒ Ⓓ
	No.2	①	Ⓐ Ⓑ Ⓒ Ⓓ
		②	Ⓐ Ⓑ Ⓒ Ⓓ
5	（1）		㋐ ㋑ ㋒ ㋓
	（2）		㋐ ㋑ ㋒ ㋓
	（3）		㋐ ㋑ ㋒ ㋓
	（4）		㋐ ㋑ ㋒ ㋓
	（5）		㋐ ㋑ ㋒ ㋓

問題番号			解答欄
6	（1）		※記述式解答用紙の解答欄に書いてください。
	（2）		
7	（1）	①	㋐ ㋑ ㋒ ㋓
		②	㋐ ㋑ ㋒ ㋓
		③	㋐ ㋑ ㋒ ㋓
		④	㋐ ㋑ ㋒ ㋓
	（2）	①	㋐ ㋑ ㋒ ㋓
		②	㋐ ㋑ ㋒ ㋓
8	（1）		㋐ ㋑ ㋒ ㋓
	（2）		㋐ ㋑ ㋒ ㋓
	（3）		㋐ ㋑ ㋒ ㋓
	（4）		㋐ ㋑ ㋒ ㋓
9	（1）		㋐ ㋑ ㋒ ㋓
	（2）		㋐ ㋑ ㋒ ㋓
	（3）		㋐ ㋑ ㋒ ㋓
	（4）		㋐ ㋑ ㋒ ㋓

（注）この解答用紙は実物を縮小してあります。Ｂ４用紙に128%拡大コピーすると、ほぼ実物大で使用できます。（タイトルと配点表は含みません）

2024年度　関東第一高等学校　推薦

英語解答用紙　No. 2

問題番号		解答欄
6	(1)	＿＿＿＿　＿＿＿＿　＿＿＿＿　＿＿＿＿　＿＿＿＿ ＿＿＿＿　＿＿＿＿　＿＿＿＿　＿＿＿＿　＿＿＿＿ 10 ＿＿＿＿　＿＿＿＿ 12
	(2)	＿＿＿＿　＿＿＿＿　＿＿＿＿　＿＿＿＿　＿＿＿＿ ＿＿＿＿　＿＿＿＿　＿＿＿＿　＿＿＿＿　＿＿＿＿ 10 ＿＿＿＿　＿＿＿＿ 12

(注)　この解答用紙は実物を縮小してあります。Ａ４用紙に115%拡大コピーすると、ほぼ実物大で使用できます。(タイトルと配点表は含みません)

推定配点		計
	1～4　各２点×11　　5　各３点×５　　6　各４点×２ 7　(1)　①　３点　②～④　各４点×３　(2)　各４点×２ 8, 9　各４点×８	100点

2024年度　関東第一高等学校　推薦

数学解答用紙　No.1

評点	／100

氏名	

受験番号	
万	⓪ ① ② ③ ④ ⑤ ⑥ ⑦ ⑧ ⑨
千	⓪ ① ② ③ ④ ⑤ ⑥ ⑦ ⑧ ⑨
百	⓪ ① ② ③ ④ ⑤ ⑥ ⑦ ⑧ ⑨
十	⓪ ① ② ③ ④ ⑤ ⑥ ⑦ ⑧ ⑨
一	⓪ ① ② ③ ④ ⑤ ⑥ ⑦ ⑧ ⑨

<記入上の注意>

1. この用紙は計算機で処理します。汚したり曲げたりしないでください。
2. マークはＨＢ以上の鉛筆で枠内をぬりつぶしてください。
3. 訂正は消しゴムでていねいに行い、消しくずは取り除いてください。（消し方が悪いと正しく採点されないことがあります。）
4. 受験番号は忘れずにマークしてください。
5. マーク例　（良い例）⬬　（悪い例）

問題番号				解答欄
1	(1)	①	ア	⓪ ① ② ③ ④ ⑤ ⑥ ⑦ ⑧ ⑨
			イ	⓪ ① ② ③ ④ ⑤ ⑥ ⑦ ⑧ ⑨
		②	ウ	⓪ ① ② ③ ④ ⑤ ⑥ ⑦ ⑧ ⑨
			エ	⓪ ① ② ③ ④ ⑤ ⑥ ⑦ ⑧ ⑨
		③	オ	⓪ ① ② ③ ④ ⑤ ⑥ ⑦ ⑧ ⑨
			カ	⓪ ① ② ③ ④ ⑤ ⑥ ⑦ ⑧ ⑨
			キ	⓪ ① ② ③ ④ ⑤ ⑥ ⑦ ⑧ ⑨
	(2)	①	ク	⓪ ① ② ③ ④ ⑤ ⑥ ⑦ ⑧ ⑨
			ケ	⓪ ① ② ③ ④ ⑤ ⑥ ⑦ ⑧ ⑨
		②	コ	⓪ ① ② ③ ④ ⑤ ⑥ ⑦ ⑧ ⑨
	(3)	①	サ	⓪ ① ② ③ ④ ⑤ ⑥ ⑦ ⑧ ⑨
			シ	⓪ ① ② ③ ④ ⑤ ⑥ ⑦ ⑧ ⑨
		②	ス	⓪ ① ② ③ ④ ⑤ ⑥ ⑦ ⑧ ⑨
			セ	⓪ ① ② ③ ④ ⑤ ⑥ ⑦ ⑧ ⑨
			ソ	⓪ ① ② ③ ④ ⑤ ⑥ ⑦ ⑧ ⑨
	(4)	①	タ	⓪ ① ② ③ ④ ⑤ ⑥ ⑦ ⑧ ⑨
			チ	⓪ ① ② ③ ④ ⑤ ⑥ ⑦ ⑧ ⑨
		②	ツ	⓪ ① ② ③ ④ ⑤ ⑥ ⑦ ⑧ ⑨
			テ	⓪ ① ② ③ ④ ⑤ ⑥ ⑦ ⑧ ⑨
	(5)		ト	⓪ ① ② ③ ④ ⑤ ⑥ ⑦ ⑧ ⑨
			ナ	⓪ ① ② ③ ④ ⑤ ⑥ ⑦ ⑧ ⑨
	(6)	①	ニ	⓪ ① ② ③ ④ ⑤ ⑥ ⑦ ⑧ ⑨
			ヌ	⓪ ① ② ③ ④ ⑤ ⑥ ⑦ ⑧ ⑨
		②	ネ	⓪ ① ② ③ ④ ⑤ ⑥ ⑦ ⑧ ⑨
			ノ	⓪ ① ② ③ ④ ⑤ ⑥ ⑦ ⑧ ⑨
			ハ	⓪ ① ② ③ ④ ⑤ ⑥ ⑦ ⑧ ⑨

問題番号				解答欄
1	(6)	②	ヒ	⓪ ① ② ③ ④ ⑤ ⑥ ⑦ ⑧ ⑨
	(7)			※記述式解答用紙の解答欄に書いてください。
2	(1)		ア	⓪ ① ② ③ ④ ⑤ ⑥ ⑦ ⑧ ⑨
			イ	⓪ ① ② ③ ④ ⑤ ⑥ ⑦ ⑧ ⑨
	(2)		ウ	⓪ ① ② ③ ④ ⑤ ⑥ ⑦ ⑧ ⑨
	(3)		エ	⓪ ① ② ③ ④ ⑤ ⑥ ⑦ ⑧ ⑨
			オ	⓪ ① ② ③ ④ ⑤ ⑥ ⑦ ⑧ ⑨
3	(1)			※記述式解答用紙の解答欄に書いてください。
	(2)			※記述式解答用紙の解答欄に書いてください。
	(3)		ア	⓪ ① ② ③ ④ ⑤ ⑥ ⑦ ⑧ ⑨
			イ	⓪ ① ② ③ ④ ⑤ ⑥ ⑦ ⑧ ⑨
			ウ	⓪ ① ② ③ ④ ⑤ ⑥ ⑦ ⑧ ⑨
4	(1)		ア	⓪ ① ② ③ ④ ⑤ ⑥ ⑦ ⑧ ⑨
			イ	⓪ ① ② ③ ④ ⑤ ⑥ ⑦ ⑧ ⑨
	(2)		ウ	⓪ ① ② ③ ④ ⑤ ⑥ ⑦ ⑧ ⑨
			エ	⓪ ① ② ③ ④ ⑤ ⑥ ⑦ ⑧ ⑨
	(3)		オ	⓪ ① ② ③ ④ ⑤ ⑥ ⑦ ⑧ ⑨
	(4)		カ	⓪ ① ② ③ ④ ⑤ ⑥ ⑦ ⑧ ⑨
			キ	⓪ ① ② ③ ④ ⑤ ⑥ ⑦ ⑧ ⑨
			ク	⓪ ① ② ③ ④ ⑤ ⑥ ⑦ ⑧ ⑨
			ケ	⓪ ① ② ③ ④ ⑤ ⑥ ⑦ ⑧ ⑨
			コ	⓪ ① ② ③ ④ ⑤ ⑥ ⑦ ⑧ ⑨
			サ	⓪ ① ② ③ ④ ⑤ ⑥ ⑦ ⑧ ⑨
			シ	⓪ ① ② ③ ④ ⑤ ⑥ ⑦ ⑧ ⑨

（注）この解答用紙は実物を縮小してあります。Ｂ４用紙に130％拡大コピーすると、ほぼ実物大で使用できます。（タイトルと配点表は含みません）

２０２４年度　関東第一高等学校　推薦

数学解答用紙　No. 2

1

(7)

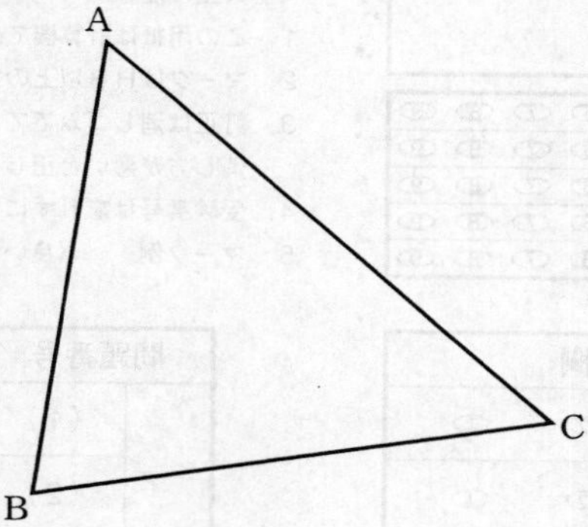

(1)	(a)		(b)		(c)

3

(2)

（注）この解答用紙は実物を縮小してあります。Ｂ４用紙に119%拡大コピーすると、ほぼ実物大で使用できます。（タイトルと配点表は含みません）

推定配点		計
	1 (1) 各２点×３　(2) 各３点×２ (3) ① 各２点×２　② 各３点×２ (4)〜(7) 各３点×６ 2〜4 各６点×10	100点

二〇二四年度　関東第一高等学校　推薦

国語解答用紙　No.1

評点	／100

氏　名	

受験番号		
万		⓪ ① ② ③ ④ ⑤ ⑥ ⑦ ⑧ ⑨
千		⓪ ① ② ③ ④ ⑤ ⑥ ⑦ ⑧ ⑨
百		⓪ ① ② ③ ④ ⑤ ⑥ ⑦ ⑧ ⑨
十		⓪ ① ② ③ ④ ⑤ ⑥ ⑦ ⑧ ⑨
一		⓪ ① ② ③ ④ ⑤ ⑥ ⑦ ⑧ ⑨

<記入上の注意>

1．この用紙は計算機で処理します。汚したり曲げたりしないでください。
2．マークはＨＢ以上の鉛筆で枠内をぬりつぶしてください。
3．訂正は消しゴムでていねいに行い、消しくずは取り除いてください。
（消し方が悪いと正しく採点されないことがあります。）
4．受験番号は忘れずにマークしてください。
5．マーク例　（良い例）●　（悪い例）

問題番号			解　答　欄
一	（1）		㋐ ㋑ ㋒ ㋓
	（2）		㋐ ㋑ ㋒ ㋓
	（3）		㋐ ㋑ ㋒ ㋓
	（4）		㋐ ㋑ ㋒ ㋓
二	（1）		㋐ ㋑ ㋒ ㋓
	（2）		㋐ ㋑ ㋒ ㋓
	（3）		㋐ ㋑ ㋒ ㋓
	（4）		㋐ ㋑ ㋒ ㋓
	（5）		㋐ ㋑ ㋒ ㋓
三	（1）		㋐ ㋑ ㋒ ㋓
	（2）	Ⅰ	※記述式解答用紙の解答欄に書いてください。
		Ⅱ	※記述式解答用紙の解答欄に書いてください。
	（3）	Ⅰ	※記述式解答用紙の解答欄に書いてください。
		Ⅱ	※記述式解答用紙の解答欄に書いてください。
		Ⅲ	※記述式解答用紙の解答欄に書いてください。
	（4）	①	㋐ ㋑ ㋒ ㋓ ㋔ ㋕
		②	㋐ ㋑ ㋒ ㋓ ㋔ ㋕
		③	㋐ ㋑ ㋒ ㋓ ㋔ ㋕
		④	㋐ ㋑ ㋒ ㋓ ㋔ ㋕
	（5）		㋐ ㋑ ㋒ ㋓
	（6）		㋐ ㋑ ㋒ ㋓

問題番号			解　答　欄
四	（1）		㋐ ㋑ ㋒ ㋓
	（2）		㋐ ㋑ ㋒ ㋓
	（3）		㋐ ㋑ ㋒ ㋓
	（4）	Ⅰ	㋐ ㋑ ㋒ ㋓ ㋔ ㋕
		Ⅱ	㋐ ㋑ ㋒ ㋓ ㋔ ㋕
	（5）	(a) Ⅰ	※記述式解答用紙の解答欄に書いてください。
		(a) Ⅲ	※記述式解答用紙の解答欄に書いてください。
		(b)	㋐ ㋑ ㋒ ㋓
		(c) X	※記述式解答用紙の解答欄に書いてください。
		(c) Y	※記述式解答用紙の解答欄に書いてください。
五	（1）		※記述式解答用紙の解答欄に書いてください。
	（2）		㋐ ㋑ ㋒ ㋓
	（3）		㋐ ㋑ ㋒ ㋓
	（4）	(a)	㋐ ㋑ ㋒ ㋓
		(b)	※記述式解答用紙の解答欄に書いてください。
		(c)	※記述式解答用紙の解答欄に書いてください。
六			※記述式解答用紙の解答欄に書いてください。

（注）この解答用紙は実物を縮小してあります。Ｂ４用紙に128%拡大コピーすると、ほぼ実物大で使用できます。（タイトルと配点表は含みません）

二〇二四年度　関東第一高等学校　推薦

国語解答用紙　No. 2

三

(2) Ⅰ　Ⅱ

(3) Ⅰ　Ⅱ　Ⅲ

四

(5) (a) Ⅰ　Ⅲ

(c) X　Y

10　20

五

(1)

(4) (b) 10　15

(c) 無キ勇也

六

1行　2行　3行　4行　5行　6行　7行　8行　9行　10行

(注) この解答用紙は実物を縮小してあります。A３用紙に152%拡大コピーすると、ほぼ実物大で使用できます。(タイトルと配点表は含みません)

推定配点

一、二　各2点×9

三　(1) 2点　(2)、(3) 各3点×5　(4) 各2点×4　(5)、(6) 各3点×2

四　(1)～(3) 各3点×3　(4) 各2点×2　(5) 各3点×5

五　(1)、(2) 各2点×2　(3) 3点　(4) (a)、(b) 各3点×2　(c) 2点

六　8点

計　100点

２０２４年度　　関東第一高等学校

英語解答用紙　No.１

評点	／100

氏　名	

受験番号		
万		⓪ ① ② ③ ④ ⑤ ⑥ ⑦ ⑧ ⑨
千		⓪ ① ② ③ ④ ⑤ ⑥ ⑦ ⑧ ⑨
百		⓪ ① ② ③ ④ ⑤ ⑥ ⑦ ⑧ ⑨
十		⓪ ① ② ③ ④ ⑤ ⑥ ⑦ ⑧ ⑨
一		⓪ ① ② ③ ④ ⑤ ⑥ ⑦ ⑧ ⑨

<記入上の注意>

１．この用紙は計算機で処理します。汚したり曲げたりしないでください。
２．マークはＨＢ以上の鉛筆で枠内をぬりつぶしてください。
３．訂正は消しゴムでていねいに行い、消しくずは取り除いてください。
（消し方が悪いと正しく採点されないことがあります。）
４．受験番号は忘れずにマークしてください。
５．マーク例　（良い例）●　（悪い例）（図示）

問題番号			解答欄			
1	〔問題A〕	<対話文１>	㋐	㋑	㋒	㋓
		<対話文２>	㋐	㋑	㋒	㋓
		<対話文３>	㋐	㋑	㋒	㋓
	〔問題B〕	<Question1>	㋐	㋑	㋒	㋓
		<Question2>	㋐	㋑	㋒	㋓
2	1		㋐	㋑	㋒	㋓
	2		㋐	㋑	㋒	㋓
	3	(1)	㋐	㋑	㋒	㋓
		(2)	※記述式解答用紙の解答欄に書いてください。			
3	〔問１〕		㋐	㋑	㋒	㋓
	〔問２〕		㋐	㋑	㋒	㋓
	〔問３〕		㋐	㋑	㋒	㋓
	〔問４〕		㋐	㋑	㋒	㋓
	〔問５〕		㋐	㋑	㋒	㋓
	〔問６〕		㋐	㋑	㋒	㋓
	〔問７〕		㋐	㋑	㋒	㋓

問題番号			解答欄			
4	〔問１〕		㋐	㋑	㋒	㋓
	〔問２〕		㋐	㋑	㋒	㋓
	〔問３〕	(1)	㋐	㋑	㋒	㋓
		(2)	㋐	㋑	㋒	㋓
		(3)	㋐	㋑	㋒	㋓
	〔問４〕	(1)	㋐	㋑	㋒	㋓
		(2)	㋐	㋑	㋒	㋓

(注) この解答用紙は実物を縮小してあります。Ｂ４用紙に128％拡大コピーすると、ほぼ実物大で使用できます。（タイトルと配点表は含みません）

２０２４年度　　関東第一高等学校

英語解答用紙　No.２

2　３⑵

１文目

２文目

３文目

(注) この解答用紙は実物を縮小してあります。Ａ４用紙に114%拡大コピーすると、ほぼ実物大で使用できます。(タイトルと配点表は含みません)

推定配点	1　問題Ａ　各３点×３　問題Ｂ　各４点×２ 2　１，２　各４点×２　３　⑴　４点　⑵　各５点×３ 3, 4　各４点×14	計 100点

２０２４年度　関東第一高等学校

数学解答用紙　No.１

評点　／100

氏名	

受験番号	
万	⓪ ① ② ③ ④ ⑤ ⑥ ⑦ ⑧ ⑨
千	⓪ ① ② ③ ④ ⑤ ⑥ ⑦ ⑧ ⑨
百	⓪ ① ② ③ ④ ⑤ ⑥ ⑦ ⑧ ⑨
十	⓪ ① ② ③ ④ ⑤ ⑥ ⑦ ⑧ ⑨
一	⓪ ① ② ③ ④ ⑤ ⑥ ⑦ ⑧ ⑨

<記入上の注意>

１．この用紙は計算機で処理します。汚したり曲げたりしないでください。
２．マークはＨＢ以上の鉛筆で枠内をぬりつぶしてください。
３．訂正は消しゴムでていねいに行い、消しくずは取り除いてください。
（消し方が悪いと正しく採点されないことがあります。）
４．受験番号は忘れずにマークしてください。
５．マーク例　（良い例）●　（悪い例）

問題番号				解答欄
1	〔問1〕	(1)	あ	⓪ ① ② ③ ④ ⑤ ⑥ ⑦ ⑧ ⑨
		(2)	い	⓪ ① ② ③ ④ ⑤ ⑥ ⑦ ⑧ ⑨
			う	⓪ ① ② ③ ④ ⑤ ⑥ ⑦ ⑧ ⑨
		(3)	え	⓪ ① ② ③ ④ ⑤ ⑥ ⑦ ⑧ ⑨
			お	⓪ ① ② ③ ④ ⑤ ⑥ ⑦ ⑧ ⑨
		(4)	か	⓪ ① ② ③ ④ ⑤ ⑥ ⑦ ⑧ ⑨
		(5)	き	⓪ ① ② ③ ④ ⑤ ⑥ ⑦ ⑧ ⑨
			く	⓪ ① ② ③ ④ ⑤ ⑥ ⑦ ⑧ ⑨
		(6)	け	⓪ ① ② ③ ④ ⑤ ⑥ ⑦ ⑧ ⑨
			こ	⓪ ① ② ③ ④ ⑤ ⑥ ⑦ ⑧ ⑨
			さ	⓪ ① ② ③ ④ ⑤ ⑥ ⑦ ⑧ ⑨
		(7)	し	⓪ ① ② ③ ④ ⑤ ⑥ ⑦ ⑧ ⑨
			す	⓪ ① ② ③ ④ ⑤ ⑥ ⑦ ⑧ ⑨
			せ	⓪ ① ② ③ ④ ⑤ ⑥ ⑦ ⑧ ⑨
		(8)	そ	⓪ ① ② ③ ④ ⑤ ⑥ ⑦ ⑧ ⑨
			た	⓪ ① ② ③ ④ ⑤ ⑥ ⑦ ⑧ ⑨
	〔問2〕			※記述式解答用紙の解答欄に書いてください。

問題番号			解答欄
2	〔問1〕	あ	⓪ ① ② ③ ④ ⑤ ⑥ ⑦ ⑧ ⑨
		い	⓪ ① ② ③ ④ ⑤ ⑥ ⑦ ⑧ ⑨
	〔問2〕		※記述式解答用紙の解答欄に書いてください。
3	〔問1〕	あ	⓪ ① ② ③ ④ ⑤ ⑥ ⑦ ⑧ ⑨
		い	⓪ ① ② ③ ④ ⑤ ⑥ ⑦ ⑧ ⑨
	〔問2〕	う	⓪ ① ② ③ ④ ⑤ ⑥ ⑦ ⑧ ⑨
		え	⓪ ① ② ③ ④ ⑤ ⑥ ⑦ ⑧ ⑨
	〔問3〕	お	⓪ ① ② ③ ④ ⑤ ⑥ ⑦ ⑧ ⑨
		か	⓪ ① ② ③ ④ ⑤ ⑥ ⑦ ⑧ ⑨
4	〔問1〕		※記述式解答用紙の解答欄に書いてください。
	〔問2〕		① ② ③ ④
	〔問3〕	あ	⓪ ① ② ③ ④ ⑤ ⑥ ⑦ ⑧ ⑨
		い	⓪ ① ② ③ ④ ⑤ ⑥ ⑦ ⑧ ⑨
		う	⓪ ① ② ③ ④ ⑤ ⑥ ⑦ ⑧ ⑨
5	〔問1〕	あ	⓪ ① ② ③ ④ ⑤ ⑥ ⑦ ⑧ ⑨
	〔問2〕	い	⓪ ① ② ③ ④ ⑤ ⑥ ⑦ ⑧ ⑨
		う	⓪ ① ② ③ ④ ⑤ ⑥ ⑦ ⑧ ⑨

（注）この解答用紙は実物を縮小してあります。Ｂ４用紙に128％拡大コピーすると、ほぼ実物大で使用できます。（タイトルと配点表は含みません）

数学解答用紙　No.２

1	〔問２〕	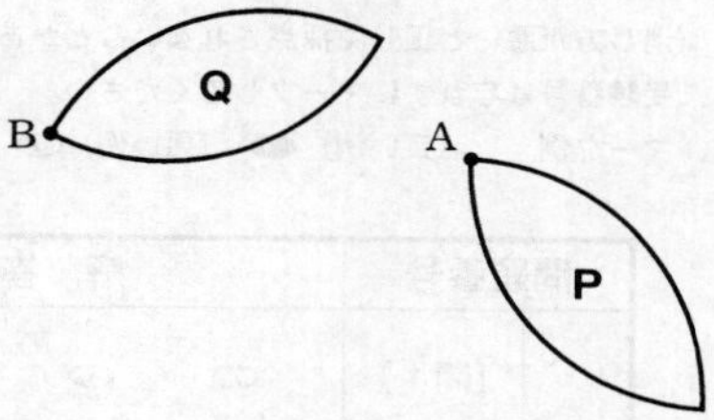
2	〔問２〕	
4	〔問１〕	

（注）この解答用紙は実物を縮小してあります。B４用紙に127％拡大コピーすると、ほぼ実物大で使用できます。（タイトルと配点表は含みません）

推定配点	1　問１　各５点×８　問２　６点 2　問１　５点　問２　７点 3　各５点×３ 4　問１　７点　問２，問３　各５点×２ 5　各５点×２	計 100点

二〇二四年度　　関東第一高等学校

国語解答用紙　No. 1

評点	／100

氏　名	

受験番号										
万	⓪	①	②	③	④	⑤	⑥	⑦	⑧	⑨
千	⓪	①	②	③	④	⑤	⑥	⑦	⑧	⑨
百	⓪	①	②	③	④	⑤	⑥	⑦	⑧	⑨
十	⓪	①	②	③	④	⑤	⑥	⑦	⑧	⑨
一	⓪	①	②	③	④	⑤	⑥	⑦	⑧	⑨

<記入上の注意>

1．この用紙は計算機で処理します。汚したり曲げたりしないでください。
2．マークはＨＢ以上の鉛筆で枠内をぬりつぶしてください。
3．訂正は消しゴムでていねいに行い、消しくずは取り除いてください。
（消し方が悪いと正しく採点されないことがあります。）
4．受験番号は忘れずにマークしてください。
5．マーク例　（良い例）⬬　（悪い例）

問題番号		解　答　欄			
一	（1）	※記述式解答用紙の解答欄に書いてください。			
	（2）	※記述式解答用紙の解答欄に書いてください。			
	（3）	※記述式解答用紙の解答欄に書いてください。			
	（4）	※記述式解答用紙の解答欄に書いてください。			
	（5）	※記述式解答用紙の解答欄に書いてください。			
二	（1）	※記述式解答用紙の解答欄に書いてください。			
	（2）	※記述式解答用紙の解答欄に書いてください。			
	（3）	※記述式解答用紙の解答欄に書いてください。			
	（4）	※記述式解答用紙の解答欄に書いてください。			
	（5）	※記述式解答用紙の解答欄に書いてください。			
三	〔問1〕	㋐	㋑	㋒	㋓
	〔問2〕	㋐	㋑	㋒	㋓
	〔問3〕	㋐	㋑	㋒	㋓
	〔問4〕	㋐	㋑	㋒	㋓
	〔問5〕	㋐	㋑	㋒	㋓

問題番号		解　答　欄			
四	〔問1〕	㋐	㋑	㋒	㋓
	〔問2〕	㋐	㋑	㋒	㋓
	〔問3〕	㋐	㋑	㋒	㋓
	〔問4〕	㋐	㋑	㋒	㋓
	〔問5〕	※記述式解答用紙の解答欄に書いてください。			
五	〔問1〕	㋐	㋑	㋒	㋓
	〔問2〕	㋐	㋑	㋒	㋓
	〔問3〕	㋐	㋑	㋒	㋓
	〔問4〕	㋐	㋑	㋒	㋓
	〔問5〕	㋐	㋑	㋒	㋓

（注）この解答用紙は実物を縮小してあります。Ｂ４用紙に128％拡大コピーすると、ほぼ実物大で使用できます。（タイトルと配点表は含みません）

二〇二四年度　関東第一高等学校

国語解答用紙　No. 2

一

(1) 滞る　る

(2) 濃霧

(3) 醸造

(4) 据えて　えて

(5) 稚拙

二

(1) カゲン

(2) ツむ　む

(3) ヤサしい　しい

(4) テンテキ

(5) シショウ

四

問5

200　100　20

(注)　この解答用紙は実物を縮小してあります。Ｂ４用紙に120%拡大コピーすると、ほぼ実物大で使用できます。(タイトルと配点表は含みません)

推定配点		計
	一，二　各２点×10 三　各５点×５ 四　問１～問４　各５点×４　問５　10点 五　各５点×５	100点

２０２３年度　関東第一高等学校　推薦

英語解答用紙　No.１

評点	／100

氏名	

受験番号	
万	⓪ ① ② ③ ④ ⑤ ⑥ ⑦ ⑧ ⑨
千	⓪ ① ② ③ ④ ⑤ ⑥ ⑦ ⑧ ⑨
百	⓪ ① ② ③ ④ ⑤ ⑥ ⑦ ⑧ ⑨
十	⓪ ① ② ③ ④ ⑤ ⑥ ⑦ ⑧ ⑨
一	⓪ ① ② ③ ④ ⑤ ⑥ ⑦ ⑧ ⑨

<記入上の注意>

1．この用紙は計算機で処理します。汚したり曲げたりしないでください。

2．マークはＨＢ以上の鉛筆で枠内をぬりつぶしてください。

3．訂正は消しゴムでていねいに行い、消しくずは取り除いてください。
（消し方が悪いと正しく採点されないことがあります。）

4．受験番号は忘れずにマークしてください。

5．マーク例　（良い例）●　（悪い例）

問題番号			解答欄
1	No.1		Ⓐ Ⓑ Ⓒ Ⓓ
	No.2		Ⓐ Ⓑ Ⓒ Ⓓ
	No.3		Ⓐ Ⓑ Ⓒ Ⓓ
2	No.1		Ⓐ Ⓑ Ⓒ Ⓓ
	No.2		Ⓐ Ⓑ Ⓒ Ⓓ
3	No.1		Ⓐ Ⓑ Ⓒ Ⓓ
	No.2		Ⓐ Ⓑ Ⓒ Ⓓ
4	No.1	①	※記述式解答用紙の解答欄に書いてください。
		②	※記述式解答用紙の解答欄に書いてください。
	No.2	①	※記述式解答用紙の解答欄に書いてください。
		②	※記述式解答用紙の解答欄に書いてください。
5	（1）		㋐ ㋑ ㋒ ㋓
	（2）		㋐ ㋑ ㋒ ㋓
	（3）		㋐ ㋑ ㋒ ㋓
	（4）		㋐ ㋑ ㋒ ㋓
	（5）		㋐ ㋑ ㋒ ㋓
6			※記述式解答用紙の解答欄に書いてください。

問題番号			解答欄
7	（1）	①	㋐ ㋑ ㋒ ㋓
		②	㋐ ㋑ ㋒ ㋓
		③	㋐ ㋑ ㋒ ㋓
		④	㋐ ㋑ ㋒ ㋓
	（2）	①	㋐ ㋑ ㋒ ㋓
		②	㋐ ㋑ ㋒ ㋓
8	（1）		㋐ ㋑ ㋒ ㋓
	（2）		㋐ ㋑ ㋒ ㋓
	（3）		㋐ ㋑ ㋒ ㋓
9	（1）		㋐ ㋑ ㋒ ㋓
	（2）		㋐ ㋑ ㋒ ㋓
	（3）		㋐ ㋑ ㋒ ㋓
	（4）		※記述式解答用紙の解答欄に書いてください。

（注）この解答用紙は実物を縮小してあります。B４用紙に128％拡大コピーすると、ほぼ実物大で使用できます。（タイトルと配点表は含みません）

2023年度　　関東第一高等学校　推薦

英語解答用紙　No. 2

問題番号			解答欄
4	No. 1	①	
		②	
	No. 2	①	
		②	
6			25 30
9	(4)		10 12

（注）この解答用紙は実物を縮小してあります。Ａ４用紙に116％拡大コピーすると、ほぼ実物大で使用できます。（タイトルと配点表は含みません）

推定配点		計
	1～3　各２点×７　　4，5　各３点×９　　6　６点 7，8　各４点×９　　9　(1)～(3)　各４点×３　(4)　５点	100点

2023年度　　関東第一高等学校　推薦

数学解答用紙　No.1

評点	／100

氏　名	

受験番号		
	万	⓪ ① ② ③ ④ ⑤ ⑥ ⑦ ⑧ ⑨
	千	⓪ ① ② ③ ④ ⑤ ⑥ ⑦ ⑧ ⑨
	百	⓪ ① ② ③ ④ ⑤ ⑥ ⑦ ⑧ ⑨
	十	⓪ ① ② ③ ④ ⑤ ⑥ ⑦ ⑧ ⑨
	一	⓪ ① ② ③ ④ ⑤ ⑥ ⑦ ⑧ ⑨

<記入上の注意>

1．この用紙は計算機で処理します。汚したり曲げたりしないでください。
2．マークはＨＢ以上の鉛筆で枠内をぬりつぶしてください。
3．訂正は消しゴムでていねいに行い、消しくずは取り除いてください。
（消し方が悪いと正しく採点されないことがあります。）
4．受験番号は忘れずにマークしてください。
5．マーク例　（良い例）●　（悪い例）

問題番号				解答欄
1	(1)	①	ア	⓪ ① ② ③ ④ ⑤ ⑥ ⑦ ⑧ ⑨
			イ	⓪ ① ② ③ ④ ⑤ ⑥ ⑦ ⑧ ⑨
		②	ウ	⓪ ① ② ③ ④ ⑤ ⑥ ⑦ ⑧ ⑨
			エ	⓪ ① ② ③ ④ ⑤ ⑥ ⑦ ⑧ ⑨
		③	オ	⓪ ① ② ③ ④ ⑤ ⑥ ⑦ ⑧ ⑨
	(2)	①	カ	⓪ ① ② ③ ④ ⑤ ⑥ ⑦ ⑧ ⑨
			キ	⓪ ① ② ③ ④ ⑤ ⑥ ⑦ ⑧ ⑨
		②	ク	⓪ ① ② ③ ④ ⑤ ⑥ ⑦ ⑧ ⑨
			ケ	⓪ ① ② ③ ④ ⑤ ⑥ ⑦ ⑧ ⑨
	(3)	①	コ	⓪ ① ② ③ ④ ⑤ ⑥ ⑦ ⑧ ⑨
			サ	⓪ ① ② ③ ④ ⑤ ⑥ ⑦ ⑧ ⑨
			シ	⓪ ① ② ③ ④ ⑤ ⑥ ⑦ ⑧ ⑨
		②	ス	⓪ ① ② ③ ④ ⑤ ⑥ ⑦ ⑧ ⑨
			セ	⓪ ① ② ③ ④ ⑤ ⑥ ⑦ ⑧ ⑨
	(4)	①	ソ	⓪ ① ② ③ ④ ⑤ ⑥ ⑦ ⑧ ⑨
			タ	⓪ ① ② ③ ④ ⑤ ⑥ ⑦ ⑧ ⑨
		②	チ	⓪ ① ② ③ ④ ⑤ ⑥ ⑦ ⑧ ⑨
			ツ	⓪ ① ② ③ ④ ⑤ ⑥ ⑦ ⑧ ⑨
	(5)		テ	⓪ ① ② ③ ④ ⑤ ⑥ ⑦ ⑧ ⑨
			ト	⓪ ① ② ③ ④ ⑤ ⑥ ⑦ ⑧ ⑨
	(6)	①	ナ	⓪ ① ② ③ ④ ⑤ ⑥ ⑦ ⑧ ⑨
			ニ	⓪ ① ② ③ ④ ⑤ ⑥ ⑦ ⑧ ⑨
		②	ヌ	⓪ ① ② ③ ④ ⑤ ⑥ ⑦ ⑧ ⑨
			ネ	⓪ ① ② ③ ④ ⑤ ⑥ ⑦ ⑧ ⑨
			ノ	⓪ ① ② ③ ④ ⑤ ⑥ ⑦ ⑧ ⑨
	(7)			※記述式解答用紙の解答欄に書いてください。

問題番号			解答欄
2	(1)	ア	⓪ ① ② ③ ④ ⑤ ⑥ ⑦ ⑧ ⑨
		イ	⓪ ① ② ③ ④ ⑤ ⑥ ⑦ ⑧ ⑨
	(2)	ウ	⓪ ① ② ③ ④ ⑤ ⑥ ⑦ ⑧ ⑨
		エ	⓪ ① ② ③ ④ ⑤ ⑥ ⑦ ⑧ ⑨
		オ	⓪ ① ② ③ ④ ⑤ ⑥ ⑦ ⑧ ⑨
	(3)	カ	⓪ ① ② ③ ④ ⑤ ⑥ ⑦ ⑧ ⑨
		キ	⓪ ① ② ③ ④ ⑤ ⑥ ⑦ ⑧ ⑨
		ク	⓪ ① ② ③ ④ ⑤ ⑥ ⑦ ⑧ ⑨
3	(1)		※記述式解答用紙の解答欄に書いてください。
	(2)		※記述式解答用紙の解答欄に書いてください。
	(3)	ア	⓪ ① ② ③ ④ ⑤ ⑥ ⑦ ⑧ ⑨
		イ	⓪ ① ② ③ ④ ⑤ ⑥ ⑦ ⑧ ⑨
4	(1)	ア	⓪ ① ② ③ ④ ⑤ ⑥ ⑦ ⑧ ⑨
		イ	⓪ ① ② ③ ④ ⑤ ⑥ ⑦ ⑧ ⑨
	(2)	ウ	⓪ ① ② ③ ④ ⑤ ⑥ ⑦ ⑧ ⑨
		エ	⓪ ① ② ③ ④ ⑤ ⑥ ⑦ ⑧ ⑨
	(3)	オ	⓪ ① ② ③ ④ ⑤ ⑥ ⑦ ⑧ ⑨
		カ	⓪ ① ② ③ ④ ⑤ ⑥ ⑦ ⑧ ⑨
		キ	⓪ ① ② ③ ④ ⑤ ⑥ ⑦ ⑧ ⑨
	(4)	ク	⓪ ① ② ③ ④ ⑤ ⑥ ⑦ ⑧ ⑨

（注）この解答用紙は実物を縮小してあります。Ｂ４用紙に130％拡大コピーすると、ほぼ実物大で使用できます。（タイトルと配点表は含みません）

2023年度　　関東第一高等学校　推薦

数学解答用紙　No. 2

1	(7)			
3	(1)	(a)	(b)	(c)
	(2)			

（注）この解答用紙は実物を縮小してあります。B４用紙に119%拡大コピーすると、ほぼ実物大で使用できます。（タイトルと配点表は含みません）

推定配点	1　⑴　各５点×３　⑵〜⑹　各３点×10　⑺　６点 〔⑶①，⑷①はそれぞれ完答，⑸は各３点×２〕 2　各５点×３ 3　⑴　５点　⑵　６点　⑶　５点 4　⑴，⑵　各４点×２　⑶，⑷　各５点×２	計 100点

二〇二三年度　関東第一高等学校　推薦

国語解答用紙　No.1

評点	／100

氏名	

受験番号		
	万	⓪ ① ② ③ ④ ⑤ ⑥ ⑦ ⑧ ⑨
	千	⓪ ① ② ③ ④ ⑤ ⑥ ⑦ ⑧ ⑨
	百	⓪ ① ② ③ ④ ⑤ ⑥ ⑦ ⑧ ⑨
	十	⓪ ① ② ③ ④ ⑤ ⑥ ⑦ ⑧ ⑨
	一	⓪ ① ② ③ ④ ⑤ ⑥ ⑦ ⑧ ⑨

<記入上の注意>

1．この用紙は計算機で処理します。汚したり曲げたりしないでください。
2．マークはＨＢ以上の鉛筆で枠内をぬりつぶしてください。
3．訂正は消しゴムでていねいに行い、消しくずは取り除いてください。
（消し方が悪いと正しく採点されないことがあります。）
4．受験番号は忘れずにマークしてください。
5．マーク例　（良い例）●　（悪い例）㋹ ㋹ ⊗ ◉ ●

問題番号			解答欄
一	（1）		㋐ ㋑ ㋒ ㋓
	（2）		㋐ ㋑ ㋒ ㋓
	（3）		㋐ ㋑ ㋒ ㋓
	（4）		㋐ ㋑ ㋒ ㋓
二	（1）		※記述式解答用紙の解答欄に書いてください。
	（2）		※記述式解答用紙の解答欄に書いてください。
	（3）		※記述式解答用紙の解答欄に書いてください。
	（4）		※記述式解答用紙の解答欄に書いてください。
三	（1）		※記述式解答用紙の解答欄に書いてください。
	（2）		※記述式解答用紙の解答欄に書いてください。
	（3）		※記述式解答用紙の解答欄に書いてください。
	（4）		※記述式解答用紙の解答欄に書いてください。
	（5）		※記述式解答用紙の解答欄に書いてください。
四	（1）		① ② ③ ④
	（2）		㋐ ㋑ ㋒ ㋓
	（3）	Ⅰ	※記述式解答用紙の解答欄に書いてください。
		Ⅱ	※記述式解答用紙の解答欄に書いてください。
		Ⅲ	※記述式解答用紙の解答欄に書いてください。
	（4）		㋐ ㋑ ㋒ ㋓

問題番号			解答欄
四	（5）	Ⅰ	※記述式解答用紙の解答欄に書いてください。
		Ⅱ	※記述式解答用紙の解答欄に書いてください。
五	（1）		㋐ ㋑ ㋒ ㋓
	（2）		※記述式解答用紙の解答欄に書いてください。
	（3）		㋐ ㋑ ㋒ ㋓
	（4）	Ⅰ	※記述式解答用紙の解答欄に書いてください。
		Ⅱ	※記述式解答用紙の解答欄に書いてください。
		Ⅲ	※記述式解答用紙の解答欄に書いてください。
	（5）	(a)	※記述式解答用紙の解答欄に書いてください。
		(b)	※記述式解答用紙の解答欄に書いてください。
		(c)	※記述式解答用紙の解答欄に書いてください。
六	（1）		※記述式解答用紙の解答欄に書いてください。
	（2）		㋐ ㋑ ㋒ ㋓
	（3）		㋐ ㋑ ㋒ ㋓
	（4）		㋐ ㋑ ㋒ ㋓
	（5）	(a)	※記述式解答用紙の解答欄に書いてください。
		(b)	※記述式解答用紙の解答欄に書いてください。
七			※記述式解答用紙の解答欄に書いてください。

（注）この解答用紙は実物を縮小してあります。Ｂ４用紙に130％拡大コピーすると、ほぼ実物大で使用できます。（タイトルと配点表は含みません）

二〇二三年度　関東第一高等学校　推薦

国語解答用紙　No. 2

二

(1) 慕　う　う

(2) 繊　維

(3) 曇　天

(4) 陥　る　る

三

(1) アラ　った　った

(2) ソ　って　って

(3) チュウコク

(4) ジシャク

(5) ネッペン

四

(3) Ⅰ　Ⅱ　Ⅲ

(5) Ⅰ　Ⅱ

15

五

(2)

(4) Ⅰ　Ⅱ　Ⅲ

(5) (a)　(b)　(c)

10　15

六

(1)

(5) (a) 心不レバ在ラ焉ニ

(b)

15　20

七

1行　2行　3行　4行　5行　6行　7行　8行　9行　10行

（注）この解答用紙は実物を縮小してあります。200%拡大コピーすると、ほぼ実物大で使用できます。（タイトルと配点表は含みません）

推定配点

一～三　各2点×13

四　(1)　2点　(2)～(5)　各3点×7

五　各3点×9

六　(1)　2点　(2)　3点　(3)　2点　(4)　3点　(5)　(a)　2点　(b)　4点

七　8点

計　100点

２０２３年度　関東第一高等学校

英語解答用紙　No.１

評点	／100

氏　名	

受験番号										
万	⓪	①	②	③	④	⑤	⑥	⑦	⑧	⑨
千	⓪	①	②	③	④	⑤	⑥	⑦	⑧	⑨
百	⓪	①	②	③	④	⑤	⑥	⑦	⑧	⑨
十	⓪	①	②	③	④	⑤	⑥	⑦	⑧	⑨
一	⓪	①	②	③	④	⑤	⑥	⑦	⑧	⑨

<記入上の注意>

1．この用紙は計算機で処理します。汚したり曲げたりしないでください。
2．マークはＨＢ以上の鉛筆で枠内をぬりつぶしてください。
3．訂正は消しゴムでていねいに行い、消しくずは取り除いてください。
（消し方が悪いと正しく採点されないことがあります。）
4．受験番号は忘れずにマークしてください。
5．マーク例　（良い例）●　（悪い例）

問題番号			解答欄			
1	〔問題A〕	<対話文１>	㋐	㋑	㋒	㋓
		<対話文２>	㋐	㋑	㋒	㋓
		<対話文３>	㋐	㋑	㋒	㋓
	〔問題B〕	<Question1>	㋐	㋑	㋒	㋓
		<Question2>	㋐	㋑	㋒	㋓
2	1		㋐	㋑	㋒	㋓
	2		㋐	㋑	㋒	㋓
	3	(1)	㋐	㋑	㋒	㋓
		(2)	※記述式解答用紙の解答欄に書いてください。			
3	〔問１〕		㋐	㋑	㋒	㋓
	〔問２〕		㋐	㋑	㋒	㋓
	〔問３〕		㋐	㋑	㋒	㋓
	〔問４〕		㋐	㋑	㋒	㋓
	〔問５〕		㋐	㋑	㋒	㋓
	〔問６〕		㋐	㋑	㋒	㋓
	〔問７〕		㋐	㋑	㋒	㋓

問題番号			解答欄			
4	〔問１〕		㋐	㋑	㋒	㋓
	〔問２〕		㋐	㋑	㋒	㋓
	〔問３〕	(1)	㋐	㋑	㋒	㋓
		(2)	㋐	㋑	㋒	㋓
		(3)	㋐	㋑	㋒	㋓
	〔問４〕	(1)	㋐	㋑	㋒	㋓
		(2)	㋐	㋑	㋒	㋓

（注）この解答用紙は実物を縮小してあります。Ｂ４用紙に128％拡大コピーすると、ほぼ実物大で使用できます。（タイトルと配点表は含みません）

２０２３年度　　関東第一高等学校

英語解答用紙　No. 2

2 3 (2)

1 文目

2 文目

3 文目

（注）この解答用紙は実物を縮小してあります。Ａ４用紙に114%拡大コピーすると、ほぼ実物大で使用できます。（タイトルと配点表は含みません）

推定配点	1　問題Ａ　各３点×３　問題Ｂ　各４点×２ 2　１，２　各４点×２　３　(1)　４点　(2)　各５点×３ 3, 4　各４点×14	計 100点

2023年度　関東第一高等学校

数学解答用紙　No. 1

評点	／100

氏　名	

受験番号		
	万	⓪ ① ② ③ ④ ⑤ ⑥ ⑦ ⑧ ⑨
	千	⓪ ① ② ③ ④ ⑤ ⑥ ⑦ ⑧ ⑨
	百	⓪ ① ② ③ ④ ⑤ ⑥ ⑦ ⑧ ⑨
	十	⓪ ① ② ③ ④ ⑤ ⑥ ⑦ ⑧ ⑨
	一	⓪ ① ② ③ ④ ⑤ ⑥ ⑦ ⑧ ⑨

<記入上の注意>

1. この用紙は計算機で処理します。汚したり曲げたりしないでください。
2. マークはＨＢ以上の鉛筆で枠内をぬりつぶしてください。
3. 訂正は消しゴムでていねいに行い、消しくずは取り除いてください。
   (消し方が悪いと正しく採点されないことがあります。)
4. 受験番号は忘れずにマークしてください。
5. マーク例　(良い例) ●　(悪い例) ✓ Ⓦ ⊗ ◉ ●

問題番号				解答欄
1	〔問1〕	(1)	あ	⓪ ① ② ③ ④ ⑤ ⑥ ⑦ ⑧ ⑨
			い	⓪ ① ② ③ ④ ⑤ ⑥ ⑦ ⑧ ⑨
		(2)	う	⓪ ① ② ③ ④ ⑤ ⑥ ⑦ ⑧ ⑨
			え	⓪ ① ② ③ ④ ⑤ ⑥ ⑦ ⑧ ⑨
		(3)	お	⓪ ① ② ③ ④ ⑤ ⑥ ⑦ ⑧ ⑨
			か	⓪ ① ② ③ ④ ⑤ ⑥ ⑦ ⑧ ⑨
		(4)	き	⓪ ① ② ③ ④ ⑤ ⑥ ⑦ ⑧ ⑨
		(5)	く	⓪ ① ② ③ ④ ⑤ ⑥ ⑦ ⑧ ⑨
			け	⓪ ① ② ③ ④ ⑤ ⑥ ⑦ ⑧ ⑨
		(6)	こ	⓪ ① ② ③ ④ ⑤ ⑥ ⑦ ⑧ ⑨
			さ	⓪ ① ② ③ ④ ⑤ ⑥ ⑦ ⑧ ⑨
			し	⓪ ① ② ③ ④ ⑤ ⑥ ⑦ ⑧ ⑨
		(7)	す	⓪ ① ② ③ ④ ⑤ ⑥ ⑦ ⑧ ⑨
		(8)	せ	⓪ ① ② ③ ④ ⑤ ⑥ ⑦ ⑧ ⑨
			そ	⓪ ① ② ③ ④ ⑤ ⑥ ⑦ ⑧ ⑨
	〔問2〕			※記述式解答用紙の解答欄に書いてください。
2	〔問1〕		あ	⓪ ① ② ③ ④ ⑤ ⑥ ⑦ ⑧ ⑨
			い	⓪ ① ② ③ ④ ⑤ ⑥ ⑦ ⑧ ⑨
	〔問2〕			※記述式解答用紙の解答欄に書いてください。

問題番号			解答欄
3	〔問1〕	あ	⓪ ① ② ③ ④ ⑤ ⑥ ⑦ ⑧ ⑨
		い	⓪ ① ② ③ ④ ⑤ ⑥ ⑦ ⑧ ⑨
	〔問2〕	う	⓪ ① ② ③ ④ ⑤ ⑥ ⑦ ⑧ ⑨
		え	⓪ ① ② ③ ④ ⑤ ⑥ ⑦ ⑧ ⑨
	〔問3〕	お	⓪ ① ② ③ ④ ⑤ ⑥ ⑦ ⑧ ⑨
		か	⓪ ① ② ③ ④ ⑤ ⑥ ⑦ ⑧ ⑨
4	〔問1〕		※記述式解答用紙の解答欄に書いてください。
	〔問2〕		① ② ③ ④
	〔問3〕	あ	⓪ ① ② ③ ④ ⑤ ⑥ ⑦ ⑧ ⑨
		い	⓪ ① ② ③ ④ ⑤ ⑥ ⑦ ⑧ ⑨
		う	⓪ ① ② ③ ④ ⑤ ⑥ ⑦ ⑧ ⑨
5	〔問1〕	あ	⓪ ① ② ③ ④ ⑤ ⑥ ⑦ ⑧ ⑨
		い	⓪ ① ② ③ ④ ⑤ ⑥ ⑦ ⑧ ⑨
	〔問2〕	う	⓪ ① ② ③ ④ ⑤ ⑥ ⑦ ⑧ ⑨
		え	⓪ ① ② ③ ④ ⑤ ⑥ ⑦ ⑧ ⑨
		お	⓪ ① ② ③ ④ ⑤ ⑥ ⑦ ⑧ ⑨

(注) この解答用紙は実物を縮小してあります。B4用紙に130%拡大コピーすると、ほぼ実物大で使用できます。(タイトルと配点表は含みません)

２０２３年度　　関東第一高等学校

数学解答用紙　No. 2

1	〔問２〕	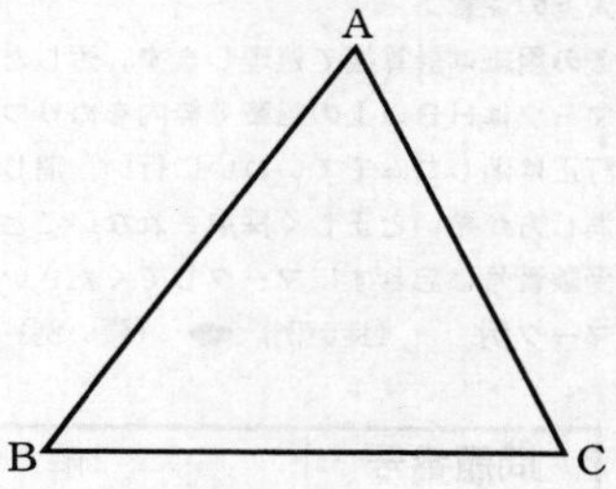
2	〔問２〕	Pをnを用いた式で表すと，　P＝ ① Qをnを用いた式で表すと，　Q＝ ② ③
4	〔問１〕	

（注）この解答用紙は実物を縮小してあります。B４用紙に127％拡大コピーすると，ほぼ実物大で使用できます。（タイトルと配点表は含みません）

推定配点		計
	1　問１　各５点×８　問２　６点 2　問１　５点　問２　①，②　各２点×２　③　３点 3　各５点×３ 4　問１　７点　問２，問３　各５点×２ 5　各５点×２	100点

二〇二三年度　関東第一高等学校

国語解答用紙　No.1

評点	／100

氏名	

受験番号										
万	⓪	①	②	③	④	⑤	⑥	⑦	⑧	⑨
千	⓪	①	②	③	④	⑤	⑥	⑦	⑧	⑨
百	⓪	①	②	③	④	⑤	⑥	⑦	⑧	⑨
十	⓪	①	②	③	④	⑤	⑥	⑦	⑧	⑨
一	⓪	①	②	③	④	⑤	⑥	⑦	⑧	⑨

<記入上の注意>

1．この用紙は計算機で処理します。汚したり曲げたりしないでください。
2．マークはＨＢ以上の鉛筆で枠内をぬりつぶしてください。
3．訂正は消しゴムでていねいに行い、消しくずは取り除いてください。
（消し方が悪いと正しく採点されないことがあります。）
4．受験番号は忘れずにマークしてください。
5．マーク例　（良い例）●　（悪い例）

問題番号		解答欄			
一	（1）	※記述式解答用紙の解答欄に書いてください。			
	（2）	※記述式解答用紙の解答欄に書いてください。			
	（3）	※記述式解答用紙の解答欄に書いてください。			
	（4）	※記述式解答用紙の解答欄に書いてください。			
	（5）	※記述式解答用紙の解答欄に書いてください。			
二	（1）	※記述式解答用紙の解答欄に書いてください。			
	（2）	※記述式解答用紙の解答欄に書いてください。			
	（3）	※記述式解答用紙の解答欄に書いてください。			
	（4）	※記述式解答用紙の解答欄に書いてください。			
	（5）	※記述式解答用紙の解答欄に書いてください。			
三	〔問1〕	㋐	㋑	㋒	㋓
	〔問2〕	㋐	㋑	㋒	㋓
	〔問3〕	㋐	㋑	㋒	㋓
	〔問4〕	㋐	㋑	㋒	㋓
	〔問5〕	㋐	㋑	㋒	㋓

問題番号		解答欄			
四	〔問1〕	㋐	㋑	㋒	㋓
	〔問2〕	㋐	㋑	㋒	㋓
	〔問3〕	㋐	㋑	㋒	㋓
	〔問4〕	㋐	㋑	㋒	㋓
	〔問5〕	※記述式解答用紙の解答欄に書いてください。			
五	〔問1〕	㋐	㋑	㋒	㋓
	〔問2〕	㋐	㋑	㋒	㋓
	〔問3〕	㋐	㋑	㋒	㋓
	〔問4〕	㋐	㋑	㋒	㋓
	〔問5〕	㋐	㋑	㋒	㋓

（注）この解答用紙は実物を縮小してあります。Ｂ４用紙に128％拡大コピーすると、ほぼ実物大で使用できます。（タイトルと配点表は含みません）

二〇二三年度　　関東第一高等学校

国語解答用紙　No. 2

一

(1) 迅速

(2) 募る　（解答欄：＿＿る）

(3) 承諾

(4) 陶酔

(5) 潤す　（解答欄：＿＿す）

二

(1) エンゲキ

(2) モケイ

(3) キズいた　（解答欄：＿＿いた）

(4) イタダく　（解答欄：＿＿く）

(5) サトウ

四

問5

200　　100　　20

（注）この解答用紙は実物を縮小してあります。Ｂ４用紙に120%拡大コピーすると、ほぼ実物大で使用できます。（タイトルと配点表は含みません）

推定配点		計
	一，二　各２点×10 三　各５点×５ 四　問１～問４　各５点×４　問５　10点 五　各５点×５	100点

２０２２年度　関東第一高等学校　推薦

英語解答用紙　No.１

評点	／100

氏　名	

受験番号										
万	⓪	①	②	③	④	⑤	⑥	⑦	⑧	⑨
千	⓪	①	②	③	④	⑤	⑥	⑦	⑧	⑨
百	⓪	①	②	③	④	⑤	⑥	⑦	⑧	⑨
十	⓪	①	②	③	④	⑤	⑥	⑦	⑧	⑨
一	⓪	①	②	③	④	⑤	⑥	⑦	⑧	⑨

＜記入上の注意＞

1．この用紙は計算機で処理します。汚したり曲げたりしないでください。

2．マークはＨＢ以上の鉛筆で枠内をぬりつぶしてください。

3．訂正は消しゴムでていねいに行い、消しくずは取り除いてください。
（消し方が悪いと正しく採点されないことがあります。）

4．受験番号は忘れずにマークしてください。

5．マーク例　（良い例）●　（悪い例）

問題番号			解答欄			
1	〔問題A〕	＜対話文１＞	㋐	㋑	㋒	㋓
		＜対話文２＞	㋐	㋑	㋒	㋓
		＜対話文３＞	㋐	㋑	㋒	㋓
	〔問題B〕	＜Question1＞	㋐	㋑	㋒	㋓
		＜Question2＞	㋐	㋑	㋒	㋓
2	（１）		※記述式解答用紙の解答欄に書いてください。			
	（２）		※記述式解答用紙の解答欄に書いてください。			
	（３）		㋐	㋑	㋒	㋓
	（４）		㋐	㋑	㋒	㋓
	（５）		㋐	㋑	㋒	㋓
3			※記述式解答用紙の解答欄に書いてください。			

問題番号			解答欄			
4	（１）	Ⓐ	㋐	㋑	㋒	㋓
		Ⓑ	㋐	㋑	㋒	㋓
	（２）	①	※記述式解答用紙の解答欄に書いてください。			
		②	㋐	㋑	㋒	㋓
	（３）	①	㋐	㋑	㋒	㋓
		②	㋐	㋑	㋒	㋓
5	（１）		㋐	㋑	㋒	㋓
	（２）		※記述式解答用紙の解答欄に書いてください。			
	（３）		※記述式解答用紙の解答欄に書いてください。			
	（４）		㋐	㋑	㋒	㋓
6	（１）		㋐	㋑	㋒	㋓
	（２）		㋐	㋑	㋒	㋓
	（３）		㋐	㋑	㋒	㋓
	（４）		㋐	㋑	㋒	㋓

（注）この解答用紙は実物を縮小してあります。Ｂ４用紙に128％拡大コピーすると、ほぼ実物大で使用できます。（タイトルと配点表は含みません）

２０２２年度　関東第一高等学校　推薦

英語解答用紙　No.２

問題番号			解答欄
2	(1)		
	(2)		
3			
4	(2)	①	
5	(2)		
	(3)		

（注）この解答用紙は実物を縮小してあります。Ａ４用紙に114%拡大コピーすると、ほぼ実物大で使用できます。(タイトルと配点表は含みません)

推定配点		計
	1　問題Ａ　各４点×３　問題Ｂ　各５点×２ 2　各３点×５　3　７点　4〜6　各４点×14	100点

２０２２年度　関東第一高等学校　推薦

数学解答用紙　No.1

評点	／100

氏名	

受験番号		
	万	0 1 2 3 4 5 6 7 8 9
	千	0 1 2 3 4 5 6 7 8 9
	百	0 1 2 3 4 5 6 7 8 9
	十	0 1 2 3 4 5 6 7 8 9
	一	0 1 2 3 4 5 6 7 8 9

<記入上の注意>

1．この用紙は計算機で処理します。汚したり曲げたりしないでください。

2．マークはＨＢ以上の鉛筆で枠内をぬりつぶしてください。

3．訂正は消しゴムでていねいに行い、消しくずは取り除いてください。
（消し方が悪いと正しく採点されないことがあります。）

4．受験番号は忘れずにマークしてください。

5．マーク例　（良い例）●　（悪い例）

問題番号		解答欄	
1	(1)	ア	0 1 2 3 4 5 6 7 8 9
		イ	0 1 2 3 4 5 6 7 8 9
	(2)	ウ	0 1 2 3 4 5 6 7 8 9
		エ	0 1 2 3 4 5 6 7 8 9
	(3)	オ	0 1 2 3 4 5 6 7 8 9
		カ	0 1 2 3 4 5 6 7 8 9
	(4)	キ	0 1 2 3 4 5 6 7 8 9
	(5)	ク	0 1 2 3 4 5 6 7 8 9
		ケ	0 1 2 3 4 5 6 7 8 9
	(6)	コ	0 1 2 3 4 5 6 7 8 9
		サ	0 1 2 3 4 5 6 7 8 9
2	(1)		① ② ③ ④
	(2)	ア	0 1 2 3 4 5 6 7 8 9
		イ	0 1 2 3 4 5 6 7 8 9
	(3)	ウ	0 1 2 3 4 5 6 7 8 9
		エ	0 1 2 3 4 5 6 7 8 9
	(4)	オ	0 1 2 3 4 5 6 7 8 9
		カ	0 1 2 3 4 5 6 7 8 9
	(5)		※記述式解答用紙の解答欄に書いてください。

問題番号		解答欄	
3	(1)	ア	0 1 2 3 4 5 6 7 8 9
		イ	0 1 2 3 4 5 6 7 8 9
	(2)	ウ	0 1 2 3 4 5 6 7 8 9
		エ	0 1 2 3 4 5 6 7 8 9
	(3)	オ	0 1 2 3 4 5 6 7 8 9
		カ	0 1 2 3 4 5 6 7 8 9
4	(1)		※記述式解答用紙の解答欄に書いてください。
	(2)	ア	0 1 2 3 4 5 6 7 8 9
		イ	0 1 2 3 4 5 6 7 8 9
5	(1)	(a)	ア イ ウ エ
		(b)	カ キ ク ケ
	(2)	ア	0 1 2 3 4 5 6 7 8 9
		イ	0 1 2 3 4 5 6 7 8 9
		ウ	0 1 2 3 4 5 6 7 8 9
		エ	0 1 2 3 4 5 6 7 8 9
	(3)	オ	0 1 2 3 4 5 6 7 8 9
		カ	0 1 2 3 4 5 6 7 8 9
		キ	0 1 2 3 4 5 6 7 8 9

（注）この解答用紙は実物を縮小してあります。Ｂ４用紙に128%拡大コピーすると、ほぼ実物大で使用できます。（タイトルと配点表は含みません）

２０２２年度　関東第一高等学校　推薦

数学解答用紙　No.２

2　(5)

4　(1)

(a)　(b)

(c)　△CADと△BFEにおいて，

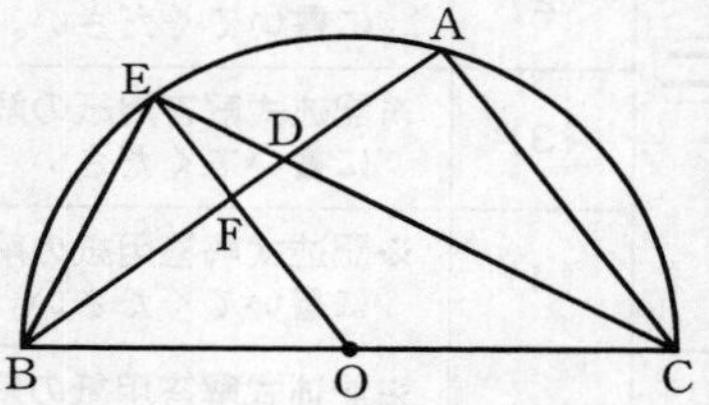

（注）この解答用紙は実物を縮小してあります。Ｂ４用紙に119％拡大コピーすると、ほぼ実物大で使用できます。（タイトルと配点表は含みません）

推定配点		計
	1～3　各５点×14 4　(1)　(a)，(b)　各３点×２　(c)　４点　(2)　５点 5　各５点×３	100点

二〇二二年度　関東第一高等学校　推薦

国語解答用紙　No.1

評点	／100

氏　名	

受験番号										
万	⓪	①	②	③	④	⑤	⑥	⑦	⑧	⑨
千	⓪	①	②	③	④	⑤	⑥	⑦	⑧	⑨
百	⓪	①	②	③	④	⑤	⑥	⑦	⑧	⑨
十	⓪	①	②	③	④	⑤	⑥	⑦	⑧	⑨
一	⓪	①	②	③	④	⑤	⑥	⑦	⑧	⑨

<記入上の注意>
1．この用紙は計算機で処理します。汚したり曲げたりしないでください。
2．マークはＨＢ以上の鉛筆で枠内をぬりつぶしてください。
3．訂正は消しゴムでていねいに行い、消しくずは取り除いてください。
（消し方が悪いと正しく採点されないことがあります。）
4．受験番号は忘れずにマークしてください。
5．マーク例　（良い例）●　（悪い例）

問題番号			解答欄
一	(1)		㋐　㋑　㋒　㋓
	(2)		㋐　㋑　㋒　㋓
	(3)		※記述式解答用紙の解答欄に書いてください。
	(4)		㋐　㋑　㋒　㋓
二	(1)		※記述式解答用紙の解答欄に書いてください。
	(2)		※記述式解答用紙の解答欄に書いてください。
	(3)		※記述式解答用紙の解答欄に書いてください。
	(4)		※記述式解答用紙の解答欄に書いてください。
三	(1)		※記述式解答用紙の解答欄に書いてください。
	(2)		※記述式解答用紙の解答欄に書いてください。
	(3)		※記述式解答用紙の解答欄に書いてください。
	(4)		※記述式解答用紙の解答欄に書いてください。
	(5)		※記述式解答用紙の解答欄に書いてください。
四	(1)		①　②　③　④
	(2)		㋐　㋑　㋒　㋓
	(3)		※記述式解答用紙の解答欄に書いてください。
	(4)		㋐　㋑　㋒　㋓
	(5)		※記述式解答用紙の解答欄に書いてください。
	(6)	Ⅰ	※記述式解答用紙の解答欄に書いてください。
		Ⅱ	㋐　㋑　㋒　㋓
五	(1)		㋐　㋑　㋒　㋓
	(2)		㋐　㋑　㋒　㋓
	(3)	(a)	※記述式解答用紙の解答欄に書いてください。
		(b)	㋐　㋑　㋒　㋓
		(c)	※記述式解答用紙の解答欄に書いてください。
	(4)		㋐　㋑　㋒　㋓
	(5)	Ⅰ	※記述式解答用紙の解答欄に書いてください。
		Ⅱ	※記述式解答用紙の解答欄に書いてください。
六	(1)		㋐　㋑　㋒　㋓
	(2)		㋐　㋑　㋒　㋓
	(3)	(a)	※記述式解答用紙の解答欄に書いてください。
		(b)	㋐　㋑　㋒　㋓
		(c)	※記述式解答用紙の解答欄に書いてください。
	(4)		㋐　㋑　㋒　㋓
	(5)		※記述式解答用紙の解答欄に書いてください。
七			※記述式解答用紙の解答欄に書いてください。

（注）この解答用紙は実物を縮小してあります。Ｂ４用紙に132％拡大コピーすると、ほぼ実物大で使用できます。（タイトルと配点表は含みません）

二〇二二年度　関東第一高等学校　推薦

国語解答用紙　No.2

一
(3)

二
(1) 穏　やか　やか
(2) 憶　測
(3) 辛　勝
(4) 誉　れ　れ

三
(1) ス　う　う
(2) カ　コ　う　う
(3) ボ　ウ　エ　キ
(4) ホ　カ　ン
(5) タ　ン　ト　ウ

四
(3)
(5)
(6) I

五
(3) (a) (c)
(5) I II

六
(3) (a) (c)
(5) 習ヒ以テ性ヲ成リ

七
1行 2行 3行 4行 5行 6行 7行 8行 9行 10行

（注）この解答用紙は実物を縮小してあります。185%拡大コピーすると、ほぼ実物大で使用できます。（タイトルと配点表は含みません）

推定配点	
一～三 各2点×14 四 (1)～(3) 各2点×4　(4) 3点　(5) 5点　(6) 各3点×2 五 各3点×8 六 (1)、(2) 各3点×2　(3) (a)、(b) 各2点×2　(c) 3点　(4) 3点　(5) 2点 七 8点	
100点	計

2022年度　関東第一高等学校

英語解答用紙　No.1

評点	／100

氏名	

受験番号										
万	⓪	①	②	③	④	⑤	⑥	⑦	⑧	⑨
千	⓪	①	②	③	④	⑤	⑥	⑦	⑧	⑨
百	⓪	①	②	③	④	⑤	⑥	⑦	⑧	⑨
十	⓪	①	②	③	④	⑤	⑥	⑦	⑧	⑨
一	⓪	①	②	③	④	⑤	⑥	⑦	⑧	⑨

<記入上の注意>

1．この用紙は計算機で処理します。汚したり曲げたりしないでください。

2．マークはＨＢ以上の鉛筆で枠内をぬりつぶしてください。

3．訂正は消しゴムでていねいに行い、消しくずは取り除いてください。（消し方が悪いと正しく採点されないことがあります。）

4．受験番号は忘れずにマークしてください。

5．マーク例　（良い例）⬬　（悪い例）

問題番号			解答欄			
1	〔問題A〕	<対話文1>	㋐	㋑	㋒	㋓
		<対話文2>	㋐	㋑	㋒	㋓
		<対話文3>	㋐	㋑	㋒	㋓
	〔問題B〕	<Question1>	㋐	㋑	㋒	㋓
		<Question2>	㋐	㋑	㋒	㋓
2	1		㋐	㋑	㋒	㋓
	2		㋐	㋑	㋒	㋓
	3	(1)	㋐	㋑	㋒	㋓
		(2)	※記述式解答用紙の解答欄に書いてください。			
3	〔問1〕		㋐	㋑	㋒	㋓
	〔問2〕		㋐	㋑	㋒	㋓
	〔問3〕		㋐	㋑	㋒	㋓
	〔問4〕		㋐	㋑	㋒	㋓
	〔問5〕		㋐	㋑	㋒	㋓
	〔問6〕		㋐	㋑	㋒	㋓
	〔問7〕		㋐	㋑	㋒	㋓

問題番号			解答欄			
4	〔問1〕		㋐	㋑	㋒	㋓
	〔問2〕		㋐	㋑	㋒	㋓
	〔問3〕	(1)	㋐	㋑	㋒	㋓
		(2)	㋐	㋑	㋒	㋓
		(3)	㋐	㋑	㋒	㋓
	〔問4〕	(1)	㋐	㋑	㋒	㋓
		(2)	㋐	㋑	㋒	㋓

（注）この解答用紙は実物を縮小してあります。B4用紙に128％拡大コピーすると、ほぼ実物大で使用できます。（タイトルと配点表は含みません）

２０２２年度　関東第一高等学校

英語解答用紙　No.２

2　3 (2)

１文目

２文目

３文目

（注）この解答用紙は実物を縮小してあります。Ａ４用紙に115%拡大コピーすると、ほぼ実物大で使用できます。（タイトルと配点表は含みません）

推定配点		計
	1　問題Ａ　各３点×３　問題Ｂ　各４点×２ 2　１，２　各４点×２　３　(1)　４点　(2)　各５点×３ 3，4　各４点×14	100点

２０２２年度　関東第一高等学校

数学解答用紙　No.１

評点	／100

氏名	

受験番号	
万	⓪ ① ② ③ ④ ⑤ ⑥ ⑦ ⑧ ⑨
千	⓪ ① ② ③ ④ ⑤ ⑥ ⑦ ⑧ ⑨
百	⓪ ① ② ③ ④ ⑤ ⑥ ⑦ ⑧ ⑨
十	⓪ ① ② ③ ④ ⑤ ⑥ ⑦ ⑧ ⑨
一	⓪ ① ② ③ ④ ⑤ ⑥ ⑦ ⑧ ⑨

<記入上の注意>

１．この用紙は計算機で処理します。汚したり曲げたりしないでください。
２．マークはＨＢ以上の鉛筆で枠内をぬりつぶしてください。
３．訂正は消しゴムでていねいに行い、消しくずは取り除いてください。
（消し方が悪いと正しく採点されないことがあります。）
４．受験番号は忘れずにマークしてください。
５．マーク例　（良い例）●　（悪い例）

問題番号				解答欄
1	〔問1〕	(1)	あ	⓪ ① ② ③ ④ ⑤ ⑥ ⑦ ⑧ ⑨
		(2)	い	⓪ ① ② ③ ④ ⑤ ⑥ ⑦ ⑧ ⑨
			う	⓪ ① ② ③ ④ ⑤ ⑥ ⑦ ⑧ ⑨
		(3)	え	⓪ ① ② ③ ④ ⑤ ⑥ ⑦ ⑧ ⑨
			お	⓪ ① ② ③ ④ ⑤ ⑥ ⑦ ⑧ ⑨
		(4)	か	⓪ ① ② ③ ④ ⑤ ⑥ ⑦ ⑧ ⑨
		(5)	き	⓪ ① ② ③ ④ ⑤ ⑥ ⑦ ⑧ ⑨
			く	⓪ ① ② ③ ④ ⑤ ⑥ ⑦ ⑧ ⑨
		(6)	け	⓪ ① ② ③ ④ ⑤ ⑥ ⑦ ⑧ ⑨
			こ	⓪ ① ② ③ ④ ⑤ ⑥ ⑦ ⑧ ⑨
		(7)	さ	⓪ ① ② ③ ④ ⑤ ⑥ ⑦ ⑧ ⑨
			し	⓪ ① ② ③ ④ ⑤ ⑥ ⑦ ⑧ ⑨
		(8)	す	⓪ ① ② ③ ④ ⑤ ⑥ ⑦ ⑧ ⑨
			せ	⓪ ① ② ③ ④ ⑤ ⑥ ⑦ ⑧ ⑨
	〔問2〕			※記述式解答用紙の解答欄に書いてください。
2	〔問1〕			① ② ③ ④
	〔問2〕			※記述式解答用紙の解答欄に書いてください。

問題番号			解答欄
3	〔問1〕	あ	⓪ ① ② ③ ④ ⑤ ⑥ ⑦ ⑧ ⑨
		い	⓪ ① ② ③ ④ ⑤ ⑥ ⑦ ⑧ ⑨
	〔問2〕	う	⓪ ① ② ③ ④ ⑤ ⑥ ⑦ ⑧ ⑨
		え	⓪ ① ② ③ ④ ⑤ ⑥ ⑦ ⑧ ⑨
	〔問3〕	お	⓪ ① ② ③ ④ ⑤ ⑥ ⑦ ⑧ ⑨
		か	⓪ ① ② ③ ④ ⑤ ⑥ ⑦ ⑧ ⑨
		き	⓪ ① ② ③ ④ ⑤ ⑥ ⑦ ⑧ ⑨
4	〔問1〕		※記述式解答用紙の解答欄に書いてください。
	〔問2〕		① ② ③ ④
	〔問3〕	あ	⓪ ① ② ③ ④ ⑤ ⑥ ⑦ ⑧ ⑨
		い	⓪ ① ② ③ ④ ⑤ ⑥ ⑦ ⑧ ⑨
		う	⓪ ① ② ③ ④ ⑤ ⑥ ⑦ ⑧ ⑨
		え	⓪ ① ② ③ ④ ⑤ ⑥ ⑦ ⑧ ⑨
5	〔問1〕	あ	⓪ ① ② ③ ④ ⑤ ⑥ ⑦ ⑧ ⑨
		い	⓪ ① ② ③ ④ ⑤ ⑥ ⑦ ⑧ ⑨
		う	⓪ ① ② ③ ④ ⑤ ⑥ ⑦ ⑧ ⑨
	〔問2〕	え	⓪ ① ② ③ ④ ⑤ ⑥ ⑦ ⑧ ⑨
		お	⓪ ① ② ③ ④ ⑤ ⑥ ⑦ ⑧ ⑨

（注）この解答用紙は実物を縮小してあります。Ｂ４用紙に128％拡大コピーすると、ほぼ実物大で使用できます。（タイトルと配点表は含みません）

２０２２年度　　　　関東第一高等学校

数学解答用紙　No.２

1	〔問２〕	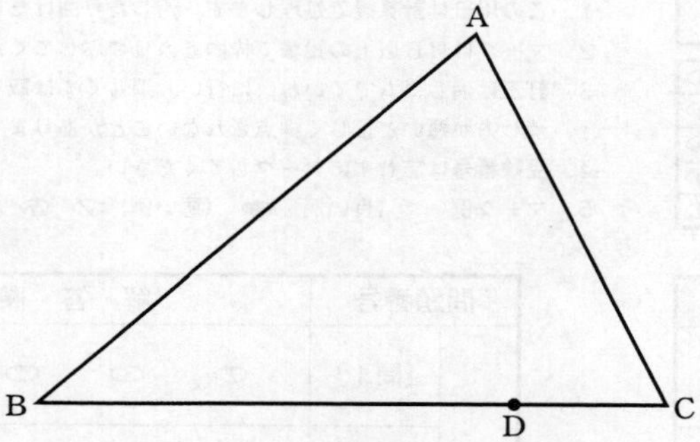
2	〔問２〕	
4	〔問１〕	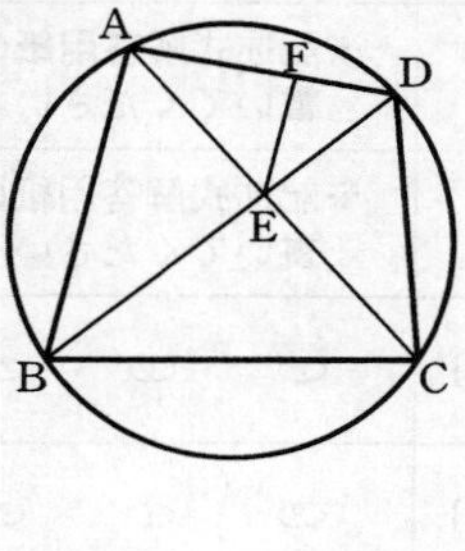

（注）この解答用紙は実物を縮小してあります。Ｂ４用紙に127％拡大コピーすると、ほぼ実物大で使用できます。（タイトルと配点表は含みません）

推定配点		計
	1　問１　各５点×８　問２　６点 2　問１　５点　問２　７点 3　各５点×３ 4　問１　７点　問２，問３　各５点×２ 5　各５点×２	100点

二〇二二年度　関東第一高等学校

国語解答用紙　No.1

評点	／100

氏　名	

受験番号		
	万	⓪ ① ② ③ ④ ⑤ ⑥ ⑦ ⑧ ⑨
	千	⓪ ① ② ③ ④ ⑤ ⑥ ⑦ ⑧ ⑨
	百	⓪ ① ② ③ ④ ⑤ ⑥ ⑦ ⑧ ⑨
	十	⓪ ① ② ③ ④ ⑤ ⑥ ⑦ ⑧ ⑨
	一	⓪ ① ② ③ ④ ⑤ ⑥ ⑦ ⑧ ⑨

<記入上の注意>

1. この用紙は計算機で処理します。汚したり曲げたりしないでください。
2. マークはＨＢ以上の鉛筆で枠内をぬりつぶしてください。
3. 訂正は消しゴムでていねいに行い、消しくずは取り除いてください。
   （消し方が悪いと正しく採点されないことがあります。）
4. 受験番号は忘れずにマークしてください。
5. マーク例　（良い例）●　（悪い例）

問題番号		解　答　欄
一	（1）	※記述式解答用紙の解答欄に書いてください。
	（2）	※記述式解答用紙の解答欄に書いてください。
	（3）	※記述式解答用紙の解答欄に書いてください。
	（4）	※記述式解答用紙の解答欄に書いてください。
	（5）	※記述式解答用紙の解答欄に書いてください。
二	（1）	※記述式解答用紙の解答欄に書いてください。
	（2）	※記述式解答用紙の解答欄に書いてください。
	（3）	※記述式解答用紙の解答欄に書いてください。
	（4）	※記述式解答用紙の解答欄に書いてください。
	（5）	※記述式解答用紙の解答欄に書いてください。
三	〔問１〕	㋐ ㋑ ㋒ ㋓
	〔問２〕	㋐ ㋑ ㋒ ㋓
	〔問３〕	㋐ ㋑ ㋒ ㋓
	〔問４〕	㋐ ㋑ ㋒ ㋓
	〔問５〕	㋐ ㋑ ㋒ ㋓

問題番号		解　答　欄
四	〔問１〕	㋐ ㋑ ㋒ ㋓
	〔問２〕	㋐ ㋑ ㋒ ㋓
	〔問３〕	㋐ ㋑ ㋒ ㋓
	〔問４〕	㋐ ㋑ ㋒ ㋓
	〔問５〕	※記述式解答用紙の解答欄に書いてください。
五	〔問１〕	㋐ ㋑ ㋒ ㋓
	〔問２〕	㋐ ㋑ ㋒ ㋓
	〔問３〕	㋐ ㋑ ㋒ ㋓
	〔問４〕	㋐ ㋑ ㋒ ㋓
	〔問５〕	㋐ ㋑ ㋒ ㋓

（注）この解答用紙は実物を縮小してあります。Ｂ４用紙に128％拡大コピーすると、ほぼ実物大で使用できます。（タイトルと配点表は含みません）

二〇二二年度　関東第一高等学校

国語解答用紙　No. 2

一

(1) 精進

(2) 遂行

(3) 怠らない　らない

(4) 済む　む

(5) 爽快

二

(1) ボケツ

(2) ツイやす　やす

(3) タカラ

(4) セントウ

(5) シュクシャ

四

〔問5〕

200　100　20

（注）この解答用紙は実物を縮小してあります。B４用紙に120%拡大コピーすると、ほぼ実物大で使用できます。（タイトルと配点表は含みません）

推定配点		計
	一, 二　各２点×10 三　各５点×５ 四　問１～問４　各５点×４　問５　10点 五　各５点×５	100点

２０２１年度　　関東第一高等学校　推薦

英語解答用紙　No.１

評点	／100

氏名	

受験番号										
万	⓪	①	②	③	④	⑤	⑥	⑦	⑧	⑨
千	⓪	①	②	③	④	⑤	⑥	⑦	⑧	⑨
百	⓪	①	②	③	④	⑤	⑥	⑦	⑧	⑨
十	⓪	①	②	③	④	⑤	⑥	⑦	⑧	⑨
一	⓪	①	②	③	④	⑤	⑥	⑦	⑧	⑨

<記入上の注意>
1．この用紙は計算機で処理します。汚したり曲げたりしないでください。
2．マークはＨＢ以上の鉛筆で枠内をぬりつぶしてください。
3．訂正は消しゴムでていねいに行い、消しくずは取り除いてください。
（消し方が悪いと正しく採点されないことがあります。）
4．受験番号は忘れずにマークしてください。
5．マーク例　（良い例）●　（悪い例）

問題番号			解答欄			
1	〔問題A〕	<対話文１>	㋐	㋑	㋒	㋓
		<対話文２>	㋐	㋑	㋒	㋓
		<対話文３>	㋐	㋑	㋒	㋓
	〔問題B〕	<Question1>	㋐	㋑	㋒	㋓
		<Question2>	㋐	㋑	㋒	㋓
2	（１）		※記述式解答用紙の解答欄に書いてください。			
	（２）		※記述式解答用紙の解答欄に書いてください。			
	（３）		㋐	㋑	㋒	㋓
	（４）		㋐	㋑	㋒	㋓
	（５）		㋐	㋑	㋒	㋓
3			※記述式解答用紙の解答欄に書いてください。			

問題番号			解答欄			
4	（１）	Ⓐ	㋐	㋑	㋒	㋓
		Ⓑ	㋐	㋑	㋒	㋓
	（２）	①	※記述式解答用紙の解答欄に書いてください。			
		②	㋐	㋑	㋒	㋓
	（３）	①	㋐	㋑	㋒	㋓
		②	㋐	㋑	㋒	㋓
5	（１）		㋐	㋑	㋒	㋓
	（２）		※記述式解答用紙の解答欄に書いてください。			
	（３）		※記述式解答用紙の解答欄に書いてください。			
	（４）		㋐	㋑	㋒	㋓
6	（１）		㋐	㋑	㋒	㋓
	（２）		㋐	㋑	㋒	㋓
	（３）		㋐	㋑	㋒	㋓
	（４）		㋐	㋑	㋒	㋓

（注）この解答用紙は実物を縮小してあります。Ｂ４用紙に128％拡大コピーすると、ほぼ実物大で使用できます。（タイトルと配点表は含みません）

２０２１年度　関東第一高等学校　推薦

英語解答用紙　No.２

問題番号			解答欄
2	(1)		
2	(2)		
3			
4	(2)	①	
5	(2)		
5	(3)		

(注)　この解答用紙は実物を縮小してあります。Ａ４用紙に115％拡大コピーすると、ほぼ実物大で使用できます。（タイトルと配点表は含みません）

推定配点	1　問題Ａ　各４点×３　問題Ｂ　各５点×２ 2　各３点×５　3　７点　4～6　各４点×14	計 100点

２０２１年度　関東第一高等学校　推薦

数学解答用紙　No.1

評点	／100

氏　名	

受験番号										
万	⓪	①	②	③	④	⑤	⑥	⑦	⑧	⑨
千	⓪	①	②	③	④	⑤	⑥	⑦	⑧	⑨
百	⓪	①	②	③	④	⑤	⑥	⑦	⑧	⑨
十	⓪	①	②	③	④	⑤	⑥	⑦	⑧	⑨
一	⓪	①	②	③	④	⑤	⑥	⑦	⑧	⑨

<記入上の注意>

1．この用紙は計算機で処理します。汚したり曲げたりしないでください。
2．マークはＨＢ以上の鉛筆で枠内をぬりつぶしてください。
3．訂正は消しゴムでていねいに行い、消しくずは取り除いてください。
（消し方が悪いと正しく採点されないことがあります。）
4．受験番号は忘れずにマークしてください。
5．マーク例　（良い例）●　（悪い例）✓ ◎ ⊗ ◉ ●

問題番号			解答欄
1	(1)	ア	⓪ ① ② ③ ④ ⑤ ⑥ ⑦ ⑧ ⑨
	(2)	イ	⓪ ① ② ③ ④ ⑤ ⑥ ⑦ ⑧ ⑨
		ウ	⓪ ① ② ③ ④ ⑤ ⑥ ⑦ ⑧ ⑨
	(3)	エ	⓪ ① ② ③ ④ ⑤ ⑥ ⑦ ⑧ ⑨
		オ	⓪ ① ② ③ ④ ⑤ ⑥ ⑦ ⑧ ⑨
		カ	⓪ ① ② ③ ④ ⑤ ⑥ ⑦ ⑧ ⑨
	(4)	キ	⓪ ① ② ③ ④ ⑤ ⑥ ⑦ ⑧ ⑨
	(5)	ク	⓪ ① ② ③ ④ ⑤ ⑥ ⑦ ⑧ ⑨
		ケ	⓪ ① ② ③ ④ ⑤ ⑥ ⑦ ⑧ ⑨
	(6)	コ	⓪ ① ② ③ ④ ⑤ ⑥ ⑦ ⑧ ⑨
		サ	⓪ ① ② ③ ④ ⑤ ⑥ ⑦ ⑧ ⑨
		シ	⓪ ① ② ③ ④ ⑤ ⑥ ⑦ ⑧ ⑨
		ス	⓪ ① ② ③ ④ ⑤ ⑥ ⑦ ⑧ ⑨
2	(1)		① ② ③ ④ ⑤ ⑥
	(2)	ア	⓪ ① ② ③ ④ ⑤ ⑥ ⑦ ⑧ ⑨
	(3)	イ	⓪ ① ② ③ ④ ⑤ ⑥ ⑦ ⑧ ⑨
		ウ	⓪ ① ② ③ ④ ⑤ ⑥ ⑦ ⑧ ⑨
	(4)	エ	⓪ ① ② ③ ④ ⑤ ⑥ ⑦ ⑧ ⑨
		オ	⓪ ① ② ③ ④ ⑤ ⑥ ⑦ ⑧ ⑨
	(5)		※記述式解答用紙の解答欄に書いてください。

問題番号				解答欄
3	(1)		ア	⓪ ① ② ③ ④ ⑤ ⑥ ⑦ ⑧ ⑨
	(2)		イ	⓪ ① ② ③ ④ ⑤ ⑥ ⑦ ⑧ ⑨
			ウ	⓪ ① ② ③ ④ ⑤ ⑥ ⑦ ⑧ ⑨
			エ	⓪ ① ② ③ ④ ⑤ ⑥ ⑦ ⑧ ⑨
			オ	⓪ ① ② ③ ④ ⑤ ⑥ ⑦ ⑧ ⑨
	(3)		カ	⓪ ① ② ③ ④ ⑤ ⑥ ⑦ ⑧ ⑨
			キ	⓪ ① ② ③ ④ ⑤ ⑥ ⑦ ⑧ ⑨
			ク	⓪ ① ② ③ ④ ⑤ ⑥ ⑦ ⑧ ⑨
4	(1)			※記述式解答用紙の解答欄に書いてください。
	(2)		ア	⓪ ① ② ③ ④ ⑤ ⑥ ⑦ ⑧ ⑨
			イ	⓪ ① ② ③ ④ ⑤ ⑥ ⑦ ⑧ ⑨
			ウ	⓪ ① ② ③ ④ ⑤ ⑥ ⑦ ⑧ ⑨
			エ	⓪ ① ② ③ ④ ⑤ ⑥ ⑦ ⑧ ⑨
5	(1)		ア	⓪ ① ② ③ ④ ⑤ ⑥ ⑦ ⑧ ⑨
	(2)	(i)	イ	⓪ ① ② ③ ④ ⑤ ⑥ ⑦ ⑧ ⑨
			ウ	⓪ ① ② ③ ④ ⑤ ⑥ ⑦ ⑧ ⑨
			エ	⓪ ① ② ③ ④ ⑤ ⑥ ⑦ ⑧ ⑨
			オ	⓪ ① ② ③ ④ ⑤ ⑥ ⑦ ⑧ ⑨
		(ii)		① ② ③ ④
		(iii)	カ	⓪ ① ② ③ ④ ⑤ ⑥ ⑦ ⑧ ⑨
			キ	⓪ ① ② ③ ④ ⑤ ⑥ ⑦ ⑧ ⑨
			ク	⓪ ① ② ③ ④ ⑤ ⑥ ⑦ ⑧ ⑨

(注) この解答用紙は実物を縮小してあります。Ｂ４用紙に128％拡大コピーすると、ほぼ実物大で使用できます。(タイトルと配点表は含みません)

2021年度　関東第一高等学校　推薦

数学解答用紙　No. 2

2　(5)

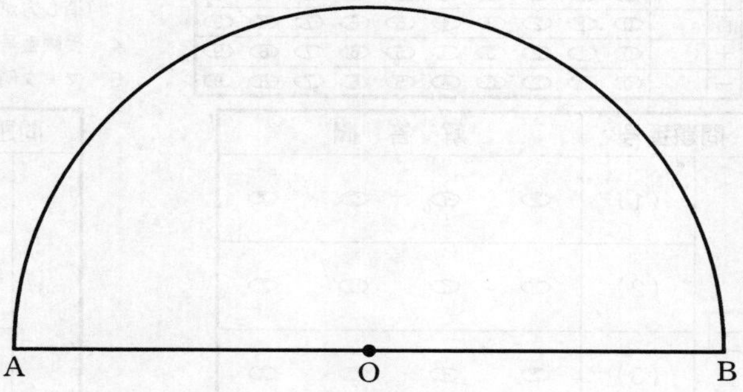

4　(1)

(a)　(b)

(c)

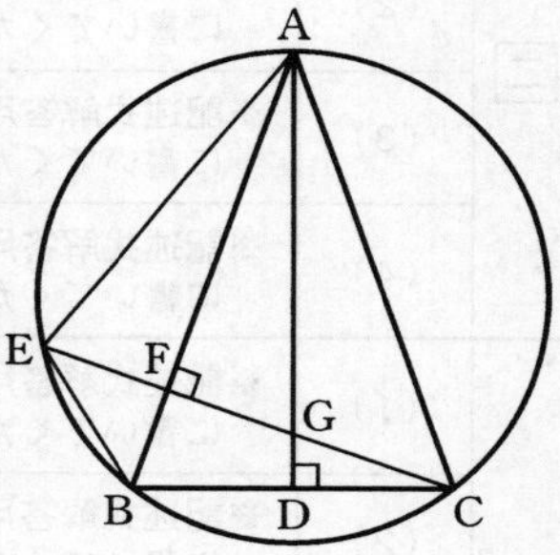

（注）この解答用紙は実物を縮小してあります。Ｂ４用紙に119％拡大コピーすると、ほぼ実物大で使用できます。（タイトルと配点表は含みません）

推定配点	[1]～[3]　各５点×14 [4]　(1)　(a), (b)　各３点×２　(c)　４点　(2)　５点 [5]　(1)　３点　(2)　(i)　３点　(ii)　４点　(iii)　５点	計 100点

二〇二一年度　関東第一高等学校　推薦

国語解答用紙　No.1

評点	／100

氏　名	

受験番号										
万	⓪	①	②	③	④	⑤	⑥	⑦	⑧	⑨
千	⓪	①	②	③	④	⑤	⑥	⑦	⑧	⑨
百	⓪	①	②	③	④	⑤	⑥	⑦	⑧	⑨
十	⓪	①	②	③	④	⑤	⑥	⑦	⑧	⑨
一	⓪	①	②	③	④	⑤	⑥	⑦	⑧	⑨

＜記入上の注意＞

1．この用紙は計算機で処理します。汚したり曲げたりしないでください。
2．マークはＨＢ以上の鉛筆で枠内をぬりつぶしてください。
3．訂正は消しゴムでていねいに行い、消しくずは取り除いてください。
（消し方が悪いと正しく採点されないことがあります。）
4．受験番号は忘れずにマークしてください。
5．マーク例　（良い例）⬬　（悪い例）

問題番号			解　答　欄
一	（1）		㋐　㋑　㋒　㋓
	（2）		㋐　㋑　㋒　㋓
	（3）		㋐　㋑　㋒　㋓
	（4）		※記述式解答用紙の解答欄に書いてください。
二	（1）		※記述式解答用紙の解答欄に書いてください。
	（2）		※記述式解答用紙の解答欄に書いてください。
	（3）		※記述式解答用紙の解答欄に書いてください。
	（4）		※記述式解答用紙の解答欄に書いてください。
三	（1）		※記述式解答用紙の解答欄に書いてください。
	（2）		※記述式解答用紙の解答欄に書いてください。
	（3）		※記述式解答用紙の解答欄に書いてください。
	（4）		※記述式解答用紙の解答欄に書いてください。
	（5）		※記述式解答用紙の解答欄に書いてください。
四	（1）		※記述式解答用紙の解答欄に書いてください。
	（2）		※記述式解答用紙の解答欄に書いてください。
	（3）		※記述式解答用紙の解答欄に書いてください。
	（4）		㋐　㋑　㋒　㋓
五	（1）		※記述式解答用紙の解答欄に書いてください。

問題番号			解　答　欄
五	（2）	Ⅰ	※記述式解答用紙の解答欄に書いてください。
		Ⅱ	※記述式解答用紙の解答欄に書いてください。
	（3）		㋐　㋑　㋒　㋓
	（4）		※記述式解答用紙の解答欄に書いてください。
	（5）		㋐　㋑　㋒　㋓
	（6）		㋐　㋑　㋒　㋓
六	（1）		㋐　㋑　㋒　㋓
	（2）		※記述式解答用紙の解答欄に書いてください。
	（3）		㋐　㋑　㋒　㋓
	（4）	Ⅰ	※記述式解答用紙の解答欄に書いてください。
		Ⅱ	※記述式解答用紙の解答欄に書いてください。
	（5）		㋐　㋑　㋒　㋓
七	（1）		※記述式解答用紙の解答欄に書いてください。
	（2）	(a)	㋐　㋑　㋒　㋓
		(b)	※記述式解答用紙の解答欄に書いてください。
	（3）		㋐　㋑　㋒　㋓
	（4）	Ⅰ	※記述式解答用紙の解答欄に書いてください。
		Ⅱ	※記述式解答用紙の解答欄に書いてください。

（注）この解答用紙は実物を縮小してあります。B4用紙に132％拡大コピーすると、ほぼ実物大で使用できます。（タイトルと配点表は含みません）

二〇二一年度　関東第一高等学校　推薦

国語解答用紙　No. 2

一

(4)

二

(1) 塊
(2) 拭う
(3) 付箋
(4) 阻害

三

(1) マド
(2) ウツす
(3) ケツアツ
(4) フクザツ
(5) ムビョウソクサイ

四

(1)
(2) 百聞ハ不如カ一見ニ
(3)

五

(1)
(2) Ⅰ　Ⅱ
(4)

六

(2)
(4) Ⅰ　Ⅱ

七

(1)
(2) (b) はじめ　終わり
(4) Ⅰ　Ⅱ

（注）この解答用紙は実物を縮小してあります。A３用紙に156%拡大コピーすると、ほぼ実物大で使用できます。（タイトルと配点表は含みません）

推定配点	
一～三	各2点×13
四	(1) 2点　(2) 3点　(3)、(4) 各2点×2
五	(1) 4点　(2) Ⅰ 2点　Ⅱ 3点　(3)～(6) 各4点×4
六	(1) 4点　(2) 5点　(3) 4点　(4) Ⅰ 2点　Ⅱ 3点　(5) 4点
七	(1) 2点　(2) (a) 3点　(b) 4点　(3) 4点　(4) Ⅰ 2点　Ⅱ 3点
計	100点

２０２１年度　関東第一高等学校

英語解答用紙　No.１

評点	／100

氏　名	

受験番号										
万	⓪	①	②	③	④	⑤	⑥	⑦	⑧	⑨
千	⓪	①	②	③	④	⑤	⑥	⑦	⑧	⑨
百	⓪	①	②	③	④	⑤	⑥	⑦	⑧	⑨
十	⓪	①	②	③	④	⑤	⑥	⑦	⑧	⑨
一	⓪	①	②	③	④	⑤	⑥	⑦	⑧	⑨

<記入上の注意>

１．この用紙は計算機で処理します。汚したり曲げたりしないでください。

２．マークはＨＢ以上の鉛筆で枠内をぬりつぶしてください。

３．訂正は消しゴムでていねいに行い、消しくずは取り除いてください。
（消し方が悪いと正しく採点されないことがあります。）

４．受験番号は忘れずにマークしてください。

５．マーク例　（良い例）●　（悪い例）✓ ⊗ ⊙ ●

問題番号			解　答　欄			
1	〔問題A〕	<対話文１>	㋐	㋑	㋒	㋓
		<対話文２>	㋐	㋑	㋒	㋓
		<対話文３>	㋐	㋑	㋒	㋓
	〔問題B〕	<Question1>	㋐	㋑	㋒	㋓
		<Question2>	㋐	㋑	㋒	㋓
2	1		㋐	㋑	㋒	㋓
	2		㋐	㋑	㋒	㋓
	3	(1)	㋐	㋑	㋒	㋓
		(2)	※記述式解答用紙の解答欄に書いてください。			
3	〔問１〕		㋐	㋑	㋒	㋓
	〔問２〕		㋐	㋑	㋒	㋓
	〔問３〕		㋐	㋑	㋒	㋓
	〔問４〕		㋐	㋑	㋒	㋓
	〔問５〕		㋐	㋑	㋒	㋓
	〔問６〕		㋐	㋑	㋒	㋓
	〔問７〕		㋐	㋑	㋒	㋓

問題番号			解　答　欄			
4	〔問１〕		㋐	㋑	㋒	㋓
	〔問２〕		㋐	㋑	㋒	㋓
	〔問３〕	(1)	㋐	㋑	㋒	㋓
		(2)	㋐	㋑	㋒	㋓
		(3)	㋐	㋑	㋒	㋓
	〔問４〕	(1)	㋐	㋑	㋒	㋓
		(2)	㋐	㋑	㋒	㋓

（注）この解答用紙は実物を縮小してあります。Ｂ４用紙に128％拡大コピーすると、ほぼ実物大で使用できます。（タイトルと配点表は含みません）

２０２１年度　関東第一高等学校

英語解答用紙　No. 2

2　3 (2)

１文目

２文目

３文目

（注）この解答用紙は実物を縮小してあります。Ａ４用紙に115%拡大コピーすると、ほぼ実物大で使用できます。（タイトルと配点表は含みません）

推定配点		計
	1　問題Ａ　各４点×３　問題Ｂ　各５点×２ 2　１，２　各５点×２　３　(1)　３点　(2)　９点 3，4　各４点×14	100点

2021年度　　関東第一高等学校

数学解答用紙　No.1

評点	／100

氏名	

受験番号		
	万	⓪ ① ② ③ ④ ⑤ ⑥ ⑦ ⑧ ⑨
	千	⓪ ① ② ③ ④ ⑤ ⑥ ⑦ ⑧ ⑨
	百	⓪ ① ② ③ ④ ⑤ ⑥ ⑦ ⑧ ⑨
	十	⓪ ① ② ③ ④ ⑤ ⑥ ⑦ ⑧ ⑨
	一	⓪ ① ② ③ ④ ⑤ ⑥ ⑦ ⑧ ⑨

<記入上の注意>

1. この用紙は計算機で処理します。汚したり曲げたりしないでください。
2. マークはＨＢ以上の鉛筆で枠内をぬりつぶしてください。
3. 訂正は消しゴムでていねいに行い、消しくずは取り除いてください。
   (消し方が悪いと正しく採点されないことがあります。)
4. 受験番号は忘れずにマークしてください。
5. マーク例　(良い例) ●　(悪い例)

問題番号				解答欄
1	〔問1〕	(1)	あ	⓪ ① ② ③ ④ ⑤ ⑥ ⑦ ⑧ ⑨
			い	⓪ ① ② ③ ④ ⑤ ⑥ ⑦ ⑧ ⑨
		(2)	う	⓪ ① ② ③ ④ ⑤ ⑥ ⑦ ⑧ ⑨
			え	⓪ ① ② ③ ④ ⑤ ⑥ ⑦ ⑧ ⑨
		(3)	お	⓪ ① ② ③ ④ ⑤ ⑥ ⑦ ⑧ ⑨
			か	⓪ ① ② ③ ④ ⑤ ⑥ ⑦ ⑧ ⑨
		(4)	き	⓪ ① ② ③ ④ ⑤ ⑥ ⑦ ⑧ ⑨
		(5)	く	⓪ ① ② ③ ④ ⑤ ⑥ ⑦ ⑧ ⑨
			け	⓪ ① ② ③ ④ ⑤ ⑥ ⑦ ⑧ ⑨
		(6)	こ	⓪ ① ② ③ ④ ⑤ ⑥ ⑦ ⑧ ⑨
			さ	⓪ ① ② ③ ④ ⑤ ⑥ ⑦ ⑧ ⑨
		(7)	し	⓪ ① ② ③ ④ ⑤ ⑥ ⑦ ⑧ ⑨
			す	⓪ ① ② ③ ④ ⑤ ⑥ ⑦ ⑧ ⑨
		(8)	せ	⓪ ① ② ③ ④ ⑤ ⑥ ⑦ ⑧ ⑨
			そ	⓪ ① ② ③ ④ ⑤ ⑥ ⑦ ⑧ ⑨
	〔問2〕			※記述式解答用紙の解答欄に書いてください。
2	〔問1〕			① ② ③ ④
	〔問2〕			※記述式解答用紙の解答欄に書いてください。

問題番号			解答欄
3	〔問1〕	あ	⓪ ① ② ③ ④ ⑤ ⑥ ⑦ ⑧ ⑨
		い	⓪ ① ② ③ ④ ⑤ ⑥ ⑦ ⑧ ⑨
	〔問2〕	う	⓪ ① ② ③ ④ ⑤ ⑥ ⑦ ⑧ ⑨
		え	⓪ ① ② ③ ④ ⑤ ⑥ ⑦ ⑧ ⑨
		お	⓪ ① ② ③ ④ ⑤ ⑥ ⑦ ⑧ ⑨
	〔問3〕	か	⓪ ① ② ③ ④ ⑤ ⑥ ⑦ ⑧ ⑨
		き	⓪ ① ② ③ ④ ⑤ ⑥ ⑦ ⑧ ⑨
		く	⓪ ① ② ③ ④ ⑤ ⑥ ⑦ ⑧ ⑨
4	〔問1〕		※記述式解答用紙の解答欄に書いてください。
	〔問2〕		① ② ③ ④
	〔問3〕	あ	⓪ ① ② ③ ④ ⑤ ⑥ ⑦ ⑧ ⑨
		い	⓪ ① ② ③ ④ ⑤ ⑥ ⑦ ⑧ ⑨
5	〔問1〕	あ	⓪ ① ② ③ ④ ⑤ ⑥ ⑦ ⑧ ⑨
		い	⓪ ① ② ③ ④ ⑤ ⑥ ⑦ ⑧ ⑨
	〔問2〕	う	⓪ ① ② ③ ④ ⑤ ⑥ ⑦ ⑧ ⑨
		え	⓪ ① ② ③ ④ ⑤ ⑥ ⑦ ⑧ ⑨
		お	⓪ ① ② ③ ④ ⑤ ⑥ ⑦ ⑧ ⑨

(注) この解答用紙は実物を縮小してあります。Ｂ４用紙に128％拡大コピーすると、ほぼ実物大で使用できます。(タイトルと配点表は含みません)

２０２１年度　関東第一高等学校

数学解答用紙　No.２

1　〔問２〕

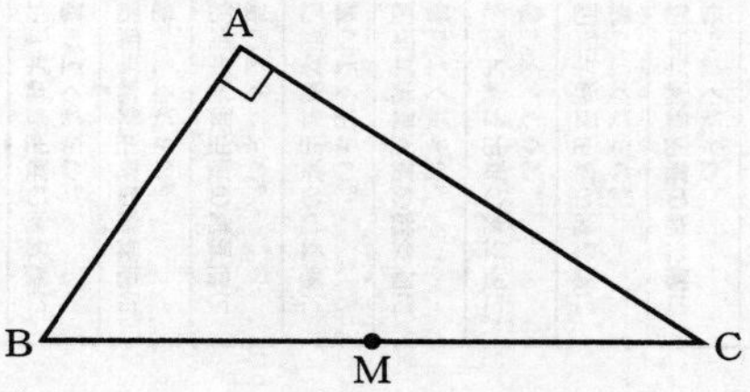

2　〔問２〕

半径 r cm の球の表面積は ☐ cm^2

おうぎ形の弧の長さを，x を用いた式で表すと ☐ cm ……①

底面の円の周の長さを，r を用いた式で表すと ☐ cm ……②

①＝②より，$x=$ ☐

よって，円すいの表面積は，

4　〔問１〕

（注）この解答用紙は実物を縮小してあります。Ｂ４用紙に127％拡大コピーすると，ほぼ実物大で使用できます。（タイトルと配点表は含みません）

推定配点		計
	1　問１　各５点×８　問２　６点 2　問１　５点　問２　７点 3　各５点×３ 4　問１　７点　問２，問３　各５点×２ 5　各５点×２	100点

二〇二一年度　関東第一高等学校

国語解答用紙　No. 1

評点　／100

氏　名	

受験番号	
万	⓪①②③④⑤⑥⑦⑧⑨
千	⓪①②③④⑤⑥⑦⑧⑨
百	⓪①②③④⑤⑥⑦⑧⑨
十	⓪①②③④⑤⑥⑦⑧⑨
一	⓪①②③④⑤⑥⑦⑧⑨

<記入上の注意>

1. この用紙は計算機で処理します。汚したり曲げたりしないでください。
2. マークはＨＢ以上の鉛筆で枠内をぬりつぶしてください。
3. 訂正は消しゴムでていねいに行い、消しくずは取り除いてください。（消し方が悪いと正しく採点されないことがあります。）
4. 受験番号は忘れずにマークしてください。
5. マーク例　（良い例）●　（悪い例）

問題番号		解答欄
一	(1)	※記述式解答用紙の解答欄に書いてください。
	(2)	※記述式解答用紙の解答欄に書いてください。
	(3)	※記述式解答用紙の解答欄に書いてください。
	(4)	※記述式解答用紙の解答欄に書いてください。
	(5)	※記述式解答用紙の解答欄に書いてください。
二	(1)	※記述式解答用紙の解答欄に書いてください。
	(2)	※記述式解答用紙の解答欄に書いてください。
	(3)	※記述式解答用紙の解答欄に書いてください。
	(4)	※記述式解答用紙の解答欄に書いてください。
	(5)	※記述式解答用紙の解答欄に書いてください。
三	〔問1〕	㋐　㋑　㋒　㋓
	〔問2〕	㋐　㋑　㋒　㋓
	〔問3〕	㋐　㋑　㋒　㋓
	〔問4〕	㋐　㋑　㋒　㋓
	〔問5〕	㋐　㋑　㋒　㋓

問題番号		解答欄
四	〔問1〕	㋐　㋑　㋒　㋓
	〔問2〕	㋐　㋑　㋒　㋓
	〔問3〕	㋐　㋑　㋒　㋓
	〔問4〕	㋐　㋑　㋒　㋓
	〔問5〕	※記述式解答用紙の解答欄に書いてください。
五	〔問1〕	㋐　㋑　㋒　㋓
	〔問2〕	㋐　㋑　㋒　㋓
	〔問3〕	㋐　㋑　㋒　㋓
	〔問4〕	㋐　㋑　㋒　㋓
	〔問5〕	㋐　㋑　㋒　㋓

二〇二一年度　関東第一高等学校

国語解答用紙　No. 2

一

(1) 戒める　める

(2) 彫刻

(3) 排除

(4) 抱擁

(5) 仰ぐ　ぐ

二

(1) マく　く

(2) ウチュウ

(3) カンゴ

(4) オトズれる　れる

(5) ノウリ

四

〔問5〕

20　100　200

推定配点		計
	一, 二　各2点×10 三　各5点×5 四　問1～問4　各5点×4　問5　10点 五　各5点×5	100点

声の教育社
〒162-0814 東京都新宿区新小川町8-15
TEL 03（5261）5061 FAX 03（5261）5062
https://www.koenokyoikusha.co.jp